2판

외식산업경영

정 유 경

북 넷

2판 들어가는 말

팬데믹을 겪으면서 전 세계적으로 어려운 시간들이 지나가고 있다. 어떤 누구도 한 번도 상상해 보지 못한 그런 일상들이 지나가고 있다. 가까운 사람들과 함께 어울려 보냈던 평안했던 일상이 「사회적거리」라는 공식적으로 인정되는 거리감을 사이에 두고 2년여의 시간이 흘러가고 있다. 사회적 거리는 디지털이라는 기술로 채워지면서 우리의 의·식·주는 새로운 변화를 맞이했고, 특별히 먹거리와 관련된 모든 분야는 distance, 거리를 좁히고자 더욱 자극을 받게 되었다. 이러한 환경은 산업을 자극하여 식(食)과 관련된 먹는 산업은 새로운 분야와 융합하여 박차를 가하며 예측하지 못한 속도로 변화하였으며, 이제는 푸드테크까지 아우르는 단순한 먹거리가 아닌 테크놀로지가 접목된 융복합산업이 되고 있다. 초판에서도 소개했던 외식산업의 융복합산업이 더욱 가속화 되고 있는 것이다.

초판의 내용에서 이미 새롭게 변화되는 외식산업의 모습들을 함께 소개하고 강조하여 정리하고자 했으나, 초판이다 보니 미숙하게 정리된 부분들이나 보강되어야 하는 자료들이 눈에 띄어 이러한 내용을 보완해야 할 필요를 느꼈다. 따라서 2판은 완전히 새로운 내용으로 구성되었다기 보다는 부족했던 부분들을 보완하여 정리한 것이다. 판을 바꾸는 것이 다소 번거로울 수 있는 작업이지만, 기꺼이 저자의 의견에 동의해 주시고, 흔쾌히 2판으로 출판해 주신 북넷의 류재식 사장님께 감사의 말씀을 드리고 싶다.

온라인강의와 비대면수업으로 공부하는 방식이 많이 바뀌고, 생활 속의 간편함과 편리함의 추구를 공부하는 곳에 까지 적용하고자 하는 많은 학생들이 디지털자료나 영상보다는 되도록 글을 더 친숙하게 접하면서 창의적이고 혁신적으로 생각하는데 조금이나마 도움이 되고자 하는 마음으로 글을 정리하였다.

항상 곁에서 힘을 주고, 아이디어를 제공해 주는 제자들과 따뜻한 보금자리가 되어 든든한 버팀목이 되어준 남편과 사랑과 희망을 배우게 해주는 딸들이 있었기에 모든 마무리가 가능했음을 고백하고 이에 감사드린다. 언제나 함께 하시며 지친 몸과 마음을 어루만져 주시고 이 삶을 허락하시어 지금의 결실을 보게 하신 하느님께 모든 영광을 돌리고 싶다.

2022년 2월

정 유 경

1판 들어가는 말

학생들과의 소통을 위해서 책을 쓰기 시작했다. 외식산업경영, 외식경영 과목을 가르쳐온 지 15년 동안 강의자료에 담아두고 수업중에 소개했던 많은 내용들을 글로 담고자 써 내려간 책이다. 현장과 이론이 함께 공존되어야 하는 이러한 과목은 이론적인 체계도 갖추어야 하지만 동시에 실무에서 외면되지 않아야 하는 어려움이 있다.

많은 전문가들에 의해 출판된 현장관련 책과는 차이를 두기위해 이론적 부분에 더욱 강조하여 작성된 책이지만, 어느 정도 학문적이면서도 실무적인 부분을 고려하여 균형감을 잃지 않으려고 노력하였다.

이 책의 특징을 먼저 간략하게 소개하고자 한다.

되도록 학생들에게 강의하는 것처럼 쓰려고 노력하였다. 딱딱한 내용을 문어체의 여유없는 표현보다는 되도록 강의하듯이 하고자 하였으나 그 또한 쉬운 작업은 아니었다. 책을 보는 사람들에게 도움이 되고자 각 장의 앞부분에 전체적인 목차와 배울내용을 요약해 두고 저자가 강의하면서 할애했던 시간을 참고로 해당 장에 대한 강의시간을 적어두었다.

전체적인 내용의 이해를 돕고자 각 장에 그림을 만들어 넣으려고 노력하였다. 저자가 설명하고자 하는 내용, 수업중에 학생들에게 그려주던 내용들을 좀 더 정리하여 이해를 돕기 위해 도식화하고자 애썼다. 이러한 그림과 설명에 도움이 되는 그래픽 자료들을 삽입하여 독자들에게 이해를 도울뿐만 아니라 교제의 내용을 읽으면서 잠깐씩 휴식을 주는 효과도 줄 수 있길 기대해본다. 또한 이제까지 일반적인 경영학에서 논의하는 기능적인 주제에서 벗어나 외식산업경영의 상황에 맞도록 구성하기 위해 가능한 한 외식산업에 특화된 내용으로 정리하도록 노력하였다.

이 책은 총 4부 13장으로 구성되어 있다.

제1부는 외식산업의 범위와 분류, 과거·현재·미래, 시장과 상품에 대해서 설명하고 있다. 외식산업에 대한 개괄적인 개념으로 기본적인 내용으로 구성하였고 관련산업과 어떤 상호관계를 가지고 있는지 고민하면서 명확하지 않은 외식산업과 식품산업에 대한 경계를 아우르며 외식산업의 범위를 그려보았다. 또한 역사적으로 어떻게 사회의 변화와 경제적인 위축에 대응하여 변모를 거듭하여 왔는지에 대해서 과거의 식생활모습과 현재의 식재료관련 이슈를 중심으로 다루었으며, 마지막

으로 외식산업의 시장을 크게 기업거래와 소비자거래로 구분하여 시장의 특징과 상품에 대해서 설명하였다.

제2부는 상품생산 프로세스관리, 고객관리와 판매 프로세스관리, 외식서비스 품질관리에 대해서 설명하고 있다. 식품에서부터 조리과정을 거쳐 음식이 생산되고 고객에게 전달되는 마지막과정 및 각 과정에서의 품질관리에 대해서 중점을 두어 관련되는 내용을 다루고자 하였다.

제3부는 외식기업의 경영형태와 관리, 경영환경분석, 외식기업의 메뉴관리에 대해서 설명하였다. 외식업을 관리하고 운영하고 경영하기 위해 현장과 가장 가까운 내용으로 접근하고자 노력하였다.

제4부는 외식기업의 전략적 경영에 대한 부분으로 마케팅, 다점포 체인경영과 프랜차이즈 경영, 정보통신기술의 영향 및 외식사업 창업에 대하여 설명하고 있다. 이제까지 배운내용들을 모두 종합하여 외식기업과 외식점포가 시행할 수 있는 마케팅에 대한 내용을 관점에 따라 구분하여 정리하였으며, 다점포 직영체인과 프랜차이즈체인에 대하여 그 근본적인 특징에 대해서도 설명하였다. 12장의 정보통신기술과 외식산업에 대한 부분은 본 책의 여러 장에 다루긴 했으나, 여기저기 나누어져 있는 내용을 한 장으로 모아서 간단히 요약한다는 의미로 정리하였다. 마지막으로 창업에 대한 부분도 창업을 시작하기 전에 고려해야 하는 사항들을 중심으로 설명하고 마무리 하였다.

공부하고자 하는 학생들에게,

이 책은 누구든지 앞장부터 순서대로 읽는 것이 좋다. 앞부분의 내용이 뒷부분의 기초가 되도록 구성하였으므로 앞장부터 차례로 공부하는 것이 이해하기에 도움이 되며 차례로 공부하다보면 각 장의 구성에 대한 저자의 의도까지 파악할 수 있으리라 기대한다.

학부저학년 학생들이 읽고 공부하기에는 쉬운 내용은 아니다. 나름대로 쉽게 설명하려고 노력했지만 처음 배울때는 쉽지 않게 느껴질 것이다. 좀 더 도움이 되고자 첫 페이지에 강의요약을 제시하였다. 요약에 정리된 내용을 중심으로 먼저 용어파악에 중점을 두면 좋을 것 같다. 처음부터 많은 내용을 다 공부하려고 하기보다는 용어를 정리하는 과정에서 그 흐름만 파악하여 공부하고 학년이 올라가면서 다시 반복해서 읽어보기를 권한다.

반면에 학부고학년 학생들은 각 장에서 다루고 있는 주요 용어들은 이미 많이 들어서 어느 정도 알고 있다면, 이제는 해당 장에서 말하고 있는 주요 내용들에 대해서 숙지하며 읽고 상호간의 관련성도 고민해 보고, 현장에서의 적용도 직접 조사하고 그려보는 것이 바람직하다. 수업중에 조별로 논의과제를 다루어 토의해 보고, 실제 관심있는 사례에 대해서 찾고 함께 토의해 보는 것도 권하고 싶다.

대학원생들이라면 우선 각 장의 용어는 기본적으로 알고 있으면서 본인이 강의할 수 있을 만큼 해당 장에서 말하고자 하는 내용들을 파악하는 것이 좋다. 1장부터 3장까지는 기본적인 내용이지만 4장부터는 논문의 주제가 될 만한 내용으로 구성되어 있으므로 책을 읽으면서 참고문헌에 제시된 관련된 자료를 함께 공부하면 논문을 쓰기 위한 주제도 찾을 수 있을 것이라 기대한다.

마지막으로 이 책은 외식산업에 관련된 전체적인 내용을 담아 소개한 개론적인 책이므로 각 장이 결국 한 과목의 주제로 다시 더 깊이 공부하게 된다. 이 책을 접하고 공부하는 학부생들, 대학원생들, 연구하시는 분들, 강의하시는 분들, 실무에서 애쓰시는 모든 분들에게 외식산업 분야의 가이드가 될 만한 지침서가 되길 바란다.

If you are more fortunate than others,
it is better to build a longer table than a taller fence.

감사의 글

모든 순간이 나를 위한 순간은 아니다. 교단에 서서 매 순간에 충실하고자 노력하였다. 학자가 되기 위해 공부하는 대학원생들에게 항상 학자는 말로만 전하지 말고 글로 남겨야 한다고 말하면서도 사실상 이를 실천하는 일 또한 쉽지 않다.

탈고 후 세 번째 교정을 마치고 오늘 이렇게 감사의 글을 쓰는 순간, 많은 분들이 스쳐지나가고 있다. 완성되지 않은 원고의 복사물을 들고 한 학기동안 수업했던 학생들에게 제일 먼저 고마움을 전한다. 복사물에 오타를 찾아주고 이해가 안 되는 어려운 부분을 짚어 주었던 학생들이 나의 선생님이 되었다.

함께 다른 학교의 강의를 하며 교수로서 제자로서 책 내용의 구석구석까지 읽고 또 읽고 의견을 주었고, 시간에 쫓겨 포기하고 싶을 때도 힘이 되었던 강수민박사와 김민정박사에게도 이 자리를 빌려 다시 한 번 감사의 마음을 전한다.

최초 원고가 완성되었을 때 본인들이 산업에서의 실무경험을 바탕으로 따끔한 조언을 아끼지 않으면서 최종적으로 책의 내용을 검토해 주신 장기룡교수와 김맹진교수에게도 더할 나위없는 감사의 마음을 드리고 싶다. 연구실에서 교정본을 쌓아두고 잘 수정했는지 읽어주던 박정수박사와 구선본선생에게도 고마움을 전하고 싶다.

무엇보다도 북넷의 류재식사장님과 박용범부장님의 도움이 없이는 이 책은 태어나지 못했을 것이다. 3년이 넘도록 책 쓰기를 독려해 주며, 밤이나 낮이나 까다롭게 굴었던 저자의 요구를 다 들어주고 다 마무리 될 때까지 기다리고 힘이 되어준 류재식사장님의 열정과 〈북넷〉식구들의 노력이 없었다면 이 책은 완성되지 못했을 것이다.

어떻게 해 주어도 항상 미안한 우리쌍둥이 딸들, 학교일과 책 쓰는 일로 바쁜 엄마를 이해하고, 다 쓸때까지만…… 하면서 기다리다 어느덧 훌쩍 커버린 사랑하는 두 딸과 묵묵히 버팀목이 되어준 남편에게도 이들의 한없는 사랑과 희생에 다시 한번 고마움을 전하고 싶다.

마지막 마무리까지 지혜와 능력과 사랑과 건강을 주신 하느님께 모든 영광을 돌리며…….

오늘이 있기까지 길러주시고, 지켜봐주시고, 믿어주시고, 사랑해주신 부모님과 시어머님의 건강을 기원하면서 이 분들께 이 책을 바치고 싶다.

2018년 7월

저자 정유경

My parents gave me a root,
My husband gave me wings,
My twin daughters gave me love and hope.

차 례

제 1 부 외식산업의 이해

제 2 부 외식프로세스관리와 운영

제 3 부 외식기업의 경영관리

제 4 부 외식기업의 전략적 경영

BUSINESS TALK
FOODSERVICE
BUSINESS
MANAGEMENT
FOODSERVICE

[제1부]

외식산업의 이해

제1장

외식산업의 범위와 분류

1. 외식산업의 정의
2. 융 · 복합 외식산업과 가치사슬
3. 외식산업의 범위와 타산업과의 관련성
4. 외식산업의 분류

학습 목표

- 외식산업의 정의를 이해한다.
- 융 · 복합 외식산업과 외식 · 식품산업의 가치사슬을 이해한다.
- 외식산업의 다양한 적용분야를 알아본다.
- 외식산업의 분류를 알아본다.

· **주 제** : 외식산업의 범위와 서로 다른 관점의 분류
· **강의 방향** : 외식산업관련 용어와 개념에 대한 이해와 다른 관련산업과의 관계 및 외식산업의 분류에 대하여 토론하고 논의한다.
· **강의 시간** : 60분~75분 정도의 **1회 수업**

1. 외식산업의 정의	
1) 외식산업의 일반적 정의	외식산업에 대한 사전적, 일반적 정의에 대해서 알아본다
2) 외식산업의 법률적 정의	외식산업진흥법에 따른 외식산업 정의를 알아본다.
2. 융 · 복합 외식산업과 가치사슬	
1) 외식 · 식품산업의 가치사슬	외식과 식품산업의 가치사슬과 단계별 어떤 과정이 포함되는지 알아본다.
2) 외식산업의 단계별 관련업체	외식산업의 생산부터 소비의 단계별 관련업체에 대해 알아본다.
3. 외식산업의 범위와 타산업과의 관련성	
1) 식재료 제조가공 및 유통	식재료 제조가공 및 유통업으로서 외식산업의 역할을 알아본다.
2) 호텔 · 레스토랑 등 외식서비스	호텔 및 레스토랑 등의 외식서비스로서 외식산업의 역할을 알아본다.
3) 가맹사업 전개	외식산업에서 가맹사업 전개의 역할을 알아본다.
4) 음식관광	음식관광을 위한 중요한 요소인 외식산업의 역할을 알아본다.
5) 음식박람회	음식박람회를 통한 B2B사업의 기회를 주는 외식산업의 역할을 알아본다.
4. 외식산업의 분류	
1) 한국의 외식산업분류	통계청, 국세청기준 및 외식산업진흥법, 식품위생법, 관광진흥법에서의 외식산업분류에 대해서 알아본다.
2) 미국의 외식산업분류	북미산업분류, NRA기준에 따른 미국의 외식산업분류에 대해 알아본다.
3) 일본의 외식산업분류	일본산업분류, 외식산업총합조사연구센터의 외식산업분류에 대해 알아본다.

일반적으로 「가정 이외의 곳에서 음식을 구입하여 먹는 것」을 「외식」이라고 한다. 외식이라는 용어는 현대의 실생활에서 빈번히 사용되고 있지만, 이렇게 자리잡기까지는 많은 변화를 거쳐왔다. 가족 간의 큰 행사때나 한번씩 할 수 있었던 외식에서, 좀 더 자주 외식을 접하고, 이제는 외식이 많은 사람들의 생활속에 일부가 되어버렸다. 인간의 기본적인 삶을 위해 가장 중요한 의·식·주 중 하루에 세 번 의사결정을 내려야 하는 것이 식(食)이라는 점에서 다시 한번 외식의 중요성을 찾을 수 있다.

외식분야를 포괄하고 있는 「외식산업」(外食産業)이라는 용어가 공식적인 매체에 등장한 것은 1974년도 한 신문에 나타나면서 부터이다. 그 이후 시대가 변하고, 소비자의 인식과 수준이 변화됨에 따라 산업의 한 분야로서 「외식」이 적용되는 범위도 많이 변화되었다.

외식산업에 대하여 내부적으로 그리고 외부적으로 접근하여 이해해보자. 내부적으로는 외식산업의 용어 정의와 외식산업의 범위를 파악하여 어떤 분야가 외식산업에 속하며, 외식산업의 산업분류는 어떤 기준에 의해 어떻게 이루어지는지를 알아보고, 외부적으로는 관련산업 안에서 외식산업이 어떤 위치에 있고, 또한 타산업과 어떻게 융·복합되어 있는지 알아보자. 이러한 노력은 외식산업의 향후 발전방향을 예측하기 위한 필수적인 일이 될 것이다.

1974 04 17 매일경제

企業化되는 햄버거등 外食産業

○…프라이드치킨, 햄버거등 外食産業이 기업화돼가고 있다. 바쁜시간, 레저지향적생활이 간편하면서도 맛과 영양이 충분한 外食을 요구하고 있기 때문이다.

치킨센터, 햄버거하우스 따위가 우리나라에서도 성황을 이루고있지만 日本의경우 지난해 식품매상액 3조억圓중 완탕매상액이 10분의6을 차지하고있어 화제가 되고 있다는것.

그런데 국내에선 三養식품이 최초로 일본의東洋水産과 기술제휴를 맺고 고단백 인스턴트 영양식인 三養완탕을개발, 라면이상의 시장을 확보하기 위해 총력을 기울이고 있다.

기업화되는 햄버거 등 외식산업

프라이드치킨, 햄버거 등 외식산업이 기업화되고 있다. 바쁜 레저 지향적 생활이 간편하면서도 맛과 영양이 충분한 외식을 요구하고 있기 때문이다.

치킨센터, 햄버거하우스 따위가 우리나라에서도 성황을 이루고 있지만, 일본의 경우 지난해(1973년) 식품매상액 3조억원중 완탕 매상액이 10분의 6을 차지하고 있어 화제가 되고 있다.

그런데 국내에서는 삼양식품이 최초로 일본의 동양수산과 기술제휴를 맺고 고단백인스턴트 영양식인 삼양완탕을 개발, 라면 이상의 시장을 확보하기 위해 총력을 기울이고 있다.

신문에 등장한 外食産業 용어 (1974. 4.17 매일경제)

1 외식산업의 정의

1) 외식산업의 일반적 정의

미국은 1960년대 이후, 일본은 1970년대 초 외식업관련 부분이 급속히 발전하면서 규모가 확대되었고, 이에 따라 외식산업(foodservice industry)이라는 용어가 사용되기 시작하였다. 우리나라에서는 초창기 요식업이라고 사용되다가 시대가 지남에 따라 식당업, 음식업, 외식업으로 변화되었다. 1970년대 「외식산업」이라는 용어가 공식매체에 등장하였고, 그 이후 1980년대에 해외 외식브랜드의 도입과 함께 외식산업은 더욱 자주 사용되는 용어가 되었다. 이러한 외식산업을 사전적으로는 어떻게 정의하고, 일반적으로 사용되어지는 의미는 무엇인지 알아보도록 하자.

- **사전적 정의** : 외식산업은 밖에서 음식을 사먹는 사람을 위한 서비스업을 통틀어 이르는 말이며 연쇄점을 거느린 큰 규모의 요식업으로 공통된 식단을 마련하고 재료를 일괄 구입하는 것이 특징이라고 정의된다.
- **일반적 정의** : 외식은 가정 이외의 장소에서 음식을 구입하여 먹는 것으로 정의되고 있으며 외식산업은 이러한 음식과 이에 수반된 서비스를 제공하는 사업체를 하나의 집단으로 구분하여 총칭하는 용어이다.

외식산업을 일반적으로 정의하는 경우에는 음식을 구입하여 먹는 서비스업의 총칭이라 하여 다소 협의(狹義)의 의미를 갖고 있으나, 사전적인 정의에서는 연쇄점 즉, 현대의 다점포경영의 특성도 함께 포함하고 있어 일반적인 정의보다는 좀 더 폭넓은 의미를 갖고 있다. 이러한 정의에 따라 외식산업을 다음과 같이 정리할 수 있다.

외식산업

「가정 이외의 장소에서 음식을 제공하는 서비스업을 총칭하며, 특별히 다점포 체인경영을 위한 메뉴개발이나 식재료의 공동구매와 관련된 사업까지 포함된다」.

2) 외식산업의 법률적 정의

정부는 외식산업을 육성하고 진흥시키고자 2011년 외식산업진흥법을 제정하였으며, 그 이후 몇차례 개정을 거쳐왔다. 외식산업진흥법에서는 외식산업과 이와 관련된 다른 용어들을 다음과 같이 정의하고 있다.

- **외식** : 가정에서 취사(炊事)를 통하여 음식을 마련하지 않고, 음식점 등에서 음식을 사서 이루어지는 식사형태
- **외식상품** : 외식을 위하여 판매가 가능하도록 생산한 제품 및 외식과 관련된 서비스, 교육훈련, 운영체계, 상표 · 서비스표
- **외식산업** : 외식상품의 기획 · 개발 · 생산 · 유통 · 소비 · 수출 · 수입 · 가맹사업 및 이에 관련된 서비스를 행하는 산업과 그밖에 대통령령으로 정하는 산업
- **외식사업** : 외식산업과 관련된 경제활동
- **외식사업자** : 외식사업을 영위하는 자

외식산업진흥법에서 다루고 있는 외식산업의 법률적 정의는 외식상품의 기획 · 개발 · 생산 · 유통 · 소비 · 수출 · 수입 · 가맹사업 및 이와 관련된 서비스를 행하는 산업과 그 이외에 전시관 · 박물관 · 체험관 등의 조성업 및 운영업, 관련행사의 기획 · 운영 등에 관한 산업, 외식산업 중 두 가지 이상이 혼합된 산업 등으로 정의 될 수 있다.

이러한 정의는 앞서 언급하였던 일반적인 정의나 사전적인 정의에 비해 더욱 광범위하고 포괄적인 정의이며, 외식산업이 단독적인 산업이라기보다는 여러 산업과 관련되어 타산업의 발전에도 영향을 미치는 경제활동에 중추적인 산업임을 알 수 있다.

연 혁	
1. 외식산업진흥법 [시행2013.11.14] [법률 제12056호, 2013.8.13 일부개정] 2. 외식산업진흥법 [시행2013.3.23] [법률 제11690호, 2013.3.23 타법개정] 3. 외식산업진흥법 [시행2011.9.10] [법률 제10454호, 2011.3.9 제정]	• 외식산업 : 기획 · 개발 · 생산 · 유통 · 소비 · 수출 · 수입 · 가맹사업 및 이에 관련된 서비스를 행하는 산업과 그밖에 대통령령으로 정하는 산업을 말함. • 〈대통령령으로 정하는 외식산업〉 : 전시관 · 박물관 · 체험관 등의 조성업 및 운영업, 외식상품 관련행사의 기획 · 운영 등에 관한 산업, 외식산업 중 둘 이상이 혼합된 산업, 그밖에 농림수산식품부장관이 외식산업진흥을 위하여 지원이 필요하다고 인정하는 산업 등으로 지정하고 있으며 이중 어느 하나에 해당되는 산업을 말함

외식산업진흥법 [법률 제10454호, 2011.3.9 제정]	외식산업진흥법 시행령 [대통령령 제23535호, 2012.1.25 타법개정]
제1장 총칙	
제1조(목적) 이 법은 외식산업의 육성 및 지원에 필요한 사항을 정하여 외식산업 진흥의 기반을 조성하고 경쟁력을 강화함으로써 국민의 삶의 질 향상과 국민경제의 건전한 발전에 이바지하는 것을 목적으로 한다.	제1조(목적) 이 영은 「외식산업진흥법」에서 위임된 사항과 그 시행에 필요한 사항을 규정함을 목적으로 한다.
제2조(정의) 이 법에서 사용하는 용어의 뜻은 다음과 같다. 1. "외식"이란 가정에서 취사(炊事)를 통하여 음식을 마련하지 아니하고 음식점 등에서 음식을 사서 이루어지는 식사형태를 말한다. 2. "외식상품"이란 외식을 위하여 판매가 가능하도록 생산한 제품 및 외식과 관련된 서비스, 교육훈련, 운영체계, 상표·서비스표 등을 말한다. 3. "외식산업"이란 외식상품의 기획·개발·생산·유통·소비·수출·수입·가맹사업 및 이에 관련된 서비스를 행하는 산업과 그밖에 대통령령으로 정하는 산업을 말한다. 4. "외식사업"이란 외식산업과 관련된 경제활동을 말한다. 5. "외식사업자"란 외식사업을 영위하는 자를 말한다.	제2조(외식산업) 「외식산업진흥법」(이하 "법"이라 한다) 제2조 제3호에서 "대통령령으로 정하는 산업"이란 다음 각 호의 어느 하나에 해당하는 산업을 말한다. 1. 외식상품을 대상으로 하는 전시관·박물관·체험관 등의 조성업 및 운영업 2. 외식상품 관련 행사의 기획·운영 등에 관한 산업 3. 외식산업 중 둘 이상이 혼합된 산업 4. 그밖에 농림축산식품부장관이 외식산업진흥을 위하여 지원이 필요하다고 인정하는 산업

자료 : 국가법령정보센터(http://www.law.go.kr/)

2 융·복합 외식산업과 가치사슬

일반적으로 산업은 무엇을 어떻게 생산하고 어떻게 만들어 내느냐에 따라 몇 차의 산업으로 구분될 수 있다. 이러한 분류방식에 맞추어 외식산업이 어떻게 연관되어 있는지 알아보자.

■ **1차산업의 외식산업** : 농업, 축산업, 수산업 등과 같이 자연을 이용해 생산물을 얻는 활동을 1차산업이라 한다. 외식산업은 1차산업의 산물인 식재료를 직접적으로 이용하는 소비집단으로 1차산업의 활성화와 밀접한 관련이 있기 때문에 1차산업의 근간이 되는 산업이다.

1차산업 : 농업, 수산업, 목축업, 임업

■ **2차산업의 외식산업** : 제조, 공업, 건설업 등과 관련된 산업을 2차산업이라고 한다. 외식산업은 가정간편식(home meal replacement: HMR)의 제조가 두드러지고, 체인경영이 활발해 짐에 따라 더욱 더 새로운 점포의 증설이나 새로운 디자인의 점포개설 등이 활발한 산업으로 건축이나 부동산업과도 밀접하게 연관되는 대표적인 2차산업이라 할 수 있다.

2차산업 : 제조업, 광업, 건설, 전기수도

■ **3차산업의 외식산업** : 상업, 운수, 통신, 금융업 등의 서비스업을 3차산업이라고 한다. 외식산업은 식품의 판매 등으로 상업부문에서 중요하게 차지하는 먹거리산업으로 관광, 호텔 및 레스토랑의 서비스업 등을 포함하는 대표적인 3차산업이다.

3차산업 : 상업, 운수, 통신, 금융 등

■ **4차산업의 외식산업** : 정보, 의료, 교육 등과 관련된 산업을 4차산업으로 보고 있다. 레스토랑과 관련된 정보기술, 외식산업관련 교육산업, 즉, 조리 및 창업부문을 교육하는 각종 시설교육기관 및 직업학교 등 외식산업은 교육산업에도 크게 기여하고 있는 4차산업이 된다.

4차산업 : 의류, 교육, 정보산업

■ **5차산업 및 융·복합산업의 외식산업** : 오락이나 레저에서도 외식이 큰 부분을 차지하고 있기 때문에 패션, 오락, 레저, 엔터테인먼트를 대표하는 5차산업에서도 외식산업은 필수적인 요소가 되고 있다.

5차산업 : 취미, 패션, 오락, 레져

지금까지 살펴 본 바와 같이 외식산업은 생산되는 식재료와 관련되는 국민의 근간산업이 되며, 다점포경영이 많이 이용되고 있어 건축과 부동산업에도 크게 기여하고 있는 고객서비스업의 대표적인 산업이다. 그 이외에도 교육산업뿐 아니라 엔터테인먼트 산업의 발달과 함께 오락, 레저의 큰 부분을 차지하는 필수적인 산업으로서 그 가능성이 무궁무진한 융·복합산업이라 볼 수 있다.

1) 외식·식품산업의 가치사슬

외식과 식품관련 산업이 어떤 가치사슬을 가지고 있는지 알아보자. 「가치사슬」이란 단계가 변화되면서 각 단계에서 나타나는 가치도 함께 변화되는 일련의 과정을 말한다. 이것은 생산, 유통, 판매 등의 경제활동에서 효율적이고 생산적인 과정을 거쳐 현재보다 더 가치 있는 산물이 나오는 단계를 보여준다.

그림 1-1 외식·식품산업의 가치사슬

표 1-1 외식·식품산업 가치사슬의 단계별 내용

단 계	가치사슬	내 용
1단계	생 산	농업, 축산업, 수산업의 식품자원으로부터 생산자들에 의해 식품의 원재료가 생산된다. 생산된 원재료는 소비자에게 직접 판매되거나, 도매업자나 소매업자를 거쳐 판매된다. 일부 외식기업들은 생산자와 직접 거래하여 원재료를 대량으로 구입하기도 하고, 직접 생산하기도 한다.
2단계	생산집결 및 식품가공	생산된 원재료가 식품가공 공장으로 집결되어 상품의 목적에 따라 가공된다. 원재료는 세척 또는 목적에 맞게 썰거나 포장되지만, 이 단계의 식품은 아직 원재료의 성격을 그대로 가지고 있다. 일부 외식기업들은 식품가공 공장을 직접 운영하여 기업이 운영하는 외식점포에서 사용하기 위한 식품의 원재료를 가공한다.

단 계	가치사슬	내 용
3단계	유통 및 운송	식품이 가공처리된 후에 식재료를 필요로 하는 각 외식업체에 운반된다. 식재료는 외식점포, 음식 및 식품소매점, 유통업체 등에 운반되어 소비자에게 판매된다.
4단계	직접 판매	식품원재료는 생산후 소비자에게 직접 판매되거나, 가공 및 포장과정을 거쳐 도매업자, 소매업자에 의해 판매된다. 일반 소비자들은 대형마트나 수퍼, 재래시장에서 상품을 구매한다.
5단계	외식업과 음식소매점	원재료가 음식으로 조리되는 단계이다. 소비자는 외식업체나 소매점에서 조리된 음식을 구입한다.
6단계	소비자	식품의 구매자, 소비자, 레스토랑 고객으로 식품의 원재료를 직접 구매하거나, 외식장소에서 식사하는 최종 구매단계이다. 소비자단계를 거친 후에 식품은 경제적인 가치를 대부분 잃게 된다.
7단계	음식물처리와 자원공급	식품이 생산되고 준비된 음식으로 모든 가치를 발휘한 후 가장 마지막 단계에서는 음식폐기물이 된다. 음식폐기물은 자원순환의 과정을 거쳐 일부는 다시 재순환되고, 나머지는 폐기된다.

2) 외식산업의 단계별 관련업체

외식·식품산업에서의 가치사슬을 기반으로, 각 단계별 어떤 업체들이 주로 관련되는지 〈그림 1-2〉에 제시된 예와 함께 알아보기로 하자.

생산된 식품은 전처리·가공·유통단계에서 몇 가지 업체로 나누어진다. ①프랜차이즈 외식기업이나 단체급식 회사의 전처리 혹은 식재료가공 공장에서 식재료를 처리하여 각 회사의 개별점포로 운반될 수 있고, ②산지에서 직접 대·소형 유통기업으로 판매된 식재료들이 아무런 전처리없이 일반 외식업체에 판매될 수 있다. 또 다른 경우는 ③일반 식품기업에서 이러한 식재료를 구입하여 준비된 음식을 만들어 완전조리, 반조리 등의 가정간편식, HMR을 만들어 판매하기도 한다.

외식업체 판매단계에서는 프랜차이즈 외식업체, 단체급식 업체를 비롯한 일반 소규모의 외식업체와 개인 외식업체들이 식재료를 구입하여 음식을 조리하여 상품으로 만들어 소비자에게 판매하게 된다. 식재료가 생산되어 외식상품으로 소비되는 과정에서 여러 기업과 업체를 거쳐 최종 고객인 소비자에게 전달되는 것이다.

그림 1-2 외식산업을 위한 생산단계부터 소비단계의 관련업체

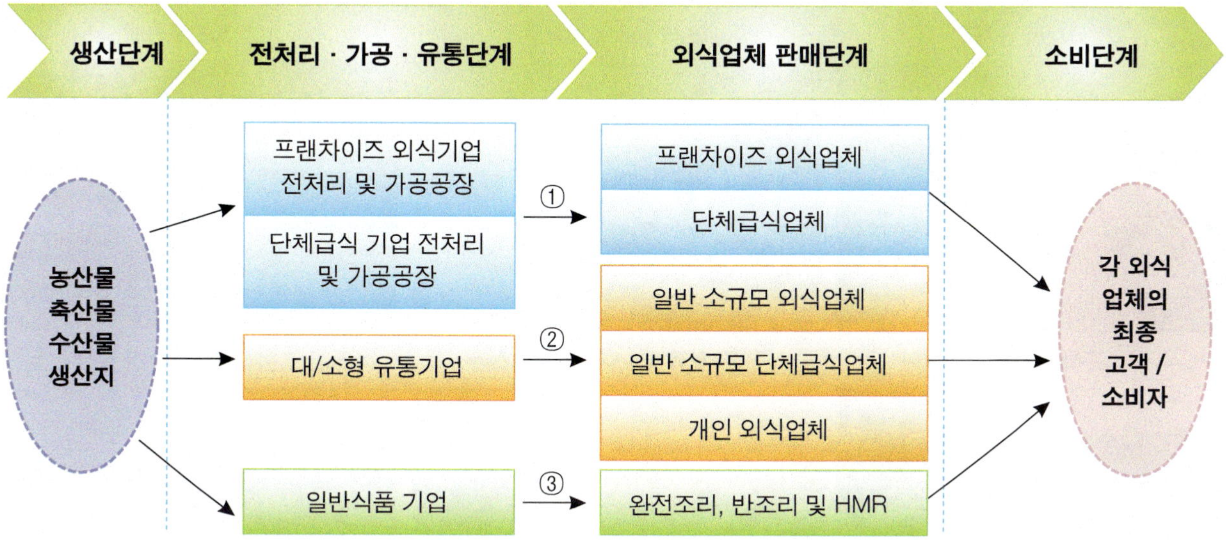

3 외식산업의 범위와 타산업과의 관련성

외식산업의 범위는 관점에 따라 다양하게 구분할 수 있다. 본 장에서는 외식산업을 식재료 제조가공 및 유통, 호텔·레스토랑 등 외식서비스, 가맹사업의 전개, 음식관광과 음식박람회 등으로 구분해 보고자 한다(그림 1-3 참조).

1) 식재료 제조가공 및 유통

농업, 축산업, 수산업 등을 통해 생산된 식품의 원재료가 다음 단계에서 용이하게 사용될 수 있도록 전단계에서 처리하여 손질하는 사업부분이다. 식재료제조와 가공에 관련된 사업분야 및 이를 유통하는 식재료유통·판매를 포함한다. 즉, 이 분야는 식재료가 전처리 및 가공유통되는 단계로 식재료 품질관리의 첫 단계가 된다.

그림 1-3 다양한 외식사업

① 식재료 전처리 ② 식재료 물류유통 ③ 식재료판매
④ 식품제조가공 ⑤ 호텔 · 레스토랑 서비스 ⑥ 음식배달과 이동음식
⑦ 음식관광 및 체험 ⑧ 외식관련 오락 · 레저 ⑨ 외식식자재 박람회

2) 호텔 · 레스토랑 등 외식서비스

외식업을 운영하여 고객에게 외식서비스를 제공하는 분야로서 외식소비자 거래시장의 대표적인 부분이다. 호텔레스토랑을 포함하는 고급식당에서부터 그외 일반적인 식당, 프랜차이즈로 운영되는 외식업체, 테이크아웃, 배달, 길거리에서 판매되는 모든 외식업을 포함하는 서비스 분야이다.

3) 가맹사업 전개

외식기업은 다점포 직영 경영방식이나 가맹점형태로 점포를 확장한다. 외식기업이 가장 많이 도입하고 있는 기업확장 전개방식은 프랜차이즈 경영기법이다. 프랜차이즈 방식을 이용하여 확장하는 외식업체는 유사한 외형으로 동일한 종류의 메뉴와 동일한 서비스를 판매함으로써 고객에게는 동일한 기업 이미지를 갖게 된다. 기업들은 이러한 방식으로 사업을 전개하여 소비자접점을 더욱 늘려간다.

4) 음식관광

음식관광은 여행자들이 어떤 지역을 관광하고 그 지역의 음식이나 음식만드는 기술을 습득하고 음식의 역사 등에 관심을 가질 때, 음식관광 여행패키지와 함께 세계를 충분히 만끽하고자 생겨난 여행형태이다. 즉 음식이나 와인이벤트, 식도락경쟁 등은 여행객들에게 새로운 지역을 방문하는 기회를 부여할뿐 아니라 그 지역의 새로운 음식에 대해서 맛 볼 수 있는 기회를 주기도 한다. 관광객들이 각종 유명한 혹은 독특한 음식을 찾아다니거나, 음식점을 방문하는 사업도 활발히 성행하고 있으며 이로 인해 관광의 새로운 형태인 음식관광이 나타나게 된 것이다. 음식관광에서의 음식체험활동은 엔터테인먼트의 중요한 요소로 관광객에게 경험 이상의 '재미'를 주는 작용을 한다.

5) 음식박람회

음식이나 식자재관련 전시박람회를 통하여 생산자와 사업자의 직거래를 활성화하는 사업도 활발해 지고 있다. 식품이나 음식의 전시회에서 다양한 식품비즈니스 장을 접할 수 있으며, 전문 식품업체들을 직접 상대할 수 있어 음식식품박람회는 그 시장이 점점 국내뿐만 아니라 국외로도 확대되고 있다.

4 외식산업의 분류

어떤 물체, 행동, 특성 등을 나누고 구분하는 것을 분류한다고 한다. 경제를 이끌어 가는 산업도 그 특성을 이해하여 유사한 것끼리 구분하면 어떤 현상에 대해 비슷하게 대응할 것이라고 생각할 수 있다. 산업의 분류는 구분된 집합에 따라 각종 정보나 통계자료 등이 수집되고, 이러한 자료는 단기적으로 이용하기보다는 시대적인 추이나 변화를 알아보고 미래를 전망하는데 유용하게 작용한다. 또한 이러한 자료에 의해 얻어진 숫자를 이용하여 경영을 위한 지표를 만들어 산출하기도 하고, 산업발전의 방향을 설계하기 위해 유용하게 이용할 수도 있다. 이러한 점들을 종합해 보면 어떤 방식으로 산업을 분류하는지의 분류기준은 중요하게 결정되어야 하는 문제이다.

1) 한국의 외식산업분류

외식산업은 아직 체계가 확립되지 않았던 오래전부터 관련부처에서 해당 목적에 맞도록 산업을 분류하고 활용해 왔다. 따라서 예전방식의 분류와 산업의 새로운 변화가 반영된 분류도 있다. 이런 배경에 따라 우리나라는 하나의 통일된 기준에 의한 외식산업분류보다는 다음과 같이 기관의 편의에 따라 분류하여 이용되고 있다.

① 한국표준산업분류 : 통계청
② 표준소득률에 따른 분류 : 국세청
③ 외식산업진흥법분류 : 농림축산 식품부
④ 식품위생법분류 : 보건복지부
⑤ 관광진흥법 분류 : 문화관광부

(1) 한국표준산업분류

표준산업분류는 〈표 1-2〉에서 볼 수 있듯이 대분류, 중분류, 소분류까지는 국제표준기준에 따라야 하고, 그 이후부터는 그 나라의 실정이나 상황에 맞게 세분류, 세세분류 등으로 구분된다. 우리나라의 경우는 대분류에서 숙박 및 음식점업, 중분류에서 음식점 및 주점업, 소분류에서 음식점업과 주점 및 비알콜 음식점업으로 구분하고, 그 이후 세분류로 나눠지고 있다.

표 1-2 제10차 한국표준산업분류의 외식업구분

대분류	중분류	소분류	세분류	세세분류
I. 숙박 및 음식점업	56 음식점 및 주점업	561 음식점업	5611 한식 음식점업	56111 한식 일반음식점업
				56112 한식 면요리전문점
				56113 한식 육류요리전문점
				56114 한식 해산물요리전문점
			5612 외국식 음식점업	56121 중식음식점업
				56122 일식음식점업
				56123 서양식 음식점업
				56129 기타 외국식 음식점업
			5613 기관 구내식당업	56130 기관 구내식당업
			5614 출장 및 이동음식점업	56141 출장음식 서비스업
				56142 이동음식점업
			5619 기타 간이음식점업	56191 제과점업
				56192 피자, 햄버거, 샌드위치, 및 유사음식점업
				56193 치킨전문점
				56194 김밥 및 기타 간이음식점업
				59199 간이음식 포장판매전문점
		562 주점 및 비알콜 음료점업	5621 주점업	56211 일반유흥주점업
				56212 무도유흥주점업
				56213 생맥주전문점
				56129 기타 주점업
			5622 비알코올 음료점업	56221 커피전문점
				56229 기타 비알코올 음료점업

자료 : 통계청 www.kostat.go.kr

세분류나 세세분류의 경우는 그 산업 내에서 구체적으로 무엇을 기준으로 하느냐에 따라 분류가 달라질 수 있다. 소분류 음식점업에 대한 세분류를 보면 한식 음식점업, 외국식 음식점업, 기관 구내식당업, 출장 및 이동음식점업, 기타 간이음식점업으로 구분되고, 그 이하 다시 세세분류로 구분된다. 단 한식이어도 이동음식점인 경우는 한식 음식점업에서 제외되고 이동음식점업으로 들어간다. 소분류 비알콜 음료점업은 커피전문점을 따로 구분하고 있다.

(2) 표준소득률표에 따른 분류

국세청의 표준소득률표에 따른 분류는 국세청장이 표준소득률 심의회의를 거쳐 업종 및 지역별로 영업을 분류하여 차등적으로 과세비율을 정하기 위해 사용되는 분류이다. 표준소득률표에서의 외식업체구분은 식품위생법과 관광진흥법, 공중위생법, 특별소비세법 등의 규정과 관행을 배경으로 하는데, 이에 따라 외식업소의 종류, 규모 및 시설, 직원수, 가격대 등에 따라 세금범위가 달리 책정된다.

(3) 외식산업진흥법분류

2011년에 제정된 외식산업진흥법에서도 「외식」과 「외식산업」에 대한 정의는 내리고 있으나 구체적인 산업분류는 제시하지 않고 있으며, 외식산업진흥법 시행령 제2조 제3호에서 〈표 1-3〉과 같이 대통령령으로 정하는 산업으로 외식산업을 제시하고 있다. 산업에 대해서는 통일된 분류가 있는 것이 바람직하며 새로운 분야가 반영될 수 있어야 한다.

표 1-3 외식산업진흥법에서 구분하고 있는 외식산업

1. 외식상품을 대상으로 하는 전시관 · 박물관 · 체험관 등의 조성업 및 운영업
2. 외식상품관련 행사의 기획 · 운영 등에 관한 산업
3. 외식산업 중 둘 이상이 혼합된 산업
4. 그밖에 농림수산식품부장관이 외식산업진흥을 위하여 지원이 필요하다고 인정하는 산업

(4) 식품위생법분류

식품위생법 시행령 「제7조 영업의 종류」에서 「식품접객업」이라는 용어로 외식업소의 종류 및 영업내용을 명시하고 있다. 식품접객업은 음식류 또는 주류 등을 조리, 판매하는 영업으로서 취급하는 품목 및 영업형태 · 시설 등을 기준으로 하여 음식점 영업과 주점 영업으로 구분되며, 세부적으로는 휴게음식점 영업, 일반음식점 영업, 단란주점 영업, 유흥주점 영업, 위탁

표 1-4 식품위생법에 따른 우리나라 외식산업의 분류

구 분	영업내용	행정절차
휴게음식점	음식류를 조리 · 판매하는 영업(음주행위가 허용되지 않음) (주로 다류를 조리 · 판매하는 다방 · 제과 · 패스트푸드점 등)	신고
일반음식점	음식류를 조리 · 판매하는 영업 (부수적으로 음주행위가 허용되는 영업)	신고
단란주점	주로 주류를 조리 · 판매하는 영업 (손님이 노래를 부르는 행위가 허용되는 영업)	허가
유흥주점	주로 주류를 조리 · 판매하는 영업 (유흥종사자 고용 · 유흥시설설치 허용)	허가
위탁급식	음식류를 조리 · 제공하는 영업 (영양사와 조리사를 두어야 함)	신고
제과점	주로 빵, 떡, 과자류를 조리 · 판매하는 영업 (음주행위가 허용되지 않음)	신고

자료 : 식품위생법 시행령 [2010.11.19 대통령령 제22497호 제21호(영업종류)]

급식 영업, 제과점영업 등으로 분류되고 있다. 〈표 1-4〉는 식품위생법에서 우리나라의 외식산업을 어떻게 분류하고 있는지 보여주고 있다.

(5) 관광진흥법 분류

관광진흥법상에 따른 분류는 식품위생법상 음식점시설에 해당하는 휴게음식점, 일반음식점, 제과점영업을 포함하는 관광객이용시설업과 식품위생법상 유흥주점에 해당되는 관광유흥음식점, 외국인전용 유흥음식점, 관광식당업, 관광토속주판매업 등을 포함하는 관광편의시설업으로 구분될 수 있다. 이 두 가지 형태의 영업점은 모두 시 · 도지사에게 등록함으로써 가능하다. 〈표 1-5〉에서는 관광진흥법에서 구분하고 있는 음식점의 종류를 정리하고 있다.

표 1-5 관광진흥법에 따른 우리나라 외식산업의 분류

<table>
<tr><th>음식점 종류</th><th>비 고</th><th>식품위생법상 영업허가</th><th>관광진흥법상 업종</th><th>관광진흥법상 관리형태</th></tr>
<tr><td>휴게음식점 영업</td><td>주로 다류, 아이스크림류 등을 조리 · 판매하거나 패스트푸드점, 분식점형태의 영업 등 음식류를 조리 · 판매, 음주불허</td><td rowspan="3">음식점 시설</td><td rowspan="3">관광객 이용 시설업</td><td rowspan="7">시 · 도지사에게 등록</td></tr>
<tr><td>일반음식점 영업</td><td>음식류를 조리 · 판매하는 영업으로서 식사와 함께 부수적으로 음주행위가 허용</td></tr>
<tr><td>제과점영업</td><td>주로 빵, 떡, 과자 등을 제조 · 판매하는 영업, 음주불허</td></tr>
<tr><td>관광유흥음식점업</td><td>노래와 춤, 공연가능, 음식</td><td rowspan="4">유흥주점</td><td rowspan="4">관광편의 시설업</td></tr>
<tr><td>외국인전용 유흥 음식점업</td><td>노래와 춤, 음식</td></tr>
<tr><td>관광식당업</td><td>한국 전통음식 조리자는 해당 자격증 소지</td></tr>
<tr><td>관광토속주판매업</td><td>외국어 서비스가능</td></tr>
</table>

자료 : 문화체육관광부 관광진흥법 [일부개정 2007.12.27 법률 제 8820호]

2) 미국의 외식산업분류

(1) 북미산업분류체계에 따른 분류(NAICS: North American Industry Classification Standard)

미국의 산업분류체계를 알아보면 우리나라의 대, 중, 소 분류 대신에 2, 3, 4자리수의 숫자로 구분하고 다시 세분류와 세세분류를 5, 6자리수의 숫자로 구분하고 있다. 소분류에 해당하는 4자리 수에서 special food service, drinking places, 그외 나머지 full service restaurants, limited service eating places로 구분하였다. 서비스수준을 고려한 full service와 limited service eating places로 구분한 것이 미국 외식산업분류의 특징이다. 〈표 1-6〉에서는 북미산업분류체계에 따른 미국의 외식산업분류를 제시한 것이다.

표 1-6 북미산업분류체계에 미국의 외식산업분류

2-digit	3-digit	4-digit	5-digit	6-digit
72 Accommodation and Food Services	722 Food Services and Drinking Places	7223 Special food services	72231 Food service contractors	722310 Food service contractors
			72232 Caterers	722320 Caterers
			72233 Mobil food service	722330 Mobil food service
		7224 Drinking places (alcoholic beverages)	72241 Drinking places (alcoholic beverages)	722410 Drinking places (alcoholic beverages)
		7225 Full service restaurants and limited service eating places	722511 Full service restaurants and limited service eating places	722511 Full service restaurants
				722513 Limited service eating places

자료 : North American Industry Classification System (NAICS) Canada 2012 (2018. 7월 자료발췌), http://bitly.kr/3N2f

(2) 미국 레스토랑협회(National Restaurant Association : NRA)에 따른 분류

미국의 레스토랑협회에 따르면 외식산업은 크게 상업적, 비상업적 레스토랑으로 나뉘고, 상업적 레스토랑은 다시 중분류에서 일반외식업, 위탁급식경영법, 숙박외식업으로 구분된 후, 소분류에서 외식서비스의 장소에 따라 분류하고 있다. NRA에 따른 이러한 분류에 의하면 소분류의 정보를 통해서 일반외식업의 규모뿐 아니라, 단체급식의 규모가 각각 외식서비스의 장소에 따라 파악될 수 있는 분류체계를 가지고 있으며, 특별히 숙박외식사업 및 심지어 자동판매기의 현황도 파악할 수 있다는 특징이 있다.

또한 상업적, 비상업적 이외에 군인을 위한 외식업의 분포가 어떻게 되는지 알 수 있다는 것은 군대급식에 대한 시장규모 및 그에 따른 구체적인 정보까지도 파악이 가능함을 의미한다. 이와 같은 내용은 다음의 〈표 1-7〉은 NRA에 따른 미국의 외식산업분류에서 자세히 보여주고 있다.

표 1-7 NRA에 따른 미국의 외식산업분류

대분류	중분류	소분류
상업외식업 (Commercial restaurant services)	일반외식업체 (Eating places)	일반음식점(Eating restaurant)
		전문음식점(Special restaurant)
		카페테리아(Cafeterias)
		출장음식(Catering)
		일반음식, 아이스크림판매점
		간식판매점
		바, 선술집
	위탁경영 (Food contractors)	구내식당
		공장, 사무길, 대학, 병원 등
		기내식
		공공시설 구내식당
	숙박업음식점 (Lodging places)	호텔 레스토랑(Hotel restaurants)
		모터호텔(Motor hotel)레스토랑
		모텔 레스토랑(Motel restaurant)
	기 타	편의점
		모빌식당
		자판기, 포장마차 등
		일반오락 및 스포츠장 음식판매
비상업외식업 (Non-commercial restaurants)		직원 급식
		초 · 중 · 고등학교 급식
		대학교급식
		교통시설급식
		병원급식
		양로원, 고아원 기타 장기투숙기관 급식
		클럽, 스포츠, 오락캠프급식
		커뮤니티센터 급식
군인을 위한 외식업 (Military restaurant services)		장교식당 및 장교클럽
		일반군인급식

자료 : 미국레스토랑협회(NRA)

3) 일본의 외식산업분류

(1) 일본 표준산업분류

〈표 1-8〉은 일본의 외식산업분류를 제시한 것이다. 우리나라의 분류와는 다르게 일본산업분류에는 몇 가지 특징이 있다. 즉 식음료관리업이라는 소분류와 소바, 우동, 초밥과 같은 일

표 1-8 일본 표준산업분류에 따른 외식산업 분류

대분류	중분류	소분류	세분류
M 숙박음식 서비스업	76 음식점	760 식음료 관리업	7600 식음료관리
			7609 식음료 기타 관리업
		761 음식점(전문음식점제외)	7611 일반음식점
		762 전문음식점	7621 일본요리점
			7622 요정(일정식)
			7623 중국음식점
			7624 라멘전문점
			7625 야끼니꾸전문점
			7629 기타 전문요리점
		763 소바 및 우동점	7631 소바 및 우동가게
		764 초밥점	7641 초밥점
		765 주점 및 호프집	7651 주점 및 호프집
		766 바, 카바레, 나이트클럽	7661 바, 카바레, 나이트클럽
		767 다방	7671 다방
		769 기타 음식점	7691 햄버거점
			7692 오코노미야키, 야키소바, 타코야끼점
			7699 기타 음식점
	77 테이크아웃 배달음식 서비스업	770 관리보조 경제활동을 하는 사업장	7700 식음료관리본사
			7709 식음료 기타 관리업
		771 테이크아웃 서비스업	7711 테이크아웃 서비스업
		772 음식배달업	7721 음식배달업

자료 : 일본 통계청 2012년 기준

본의 대표메뉴로 구분한 것, 그리고 판매수단인 테이크아웃과 배달음식 서비스부분을 따로 구분한 것이 특징적이다. 라멘, 야끼니구(불고기), 소바, 우동, 초밥집, 햄버거, 오꼬노미야끼 등의 특정한 메뉴를 산업에서 분류하여 그 현황을 파악한다는 것은 이 메뉴들의 발전과 앞으로의 방향에 대해서도 많은 관심이 있는 것으로 추정할 수 있다.

(2) 일본 외식산업 총합조사연구센터의 분류

일본의 외식산업 총합조사연구센터에서 분류하고 있는 외식산업은 1차적으로 급식주체와 요리주체로 나뉘어져, 급식주체부분에서 다시 영업급식과 집단급식으로 구분하고 있다(그림

그림 1-4 일본 외식산업총합조사연구센터의 외식산업분류표

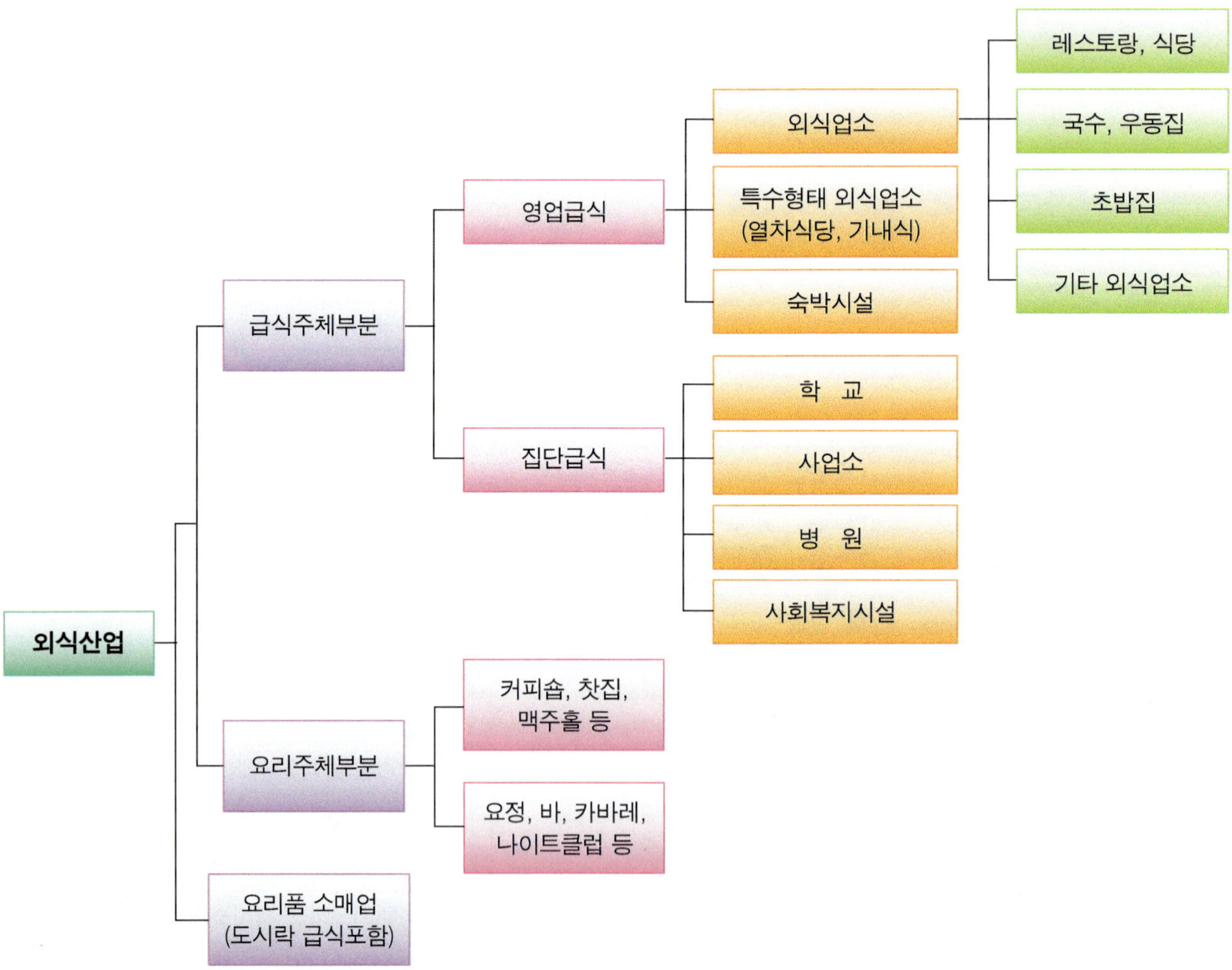

자료 : 한국외식연감, 2017, p.107

1-4 참조). 일본의 경우도 미국에서처럼 영업시설에서 숙박시설에 대한 분류를 따로 하고 있으며, 집단급식에서는 사회복지시설도 따로 분류하고 있다. 또 다른 특이한 사항은 국수·우동집, 초밥집과 같이 일본의 대표메뉴를 취급하는 외식업소를 따로 구분하고 있다는 점과 도시락 급식을 포함하고 있는 요리품 소매점에 대하여도 따로 구분하고 있어 이에 대한 현황이나 통계적인 자료의 집계가 가능하다는 것을 알 수 있다.

논의 과제

1. 외식산업의 일반적 정의, 사전적 정의, 법률적 정의에 대해서 논의하시오.

2. 외식 · 식품산업의 가치사슬을 이해하고, 각 단계의 역할에 대해서 논의하시오.

3. 외식산업과 관련되는 타산업이 어떤 형태로 서로 연관되어 있는지 논의하시오.

4. 우리나라의 산업분류의 문제점에 대해서 논의하시오.

제2장

외식산업의 과거·현재·미래

1. 한국외식산업의 시대별 변천과 특징
2. 21세기 한국외식산업의 이슈
3. 외식시장의 새로운 전환

학습 목표

- 한국외식산업의 시대별 변천과 특징을 알아본다.
- 21세기 한국외식산업의 이슈와 현황에 대해서 알아본다.
- 외식시장의 변화 가능성을 알아본다.

· **주　　제** : 외식산업과 관련된 과거의 사건들, 현재의 이슈, 미래의 전망

· **강의 방향** : 외식산업발전의 역사적 배경과 현재의 이슈가 되는 문제들 및 미래를 위한 새로운 변화에 대해 논의한다.

· **강의 시간** : 60분~75분 정도의 **1회 수업**

1. 한국외식산업의 시대별 변천과 특징	
1) 1960년 전 · 후 : 원조경제와 분식장려운동	전쟁 전후의 외식과 관련된 식생활에 대한 상황을 이해한다.
2) 1970년대 : 외식산업의 시작	서서히 시작되는 초기 외식산업의 태동에 대해 알아본다.
3) 1980년대 : 글로벌 해외브랜드 외식기업 국내진출	스포츠 이벤트를 통한 글로벌 해외외식브랜드의 국내도입에 대해 알아본다.
4) 1990년대 : 기업형 외식업체와 프랜차이즈 사업의 확대	체인경영방식의 기업형으로 성장하는 외식산업의 변화를 이해한다.
2. 21세기 한국외식산업의 이슈	
1) 식재료관련 이슈	2000년 이후의 주요 식재료관련 이슈에 대해서 알아본다.
2) 외식업계의 양극화 현상	저가 전략과 고급화에 따른 양극화에 대해 알아본다.
3) 웰빙에 따른 새로운 컨셉과 외식업의 시장확대	고객의 웰빙추구욕구와 외식시장 확대에 대해 이해한다.
4) 새로운 업종과 업태의 등장	새로운 업종, 업태의 외식컨셉에 대해 알아본다.
5) 고급화, 전문화된 디저트시장	고급화, 전문화로 성장하고 있는 디저트시장에 대해 알아본다.
6) 중간식시장의 활성화	더욱 성장하고 있는 외식과 내식의 중간형태인 중간식시장에 대해 알아본다.
3. 외식시장의 새로운 전환	
1) 정보통신기술과 융합된 외식서비스의 변화	정보통신기술의 발전으로 변화된 외식서비스를 알아본다.
2) 환경을 고려한 생산 및 서비스	음식폐기물과 일회용기 사용에 대한 환경문제를 알아본다.
3) 새로움을 향한 진보적인 변화	비전형레스토랑, 오픈주방, 팝업레스토랑 등의 새로운 형태의 외식사업에 대해 알아본다.

우리나라의 외식산업은 전쟁 이후 역동의 시대를 거쳐 해외로 진출하기까지 많은 사건을 극복하면서 발전을 거듭하여 왔다. 산업으로의 발전과정을 간단히 기술하는 것은 쉬운 일이 아니지만, 어떤 고난속에서 어떤 변화를 가져왔는지를 알아보는 것은 어느 정도 가능하리라고 본다. 또한 21세기의 현대시대에 이슈가 되고 있는 외식산업관련 내용들의 현황을 검토하여, 앞으로 더욱 다양한 변화와 함께 새롭게 전개될 외식분야의 미래의 모습을 대비하고 준비하는 것이 필요하다.

1 한국외식산업의 시대별 변천과 특징

광복 이전의 우리나라의 식생활모습은 가정에서 식사하던 가내주도형이었고, 음식판매활동의 초기의 모습은 주막의 형태라 할 수 있다. 인천의 중국음식점 공화춘이 1905년 최초의 자장면을 판매하였고, 서울의 이문설렁탕에서도 1910년에 영업을 시작하였다. 광복 이후에도 식생활의 궁핍과 침체, 기아 등 어려운 경제적 상황으로 외식활동은 활발하지 못하였다.

- 자료 : 간송미술관 소장, 국보 제135호. 신윤복, 〈선술집〉
- 선술집 : 앉아서 먹는 곳이 아니라 서서 먹는 주막이전의 술집
- http://reurl.kr/20BFE4CF

1) 1960년 전·후 : 원조경제와 분식장려운동

(1) 원조경제

우리나라는 전쟁으로 인해 대다수의 생산시설이 파괴되어 생필품이 부족한 상황이었으며 이러한 때, 미국으로부터의 경제원조는 전쟁 이후 한국경제의 부흥에 크게 이바지하였다. 원조물품은 대부분 농산물이었으며 주로 소비재의 원료인 면방직, 설탕, 밀가루였고 이로 인해 삼백(三白)산업이 발달하게 되었다(그림 2-1 참조). 미국에서 원조받은 제분, 제당을 이용하여 소자본으로 시작할 수 있는 영세한 빵, 과자, 국수 등을 판매하는 외식업소가 생겨나기 시작하였다. 1945년 종로에 고려당이 들어섰고 이어 남포면옥, 하동관, 청진동해장국 골목, 오장동 냉면집 등의 전통음식점 중심의 음식업형태가 생겨나기 시작하였다.

(2) 분식장려운동

1960년대는 4·19이후 전반적인 경기후퇴에도 사치성 소비경기 즉, 바(bar), 다방, 미용,

그림 2-1 미국의 한반도원조와 농산물원조규모

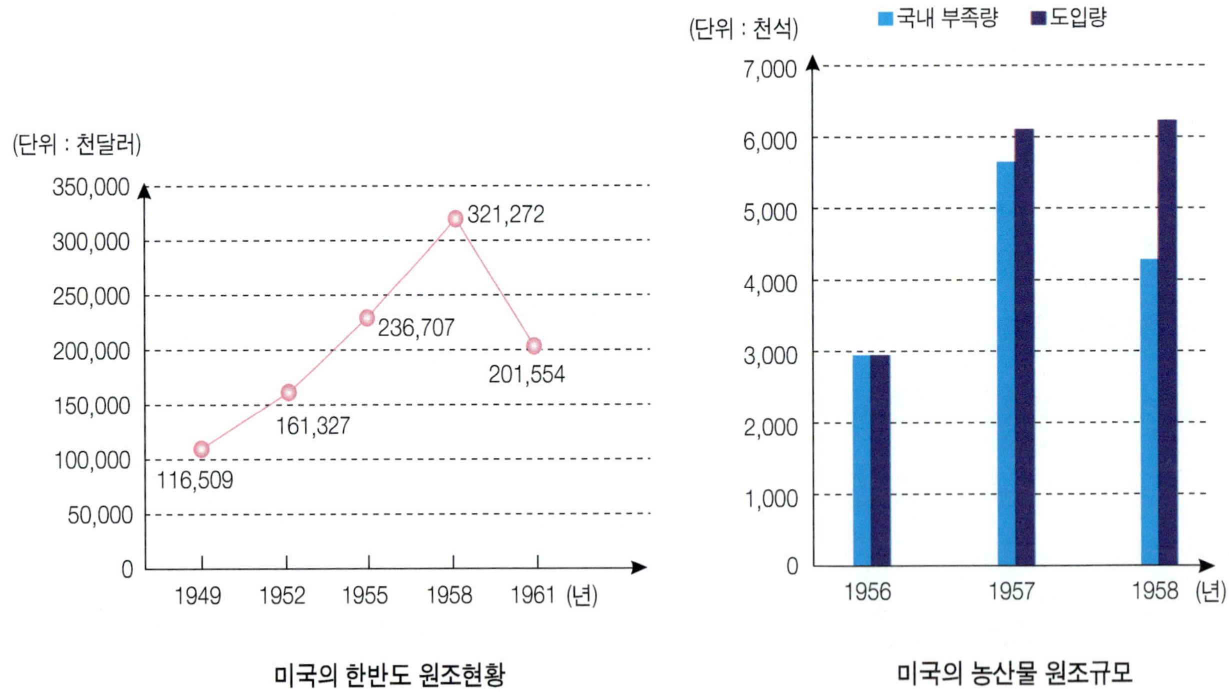

자료 : https://bit.ly/2GJi2zU

그림 2-2 1970년대 혼분식 장려운동 포스터

자료 : 〈신한국문화신문〉 https://bit.ly/2s4MVJS

기원, 음식업, 유흥업의 업체수가 늘어났고, 이런 곳을 이용하는 고객수도 증가하였다.

주식이었던 쌀의 부족으로 1950년대부터 정부에 의해 절미운동이 실시되다가 1956년부터 미국의 잉여농산물 원조가 제공되면서 혼분식 장려운동이 활발하게 전개되었다. 이에 따라 국내에 밀가루음식의 전성시대를 맞이하게 되고, 혼분식 장려운동은 1970년대 절정을 이루게 된다(그림 2-2 참조). 분식장려운동으로 군대급식을 비롯하여 공장, 학교의 기숙사, 병원 등의 집단급식소에 보다 능률적이고 위생적이며 영양있는 급식을 공급하고자 노력하였으며, 쌀밥에 편중되었던 식생활에서 간편한 '분식'으로 식생활체계의 변화를 장려하였다.

혼식(混食)

1. 쌀에 잡곡을 섞어서 먹음
2. 여러 가지 음식을 섞어서 먹음

분식(粉食)

가루음식이라고도 하며, 밀가루 같은 재료로 만든 음식이나 그런 음식을 먹음

2) 1970년대 : 외식산업의 시작

(1) 식생활간소화제도

1968년에는 식생활간소화의 「메뉴제」가 도입되었다. 「메뉴제」란 당시 보건사회부에서 밥, 국, 김치만을 기본으로 하고 그 이외의 반찬은 손님이 선택해서 먹도록 하여 남은 음식을 재활용하는 비위생을 막기 위한 제도였다. 즉 대중음식점의 불고기백반에는 고기, 밥, 김치만 나오고 손님의 요청에 따라 깍두기, 동치미, 무채나물, 시금치나물, 굴, 게장, 청포, 된장찌개 등 10개의 반찬을 선택허용하는 것이다. 이에 따라 전국 14,958개 음식점에 권장하여 한식의 경우 밥, 국, 김치 세 가지와 반찬은 손님의 요청에 따라 1인분씩 주는 것이 시행되었다.

(2) 새마을운동의 확산

1972년 새마을운동의 확산으로 식품관련 범국민운동이 전개되었다. 쌀가격의 폭등으로 혼·분식 범국민운동을 장려하였고, 외국쌀의 도입으로 인한 외화낭비를 막기 위해 음식점에서는 절미운동이 지속되었다. 경제개발계획추진에 따른 경제발전과 국민소득의 점진적 증대로 식생활에 대한 질적향상욕구는 외식산업이 태동하는 촉매역할을 하게 되었다. 또한 공업화에 따른 식품산업의 발전으로 패스트푸드가 식생활에 큰 영향을 주기 시작하였다.

(3) 국내 브랜드의 외식업체 등장

1970년대 한식으로 설렁탕 등의 국밥류와 삼겹살, 갈비, 등심과 같은 고기를 구워먹는 문화가 일반화되기 시작하여 「~~가든」, 「~~갈비」등의 고기집들과, 신포우리만두(1971), 림스치킨(1977) 등의 국내 외식브랜드가 생겨나기 시작하였다. 림스치킨은 개인경영주로서 처음으로 체인경영형태를 도입하였다. 난다랑(1979)은 커피전문점으로 최초의 원두커피 프랜차이즈 사업을 시작하였다.

(4) 기업형 프랜차이즈 시스템의 도입

1970년대 말에 림스치킨과 난다랑이 우리나라에서는 최초로 프랜차이즈 경영기법을 도입하였으나, 대체로 1979년 일본의 롯데리아로부터 기술지원을 받은 패스트푸드 햄버거전문업체인 롯데리아를 본격적인 기업형 프랜차이즈 시스템의 효시로 간주하고 있다.

3) 1980년대 : 글로벌 해외브랜드 외식기업 국내진출

(1) 소비자의 질적욕구변화

1980년대에 소비자의 높아진 질적욕구는 외식사업의 발전으로 연결되어 음식의 서구화현상이 나타나기 시작하였다. 음식업에서 외식산업으로 발전하는 기틀을 마련했으며 글로벌 외식기업도 이 시기에 등장하였다.

(2) 스포츠 메가이벤트로 인한 외식산업의 변화

86아시안게임과 88서울올림픽을 계기로 국내유입 해외관광객의 적극적인 유치를 위해 한국즉석음식과 간편식이 개발되었고, 외국인의 기호에 맞는 한국음식의 개발을 위해 정부차원에서 올림픽식당을 지정함에 따라 적극적인 서양기술도입과 한국전통요리의 보급에 힘썼다. 스포츠 메가이벤트를 겨냥한 해외패스트푸드업체 및 패밀리레스토랑 업체들이 한국에 진출했고, 버거킹, 웬디스, KFC, 피자헛도 이 시기에 국내에 진출하였다. 1986년 세계적인 패스트푸드 업체인 맥도날드가 국내에 들어와 1988년 맥도날드 1호점을 오픈하면서 우리나라 식생활패턴에 큰 변화를 주었고 국내 외식산업의 국제화를 가속시켰다.

1984 1984 1984 1985 1985 1988

(3) 글로벌 외식브랜드의 도입과 시스템을 갖춘 외식기업 등장

국내기업이 글로벌기업과 기술제휴하여 외식사업을 본격화하기 시작했으며, 시스템화된 미래형산업의 전형적인 모습을 보여주었다. 대부분의 외국기업은 주로 기술제휴와 합작투자형태로 우리나라에 진출했으며, 당시에는 미국기업이 대부분이었다. 패스트푸드 외식기업이 국내에 들어옴으로써 신속함에 대한 소비자의 욕구를 충족시켜주었고, 외국기업과의 기술제휴형태는 소자본형태의 외식시장을 기업형 외식산업으로 변화하도록 촉진하였다.

국내기업들은 〈표 2-1〉과 같은 중앙조리장(Central Kitchen: CK)시스템, 간편조리시스템, 프랜차이즈 시스템, 전화주문 음식배달 시스템같이 우리나라에서는 사용되지 않았던 선진화된 기술의 도입으로 기업운영의 효율성, 생산성을 높이고 외식산업의 성장에 크게 기여하는 계기가 되었다.

표 2-1 1980년대 해외에서 도입된 새로운 시스템

시스템	내 용
중앙조리장(CK)시스템	식재료를 1차 가공하여 각각의 체인점포에 공급하고, 각 체인점에서는 최종 가공시스템만 확보하여 시설비용이 절약되는 형태
간편조리시스템	햄버거, 피자 등의 새로운 음식을 간단하고 단순하게 만드는 조리방법과 조리기기가 도입
프랜차이즈 시스템	지역적으로 떨어진 여러 체인점포 현장에서 음식을 생산해 낼 수 있는 체계화된 생산시스템과 식재료공급을 위한 식재료가공시스템 포함
전화주문 음식배달 시스템	패스트푸드 음식배달만을 전문적으로 하는 프랜차이즈 업체의 도입으로 초기 투자비를 줄이기 위해, 객석은 없고 냉장고와 조리장비, 작업테이블 등의 최소한의 시설설비와 전화로 음식을 주문하여 배달해 주는 시스템. 주로 햄버거와 치킨 튀김류가 주류를 이루었음

(4) 패밀리레스토랑 형태의 외식업 등장

한식브랜드 놀부(1987)가 개점하고, 서울케이터링(1988)이 중소기업 규모로서 단체급식시장에 진출하고, LG유통이 기업형 단체급식사업에 등장하였다. 최초의 패밀리레스토랑 형태인 투모로우타이거즈(1984)가 개점된 이후 일본으로부터 패밀리레스토랑 코코스(1988)가 도입되었으며, 이러한 패밀리레스토랑의 시작은 이후 외식활동이 레저와 문화생활로 정착하는 데 크게 기여하게 되었다.

4) 1990년대 : 기업형 외식업체와 프랜차이즈 사업의 확대

1990년대는 외국의 유명 외식브랜드들이 초기의 시장개척단계에서 정착단계로 접어들면서, 국내체인점들은 이미 새로운 시스템을 흡수한 상태였기 때문에, 과도한 투자나 위험부담 없이 대기업들이 외식사업을 할 수 있게 되었다. 두산, 진로, 미원, 대농, 삼호, 태평양화학, 쌍방울, 쌍용, 삼환, 신세계백화점 등의 기업들이 외식업에 진출하였으며, 미원, 삼호물산같은 회사는 외식업과 유통업의 융합으로 운영비용을 절감하였고, 일부기업들은 사업다각화의 한 가지 방법으로 외식업을 런칭하기도 하였다.

(1) 패밀리레스토랑의 진출확대

「코코스」의 도입으로 우리나라의 패밀리레스토랑이 성공적으로 자리잡았다면, 1992년 LG 계열사 아시안스타의 「TGI 프라이데이즈」는 「코코스」보다 좀 더 넓은 개별매장과 더 높은 객단가로 패밀리레스토랑을 더욱 발전시키는 역할을 하여, 외식산업이 「시스템화한 미래형산업」으로 불려졌다. 패밀리레스토랑과 패스트푸드를 중심으로 서구화되는 소비자의 변화된 입맛에 따라 외식산업은 제2의 틈새시장이 되었고, 중견기업들은 사업다각화 측면에서 외식사업을 관심있게 보았으며, 이에 따라 대기업들의 외식사업진출은 가속되었다.

투모로우 타이거스	COCO'S	T.G.I. FRiDAY'S	BENNIGAN'S	TONY ROMA'S	VIPS	OUTBACK STEAKHOUSE
1984	1988	1992	1995	1995	1997	1997

(2) 대기업과 타산업의 지속적인 외식업 진출

대기업 중 외식산업에 참여하고 있는 업체는 제일제당, 대한제당, 미도파, 동원산업, 두산음료, 미원, 진로, 한화, LG, 삼성 등이었으며, 이들이 외식산업에 진출하면서 과거의 소규모 식당은 법인경영형태로 바뀌었고, 그 이후에는 대부분 식당이 체인화로 이어졌다. 이러한 변화에 따라 전통적으로 소규모의 영세업자들이 많이 운영하던 음식업에 대기업이 진출했다는 비평도 받았고 실제로 영세업자들은 많이 도산하기도 하였다.

국내 대기업들이 자체브랜드의 개발보다는 경쟁적으로 외국의 브랜드와 기술을 들여오는 것은 일부 신세대층의 선호에 따라 안전하게 사업을 하고자 하는 것이었지만, 외국 현지에서는 더 낮은 수준의 음식점이 한국에 와서 고급 레스토랑으로 변신하고 로열티상승 및 일방적인 계약파기나 파트너 바꾸기같은 횡포를 부리기도 했다. 모든 음식의 품질이 똑같아야 하는 외국계 식당의 특징 때문에 그동안 전혀 통일되지 않았던 식재료납품시장이 정리되어 식재료의 표준화와 식재료품질에 관심을 유도하게 되었으며, 이는 외식업계의 발전에 긍정적으로 작용하게 되었다.

(3) 특급호텔의 외식업 진출

특급호텔도 외식업체에 참여하는 붐이 일어 1980년 프라자호텔이 전경련회관을 운영하면서 시작된 호텔의 외식업체운영은 1990년대 초부터 다시 나타나 세종호텔이 용산전자상가 내 전자랜드에 일식당과 카페테리아, 롯데호텔은 부산신문 사옥에 뷔페식당 「라세느」와 일식당 「모모야마」를 개관하였다. 조선호텔도 김포공항 신청사의 식당을 운영하면서 호텔밖의 외식

그림 2-3 호텔의 외식사업 진출형태

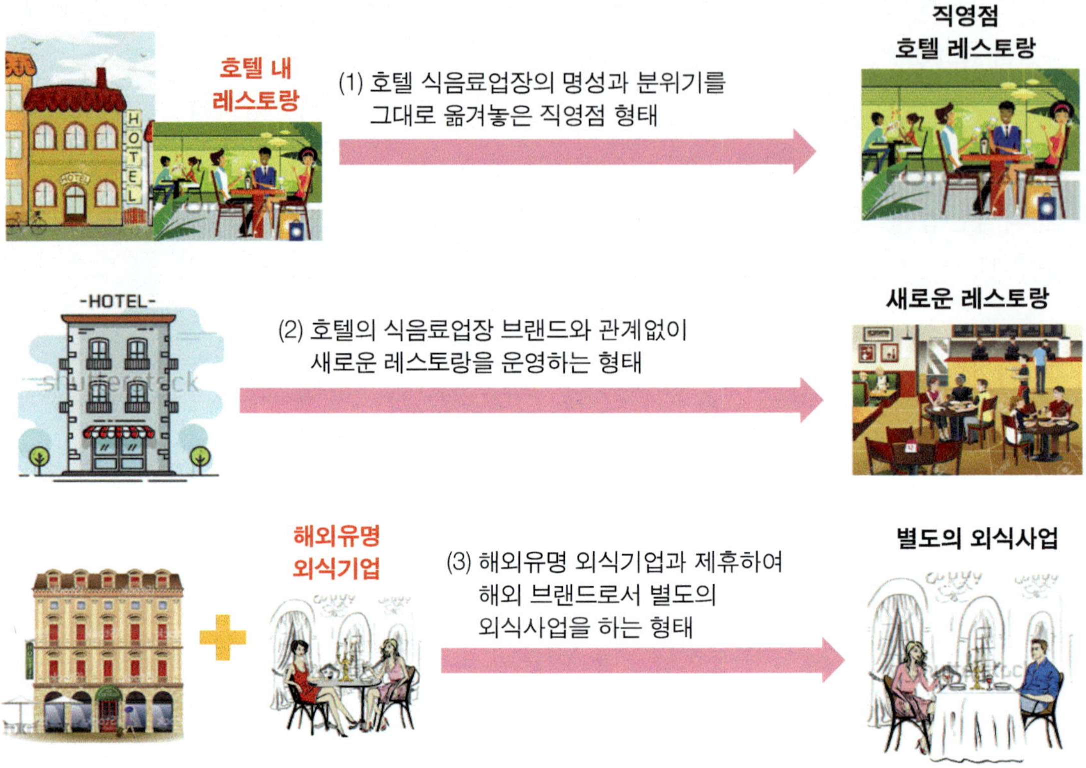

업체운영을 시작하였고, 이에 따라 프라자, 신라, 가든, 롯데, 세종, 웨스틴조선, 타워 등의 국내호텔들이 외식업체운영으로 사업의 범위를 확대하게 되었다. 이러한 호텔의 외식사업 진출형태는 〈그림 2-3〉에서 보는 바와 같이 주로 세 가지 유형으로 나타낼 수 있다.

- 호텔 식음료업장의 명성과 분위기를 그대로 옮겨놓은 직영점 형태
- 호텔의 식음료업장 브랜드와 관계없이 새로운 레스토랑을 운영하는 형태
- 해외유명 외식기업과 제휴하여 해외브랜드로서 별도의 외식사업 형태

(4) 외식업체의 체인화

체인화의 확대로 인해 외식업체들의 가맹점 모집이 많아지면서, 1992년 말부터 1994년 2월까지 321개 외식체인 모집업체 중에 166곳(51.7%)이 관리력이 부족하여 문을 닫았다. 업종별로 뷔페식당은 5개중 4개, 일식은 13개중 9개, 제과점은 6개중 4개, 주점은 50개중 33개가 실패하였다(자료 참조). 이러한 실패를 통하여 가맹사업을 하고자 하는 사람들은 모집업체를

외식체인점 가맹 신중해야

모집업체 321곳중 166곳 관리력 부족으로 문닫아

외식체인점은 일부 번성하는 곳도 있으나 대체로 성공률이 그리 높지 않아 신규 참여자들의 신중한 선택이 요구된다.

한동안 소자본 사업으로 각광받으며 우후죽순처럼 생겨나던 외식체인 모집업체들의 성공률이 절반에도 미치지 못하는 것으로 나타나 외식체인점 경영에 뛰어들 예비 사업가들에게 신중한 선택이 요구된다.

최근 한국외식산업연구소(소장 金宜根·동아대관광경영학과 교수)가 92년12월부터 올3월까지 6개 중앙일간지에 가맹점 모집광고를 낸 3백21개 모집업체를 대상으로 체인가맹점의 영업계속여부를 조사한 결과 51.7%인 1백66개 업체가 가맹점 모집과 관리에 실패한 것으로 나타났다.

업태별로는 뷔페의 경우 가맹점 모집을 시도한 5개 업체 가운데 4개가 실패한 것으로 나타났다. 일식은 13개 업체가 시도했으나 이가운데 9개 업체가 실패했으며 제과점은 6개가운데 4개, 주점은 50개가운데 33개가 실패한 것으로 조사됐다.

자연식 커피전문점 패스트푸드점등도 50%이상이, 한식 치킨 피자 분식 체인브랜드도 10개가운데 3～5개꼴로 가맹점 운영에 실패한 것으로 드러났다.

이가운데는 가맹점 모집에는 실패했지만 직영점은 남아있는 경우도 포함된다.

사기성 광고 주의…영업점포 방문 확인을

가맹점 모집업체는 직접 음식점을 경영하다 지명도가 높아져 가맹점 모집에 나서게 되는 경우와 가맹점 모집업체나 관련업계에 종사하다 독립하는 경우로 구분된다. 체인본부는 가맹점으로부터 가맹금과 보증금 매장 인테리어비용등을 받고 개업지도, 조리기술과 경영방법을 전수하며 물품공급까지 맡는 업체도 있다.

한국외식산업연구소 金소장은 체인브랜드의 실패율이 이처럼 높은 이유로 첫째 관리력의 부족을 꼽는다. 가맹점 모집관리를 음식 만드는 방법의 전수정도로 쉽게 생각하고 뛰어든 탓에 직원관리 자재구입 판촉등 종합적인 경영지도를 하지 못한다는 것이다.

가맹점이 단명하는 데는 애초에 사기성을 띤 모집업체들의 참여도 이유가 된다.

자기 점포 하나 없이 광고비가 싼 지역생활정보지등에 가맹점 모집광고를 내 투자자들을 모집한 뒤 날림공사와 부실한 관리로 한몫 챙기는 업체들도 있다는게 金소장의 분석이다.

金소장은 가맹점을 제대로 선택하기 위해서는 주소없이 전화번호만 내놓은 모집업체는 피하고 모집업체의 역사, 법인여부, 직영점이 있는지를 알아봐야 한다고 조언한다.

또 되도록이면 가맹점 두세곳을 직접 방문해 본부에서 지원 약속을 잘 지키고 있는지등을 확인하는 노력이 필요하다는 지적이다.

(高眞夏)

자료 : 동아일보, 1994.04.22

직접 방문하여 그 업체의 역사나, 법인여부, 직영점이 있는지 등을 확인하고 가맹사업을 시작해야 한다는 교훈을 배울 수 있었다.

또한 우리 고유의 전통적인 식당이 표준화된 서구식 음식점과 경쟁하면서 메뉴의 표준화와 식당의 개성을 강조하고, 고객의 욕구에 부합하는 서비스를 제공해야 경쟁에서 이길 수 있다는 점을 배우면서, 한식당에서도 체계적인 시스템을 갖추고 메뉴에 대한 연구 및 개발이 필요함을 확인하였다.

(5) 한식과 전통음식점의 체인화

1994년 외식업소는 30만개로 시장규모는 20조에 달했으며, 해외에서 유입된 체인경영방식을 도입하여 전통음식점까지 체인화를 시작하였다. 빈대떡, 냉면, 곰탕, 보쌈 등 한국인의 입맛에 맞는 전통음식점들이 살아남기 위해 햄버거와 스테이크 등의 서양요리에 대응하고자 하는 전략이었다. 냉면전문점, 탕전문점, 종로빈대떡 등의 다양한 외식업종들이 체인화방식을 택했으며, 「놀부」는 보쌈과 부대찌개를 체인화하였고, 「한우리」외식산업도 국수전골, 갈비, 불고기 등 전통한식을 주메뉴로 국내는 물론 해외까지 진출하였다.

(6) 커피전문점 체인화의 성장과 실패

체인화된 점포의 성장과 실패는 커피전문점에서도 나타났다. 1988년 영인터네셔날의 「자뎅」을 시작으로 후발 브랜드들이 커피사업에 들어와 1994년에 커피전문점 체인본부만 2백군데가 넘었을 정도로 양적으로 많은 성장을 하였지만, 도산업체들이 많이 나타나 시스템을 확실하고 체계적으로 갖추지 못한 전문점들은 정리되는 형태를 보였다.

(7) 음식백화점 형태의 등장

신세대의 취향을 저렴하게 고려한 음식백화점의 다양한 형태가 나타났다. 음식백화점은 한식, 중식, 패스트푸드 등 여러 음식을 같은 장소에서 구입할 수 있는 「푸드코트」형태, 건물의 한층에 다른 종류의 음식점들이 영업하는 「푸드랜드」형태, 한건물전체가 식당으로 구성돼 각

층별로 주제(theme)를 정해 같은 종류의 음식점들을 모아 놓은 「푸드타워」형태로 다양하게 나타났다. 주로 대기업이 진출하여 설립한 음식백화점은 대부분 직장인이 많이 밀집된 장소에 자리잡아 저렴한 가격으로 다양한 메뉴를 접할 수 있는 기회를 제공하였다. 이러한 현상은 변화하는 소비자의 욕구를 만족시키기 위한 기업들의 적극적인 사업확장방안이었다.

(8) 배달 · 케이터링 등의 발전과 N-Kitchen세대 등장

고객들의 행동패턴이 변화함에 따라 외식산업은 배달, 케이터링 등의 내식과 외식의 중간개념인 중간식의 발전을 가져왔다. 기업형 외식업의 성장과 다양한 외식형태의 발전은 출장연회서비스(catering)의 형태로 집들이 및 돌잔치 등도 치루고, 여성의 사회적 지위와 인식변화로 가정내에서 부엌이 사라지고 식탁만 있는 세대가 등장하기도 하였다.

(9) IMF이후의 가격파괴와 단체급식 수요증가

1997년 하반기에 심각한 외환위기와 함께 경기불황과 업체간 경쟁이 격화되었다. 대부분의 외식업체들은 위기상황에서 저렴한 가격의 한식당과 양식당 등을 개점하여 IMF시대에 중저가 음식점이 증가하였다. 이에 따라 외식업체에서는 고객유치를 위해 가격파괴 전략이 등장하기도 하였다. IMF이후 일반식당가는 위축되는 반면, 단체급식 업체들은 더욱 늘어나 가계지

그림 2-4 외식산업의 다양한 변천을 보여주는 신문들의 모음

자료 : 〈가정의 달 특집 커버스토리:한국 외식문화변천사〉 donga.com 2015.05.16

출을 줄이려는 직장인들이 단체급식 식당으로 몰리는 반사이익현상이 나타나기도 하였다. 기업체 및 관공서 등의 구내식당과 단체급식에서는 수요는 급증하였지만 매출의 수직상승을 가져다주지는 못하였다. 기업들의 경영난으로 급식비동결, 식재료비 상승은 급식의 질을 유지하면서 수익을 내기 어려워 수요는 증가되어도 수익은 늘어나지 않는 어려움을 겪었다.

2 21세기 한국외식산업의 이슈

1) 식재료관련 이슈

(1) 광우병과 조류독감

2001년 2월과 2003년 12월 두 번에 걸쳐 우리나라의 주요 쇠고기 수입국인 미국, 캐나다에서 광우병(소해면상뇌증, Bovine Spongiform Encephalopathy; BSE)이 발생하면서 쇠고기의 소비량은 급격히 하락하였다. 2003년에는 조류독감(가금인플루엔자, Avian Influenza: AI)이 동남아시아는 물론 국내에 빠르게 확산되면서 육류시장에 큰 혼란이 발생하였다. 소비자들 사이에 감염된 육류를 섭취하면 질병에 걸릴 수 있다는 두려움의 확산으로 쇠고기와 닭고기의 소비가 급감하였고 산지가격의 하락으로 대체수요인 돼지고기의 가격은 상승되었다.

이러한 사건은 외식업계에 영향을 끼쳐 TGI프라이데이스는 쇠고기를 미국산에서 호주산으로 바꿨고, 아웃백스테이크하우스, 베니건스, 마르쉐 등도 호주산 쇠고기를 사용한다고 밝혔지만, 고객들의 불신으로 소비는 더욱 줄었다. 쇠고기에 대한 불신으로 전국의 한우 생산자단체인 한국한우협회는 2006년 12월부터 '한우판매점 인증제'를 실시했다

(2) 중국산 김치

중국산 김치의 경우 납검출량이 국산김치에 비해 최대 5배나 높고, 국산김치 평균보다 3배가량 높았다. 김치의 중금속허용치 기준이 마련되어 있지 않았지만 염려되는 수치로 지적되었다.

(3) 만두파동

2004년 유명만두업체에서 납품된 불량만두소사건, 이른바 「만두파동」으로 중소업체들의 폐업이 속출하였고 2000억~3000억원대에 이르던 만두시장을 얼어붙게 하였다.

(4) 한미 FTA

한미FTA의 긍정적 측면은 각종 식재료가격이 내려가면서 음식의 비용을 낮출 수 있다는 것이다. 저렴한 미국산 쇠고기가 관세없이 수입됨에 따라서 값싼 스테이크를 제공할 수 있지만, 부정적인 측면으로는 한국과 달리 대량생산되는 미국식재료에 대한 안전성 우려와 한국식재료 공급업체에 대한 직접적인 타격이다. 2007년 이전에도 외국산 식재료가 들어왔지만 FTA로 인해 관세없이 다량의 식재료가 국내에 유입되므로 국내에서 생산된 높은 가격의 식재료는 경쟁력을 잃기도 했다.

(5) 살충제 계란

2017년, 8월 살충제 계란사건으로 서민들의 먹거리에 엄청난 위협을 가져다 주었다. 이 사건 이후, 정부는 살충제적발 농가의 '허가취소'와 안전기준위반시 '인증취소' 등의 대책마련에 노력하였다. 국민의 안전한 먹거리 환경조성을 위한 방법의 하나로 계란난각에 사육환경(2018년)과 산란일자(2019년)를 의무적으로 표시하고, 특히 가정용 식용란은 세척·선별·포장 과정의 위생적 유통을 확보하도록 하였으며, 이후 계란·닭고기·오리고기에도 이력추적제를 도입해 생산·유통정보를 확인할 수 있도록 하였다.

자료 : 국무조정실

2) 외식업계의 양극화 현상

경기불황으로 인한 소비심리위축은 외식업계의 위기로 이어졌고, 소비계층이 양극화되는 현상이 나타났다. 저가격 전략으로 소비자시장에 침투하는 업체도 나타났으나, 외식업저가정책은 오히려 자기살을 깎는 위험한 전략이라는 우려도 있었다. 반면에 외식업의 고급화를 지향하는 호텔업계에서는 리모델링을 통해 외식사업의 고급화가 나타났다. 새로운 컨셉의 레스토랑을 준비하는 기존 외식기업들도 생겨났고, 업체별로 고급을 지향하여 비싼가격을 책정하기도 하였다. 패스트푸드 점포에서도 저가의 메뉴로 고객을 끌려고도 하고, 고가의 프리미엄 메뉴로 고객의 욕구를 충족시키려고도 하는 양극화가 나타났다.

3) 웰빙에 따른 새로운 컨셉과 외식업의 시장확대

새로운 천년의 시작과 함께 몇 차례 발생한 육류식재료관련 사건들의 영향으로 씨푸드선호 인식이 생겨났다. 이와 함께 웰빙, 참살이 역시 주요 키워드로 등장하여 수제버거, 유기농식품 등에 대한 관심이 높아졌다. 또한 새로운 컨셉을 추구하는 외식업창업이 증가하기 시작하였고, 기업형 프랜차이즈 창업뿐 아니라, 개인외식업의 창업도 두드러졌다. 개인창업은 획일화되고 일률적인 음식을 제공하는 체인형 음식점보다 개성있는 고객의 욕구충족을 위한 창의적인 음식점형태로 나타났다. 웰빙과 건강을 중요시하는 사회적 환경도 이러한 개인외식업창업의 증가요인중의 하나이다. 더욱이 창업시장중 음식업이 진입장벽이 낮다고 인식되어 음식업에 대한 투자는 더욱 증가하게 되었다.

4) 새로운 업종과 업태의 등장

(1) 패스트캐주얼레스토랑

패스트캐주얼(fast casual)레스토랑은 캐주얼다이닝레스토랑과 패스트푸드의 중간형태로 볼 수 있는 새로운 형태의 레스토랑 서비스방식이다. 패스트푸드점보다는 가격이 높고, 주문시간도 더 걸리지만, 캐주얼다이닝레스토랑보다는 저렴한 가격으로 먹을 수 있다. 또한 점내에서 식사를 할 수도 있고 테이크아웃도 가능한 다양한 형태를 취하고 있다. 가처분소득이 높은 20~30대 직장인들이 질 좋은 고급음식을 손쉽게 먹고자 하는 욕구를 충족시켜주는 서비스형태로 다른 종류의 업태보다 비교적 늦었지만 빠르게 성장하고 있다.

(2) 베이커리 카페

패스트푸드 점포와 베이커리의 특징을 모은 베이커리 카페의 형태가 많은 인기를 끌고 있다. 일반적인 카페가 음료만을 취급하고, 일반적인 레스토랑에서는 좀 더 시간이 오래 걸리는 식사를 판매한다면, 베이커리 카페는 음료와 간단한 형태의 식사를 한꺼번에 더 빠른 시간내에 주문하고 식사를 마칠 수 있는 곳이다. 깨끗하고 깔끔한 내부인테리어와 함께 간단하게 고급스러운 식사를 하며 음료를 함께 먹는다는 점에서 구매력이 있는 젊은 소비자들에게 많이 이용되고 있다.

(3) 푸드트럭

2014년 정부의 규제개혁정책의 일환으로 합법화된 푸드트럭(food truck)은 음식을 조리하고 판매할 수 있는 대형차량을 이르는 말이다. 시행초기에는 지정된 장소에서만 영업을 했지만 점차 영업장소가 추가확대 될 것이다. 냉동식품이나 미리 포장된 음식을 판매하는 형태, 원재료로 직접 조리하는 형태 등 다양하게 운영되고 있고, 샌드위치, 햄버거, 감자튀김같은 간편한 음식들이 주로 판매된다. 상가를 임대한 창업보다 임대료나 인건비가 저렴하여 20대 청년창업가들에게 인기가 있다.

(4) 민족음식

정보산업의 발달로 접하는 콘텐츠가 증가하고, 빠르게 변화되는 유행과 새로운 문화에 대한 경험의 빠른 전파 등으로 세계 각국의 음식에 대한 접근성이 훨씬 쉬워지고 있다. 현대에 와서 레스토랑은 단순히 끼니를 때우는 공간이 아니라 문화적 공간과 사회적 교류의 공간으로 인식되고 있다. 해외여행의 기회가 증가되는 경제적 수준의 변화도 이러한 변화에 한몫을 하고 있다. 우리나라에서 이미 대중화된 민족음식, 에스닉푸드(ethnic food)인 중식, 일식, 서양식 이외에도 통계청의 한국표준산업분류 항목표의 기타 외국식 음식점업에는 네팔, 베트남, 인도, 몽골, 멕시코, 파키스탄, 태국, 필리핀 음식점이 있다.

에스닉푸드는 해당국가의 이미지를 전달하는 문화전도사 역할도 한다. 그러나 에스닉이라는 단어의 경계는 애매모호해서 중국음식, 일본음식과 같이 도입된 국가에 깊이 동화되어 있다면 더 이상 민족음식이라고 하지 않는다. 현지화보다는 민족적인 정통성을 더욱 강조한다는 의미로 볼 수 있다. 소비자들에게는 에스닉푸드를 통해 간접적으로 외국문화를 접하게 하고, 진기한 음식과 분위기를 체험하는 기회가 제공되며, 그 나라의 독특한 생활양식도 알게 된다. 이국적 분위기와 여러 나라의 고유한 맛을 즐길 수 있고 웰빙, 퓨전으로 풍부하고 독특한 향신료를 사용하는 에스닉푸드가 건강음식으로 인식되고 있다.

5) 고급화, 전문화된 디저트시장

(1) 베이커리

최초의 빵 양산업체는 삼립식품으로, 1945년 상미당(파리바게트의 전신)으로 시작하여 1968년에 대형 설비시설을 갖추었다. 1970년대 말에 소비자의 고급화요구에 부응하는 프랜차이즈 업체들의 등장으로 베이커리 부문에도 변화가 일어났다. 1980년대 신라호텔에서 독립한 신라

명과, 크라운제과의 크라운베이커리, 샤니의 파리크라상이 설립되었고, 1997년 CJ그룹이 뚜레쥬르를 런칭함으로써 프랜차이즈 산업이 국내 베이커리 산업을 선도하게 되었다. 2000년대 들어 프랜차이즈 베이커리들은 카페형 고급베이커리로 더욱 전문화와 고급화로 모습이 변화되기 시작하였다.

베이커리 양산업체

독점점포 윈도우 베이커리

프랜차이즈 시스템 베이커리

인스토어 베이커리

고급형 베이커리 카페

(2) 커피음료

1979년 난다랑 커피전문점을 시초로 1990년대 인스턴트커피에서 원두커피로 시장이 이동하였고, 그후 1999년 스타벅스가 인스턴트커피로 대변되었던 커피시장에 고급 에스프레소커피를 도입하게 되었다. 커피를 통해 작은 사치를 누리고자 하는 소비자들의 욕구에 의해 커피는 이제 단순히 기호식품이 아닌 문화소비제품으로 변화되고 있다. 고급원두를 원료로 하는 커피전문점이 활성화되면서 소비자들의 기대와 욕구가 다양해지고, 소비자들은 커피의 단순한 맛중심에서 벗어나 원산지와 품질까지 고려한다.

(3) 아이스크림

아이스크림 전문점은 1983년 코니아일랜드, 1985년 베스킨라빈스를 선두로 시작되었다. 이후 고객들의 소득수준 향상으로 고급제품을 선호하면서 이탈리아풍 아이스크림 '젤라또' 전문매장도 등장하고, 프랑스와 뉴질랜드 등의 아이스크림 브랜드도 나타났다. 저지방제철과일을 주재료로 사용하고 향료나 색소를 쓰지 않는 웰빙식을 선호하는 소비자 취향을 맞추고자 하였다. 참신한 메뉴개발로 고객 호기심을 유발하도록 노력해야 하는 디저트부분이다.

1983 1985 1991 1998 2000 2003 2004 2006

아이스크림 이외에도 빙수, 수제초콜릿, 치즈, 도넛 등도 전문점들이 나타나 디저트의 선택폭이 넓어지고 있다. 또한 이러한 재료들을 혼합하거나 한 접시에 어우러지게 하여 독특한 디저트를 만들어내는 전문점들도 있고, 식사비용보다 더 많은 비용을 지출해야 하는 디저트점포들도 생겨나고 있다.

6) 중간식시장의 활성화

(1) 중간식과 중간식시장

중간식은 밖에서 식사하는 외식과 집안에서 집밥을 먹는 내식의 중간적인 형태라는 의미로 일반적으로 외부에서 만들어진 음식을 집으로 가지고 와서 식사하는 경우를 총칭한다. 따라서 중간식시장은 이러한 외식과 집밥의 중간형태로 식사하도록 운영되는 외식시장과 식품시장을 모두 포함한다.

중식과 중간식

이제까지 여러 학술적인 분야에서나 외식분야의 교재에서 외식과 내식의 중간의 의미로 중식으로 사용되고 있는 용어가 중국음식의 중식이나 점심을 의미하는 중식 등과 혼돈되는 우려가 있어 본 교재에서는 이러한 의미의 용어로 중식 대신에 중간식이라는 용어를 사용하고자 한다.

(2) 중간식시장의 종류

외식업에서는 사실상 중간식시장을 위한 음식의 종류가 따로 있는 것은 아니다. 식당에서 판매되고 있는 모든 식사를 어떻게 판매하는지 즉, 고객이 어떤 방식으로 서비스를 받고 음식을 먹게 되는지에 따라 이를 중간식시장으로 부르는 것이다. 예컨대, 외식업에서 대표적인 중간식시장의 판매방식은 테이크아웃과 배달이다. 하지만 식품제조업 소매시장의 경우는 「가정간편식(home meal replacement: HMR)」이라 불리는 완전조리 혹은 반조리형태의 음식을 만들어 소비자가 구매후 그대로 혹은 최종 가열후 식사할 수 있는 중간식시장의 HMR상품을 판매한다. 도시락, 삼각김밥 등이 대표적인 중간식시장의 예라 볼 수 있다. 이경우 냉동식품과 같이 보존성이 높은 음식들은 HMR상품으로 분류하지 않는다.

(3) 중간식시장 발달요인

중간식시장은 여러 사회적 현상에 의해 영향을 받는 시장이다. 즉, 가정에서 직접 음식을 만들어 먹기보다는 편의점, 반찬전문점, 백화점, 대형마트에서 HMR식품을 구매하고, 심지어

HMR식품 전문배달점까지 생겨나서 간편하게 식사하려는 소비자들을 편리함으로 더욱 자극한다. 1인 가구와 고령인구의 증가, 여성의 사회참여증가로 가사시간부족, 라이프스타일 변화 등이 HMR시장의 성장에 많은 영향을 미치고 있다.

(4) 중간식시장의 미래

중간식시장은 앞으로도 지속적으로 성장할 것으로 예측된다. 따라서 외식업 운영자들은 중간식시장을 경쟁으로 보기보다는 그 성장을 이용할 수 있는 방안을 연구하여 변화하는 고객의 소비행태에 부응할 수 있어야 한다. 테이크아웃에 이용할 수 있는 재생가능한 용기나, 더 편리한 테이크아웃 용기디자인 등에 대한 연구도 필요하고, 배달음식의 온도나 품질이 떨어지지 않도록 하는 배달용 포장용기나 도구 등의 개발과 품질향상을 위한 음식조리방법 개발도 필요하리라고 본다.

3 외식시장의 새로운 전환

1) 정보통신기술과 융합된 외식서비스의 변화

(1) 스마트폰 앱(APP)을 활용한 서비스

정보통신기술의 발달로 모바일기술의 활용은 외식산업의 서비스분야에도 많은 영향을 끼쳤다. 외식업체들은 모바일 어플리케이션(application : APP, 앱)을 판매채널로 활용하여 그 서비스의 영역을 넓혀 O2O(online to offline, 온라인, 오프라인 연계)사업과 같이 모바일로 주문하고 매장에 방문해서 음식을 픽업하는 서비스를 제공하고 있다. 대표적으로는 「㈜스타벅스의 사이렌오더(siren order)」, 「베스킨라빈스의 해피포인트앱」, 「SK 플래닛의 시럽오더(Syrup order)」 등과 같은 스마트주문 서비스와 「배달의 민족」, 「배달통」, 「배달365」와 같은 배달주문중개앱 등을 들 수 있다. 또한 배달서비스가 안되는 맛집배달 서비스에 중점을 두어 틈새시장에 서비스하는 「식신」과 같은 맛집배달앱도 있다. 하지만 서비스의 성장과 외식업체들과의 수수료, 광고료 등의 문제, 소비자리뷰에 대한 사실여부, 소비자 개인정보누출에 대한 위험과 같은 부작용이 균형을 이루어 발전해야 되는 지속적인 문제를 안고 있다. 그밖에도 「네네치킨의 네네홈서비스 배달앱」이나 「맥도날드의 맥딜리버리앱」과 같은 업체자체개발 배달주문앱도 운영되고 있다.

(2) 스마트쿡킹 기술

스마트쿡킹 기술은 시간에 예민하게 반응하는 음식을 요리할 경우 셰프가 받을 수 있는 스트레스를 조금이라도 완화시킬 수 있는 기술이다. 셰프의 스마트폰에 연결되어 음식을 만드는 과정에서 온도와 시간을 조절하여 원하는 시간에 좀 더 완벽한 음식을 제공할 수 있도록 도와주는 보조적인 역할을 한다.

(3) 기술기반 셀프서비스

현금자동입출금기나 도서관의 셀프스캐닝, 셀프주유기처럼 고객이 직접, 터치스크린이나 무인단말기를 통해 직원과 접촉하지 않고 음식을 주문하는 것이다. 이미 다른 산업분야에서도 많이 활용되고 있는 이러한 시스템은 고객들이 쉽게 사용할 수 있다는 장점을 살려, 외식산업에서는 특히 체인방식으로 운영되는 패스트푸드 점포에서 먼저 시설을 갖추고 있다. 고객이 직접 주문함으로써 주문받는 노동력을 절감하는 효과도 볼 수 있다. 하지만 아직도 인적인 대면서비스를 더 선호하는 고객은 이러한 서비스에 대해서 이용을 꺼려할 수도 있으므로 무인단말기 서비스를 적용할 때는 레스토랑의 유형이나 고객의 구성을 고려하는 것이 바람직하다.

(4) 빅데이터를 활용한 고객관리

데이터베이스 마케팅 혹은 고객관계관리 등이 빅데이터를 활용함으로써 「빅데이터를 활용한 고객관리」로 전환되고 있다. 자료의 범위가 더욱 확장되어 고객의 거래자료, 기업에서 필요한 활용가능한 외부자료, 위치자료, 소셜네트워크서비스(Social Network Service: SNS) 자료까지 다양한 자료들을 포괄하여 고객관리에 이용한다. 소셜미디어계정, 이메일리스트와 같은 자료에도 접근이 가능하여 외식기업들은 고객이 개별적이고 고객화된 서비스를 경험할 수 있도록 노력하고 있다. 이러한 정보를 활용하는 업체는 고객의 선호, 비선호음식, 알레르기 유발음식이나 음료를 파악하기도 하고, 더욱 우수한 서비스를 제공하여 고객이 재방문을 확신하는데 도움을 주기도 한다.

(5) 레스토랑 경험과 가상증강현실

단순히 식사만을 하던 레스토랑의 기능이 문화적인 체험 또는 새로운 경험을 해볼 수 있는 엔터테인먼트 공간으로 변화되어 활용될 수 있다. 이제까지는 레스토랑 내부를 열대우림, 하와이 등의 우리나라에서 쉽게 접하기 어려운 다른 나라를 연상케하는 인테리어를 만들어 마치 그 나라 혹은 그 공간에서 식사를 하는듯한 테마레스토랑을 개발하였다. 다른 나라 이외에도 어둠이라든지, 비행기내부라든지, 혹은 구치소와 같은 특정한 장소를 경험할 수 있는 레스토랑공간을 만들기도 하였다. 하지만, 이제는 가상증강현실의 기술을 활용하여 원하는 곳, 원하는 장소에서 식사를 한다든지, 혹은 혼자가 아닌 가상의 친구와 함께 식사하는 공간을 만들 수도 있다.

가상현실(virtual reality: VR)과 증강현실(augmented reality: AR)은 모두 진짜가 아닌 만들어진 가상의 현실로, 현실에서 느끼기 어려운 환경을 제공하여 체험을 확장시켜주는 공통점을 갖고 있지만, 가상현실은 새로운 공간을 구현하는 기술이고, 증강현실은 현실 세계에 가상의 경험을 추가한 기술이라는 점에서 차이가 있다. '포켓몬 GO'는 스마트폰 앱으로도 바로 실행할 수 있는 증강현실의 예가 될 수 있다. 가상현실은 새로운 환경을 보여줘야 하기에 특수기기가 필요하다는 어려움이 있다. 레스토랑에서도 테이블주변의 배경을 바꿔가면서 식사하는 VR레스토랑이 가능하다는 것이다.

(6) 블록체인을 활용한 식품유통

식품유통업에서는 블록체인(blockchain)을 활용하여 비즈니스를 더욱 활성화하고 있다. 유통업체 1위인 미국 월마트, 100년 넘는 역사의 돌푸드, 스위스 회사인 네슬레 등은 이미 더욱 투명한 관리를 위해 블록체인 기술을 도입하여, 유통망에 허술한 부분이 없이 추적이 가능하도록 생산부터 공급까지 유통에 연관된 모든 담당자들의 업무를 블록체인으로 관리하고자 한다.

2) 환경을 고려한 생산 및 서비스

(1) 음식폐기물 제로

음식폐기물에 대한 문제는 글로벌한 과제이다. 특별히 가정과 외식업체가 음식폐기물이 가장 많이 배출되는 곳으로 많은 노력이 필요하다.

〈그림 2-5〉는 음식폐기물을 자원으로 활용할 수 있도록 시스템적으로 지원하는 방안을 제안하고 있다. 소비자의 개별적인 노력도 중요하지만, 음식폐기물 발생초기단계부터 시스템적인 체계를 갖춘다면 마지막 단계에서 배출되는 음식폐기물의 양도 줄어들고, 발생되는 음식폐기물을 자원으로 활용할 수 있는 가능성이 더 높아질 것이다.

그림 2-5 음식폐기물의 역피라미드 자원화 계층구조

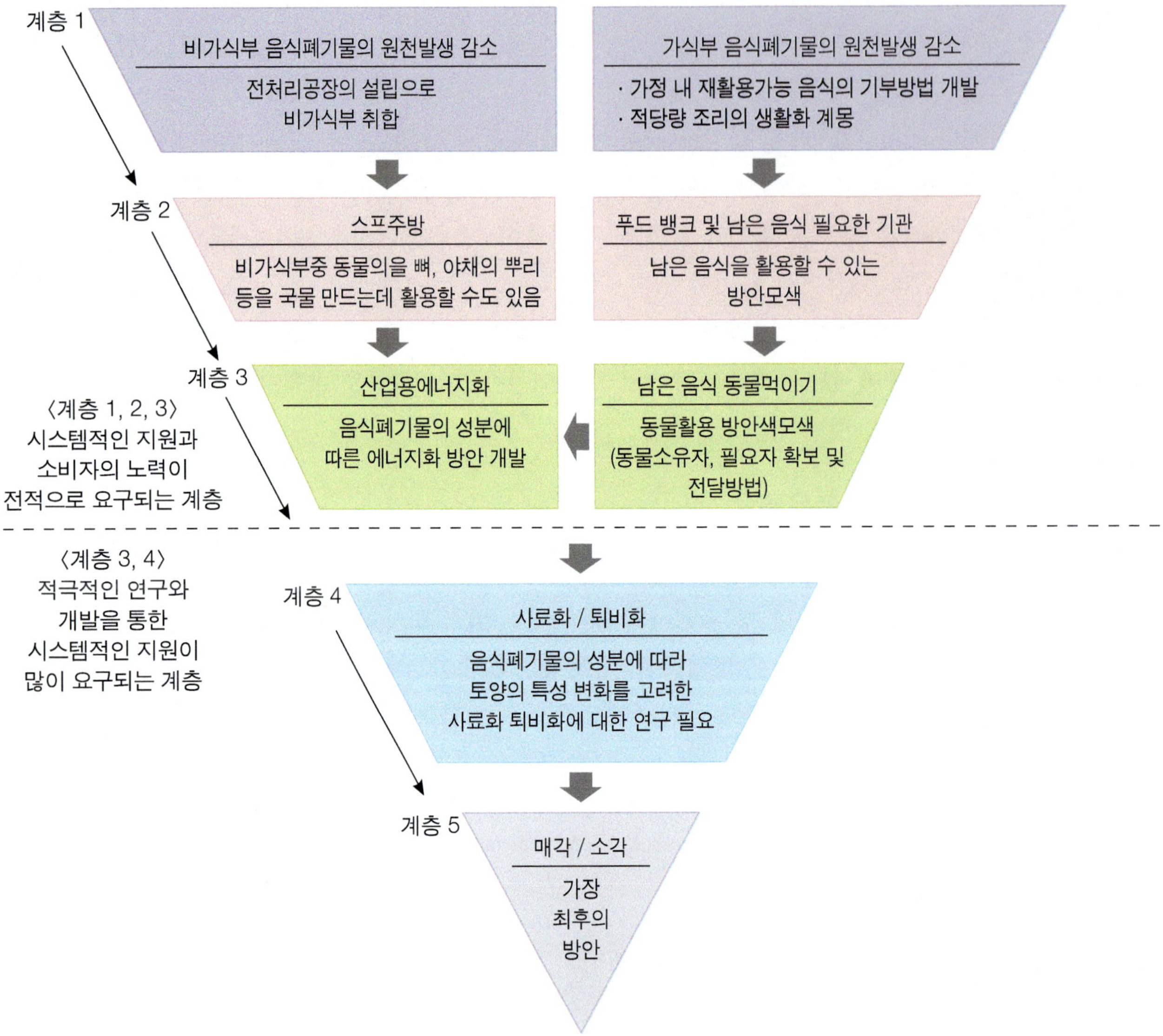

자료 : 정유경(2010, p.309)

(2) 일회용기 사용제한

테이크아웃과 배달서비스의 이용빈도가 높아지면서 더욱 문제가 대두되고 있는 것이 일회용기의 사용이다. 많은 외식업체 운영자들이나 소비자들은 환경적인 문제때문에 이에 대한 사용을 제한해야 하는 것을 알고는 있지만, 손쉽게 이용가능하다는 편리성이 이러한 문제를 해결하는데 걸림돌이 되고 있다. 우리나라를 포함한 많은 나라에서 여러 가지 방침을 내놓고있으나, 대부분 이러한 규제가 거의 효력을 발휘하지 못하고 있다. 운영자입장에서의 사용에 대한 노동력 감소와 이용편리함, 소비자 입장에서의 이용편리함과 뒤처리용이는 일회용기 사용의 제한을 더욱 어렵게 만든다. 무엇보다도 환경오염방지를 위한 근본적인 문제를 해결할 수 있는 대체품의 발명이 절대적으로 시급히 필요하다.

3) 새로움을 향한 진보적인 변화

(1) 비전형 운영방식의 레스토랑

레스토랑의 전형적인 모습이 테이블과 좌석을 갖춘 점포의 형태가 아니고, 테이크아웃이나 배달만을 위주로 하는 다이닝공간이 없는 레스토랑이 더욱 많이 생겨날 것이다. 고객이 앉아서 식사하는 공간이 없기 때문에 실질적으로 이러한 레스토랑은 고객에게 더욱 다양한 메뉴를 제공하여 고객의 요구에 초점이 맞출 수 있는 최첨단 주방설비를 갖추는 것이 가장 중요한 이슈가 될 것이다.

(2) 오픈주방

레스토랑 고객들은 주방이 어떻게 운영되는지에 많은 관심을 보여왔다. 고객들의 이러한 관심에 부응하여 많은 레스토랑들이 식당의 홀(front of the house: FOH)과 주방안쪽(back of the house: BOH)의 내부벽을 없애고, 이 공간을 고객들에게 보여주고 있다. 이러한 변화는 패스트캐주얼 레스토랑에서 파인다이닝 레스토랑에까지 나타나는 변화이다.

(3) 팝업레스토랑

레스토랑 고객들의 기호나 변화되는 욕구에 부응하기 위해 새로운 레스토랑을 창업하기 이전에 어떤 특정한 시간대에 오픈하고 문을 닫는 팝업레스토랑이 하나의 트렌드로 등장할 수 있다. 이러한 운영방식을 통해 새롭게 창업하는 레스토랑의 운영자나 셰프는 현장을 통해 고객이 원하는 것을 알아볼 수 있고, 새롭게 변화되는 고객의 특성을 더 신중히 고려할 수 있다는 장점이 있다. 어떤 경우는 시간대 별로 다른 메뉴를 판매하기 위해 팝업레스토랑과 유사한 방식으로 내부인테리어를 약간씩 교체하여 다양한 형태로 운영할수도 있다.

새로운 형태의 레스토랑운영방식 이외에도 여러 가지 주방기기에 대한 새로운 변화도 있다. 만들어진 음식을 배달하거나, 케이터링 서비스를 할 경우, 음식을 운반할 때 가볍게 사용하여 직원들의 힘을 덜어줄 수 있는 폴리프로필렌 플라스틱 초경량운반기기나, 오픈주방에서 사용가능한 기존의 컬러에서 벗어나 다양한 색으로 만들어진 오븐이나 튀김기 등도 더욱 새로운 주방의 전환이 될 수 있다. 또한 기존의 한 가지 기능만을 해왔던 주방기기들을 여러 가지 기능을 모두 갖춘 기기로 만들어 한 가지로 여러 기능을 수행하여 그 기기의 활용도를 더욱 높일 수도 있다.

뿐만 아니라 우리나라의 김치와 같이 소화에 도움이 되는 프로바이오틱 활생균이 첨가된 메뉴를 추가한다던지, 동서양의 나라마다 갖고 있는 특색있는 각종 향신료를 이용하여 다양하게 변화시킨 음식도 많은 고객들이 찾고 있으며, 앞으로도 새로움을 추구하는 변화는 지속되리라고 본다.

논의 과제

1. 1980년대 해외에서 도입된 외식산업의 새로운 시스템의 종류와 특징에 대해서 논의하시오.

2. 특급호텔에서의 외식업 진출에 대해 그 형태와 특징에 대해서 논의하시오.

3. 외식업에서 식재료와 관련된 이슈들이 중요하게 다루어져야 하는 이유에 대해서 논의하시오.

4. 중간식시장의 의미와 중간식시장이 발달한 여러 가지 배경에 대해서 논의하시오.

5. 무인단말기에 의한 외식서비스와 인적인 대인서비스의 장·단점에 대해서 논의하시오.

제3장

외식산업의 시장과 상품

1. 외식산업의 시장구분
2. 기업거래시장
3. 소비자 거래시장
4. 외식시장의 소비자 거래상품

학습 목표

- 외식시장을 기업거래와 소비자거래관점으로 이해한다.
- 기업거래시장의 특성에 대해 알아본다.
- 소비자 거래시장을 분류해 보고 그에 대한 특징을 이해한다.
- 소비자 거래시장의 상품 특성과 역할을 알아본다.

· 주　　제 : 외식산업의 B2B시장과 B2C시장의 특성과 상품
· 강의 방향 : 외식산업의 시장을 크게 B2B시장과 B2C시장의 두 가지로 구분하고 그에 대한 특징과 각 시장의 상품에 대해서 논의한다.
· 강의 시간 : 60분~75분 정도의 **1회 수업**

1. 외식산업의 시장구분	
1) 기업과 기업 간의 거래시장	외식산업의 생산을 위해 거래되는 B2B시장의 의미를 알아본다.
2) 기업과 소비자의 거래시장	외식기업과 소비자와의 거래시장 B2C시장의 의미를 알아본다.
2. 기업거래시장	
1) 기업거래시장의 특성	B2B시장의 특징에는 어떤 것들이 있는지 알아본다.
2) 외식점포의 시설설비와 식자재시장	외식점포를 만들기 위한 시설설비와 식자재시장에 대해서 알아본다.
3) 식재료시장	외식사업의 식재료시장의 특징과 관련기업에 대해서 알아본다.
3. 소비자 거래시장	
1) 일반적인 외식시장	외식업의 일반적인 외식시장을 고객의 외식동기와 업체의 운영컨셉에 따라 구분하여 알아본다.
2) 제한적 캡티브 외식시장	서비스가 제한적인 캡티브시장의 컨세션시장과 단체급식시장에 대해서 알아본다.
4. 외식시장의 소비자 거래상품	
1) 외식상품의 특성	외식상품의 유형성과 무형성이 갖는 상호보완적인 역할을 이해한다.
2) 외식업의 상품과 서비스의 역할	외식상품의 핵심서비스, 보조서비스의 역할에 대해서 이해한다.

고객이 없는 시장은 존재하지 않는다. 외식산업은 기업이 고객을 대상으로 외식상품을 판매하고 거래하는 소비자시장이 대부분이라 할 수 있다. 하지만 외식상품을 만들고 조리하기까지 여러 가지 형태의 거래가 선행되어야 한다. 산업으로 성장하면서 그 규모가 점점 더 확대되고 있는 외식산업에서 기업이 직접 거래하는 구매자의 유형은 다양하게 나타날 수 있다. 기업은 거래하는 시장의 종류와 거래형태에 따라 상품이나 서비스의 종류가 달라지고 구매자도 다른 특성을 나타낸다. 외식산업의 시장을 이해하기 위해 그 시장을 구분하여 특징을 알아보고, 각 시장에서의 주요 상품과 이를 다루는 판매자와 구매자의 특성에 대해서 알아보도록 하자.

1 외식산업의 시장구분

외식산업은 식재료 제조가공 및 유통, 호텔·레스토랑 등의 서비스업, 레저·엔터테인먼트 등의 관광산업, 가맹사업관련 부동산업 및 컨설팅, 음식박람회, 음식관광 등의 여러 분야와 관련이 있는 산업이다. 이러한 외식산업을 특정한 산업별경계로 구분하기보다는 거래가 일어나는 대상자, 구매자와 공급자 간에 관여하는 집단에 따라 시장을 구분해 보도록 하자.

〈그림 3-1〉과 기업들 간의 구매자와 공급자 B2B(business to business)거래와, 기업이 고객들과의 거래하는 B2C(business to customer)거래로 구분이 가능하다.

그림 3-1 외식산업의 B2B와 B2C거래

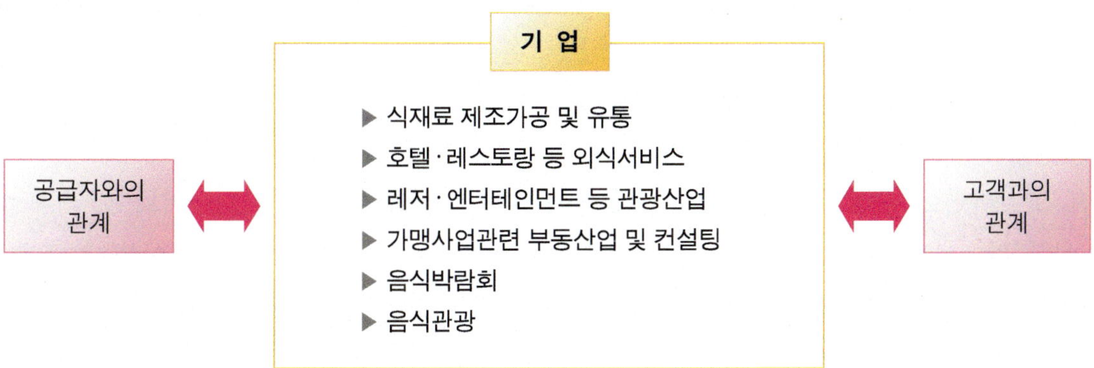

1) 기업과 기업 간의 거래시장

외식산업에서 기업과 기업이 거래하는 부분은 소비자와 직접적으로 거래하는 시장은 아니지만, 대체로 공급체인에서 후방거래와 유사한 시장이다. 후방거래 파트너들은 제품 혹은 서비스의 생산에 필요한 원료, 부품, 정보, 금융 등을 공급하는 기업들의 집합체이다. 외식기업은 점포운영에 필요한 주방시설 등의 식자재와 음식생산에 필요한 식재료거래, 또는 식재료의 준비, 조리, 및 처리를 위해 다른 기업들과 거래한다. 기업과 기업이 거래하는 이러한 B2B의 관계는 고객을 대상으로 하는 시장과는 다르지만, 외식기업의 성패를 결정할 수 있는 필수적인 파트너들과의 거래이므로 기업운영에 중요한 역할을 한다.

2) 기업과 소비자의 거래시장

어떤 형태로던지 외식기업이 고객과 거래하는 부문을 B2C시장이라 한다. 기업과 고객과의 관계가 형성되는 시장으로 호텔·레스토랑 및 단체급식 등과 같이 고객에게 서비스가 제공되는 사업의 형태들이 모두 이에 해당된다. 고객과 거래하는 영업의 형태는 고객과 직접적으로 대면해서 서비스를 제공하는 전통적인 방법에서부터 직접적인 대면보다는 모바일을 통해서 또는 중간업체를 통해서 간접적으로 고객에게 서비스를 제공하는 경우도 모두 이에 해당된다.

2 기업거래시장

1) 기업거래시장의 특성

외식산업의 규모가 커짐에 따라 산업재에 대한 수요와 공급의 규모도 커지고, 이에 따라 수익을 창출하는 기업들도 증가되고, 산업재의 양도 늘어나게 된다. 외식산업에서 기업과 기업거래는 다양할 수 있으나, 본 장에서는 일반적인 고객을 대상으로 하기보다는 외식업체를 운영하는데 필요한 시설설비 및 식재료, 주방기기설비 등의 식자재, 및 기타 소모적인 상품을 거래하는 것으로 정의하고자 한다. 기업과 기업 간의 B2B거래의 특징은 다음과 같이 요약될 수 있다.

- 일반적으로 B2B거래는 두 기업 간에 대량의 상품들이 거래되는 경우가 많다.
- 기업이나 기관고객들이 자체 소비하고자 하는 목적보다는 외식기업의 상품이나 서비스를 생산하기 위하여 투입되어야 하는 원자재를 구매하는 경우가 많다.
- B2B시장에서는 구매자와 공급자의 관계가 일반고객과의 관계에서보다 더욱 장기적인 거래관계가 이루어지므로 관계유지 및 관리에 더 중점을 두어야 한다.
- 외식기업의 생산을 위한 생산설비와 같이 그 용도가 매우 전문적인 분야도 있으며 부피가 큰 재화를 다루는 경우도 있다. 따라서 다수의 구매자, 공급자가 있기 보다는 특정한 형태의 제한된 거래가 많고, 제품의 유통도 생산자와 수요자간 직거래형태가 많다.
- 주문에 의해서 소수의 제품을 한정적으로 생산하기도 하고, 제품의 가격이 높아 공급자가 전문성을 가지고 관리부터 유지, 보수까지 제공해 주기도 한다.

2) 외식점포의 시설설비와 식자재시장

외식점포의 시설설비에 대한 부분으로 음식을 생산하고 서비스하는 공간의 총체적인 시설과 설비에 관련된 시장이다. 음식을 생산하는 주방, 음식과 서비스를 제공하는 식사공간, 직원들의 휴게공간 및 화장실까지 포함한 전체적인 시설의 장비를 다루는 시장이다.

식자재와 식재료

외식산업 분야에서 『식자재』와 『식재료』의 두 가지 용어를 혼재하여 사용하는 경우가 많다. 외식산업의 규모가 크지 않았던 시절에 식자재라고하면 당연히 원료가 되는 식품재료를 의미했고, 용어의 혼재가 그다지 문제가 되지 않았다. 하지만, 최근 들어 식품으로 일컬어지는 식재료시장이 식품산업에서 차지하는 비중이 커졌기 때문에 용어를 좀 더 명확하게 구분할 필요가 있다.
따라서 본 교재에서는 식자재는 음식의 주원료가 되는 식재료를 포함한 음식생산과 서비스에 필요한 일체의 주방용기, 설비, 기기, 기구 등을 총체적으로 의미하고, 식재료는 식품으로 구성된 원재료로 정의하여 두 가지를 구분하고자 한다.

외식업체는 규모에 상관없이 점포운영을 위해 필요한 식품으로 구성되는 식재료, 식품 이외의 각종 주방기기 및 필요한 용품 등의 식자재 등을 거래하게 된다. 여기에서 공급자들은 외식기업들의 영업운영을 지원하는 기업들이며, 수요자들은 규모있는 프랜차이즈 기업을 운영하는 외식기업이나 단체급식식당을 운영하는 기업들이 될 수 있다. 이들의 거래는 기업과 기업의 B2B거래형태가 된다. 〈그림 3-2〉는 외식업체 주방에서 이용되는 몇 가지 기기의 예를 보여주고 있다.

그림 3-2 외식업체의 주방에서 이용되는 기기의 예

자료 : http://sesco.biz/Food-Service-Equipment-Products/ http://www.commercial-refrigerator.com.au/fridges

3) 식재료시장

식재료시장은 외식기업에서 음식생산을 위해 사용되는 원재료 거래시장을 총칭한다. 식재료시장의 공급자는 식품의 생산자가 되고, 구매자는 외식기업, 단체급식 기업, 식품가공기업 등이 대표적인 소비업자라고 볼 수 있다. 이들의 경우는 기업의 규모에 맞게 대체로 대규모의 거래가 이루어지고 있으며, 대기업 및 중견기업 규모의 외식기업이 프랜차이즈 가맹사업을 확대해 가고, 기업형 단체급식이 성장하면서 이러한 식재료시장은 더욱 확장되고 있다.

더욱이 가정간편식(HMR)이나 편의식품, 냉동식품 등의 확대로 인한 식품가공업체도 규모가 점점 성장하고 있어, 식재료시장은 앞으로도 더욱 커질 것으로 보인다. 최종 소비자를 대상으로 외식상품과 식품을 공급하는 기업들이 생산단계의 후방에 해당하는 식재료공급사업 단계까지 통합하여 사업범위를 확장하는 경우가 있어, 중소규모 생계형 공급업자들이 타격을 입는 양상도 나타난다. 〈그림 3-3〉은 국내 대표적인 식재료유통기업을 제시한 것이다.

단일점포를 운영하는 개인점포는 ①경영자가 직접 식재료를 구매하기도 하고, ②소규모 식재료 구매대행업체에 육류, 잡곡, 채소류같이 품목별로 구분하여 부분적으로 구매를 의뢰하거나, ③식재료를 전문적으로 취급하는 대기업에 거의 전 품목을 구매하기도 한다.

- 특별히 식재료시장은 상품이 표준화, 규격화된 제조업의 공산품과는 다르게 표준화, 규격화가 어려워 상품을 직접 보지 않고는 품질에 대한 확신을 가질 수 없어 온라인거래 등이 제한적이다.

그림 3-3 국내 대표적인 식재료유통기업

- 또한 계절적, 환경적 요인에 따라서도 식재료의 품질이나 가격이 달라질 수 있고, 유통단계에 따라서도 가격이 변동될 수도 있다. 따라서 단일점포 운영자들은 개별구매보다는 전문구매 대행업체를 이용하는 경우가 더 안정적일 수 있다.

외식기업에서의 시설, 설비, 인테리어, 주방기기 및 각종 장비 등의 식자재와 식재료거래의 B2B시장 이외에도 기업의 운영을 위해서 다양한 기업간 거래가 이루어진다. 즉, 운영하고 있는 외식업체의 주방, 서비스 매장내부 및 화장실의 전문실내청소, 직원들의 유니폼이나 각종 린넨류의 세탁, 소모적으로 사용되는 포장용기, 냅킨 등의 각종 물품류의 거래, 신용카드회사, 밴(van)회사, 배달전문 거래업체, POS(point of sales)시스템회사, 은행, 보험회사 등의 금융기관, 보안처리회사, 또는 모바일결제시스템 관리회사까지 다양한 형태의 기업과 기업거래를 통하여 외식업체가 운영되는 것이다.

3 소비자 거래시장

외식산업은 치열한 경쟁속에서 성장성과 장래성이 내재된 거대한 산업으로 발전하고, 타산업으로부터의 신규참여도 지속적으로 일어나는 산업이다. 이에 따라 예전과는 다른 형태의 상품을 생산한다던지, 독특한 서비스를 제공하는 새로운 개념의 외식기업이 나타나기도 한다.

생산하는 상품과 서비스의 유형이 변한다 해도 외식업은 기업이 고객에게 상품과 서비스를 제공하는 기업과 소비자 간의 거래로 이루어지는 시장이다. 소비자시장에서 경쟁적으로 거래하므로 소비자의 욕구에 따라 상품이나 서비스의 구색은 다양해 질 수 있고, 상품과 서비스의 특성에 따라 소비자 거래시장은 더 세분화된 시장으로 구분될 수 있다.

외식기업은 기업의 경영목적에 따라 전통적인 형태의 점포를 운영하는 일반시장과 제한적인 장소에서 제한적인 사람들에게 서비스를 제공하는 캡티브시장(captive market)으로 나눌 수 있다. 이후 일반시장은 다시 고객이 외식을 하는 동기에 따라 그리고 고객의 선택에 영향을 주는 운영점포의 컨셉에 따라 구분되고, 캡티브시장은 서비스장소와 고객의 특성에 따라 대표적으로 단체급식시장과 컨세션시장으로 나눌 수 있다.

외식시장의 구분	세부 구분
일반적인 외식시장	· 고객의 외식동기에 따른 구분
	· 업체의 운영컨셉에 따른 구분
제한적 캡티브 외식시장	· 단체급식시장
	· 컨세션시장

1) 일반적인 외식시장

(1) 고객의 외식동기에 따른 구분

대부분의 사람들은 하루에 세 번 식사를 한다. 세 번의 식사는 여러 상황에 놓여질 수 있다. 간단히 허기를 채우기 위해, 건강을 위해, 가족들이 함께 식사하기 위해, 친구를 만나기 위해, 많은 사람들이 함께 모이는 연회를 위해 등과 같이 식사를 할 때는 항상 어떤 상황(occasion)에 놓이게 된다. 배고픔을 충족시키고자 할 때도 시간이 없을 때나 시간이 많을 때나, 경제적

그림 3-4 외식동기의 다양함

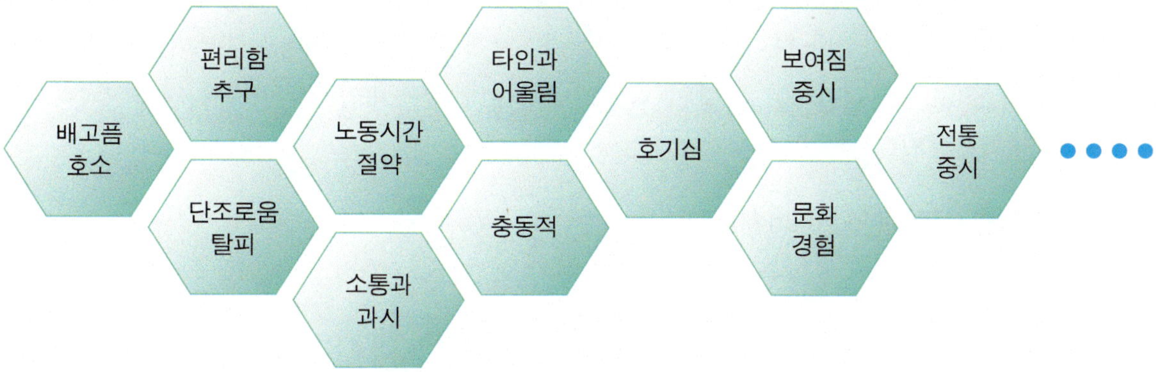

으로 여유가 있을 때나 없을 때나, 많은 사람들은 어떤 상황에서 음식을 선택하게 된다. 고객이 음식을 소비하는 다양한 상황과 그에 따라 선택하는 음식이나 식당이 달라지면서 시장이 형성된다. 상황, 음식, 식당이 연관되는 이러한 고객의 행태를 이해하는 것은 새로운 업체를 만들거나 또는 시장에서 살아남기 위한 자산이 될 수 있다(그림 3-4 참조).

외식동기에 따라 형성되는 외식시장을 구분해 보면, 크게 인간의 기본적인 생리적 욕구를 충족시켜주는 먹거리시장(eating market)과 인간의 사회적 욕구를 충족시켜주는 다이닝시장(dining market)의 두 가지로 나눌 수 있다.

먹거리시장은 상품과 서비스 중에서 상품에 치중된 시장으로, 외식업에서 제공되는 인적인 서비스가 다소 결여된 제한된 서비스(limited service)시장을 말한다. 고객들은 주로 단순한 메뉴로 구성된 식당이나 테이크아웃(take out), 드라이브 쓰루(drive through), 배달(delivery), 자동판매기 등을 이용하는 경우가 많다. 또한 이런 특징을 갖고 있는 다양한 패스트푸드 레스토랑을 이용하기도 한다.

먹거리시장(eating market)

- 인간의 기본적인 생리적 욕구충족
- 음식이나 음료가 비교적 저렴한 가격
- 음식구매 이외의 다른 서비스를 기대하기 어려움
- 구매할 음식이나 음료의 선택, 준비, 먹는데 걸리는 시간이 비교적 짧음
- 대부분 음식이 이미 마련되어 있거나, 고객들이 원하는 것을 바로 구매할 수 있도록 준비된 음식이 고객앞에 진열되어 있는 경우가 많음

반면에 다이닝시장을 찾아 외식을 하고자 하는 사람들은 대부분 일상에서 벗어나 다른 사람들과 함께 어울리거나, 힘들고 단조로운 일들을 피하기 위해, 또는 다른 나라의 새로운 음식들을 맛보기 위해 이러한 다이닝시장을 찾는다. 고객들은 주로 서비스부분이 더욱 강조되어진 완전서비스(full service) 레스토랑인 파인다이닝이나 업스케일 캐주얼다이닝과 같은 고급 레스토랑을 찾게 된다.

■ 다이닝시장(dining market)

- 인간의 사회적인 욕구충족
- 개별고객의 요구에 맞는 개별서비스 제공이 중요함
- 먹고자 하는 음식을 메뉴에서 선택하고, 준비되는 시간 동안 기다리는 경우가 많음
- 식사예술이라 할 만큼 편안하고 안락한 서비스를 통한 경험을 즐길 수 있음
- 식사의 문화적인 측면을 중요하게 생각함
- 고객의 인구통계적 특성을 고려하여 그에 따른 서비스를 제공하고자 함

(2) 업체의 운영컨셉에 따른 구분

■ 컨셉의 이해

모든 레스토랑은 그 레스토랑만의 컨셉을 갖고 있다. 하지만 많은 레스토랑들이 컨셉(concept)을 명확하게 전달하는 것이 쉽지 않다. 레스토랑 컨셉은 제공되는 음식과 전체적인 분위기를 보여주는 어떤 상징, 가구배치, 제공되는 서비스 등이 통합되어 모든 사람들에게 보여지고 싶은 그런 총체적인 이미지를 말한다. 〈그림 3-5〉와 같이 레스토랑의 로고, 사인, 직

그림 3-5 컨셉 다이아몬드

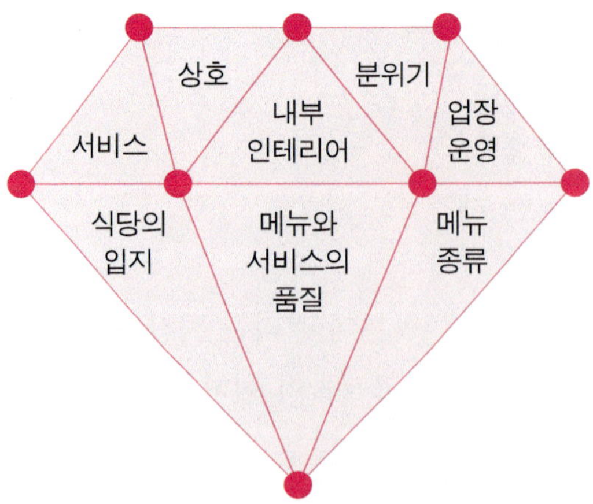

원들의 유니폼, 메뉴, 실내인테리어 장식 등의 레스토랑을 대표하는 모든 요소들이 함께 어우러져 하나처럼 표현되는 컨셉 다이아몬드를 만들 수 있어야 한다.

- **컨셉의 차별화** : 일반적으로 레스토랑 컨셉은 무엇을 어떻게 고객에게 제공하는지와 많은 관련이 있다. 예를 들어, 퀵서비스 아침식사 카페 혹은 풀서비스 미국식 뷔페 등과 같은 단순한 레스토랑의 컨셉은 순수하게 실용적인 표현이며, 어떤 포지셔닝이나 차별화된 서비스 등을 표현하기에는 다소 부족하다. 컨셉은 레스토랑이 목표로 하고 있는 주요 목표시장의 고객들에게 적합하게 구성되어야 하고 경쟁업체와 비교하여 두드러지게 차별화되면서 더 나은 서비스를 제공한다는 것이 표현되어야 한다.

- **컨셉과 일관된 서비스** : 레스토랑을 운영하는데 있어서 모든 서비스는 컨셉과 조화되어야 하고, 모든 접점에서 고객은 같은 감정을 느낄 수 있어야 한다. 만약 어떤 한 서비스 접점에서라도 컨셉에 맞는 서비스제공에 실패하면, 레스토랑 서비스의 포지셔닝과 차별화에서도 실패하게 되는 것이다. 예를 들어, 고급 레스토랑에서 보통 흔하게 접할 수 있는 평범한 음식을 먹는다면 고객은 실망하게 될 것이고, 고급 스테이크하우스에서 할인이나 쿠폰을 제공하는 것도 역시 그 레스토랑 브랜드 영향력을 떨어지게 할 것이다.

- **컨셉이 반영된 이름** : 레스토랑의 이름도 이미지와 컨셉을 설명하게 된다. 예를 들어, 김밥천국, 빵굼터, 돈마당 등의 상호는 어떤 메뉴를 판매하고 있는지 추측하게 하고, 「천국」, 「터」, 「마당」이라는 친숙하고 일반적인 단어의 사용으로 마치 비싸지 않은 일반서민들을 위한 장소일 것이라는 느낌을 갖게 한다. 또한 피자리아, 밥버거, 헐레벌떡, 칠리사이공 등은 고객이 무엇을 먹을 수 있을지를 기대하기에 충분한 이름이다. 이러한 기대는 그 레스토랑을 이용하는 고객의 머리속에서 그곳에 가면 자신이 어떤 서비스를 받을 수 있을지 상상하게 함으로써 훨씬 친숙하게 한다. 가정식백반과 같은 상호명은 어떤 메뉴를 먹을 수 있을지 잘 알지는 못하지만, 무엇이든 가정에서 먹을 수 있는 듯한 편안하고 집밥같은 식사를 하게 되리라고 추측할 수 있다. 반면에 해바라기식당, 푸른바다, 담소마당, 이러한 이름의 경우는 메뉴나, 장소의 특징 등을 예측하기에 다소 어려움이 있는 이름이며, 한번도 이용해 보지 않은 고객은 이름만으로 그 레스토랑의 기본적인 서비스에 대한 추측이 어려울 수 있다.

■ 컨셉에 따른 외식업 종류

레스토랑의 컨셉에 따라 외식업은 매우 다양하게 구분할 수 있겠지만, 일반적으로 가장 많이 이용되고 있는 종류를 보면 퀵서비스 패스트푸드, 패스트캐주얼, 베이커리 카페, 패밀리스타일, 캐주얼다이닝, 파인다이닝, 뷔페레스토랑 등으로 구분해 볼 수 있다. 레스토랑 컨셉은 고객들에게 어떻게 인지되어 포지셔닝 되는지에 중요하게 영향을 끼친다. 레스토랑을 찾는 고객을 혼란스럽게 하는 컨셉보다는, 명확하게 어떤 컨셉으로 운영되는지 잘 전달되는 것이 중요하다. 패스트푸드 이탈리아음식, 또는 파인다이닝 식사를 하는 푸드트럭과 같이 레스토랑 컨셉을 혼합해서 사용하기도 한다. 이런 경우, 레스토랑의 독창성도 중요하지만 고객에게 알리고자 하는 컨셉이 분명하게 전달되지 않을 수도 있다. 이러한 부조화보다는 가장 일반적인 컨셉에서 발전된 독창성을 찾는 것이 더 바람직하다.

- **퀵서비스 패스트푸드**(quick service fast food restaurant) : 맥도날드와 버거킹과 같은 패스트푸드 체인레스토랑은 1950년대에 시작되어 우리나라에는 1980년에 중반에 유입되었다. 패스트푸드 레스토랑은 일반적으로 고객에게 편리함(convenience)과 속도(speed)를 제공한다. 따라서 주어진 시간안에 빠르게 상품과 서비스를 제공하여 고객을 만족시키고자 하는 것이 대부분 업체의 운영목적이고, 대체로 빠르게 준비가 가능한 햄버거, 치킨 등이 제공된다.

- **패스트캐주얼**(fast casual restaurant) : 패스트캐주얼은 인기있는 트렌드 중 하나로서 패스트푸드와 캐주얼다이닝의 중간형태이다. 패스트푸드보다 약간 더 고급스럽고 캐주얼다이닝보다는 조금저가의 레스토랑이다. 미식가 빵 및 유기농재료같이 보다 고급스러운 음식을 제공하고, 실내도 업스케일 된 형태를 갖추고 있다.

- **패밀리레스토랑**(family restaurant) : 주로 가족고객에게 더욱 어필되는 레스토랑으로 캐주얼다이닝 레스토랑과 유사하다. 외곽에 위치한 경우도 많고, 대부분 알코올음료는 제공하지 않으나, 일부는 와인이나 맥주를 제공하기도 한다. 복장이나 다른 형식적인 조건들에 영향받지 않고, 가족이 편안히 식사하는 장소로 인식되며, 캐주얼다이닝 레스토랑과 같이 중간정도의 가격이다.

- **캐주얼다이닝 레스토랑**(casual dining restaurant) : 캐주얼다이닝 레스토랑은 패밀리레스토랑과 함께 종종 혼용되어 사용되고 있다. 캐주얼다이닝 레스토랑은 사교적인 장소로 상징적인 음식이 있는 경우가 많으며, 바메뉴(bar menu)나 와인이 제공되고 비교적 안락하고 멋진 인테리어의 분위기 있는 레스토랑으로 중간정도 가격의 주요리가 제공된다. 캐주얼다이닝 레스토랑의 식사는 이탈리아식인 올리브가든부터 해산물을 제공하는 레드랍스터, 멕시코음식인 온더보더까지 종류가 다양하며 고객의 테이블옆에서 서비스를 제공하기도 한다.

- 파인다이닝(fine dining restaurant) : 파인다이닝이라는 용어는 빳빳한 흰색테이블보에서부터 턱시도를 입은 웨이터와 같은 이미지를 표현한다. 고품격 서비스와 함께 우아한 분위기와 최고수준의 음식을 제공하는 고급 레스토랑으로 대부분 테이블 회전율이 1회전* 이 안되며, 많은 좌석을 갖고 있지 않다. 고객들은 대체로 특별한 기념일이나 사업상의 목적으로 방문한다. 이런 레스토랑의 요리사는 일반적으로 전문적인 훈련을 받았고, 음식의 가격은 높지만 그만큼 가치가 있다.

레스토랑의 테이블 회전율

레스토랑은 하루종일 가능한 많은 사람들이 테이블에 자리를 잡고 앉아서 음식이나 음료를 주문할 때 이익을 얻는 곳이다. 고객들이 주문한 음식을 먹고, 자리를 뜨고, 또 다른 고객들이 음식이나 음료를 주문하고 식사를 마친 후에 또 자리를 뜨고, 이러한 행동이 반복될 때 마다 이익이 창출된다.

만약 테이블에 몇 시간 동안 앉아서 노트북으로 일을 하며 커피한잔만 주문하고 앉아 있는 고객이 있다면, 더 이익을 창출할 수 있는 그 테이블에서 커피한잔에 따른 이익만 얻게 된다. 레스토랑 입장에서 보면, 테이블당 판매되는 매출액을 가능한 한 많게 하여 수익을 높이면서 고객에게도 즐거운 식사경험이 될 수 있게 하는 것이 가장 바람직하다.

테이블 회전율은 어떤 정해진 측정기간 동안 한 테이블에 몇 번의 고객일행들이 식사하고 나가는지를 측정하는 수치이다. 테이블 회전율측정에 대해 간단히 알아보자.

1. 측정기간선택 : 먼저 어떤 특정한 기간을 선택하자. 예를 들어 아침 및 저녁식사와 같은 특정 식사시간이나 주중이나 주말 등의 관심있는 특정 기간을 선택하자
2. 측정기간 동안 각 테이블의 고객그룹의 수 파악 : 고객은 테이블에 앉고, 주문하고, 먹고, 지불하고, 식당을 떠나게 되는데, 측정하려는 기간 동안에 각 테이블에 앉은 고객그룹의 수를 파악하자
3. 테이블 회전율 계산 : 테이블개수에 따라 서비스를 제공한 고객그룹의 수를 나누자. 예를 들어 식당에 5개의 테이블이 있고 점심시간에 20그룹의 고객에게 식사를 제공했다면, 점심시간 동안 테이블 당 회전율은 4회전이 된다. 테이블 회전율이 1회전이라는 것은 결국 레스토랑 안이 모든 테이블에 고객이 한 번씩 앉고 식사하고 자리를 떴다는 의미가 된다.

큰 테이블은 더 많은 고객들이 식사하게 되므로 그만큼 시간이 더 걸릴 수 있기 때문에 회전율이 낮을 수 있다. 또한 고급 레스토랑은 음식을 준비하는 시간도 더 길고, 음식을 천천히 제공하고 고객이 식사하는 시간도 더 길기 때문에 빠르게 진행되는 패스트푸드 레스토랑보다 회전율이 더 낮을 수 있다.

- **베이커리 카페**(bakery café) : 카페(café)는 일반적으로 테이블 서비스를 제공하지 않는 레스토랑이다. 카페메뉴는 전통적으로 커피, 에스프레소, 패스트리, 샌드위치, 스프, 샐러드 등으로 구성되어 일반베이커리와는 다르다. 고객은 계산대에서 음식을 주문하고 셀프서비스로 식사를 제공받는다. 카페는 유럽에서 시작되었으며 대부분 캐주얼하고 느긋한 분위기로 야외좌석을 갖고 있는 경우도 많다. 비스트로(bistro)는 카페와 교환적으로 사용되는 용어로서 완전서비스 식당보다는 저렴하지만, 풀코스의 식사를 제공하는 카페이다.

- **푸드트럭**(food trucks) : 새롭게 등장하는 인기있는 레스토랑 컨셉이다. 푸드트럭은 바퀴 달린 움직이는 레스토랑으로 고객에게 찾아가는 레스토랑이라 할 수 있다. 초기비용이 적고 인건비가 적다는 특징이 있지만, 식당을 열기 위해서 사업계획, 자금조달, 메뉴, 장비 및 상호결정 등의 여러 단계를 필요로 한다.

- **뷔페**(buffet) : 프랑스에서 시작된 뷔페식식사는 호텔, 레스토랑 및 많은 사교행사 등 다양한 장소에서 제공되는 컨셉으로 대체로 한 가지 정해진 가격으로 모든 음식을 먹을 수 있는 all-you-can-eat(AYCE) 형식으로 운영된다. 뷔페에서는 대부분 접시와 같은 식기류(dishware)와 식사를 할 수 있는 숟가락, 젓가락, 포크 등의 유텐실(utensils)이 포함되고, 핑거뷔페(finger buffet)의 경우는 컵케이크, 조각피자, 칵테일 등과 같이 작거나 먹기 쉬운 음식들로 구성되어 손가락을 이용하여 먹는다. 뷔페형식의 공통된 필수기능은 테이블 위에 완성된 음식고객이 직접 보고 원하는 음식을 선택하고, 먹을 음식의 양을 본인이 결정하는 것이다. 뷔페는 한 번에 많은 수의 사람들에게 제공하는데 효과적이며 비즈니스 컨벤션이나 대규모파티 등에서도 자주 볼 수 있는 형식이다.

2) 제한적 캡티브 외식시장

외식시장을 구분하는 두 번째는 제한적 캡티브 외식시장이다. 캡티브시장은 시장내에서 잠재적인 고객들이 접할 수 있는 경쟁업체의 수가 제한되어 있는 시장이다. 고객들은 이 제한적이면서 다양성이 적은 시장에서 본인이 이용가능한 것이 있으면 구매하고, 아니면 구매하지 않는 선택을 하게 된다. 일반적인 외식시장은 대부분 불특정 다수의 고객이 음식과 서비스를 구매한다. 하지만, 캡티브시장 내에 있는 업체들은 그 업체의 설립목적이나, 운영목적에 따라서 좀 더 특정 고객층을 대상으로 운영한다. 컨세션시장과 단체급식시장은 대표적인 캡티브시장이다.

(1) 컨세션시장

컨세션계약은 공공기관이 서비스를 제공하거나 인프라를 구축하는데 사용된다. 컨세션(concession)시장은 이러한 계약을 통해 허락을 받은 경제운영자가 서비스를 제공하거나 작업을 수행함으로써 경제적인 이익으로 보상을 갖는 시장이다. 컨세션은 주로 정부나 지방당국이 부족한 공공자원을 보완하기 위해 민간자본과 노하우를 동원해야 할 때 공공이익을 위한 프로젝트를 수행하는 매력적인 방법이다.

컨세션의 사전적 정의

· 특별히 정부나 고용주가 집단이나 단체에게 부여하는 권리(혜택)
· 영업권(가끔 더 큰 건물이나 상점내부의 영업장소 운영에 대한 권리)

- 컨세션 외식사업은 공공시설내의 식음료서비스 제공을 위해, 특정 외식기업이 운영할 수 있는 운영권을 취득하여 그 공공시설을 일괄 임차하여 직영으로 운영하는 것이다.
- 주로 공항, 철도, 항만, 고속도로 휴게소 등의 교통시설, 국·공립공원, 놀이공원, 리조트 등의 오락시설, 극장, 박물관 등의 문화시설이 주요 사업영역이다. 따라서 캡티브시장 중 이와 같은 컨세션시장은 서비스공간이 제한적이고, 그 안에서 다양성은 적으면서, 가격은 비교적 높게 책정될 수 있는 시장이다.

기존의 백화점이나 쇼핑몰의 사업자별로 각각 운영되는 푸드코트 방식과는 그 운영방식이 다르며, 구성원들에게 혜택 및 복지차원에서 운영되는 기관내 단체급식시스템과도 그 운영형태가 다르다. 하지만, 교통시설이나 문화시설 내에서 운영되는 외식점포이므로 그안에 이미 들어가 있는 교통이용객이나 문화시설 이용객들의 입장에서 보면, 외부에 있는 다른 업체를 이용할 수 없고 그 시설내부에서만 구매해야 하므로 전형적인 캡티브시장의 특성을 갖는다.

(2) 단체급식시장(기관 구내식당업)

단체급식시장은 대부분 어떤 기관의 구내식당과 같이 부속적인 위치에서 운영되는 경우로서 공식적으로는 기관 구내식당업으로 분류된다. 불특정 다수고객을 대상으로 하는 일반적인 외식시장을 상업적 시장이라 한다면, 단체급식시장은 비상업적인 외식시장으로 해당 기관내에 종사하는 직원이나 그 기관의 설립목적에 맞도록 기관을 이용하고 있는 특정 다수고객들에게 서비스를 제공하는 시장이다.

일반적으로 이익은 매우 낮거나, 발생하지 않고, 주어진 예산안에서 운영되는 경우가 많다.

단체급식의 주요 대표적인 기관은 학교, 유치원 등의 교육기관, 병원, 요양원, 재활원 등의 건강의료기관, 회사, 공장 등의 산업체기관, 정부기관 및 군대 등이 포함된다. 각 기관에서 기관의 목적을 위해 종사하고 있는 기관구성원들에게 복지차원에서 음식과 서비스를 제공하는 것이다. 대체로 배식원에 의해 배식을 받던지, 카페테리아 방식의 자율배식(self service) 형태를 취하고 있으며, 부분적으로 테이블 서비스방식을 도입하는 경우도 있다.

- 메뉴는 주로 주기적으로 순환되는 순환메뉴방식으로 운영되며, 스페셜메뉴와 판매촉진 메뉴가 특별히 판매되기도 한다.
- 대부분 종류가 적은 몇 가지 소품목을 대량으로 조리하고, 캡티브시장의 전형적인 특성으로 선택의 폭이 좁아 개별고객의 요구가 고려되기는 어렵지만, 점차 일반 외식시장의 장점을 취하려고 변화하고 있다.

4 외식시장의 소비자 거래상품

1) 외식상품의 특성

(1) 무형성과 유형성의 혼재

고객에게 제공되는 상품과 서비스는 무형성(intangibility)과 유형성(tangibility), 즉 〈그림 3-6〉과 같이 상품의 무형적인 요소와 유형적인 요소의 혼합정도에 따라 구분할 수 있다. 어떤 상품이든지 사실 완전히 무형적 혹은 유형적인 것은 존재하지 않고, 모두 하나의 연속선상에 있다고 볼 수 있다. 유형적인 요소가 두드러지게 많이 나타나는 캔음료의 경우는 자동판매기에서도 구매할 수 있는 상품으로 사실상 기계의 오작동없이 원하는 상품을 구매한다면 고객들은 만족하게 된다. 하지만, 무형적인 요소인 자동판매기 주변의 분위기가 너무 지저분해서 고객들이 선뜻 구매하지 못한다면, 오직 유형적인 단서가 높은 캔음료의 구매에 무형성이 크게 영향을 끼쳤음을 알 수 있다.

준비된 음식을 구매할 때도 음식의 유형적인 단서에 의해 고객은 그 상품을 구매하지만, 무형적인 판매원의 서비스에 의해 상품에 대한 만족도와 구매의사결정에 영향을 받을 수 있다. 패스트푸드의 경우는 이러한 유형과 무형의 서비스적인 특징이 거의 비슷하게 혼재되어 있는

그림 3-6 유형적, 무형적 요소의 혼합

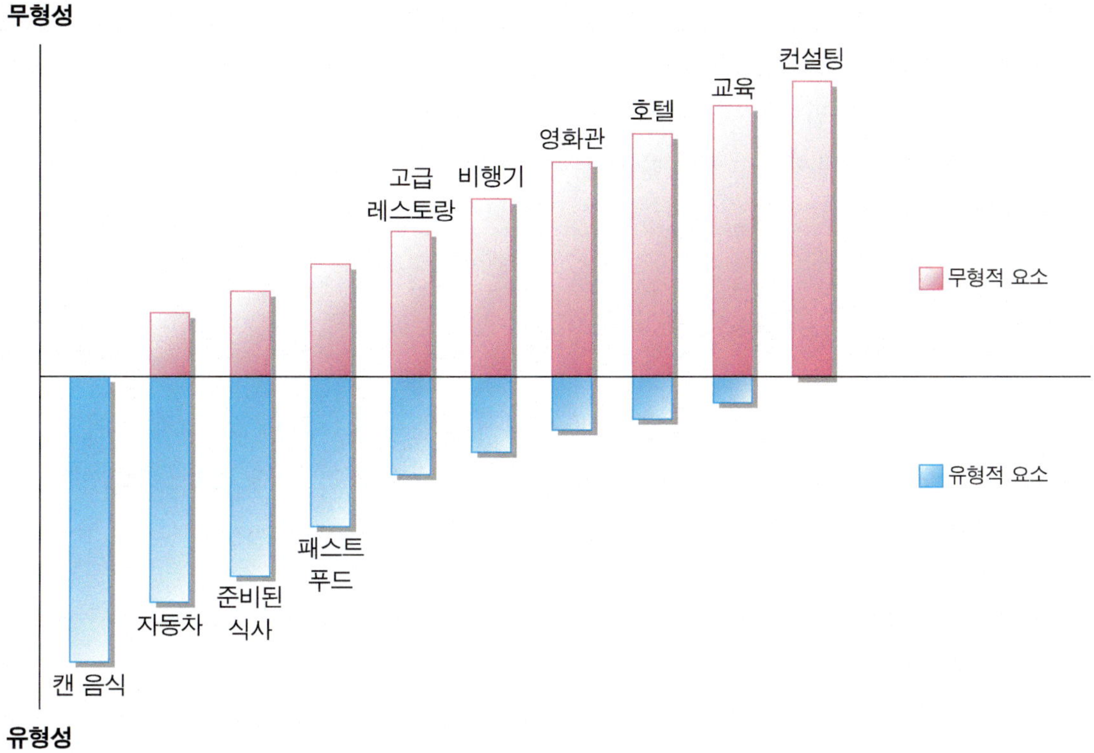

자료 : www.marketingstudyguide.com

시장이라 볼 수 있고, 그에 비하면 고급 레스토랑이나 호텔은 유형성보다는 무형적인 서비스 비중이 더 높음을 알 수 있다. 또한 교육이나 의사의 진찰, 변호사와 면담 등의 컨설팅서비스는 주관적인 감정까지 개입되는 무형적인 서비스가 많은 영향을 끼치는 상품이다. 무형성이 높아질수록 고객의 경험은 재구매결정에 중요하게 작용한다.

(2) 외식업의 유형의 상품

외식업에서 제공되는 전형적인 유형의 상품은 고객의 식사이다. 식사이외에도 레스토랑에서는 실내분위기를 위해 이용된 각종 장식품들, 직원들의 유니폼 등이 유형적 단서가 될 수 있으며, 이런 유형적 단서들을 통해 그곳의 서비스가 어떨 것인지 추측하게 된다. 따라서 유형적인 단서들은 고객들이 식사하는데 직접적으로 필요한 상품은 아니지만, 고객들의 만족도를 높이는데 기여하는 상품이 될 수 있다.

(3) 외식업의 무형의 상품

형체가 없어 고객들이 만지거나 볼 수 없고, 그 가치를 경험하기 전까지는 판단할 수 없는 것을 무형성이라고 하는데, 레스토랑의 유명한 명성이나, 음식의 맛 등이 이에 해당된다. 이러한 무형성에 대한 판단은 주관적인 감정이나 취향에 의해 영향을 많이 받게 된다. 기업들은 상품이나 서비스의 무형적인 특성을 극복하기 위해 광고를 통하여 제품의 실체를 제공하려고 노력한다.

2) 외식업의 상품과 서비스의 역할

외식업의 상품이나 서비스를 그 역할에 따라서 구분하여, 〈그림 3-7〉과 같이, 핵심서비스(core service)와 보조서비스(supplementary service)로 나누어 볼 수 있다. 핵심서비스는 다시 외식의 특성에 따라 핵심상품(core product)과 유형상품(formal product)으로 구분하여 설명할 수 있다.

(1) 핵심서비스

핵심서비스는 고객의 본질적인 욕구를 충족시키기 위해 필요한 서비스를 말한다. 외식업에서의 핵심서비스는 다시 핵심상품과 유형상품으로 구분할 수 있다.

그림 3-7 외식서비스의 역할에 따른 구분

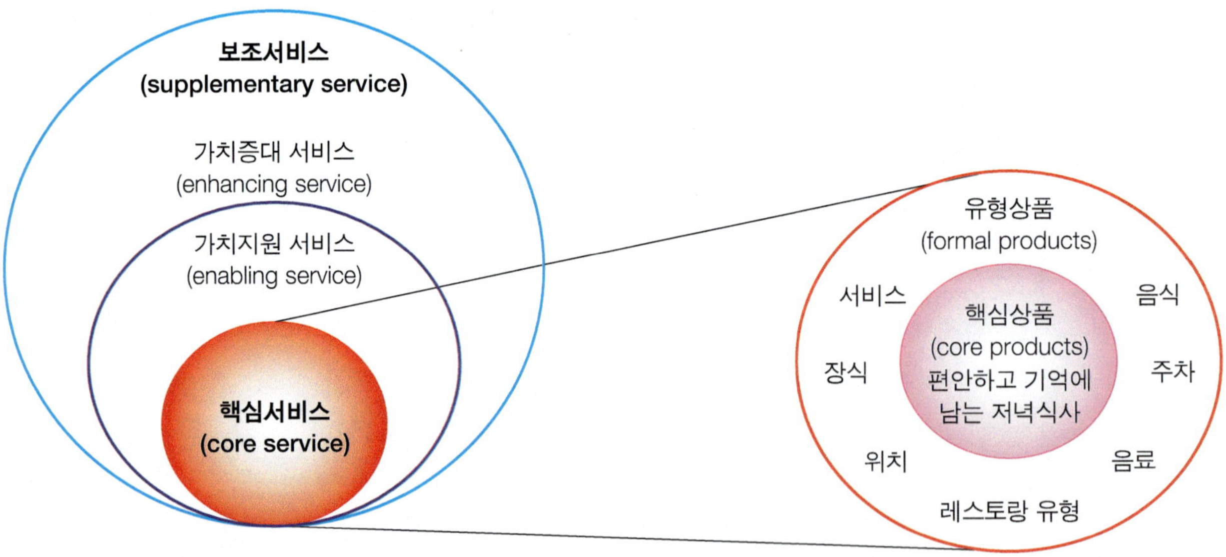

- **핵심상품** : 핵심상품은 레스토랑에서 제공되는 유형·무형의 총체적인 서비스로 고객이 느낄 수 있는 최고의 경험이라 볼 수 있다. 예를 들어, 고급 레스토랑에서 식사할 때 편안하고 기억에 남는 저녁식사는 고객을 위한 핵심상품이 될 수 있다.
- **유형상품** : 유형상품은 핵심상품을 위하여 유형적으로 제공되는 서비스로서 레스토랑에서는 레스토랑의 유형, 음식, 음료, 주차장, 서비스, 위치, 실내·외 장식 등을 들 수 있다.

(2) 보조서비스

핵심서비스의 이용을 가능하게 하거나 그 가치를 더욱 확장시키는 서비스를 보조서비스라고 한다. 보조서비스는 다시 가치지원서비스(enabling service)와 가치증대서비스(enhancing service)로 구분할 수 있다. 외식산업에서는 특히 핵심상품에 대한 차별화가 어렵기 때문에 보조서비스의 차별화를 강조하며, 이를 통해 고객만족을 실현하고자 노력한다.

- **가치지원서비스** : 핵심서비스의 이용을 가능하게 하는 서비스로 예약서비스, 대리주차(valet parking)서비스, 와이파이(Wifi)서비스, 다양한 모바일지불결제 등의 서비스를 들 수 있다.
- **가치증대서비스** : 핵심서비스 제공을 위해 필수적인 것은 아니지만, 핵심서비스의 가치를 높이고 경쟁사와 차별되는 서비스요소로 고객이 전혀 기대하지 않았던 아이들을 위한 놀이방시설과 식사중에 아이 돌봐주기 서비스나 여성들을 위한 파우더룸 제공 등과 같은 서비스를 들 수 있다.

논의 과제

1. 외식거래시장의 기업거래시장(B2B)과 소비자 거래시장(B2C)의 특징에 대해서 논의하시오.

2. 컨셉 다이아몬드에 들어가는 요소들에 대해서 논의하시오.

3. 외식시장의 운영컨셉에 따른 레스토랑의 특성에 대해서 논의하시오.

4. 캡티브 외식시장의 개념과 대표적인 캡티브 외식시장의 특성에 대해서 논의하시오.

5. 외식상품의 유형성과 무형성의 특성에는 어떤 것들이 있는지 논의하시오.

6. 외식상품의 완전무형성과 완전유형성에 대해서 논의하시오.

7. 외식서비스의 핵심서비스와 보조서비스에 대해서 논의하시오.

[제2부]

외식프로세스관리와 운영

제4장

상품생산 프로세스관리

1. 외식업 운영 프로세스의 이해
2. 외식업 운영상 특성과 식품구매방식
3. 상품생산 프로세스의 유형
4. 상품생산의 단계별 세부관리

학습 목표

- 외식업 운영 프로세스 전반의 구성과 특징을 알아본다.
- 외식업의 상품생산 프로세스 유형에 대하여 알아본다.
- 상품생산의 단계별 세부관리는 어떻게 진행되는지 알아본다.

- **주　　제** : 상품생산 프로세스와 네 가지 푸드서비스 시스템
- **강의 방향** : 외식업의 운영 프로세스 종류와 식품구매방식을 알고, 네 가지 푸드서비스 시스템에 대해서 논의하고, 재고관리부터 조리관리까지는 어떤 업무를 하고 있는지에 대해 정리한다.
- **강의 시간** : 60분~75분 정도의 **2회 수업(120분~150분)**

1. 외식업 운영 프로세스의 이해	
1) 상품생산 프로세스	외식업 운영 프로세스의 상품생산에 대한 프로세스의 정의를 이해한다.
2) 고객관계 프로세스	고객관계 프로세스의 정의를 이해한다.
3) 판매 프로세스	외식업 판매 프로세스의 정의를 이해한다.
2. 외식업 운영상 특성과 식품구매방식	
1) 외식업의 운영상 특성	피크타임, 식재료관리, 노동력 등의 외식업의 운영상의 특성을 알아본다.
2) 식품가공 정도에 따른 식재료구매	식품의 가공정도와 노동력의 관계를 알아본다.
3. 상품생산 프로세스의 유형	
1) 전통적인 푸드서비스	전통적으로 사용되고 있는 푸드서비스 시스템의 특성과 장 · 단점에 대해서 알아본다.
2) 중앙공급식 푸드서비스	중앙조리장을 두고 관리하는 중앙공급식 푸드서비스 시스템의 특성과 장 · 단점에 대해서 알아본다.
3) 사전준비된 푸드서비스	조리-냉장, 조리-냉동, 수비방식이 적용되는 사전준비된 푸드서비스 시스템의 특성과 장 · 단점에 대해서 알아본다.
4) 조합식 푸드서비스	대체로 완제품을 구입하여 운영하는 조합식 푸드서비스 시스템의 특성과 장 · 단점에 대해서 알아본다.
4. 상품생산의 단계별 세부관리	
1) 재고관리	재고관리의 관련업무를 알아본다.
2) 구매관리	구매관리란 어떤 업무이며 구매관리의 5가지 절차에 대해서 알아본다.
3) 검수관리	검수관리의 업무와 검수절차에 대해 알아본다.
4) 저장관리	저장관리의 중요성과 업무에 대해 알아본다.
5) 출고관리	출고관리의 업무에 대해 알아본다.
6) 준비관리	준비관리의 중요성을 알아본다.
7) 조리관리	조리관리의 관련업무 및 표준레시피의 이점에 대해서 알아본다.

외식산업에서는 여러 생산단계를 거쳐 유형의 상품인 음식을 생산하고, 고객과의 접점에서는 다양한 형태로 무형의 서비스를 제공한다. 최종소비자인 고객에게 이러한 유형, 무형의 외식서비스를 전달하기 위해서 여러 채널의 다양한 판매 프로세스를 이용하게 된다. 고객과의 만남이 이루어지기 전부터 외식을 하고자 하는 고객과의 접촉은 이미 시작되고, 고객과의 만남이 이루어진 접점, 그리고 고객과의 만남이 끝나고 난 이후에도 끊임없이 고객과의 관계가 이어지게 된다. 타산업에 비해 복합적인 요소를 많이 갖고 있는 외식업의 특성과 서비스가 전달되는 운영 프로세스에 대해 알아보자.

1 외식업 운영 프로세스의 이해

외식기업은 고객에게 영양가 있고, 안전한, 좋은 품질의 음식과 서비스를 제공하고자 한다. 이를 위해 식재료의 품질과 안전을 최적화하고, 비용을 최소화하기 위한 효율적인 운영방안을 위해 노력한다. 외식업의 생산과 고객과의 관계를 형성하는 과정은 〈그림 4-1〉에 나타난 바와 같이 크게 상품생산, 고객관계, 판매의 세 가지 영역으로 구분해 볼 수 있다. 본 장에서는 상품생산 프로세스에 대해서 알아보고, 다음 장에서 고객관계 프로세스와 판매 프로세스에 대하여 좀 더 알아보도록 하자.

1) 상품생산 프로세스

고객에게 판매되는 유형의 상품을 생산하는 프로세스로서, 식재료를 포함한 식자재의 재고관리부터 음식이 최종적으로 완성되어 고객에게 전달되기 직전까지의 모든 단계를 포함한다.

2) 고객관계 프로세스

고객과의 관계가 시작되는 프로세스이다. 고객을 만나기 이전에 관계를 형성하기 위한 마케팅활동부터 고객과의 접점에서 고객에게 응대하는 고객서비스 및 고객과의 만남이 끝난 이후에도 고객과의 지속적인 관계를 구축하기 위한 각종 마케팅활동들이 포함된다.

그림 4-1 외식업 운영 프로세스

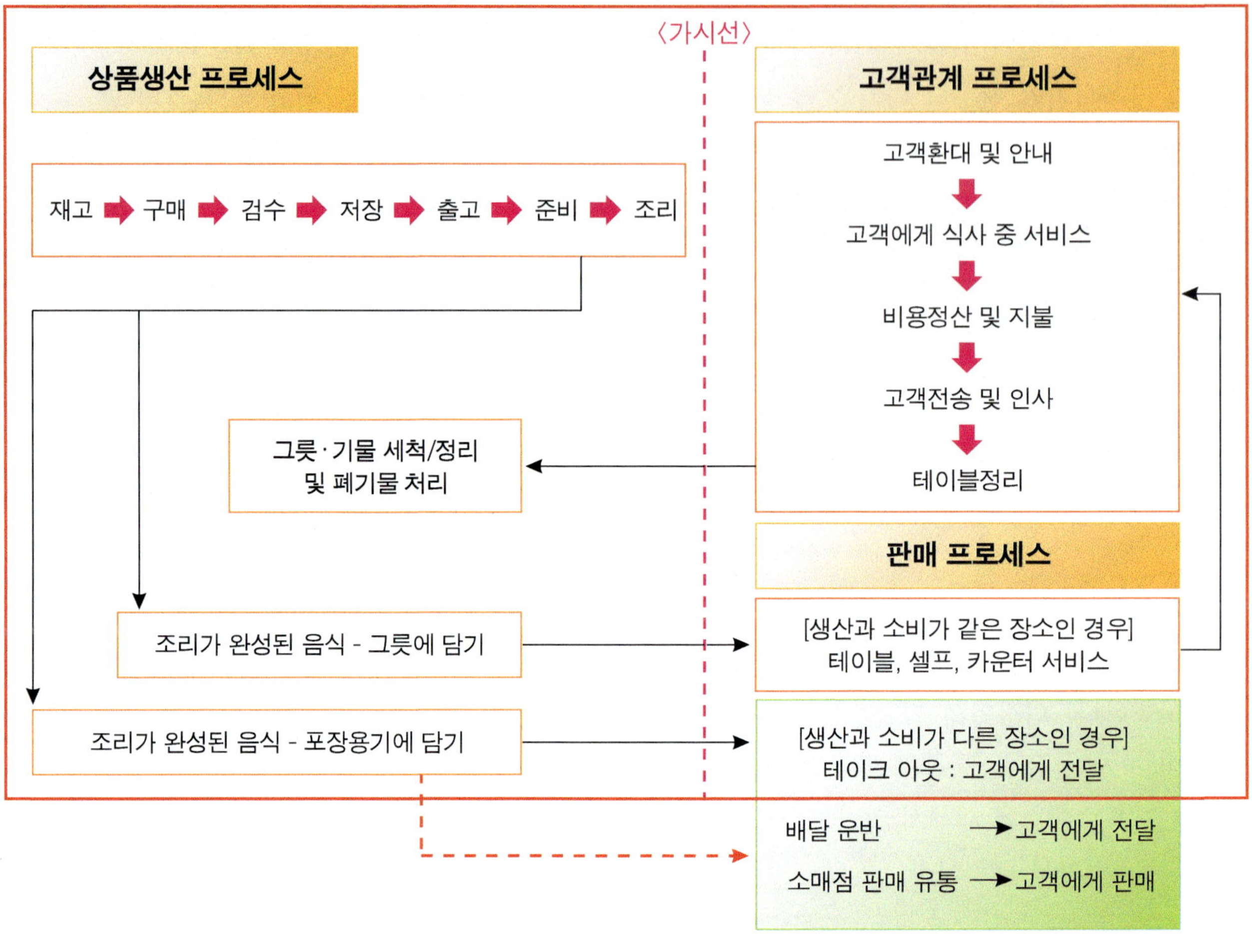

3) 판매 프로세스

조리된 음식이 고객에게 전달되는 판매과정이다. 음식의 생산과 소비가 같은 장소에서 일어나는 경우와 다른 장소에서 일어나는 경우를 나누어 판매 프로세스를 구분할 수 있다.

2 외식업 운영상 특성과 식품구매방식

외식업의 상품생산 프로세스를 이해하기 위해 먼저 음식을 생산하고 서비스하는 방식을 결정하는데 영향을 끼치는 외식업의 독특한 특성과 식품의 가공정도에 따른 식품구매방식에 대해서 알아보자.

1) 외식업의 운영상 특성

(1) 수요의 피크와 골짜기 형태

업종과 업태에 따라 다소 차이가 있을 수 있지만, 대부분 점심과 저녁의 식사시간에 음식에 대한 수요가 급격히 증가되는 경향이 발생하고, 식사와 식사 사이의 시간에는 그 수요가 다소 감소하는 골짜기 모양의 수요를 보인다.

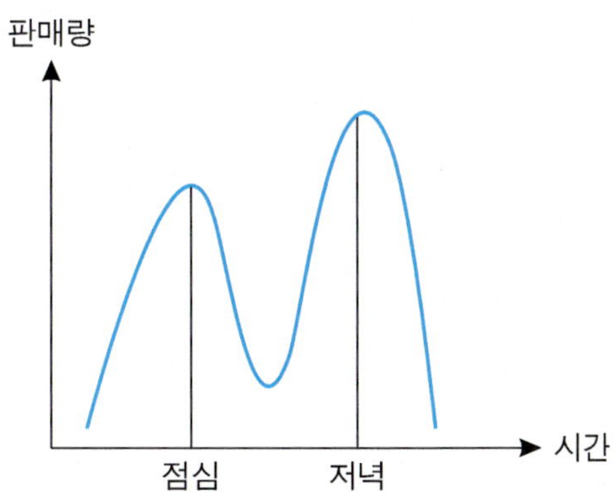

(2) 특정 시간대의 노동력 집중

식사시간대의 수요증가로 인해 음식을 만드는 생산과 제공하는 서비스 모두 노동집약적인 활동이 된다. 고객에게 제공될 음식이나 서비스를 미리 만들어 저장해 둘 수 없으므로 노동력이 집중된다는 것을 알고 생산에 차질이 없도록 운영계획을 세워야 한다.

(3) 상황대처를 위한 식재료의 재고량 확보

음식이나 음료에 대한 수요는 경쟁상황, 날씨, 주요 이벤트 등에 따라 달라질 수 있으므로 식재료의 재고량 확보가 너무 부족하거나, 너무 지나치지 않도록 상황에 맞게 대응해야 한다.

(4) 숙련과 비숙련직원이 모두 필요

업종, 업태, 운영방식에 따라 차이가 있겠지만, 외식업의 대부분은 숙련된 직원과 비숙련된 직원이 모두 필요하다.

(5) 모든 순간에 식재료의 적절한 관리필요

음식을 생산하기 위해 사용되는 식재료는 부패하기 쉽기 때문에 음식을 준비하기전, 음식을 준비하는 동안 및 음식이 생산된 이후에도 식재료를 적절하게 취급해야 한다. 취급이 제대로 되지 않는 경우에는 식재료의 낭비로 인한 자산의 손실을 초래하게 된다.

외식업의 이러한 특성 때문에 생산일정의 계획, 직원배치의 어려움, 높은 인건비, 식재료비용 등에 대해 운영상의 영향을 덜 받기 위해 관리자는 적절한 방법을 찾고자 많은 의사결정을 하게 된다. 예를 들어, 생산과정을 중앙으로 집중하고 규모의 경제를 추구한다면 음식생산비용을 절감할 수 있다. 또한 반조리제품이나 완제품을 이용하면 식재료비용은 상승되지만, 인건비를 줄일수 있고, 조리된 음식의 냉장 또는 냉동보관으로 미리 준비할 수도 있다. 관리자들은 다양한 측면을 고려하여 비용을 적절하게 사용함으로써 좀 더 해당업체의 상황에 맞는 경제적이고 효율적인 서비스시스템을 활용할 수 있다.

2) 식품가공 정도에 따른 식재료구매

외식산업 분야와 관련된 타산업의 진화는 외식업의 운영시스템에도 많은 영향을 주고 있다. 특별히 식품가공분야의 기술적인 향상과 외식업은 상호 의존성이 분명하여 서로 상생하도록 해야 한다. 식재료가 어느 정도 가공되었는지에 따라 각 외식점포에서 필요한 노동력은 달라질 수 있다. 그러므로 외식업에서는 식재료비용과 인건비의 상호관계를 이해하여 음식생산에 가장 경제적인 식재료형태를 구매하도록 해야 한다. 〈그림 4-2〉는 다양한 식품의 가공정도에 따라 식재료를 어떤 방식으로 구매하는지를 보여주고 있다. 예를 들어, 이탈리아 빵을 제공하는 레스토랑에서 빵을 위해 식재료를 구입하는 방법은 몇 가지가 될 수 있다.

그림 4-2 식품가공 정도에 따른 식재료 구매방법

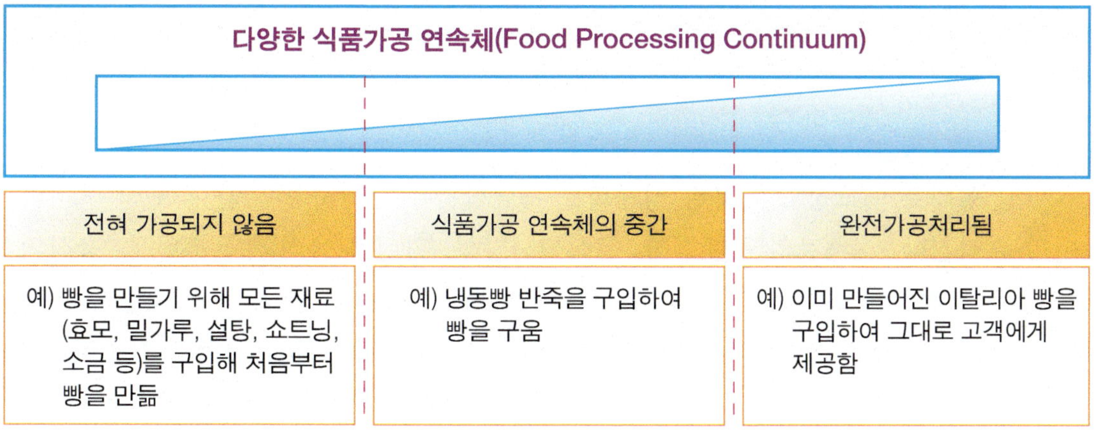

- 첫번째로 빵을 만들기 위한 모든 재료, 즉 효모, 밀가루, 설탕, 쇼트닝, 소금 등을 일일이 구입하여 처음부터 빵을 만들 수 있다. 이 경우의 식재료는 전혀 가공되지 않은 재료를 구매하므로 빵을 만들 수 있는 숙련된 노동력이 필요하고, 재료들을 준비하는 비숙련된 노동력도 역시 필요하게 된다.
- 두 번째는 냉동빵 반죽을 구입하여 빵을 구워낼 수 있다. 이것은 식품가공 연속체의 중간 범위에서 식품을 구매하는 것으로 빵을 위한 반죽이 이미 된 상태이므로 어느 정도 훈련을 하면 비숙련된 인력도 빵을 만들 수 있지만, 여전히 빵의 품질을 위해 직원의 기술수준이 요구되는 상황이다.
- 식품가공 연속체의 오른쪽 끝에서 구입하는 경우라면, 이미 만들어진 이탈리아 빵을 사서 구입후 그대로 고객에게 제공하는 것이다. 이때는 비숙련된 직원이 간단한 과정을 거쳐 고객에게 빵을 제공할 수 있다.

따라서 관리자는 구입하려고 하는 식재료의 가공상태와 필요한 노동력과 인건비 지출 등에 대하여 충분히 고려하여 식재료를 구매하여야 한다.

3 상품생산 프로세스의 유형

어떤 형태로 어느정도 가공된 식재료를 구매할지는 운영하고 있는 점포의 형태나 상황에 따라 달라진다. 식재료의 구매형태, 음식생산방식, 완성된 음식의 운송형태, 음식의 저장여부 등을 고려하여 외식업의 생산 프로세스는 전통적, 중앙공급식, 사전준비된, 조합식의 네 가지 푸드서비스 시스템으로 구분할 수 있다. 〈그림 4-3〉은 푸드서비스 시스템의 기본형태를 제시하고 있다.

즉, 외식기업은 기업의 목표와 고객의 특성에 따라 푸드서비스 시스템의 유형을 결정하며, 이러한 시스템은 기본적으로 식재료 가공정도에 따른 노동생산성의 향상과 인건비감소의 효율적인 경영을 목적으로 한다.

그림 4-3 푸드서비스 시스템의 기본형태

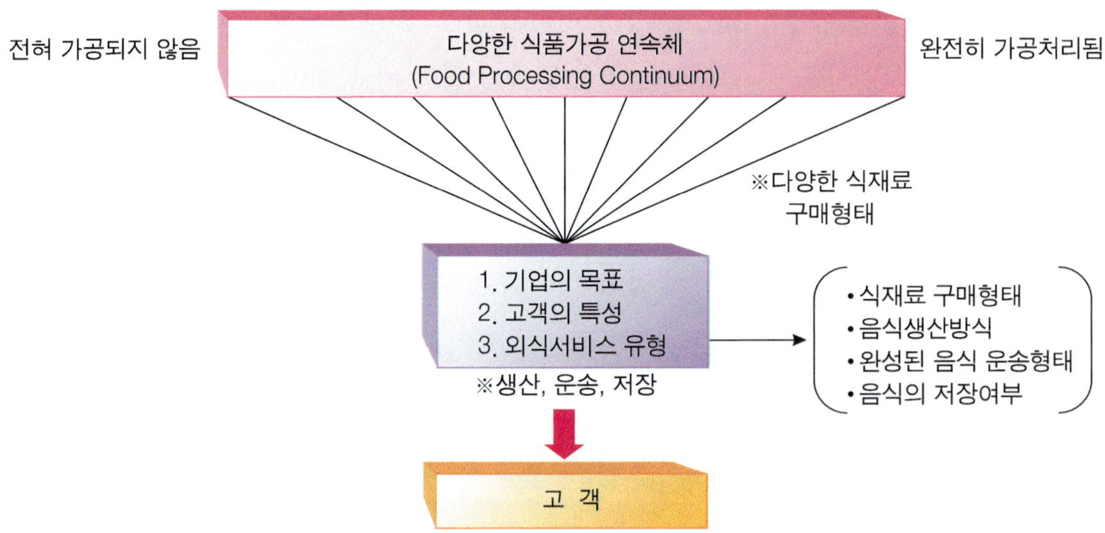

자료 : Unklesbay(1977); Unklesbay et al.(1977)

1) 전통적인 푸드서비스

전통적인 푸드서비스(conventional foodservice)는 외식점포에서 이용하고 있는 가장 일반적인 형태이다. 〈그림 4-4〉와 같이, 다양한 가공형태의 식재료를 구입하여 음식은 현장에서 생산된 후, 짧은 시간 냉장 또는 온장보관이나 혹은 그대로 고객에게 제공되는 cook to serve 시스템이다.

- **식재료구매형태** : 식재료가 전혀 가공처리되지 않은 원재료부터 완전처리된 상태까지의 모든 식재료를 구매할 수 있다. 따라서 점포의 노동력이나 인건비의 지출정도를 고려하여 노동력에 여유가 있으면 가공처리가 전혀 안된 식재료를 구입하고, 일손이 부족하거나, 식재료비용이 더 여유가 있으면 반조리 또는 완전조리된 식품을 구매할 수도 있어, 식품가공 연속체의 전체범위에서 식재료구매가 가능한 운영방식이다.
- **상품생산** : 음식생산을 위한 전과정이 외식점포 내에서 이루어진다. 조리, 고객제공, 고객식사의 모든 과정이 공간적으로 분리되지 않고 같은 장소에서 이루어진다.
- **운송 및 저장여부** : 생산과 서비스가 공간적으로 분리되지 않으므로 운송이나 저장과정이 요구되지 않는다.

그림 4-4 전통적인 푸드서비스 시스템

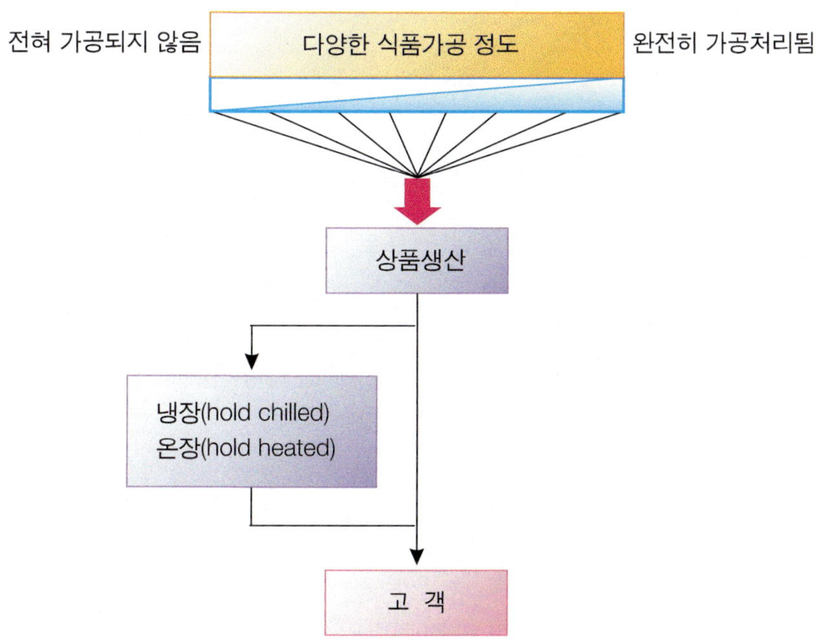

- **제공** : 생산된 음식은 대체로 곧바로 또는 잠깐동안 차게 혹은 뜨겁게 보관 후 고객에게 제공되므로 비교적 품질유지가 용이하다.

이러한 전통적인 푸드서비스 운영방식의 장점과 단점을 알아보자.

[장점]

- **품질을 높게 인식함** : 신선하게 만들어진 가정식과 같은 품질로 인식.
- **메뉴항목의 유연성** : 음식을 만든 후 바로 고객에게 제공되므로 대체로 어떤 메뉴로 구성되어도 크게 문제가 되지 않음. 따라서 메뉴추가나 새로운 구성이 어렵지 않고 유연함.
- **음식은 만들어진 후 바로 제공됨** : 냉장, 온장, 재가열단계가 불필요함.
- **전통적인 표준화된 조리법 사용** : 냉장, 온장, 재가열 등을 위한 조리법 변형이 불필요하고, 전통방식의 레시피를 사용한 조리가 가능함.

[단점]

- **노동집약** : 피크타임에 더 많은 노동력을 필요로 하므로 인건비가 증가됨.
- **일관성결여 가능성** : 조리하는 사람 혹은 상황에 따라 음식품질이 달라 질 수 있음.
- **식재료비용 증가** : 1인분 사이즈조절이 어려워 식재료가 과잉으로 사용될 가능성.
- **식품안전우려** : 전통적인 방식의 생산업무로 식품안전을 위해 관리자는 음식을 생산하는 모든 직원들을 관리해야 하므로 통제범위가 넓어 어려움이 있음.

2) 중앙공급식 푸드서비스

중앙공급식 푸드서비스(commissary / central commissary foodservice)는 CK(Central Kitchen)방식이라고도 한다. 〈그림 4-5〉와 같이, 음식을 중앙조리장에서 생산하여 지역적으로, 공간적으로 떨어져 있는 위성지역의 점포로 운송하여 고객에게 제공하는 Satellite시스템이다(그림 4-6 참조).

- **식재료구매형태** : 구매부터 생산까지 중앙에서 집중적으로 이루어지므로 각 점포에서는 고가의 조리장비가 필요하지 않다. CK에서 구매하는 식재료는 가공처리되지 않은 원재료가 대부분이며, 완전가공처리된 편의식품을 이용하는 경우는 비교적 적다.
- **상품생산** : 본사의 CK에서 상품을 생산하여 공간적으로 분리된 각 외식점포로 운송되어, 조리의 마지막 단계나 재가열을 거친 후 고객에게 제공된다. 따라서 각 외식점포에서는 숙련된 인력이 비교적 덜 필요하고 기본적인 주방기기만 필요하게 된다.

그림 4-5 중앙공급식 푸드서비스 시스템

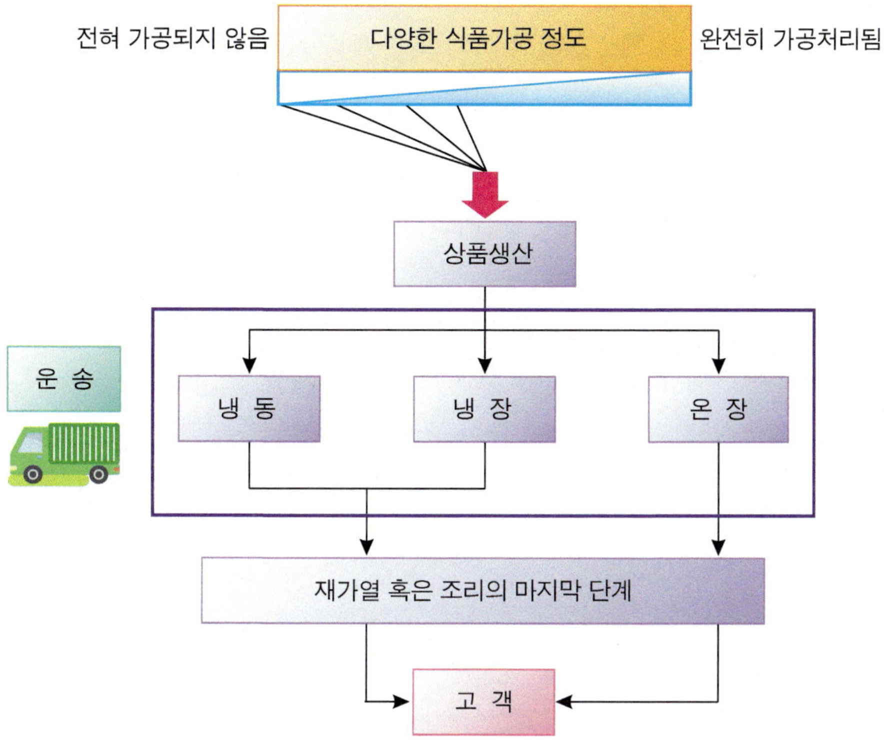

그림 4-6 위성지역으로 운반되는 중앙조리장 운영방식

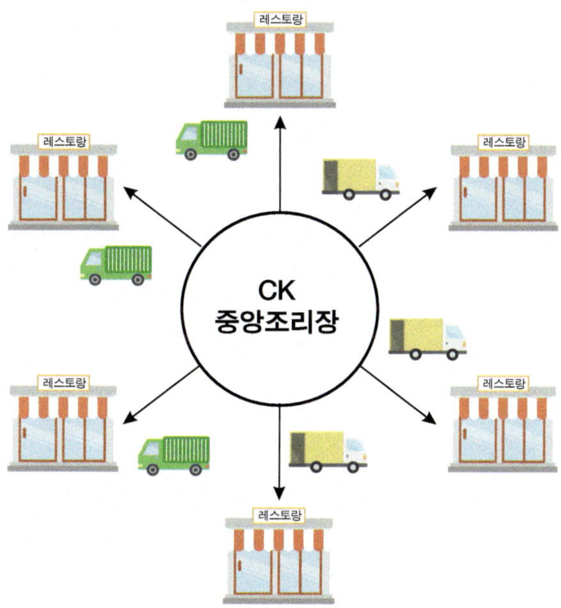

- **운송 및 저장여부** : 생산과 소비가 공간적으로 분리되므로 운송이나 저장과정에 필요한 차량 및 저장시설을 갖추어야 하며, 그에 따른 철저한 위생관리와 시설투자가 요구된다.
- **제공** : 운반된 상품은 최종조리의 마지막 단계를 거쳐 고객에게 제공된다.

중앙공급식 푸드서비스의 경우, 식품은 일반적으로 식품가공 연속체의 왼쪽 끝부분근처에서 구매된다. 식품의 전처리와 음식준비는 중앙조리장에서 대규모로 이루어지며, 이를 통해 상당한 식품비용의 절감효과가 있다. 식재료비용과 인건비는 대개 반비례관계이다. 중앙조리장이 대규모로 준비할 음식의 양이 매우 많으면 생산성이 증가하여 합리적인 인건비 지출이 가능하게 된다. 이러한 방식은 규모의 경제를 이용하므로 대량의 음식을 필요로 하는 외식프랜차이즈 기업이나 단체급식 기업에서 효과적일 수 있다.

이 방식에서 특별히 고려해야 하는 점은 조리된 음식이 다른 지역으로 운반된다는 것이므로 이때 온도와 포장에 대해서 각별히 관리가 필요하다. 냉동, 냉장, 온장의 형태로 운반되는 음식을 위해 그에 맞는 운반차량의 시설설비가 필요하다.

중앙공급식 푸드서비스 운영방식에서의 장점과 단점에 대해서 알아보자.

[장점]

- **식재료비용이 낮음** : 중앙조리장에서는 가공처리되지 않은 식재료를 한꺼번에 대량으로 구입하므로 여러 점포에서 각각 구매하는 것보다 많은 비용을 절감할 수 있음.
- **상당한 구매력** : 대량의 식재료를 거래하므로 공급자들과의 관계를 형성하여 양질의 식재료를 좋은 가격에 구매할 수 있음.
- **식재료의 양조절용이** : 중앙에서 대량으로 조리하므로 표준화된 조리법에 따라 메뉴에 들어가는 각 식재료의 양을 조절하는 것이 더 용이하여 이에 따라 비용도 절감됨.
- **원활한 재고관리** : 중앙에서 식재료재고관리를 하므로, 낭비나 부패로 인한 손실이 줄고, 적절한 식재료의 사용과 적시에 부족한 식재료가 입고되는 경제적인 관리가 용이함.
- **인건비 절감** : 중앙조리장의 대량생산을 통해 인건비 및 총인원을 크게 줄일 수 있음. 노동력이 부족하고 인건비가 비싼환경에서 특히 중요한 부분임.
- **음식준비 일정의 유연성** : 생산된 음식이 운송되므로 생산일정계획에 융통성이 있음. 꼭 식사시간에 음식을 생산하는 것이 아니고 생산과 서비스가 분리되어 피크타임에 대한 스케줄링이 불필요함.
- **품질관리** : 중앙에서 음식을 생산하므로 음식품질의 일관성이 유지될뿐 아니라, HACCP 관리를 통한 미생물적 품질관리, 색상, 질감, 모양 등의 심미적인 품질관리, 영양학적인 품질관리가 체계적으로 이루어짐.

[단점]

- **건물과 시설에 대한 높은 초기자본투자** : 기업에서 중앙조리장의 시설을 갖추기 위해 시설을 건축하고, 장비를 갖추기 위한 초기비용이 매우 높을 수 있음.
- **기술적으로 숙련된 직원이 더 필요** : 새로운 시설을 갖춘 중앙조리장 운영을 위해 기존의 작은 시스템에서 보다 더 기술적으로 뛰어난 숙련된 직원이 필요할 수 있음.
- **일부작업의 단조로움** : 중앙에서 대량생산을 하므로 일부의 업무는 단조로운 일들로 구성될 수 있음. 이런 경우 직원들이 자신에게 이런 일들이 부적합하다고 여길 수도 있음.
- **장비오작동의 영향력이 큼** : 시설, 기기의 오작동으로 음식생산에 차질이 생길 경우, 개별점포에 치명적임. 시설, 기기의 유지보수와 전문인력필요.
- **운송비용** : 생산과 소비장소가 분리되어 서비스장소까지 운반비용이 들고 이에 따라 트럭, 밴, 가솔린, 유지·보수 및 보험, 배달장비 등에 대한 비용이 필요하며 규정에 맞는 라이센스를 가진 운전자의 인건비도 지출해야 함.
- **품질이 낮다고 인식함** : 일반적으로 고객은 대량생산된 음식은 전통적인 방식으로 생산된 음식보다 품질이 떨어진다고 인식함. 운반과정중에도 음식의 품질이 저하될 것이라고 인식하므로 운송차량시설의 온도관리도 철저히 해야 함.
- **식품안전문제는 많은 고객에게 영향을 줌** : 중앙조리장에서 대량생산된 음식을 섭취한후, 식중독이 발생하면 여러 지역의 많은 고객에게 치명적으로 영향을 끼치게 됨. 따라서 식품안전과 관련된 위험을 최소화하기 위해 잘 계획된 HACCP 프로그램을 시행하여 매우 엄격한 통제가 이루어져야 함.

3) 사전준비된 푸드서비스

사전준비된 푸드서비스(ready prepared foodservice)는 숙련된 노동력이 부족하거나 인건비 상승을 극복하기 위해 다른 서비스유형과 함께 이용되기도 하는 방식으로 조리-냉동(cook-freeze), 조리-냉장(cook-chill), 수-비(sou-vide)방식 등으로 불리기도 하는 시스템이다. 〈그림 4-7〉에 나타난 바와 같이, 음식은 서비스가 제공되는 현장에서 생산되어 곧바로 고객에게 제공되지 않고, 냉장이나 냉동보관되고 고객에게는 재가열을 거친 후에 제공된다.

사전준비된 푸드서비스 시스템을 이용하여 한번에 여러날 사용하는 음식을 미리 생산할 수 있다. 예를 들어, 스파게티 소스를 만들어야 하는 경우, 한번 사용할 양을 만들기보다는 여러날 사용할 것을 미리 만들어 저장할 수 있다는 것이다. 이러한 방식으로 인건비를 줄일 수도 있다.

- **식재료구매형태** : 식재료는 가공처리가 전혀 되지 않은 원재료부터 완전처리된 상태까지의 모든 식재료를 구매하여 사용할 수 있다. 예를 들어, 스프, 앙트레, 캐서롤 및 소스 등과 같은 음식을 각각의 식재료를 구매하여 현장에서 직접 생산할 수도 있고, 이 중 앙트레는 약간 가공된 것, 또 스프는 완전히 가공된 식품을 구매하여 1인분으로 나누어 고객에게 제공할 수도 있다.
- **상품생산** : 음식을 생산하여 냉장, 냉동의 저장과정을 거치는데, 조리-냉장, 조리-냉동, 수-비 저장방법이 대표적으로 이용된다.
- **운송 및 저장여부** : 생산된 이후 저장을 거친 음식은 현장에서 재가열 후에 고객에게 제공되기도 하고, 다른 외식점포로 운송되어 수일~수주, 또는 수개월 이후에 재가열하여 고객에게 제공되는 시스템이다. 따라서 운송이나 저장을 위한 시설이 필요하며, 그에 따른 철저한 위생관리시스템을 갖추고 시설투자를 위한 초기 투자비용이 많이 요구된다.
- **제공** : 생산되어 저장과 운반과정을 거친 음식은 최종 조리과정을 거친 후 고객에게 제공된다.

그림 4-7 사전 준비된 푸드서비스 시스템

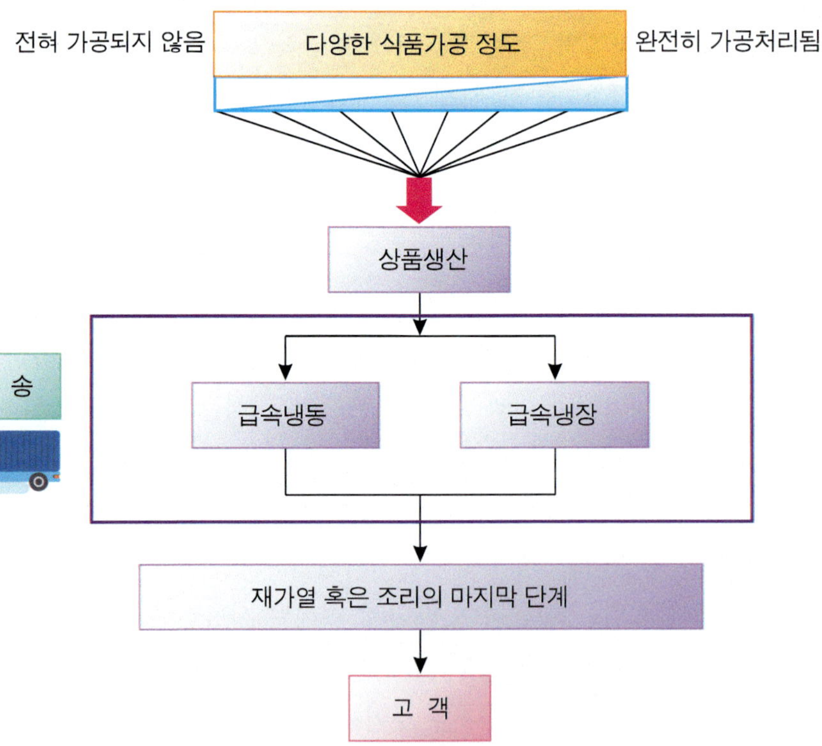

사전준비된 푸드서비스 시스템에서의 장점과 단점을 알아보자.

[장점]

- **음식조리를 위한 스케줄링의 유연성** : 음식을 조리하고 저장·보관하기 때문에 스케줄링이 유연할 수 있고 인건비를 통제할 수 있음.
- **인건비 절감** : 다량의 음식을 한번에 준비하여 보관후 사용할 수 있으므로 인건비가 절감될 수 있음.

[단점]

- **제한적인 메뉴의 다양성** : 일부음식은 냉장, 냉동과정에 적합하지 않아 사용가능한 메뉴가 제한적임.
- **시설과 설비에 대한 높은 초기자본투자** : 조리된 음식을 보관하고 장기간 저장하기 위한 시설설비를 위해 초기 투자비용이 있음. 하지만 식재료비용과 인건비절감 등을 고려하면 단기간에 초기비용이 상쇄될 수 있음.
- **품질이 낮다고 인식함** : 일반적으로 고객은 대량 조리음식은 전통방식으로 준비된 음식보다 품질이 낮고, 또한 한번 저장된 음식은 품질이 더욱 떨어진다고 인식함.
- **대량생산을 위한 레시피수정필요** : 조리된 음식의 냉장, 냉동을 위해 음식조리법의 수정이 요구되고 따라서 이 방식을 위한 표준레시피가 다시 필요하게 됨.
- **식품안전문제** : 한꺼번에 많은 양의 음식을 생산하는 시스템이므로 식중독이 발생하면 많은 고객에게 영향을 줄 수 있음. 따라서 식중독발생과 관련된 문제를 최소화하기 위해 잘 계획된 HACCP 프로그램을 시행하여 매우 엄격한 통제가 필요함.

사전준비된 서비스 프로세스(ready prepared service process)의 저장방법

- 조리-냉장방식(cook-chill system) : 음식이 생산된 후에 바로 고객에게 제공되지 않고 급속냉장시켜 시간적으로 나누어 제공할 수 있도록 하는 시스템이다. 완성된 음식은 1인분씩 혹은 일정한 양으로 나누어 1~3℃에서 냉장보관한다. 전용냉장고에 보관하여 교차오염을 방지하고, 미생물의 오염을 막기 위해 냉장고 온도를 충분히 관리하여야 한다.

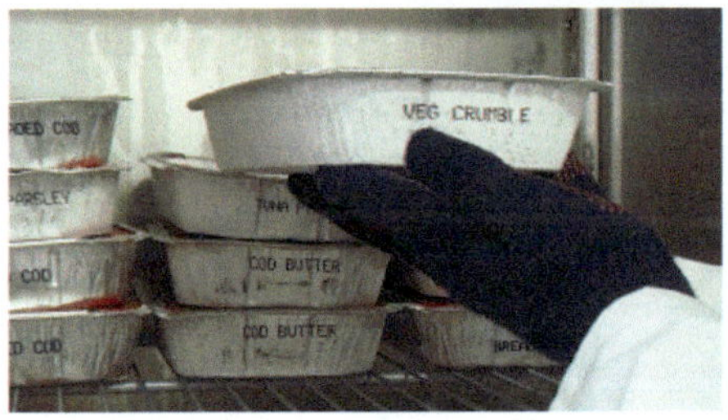

- 조리-냉동방식(cook-freeze system) : 조리-냉동방식은 -18℃ 이하로 저장한다는 것이 조리-냉장방식과 다른 점이다.

- 수-비(sous-vide) : 조리-냉장방식의 일종으로 완전조리 혹은 반조리된 음식을 플라스틱 진공포장용기에 담아 급속냉각하여 0~2℃에 보관한다.

4) 조합식 푸드서비스

조합식 푸드서비스(assembly foodservice) 방식은 보편적인 방법은 아니지만, 환경의 변화로 인해 값비싼 인건비와 부족한 노동력에 대한 보완방식으로 사용될 수 있다. 대체로 완전가공된 식재료를 구매하므로 식재료비용이 많이 지출되지만 인건비가 낮다는 이점이 있다.

- **식재료구매형태** : 대부분 완전가공식품이나 편의식품을 구매하여 최소한의 조리과정을 거친다.
- **상품생산** : 준비와 조리하는 생산과정이 거의 없으므로 최소의 인건비와 기기를 위한 공간만으로도 운영이 가능하다. 하지만 식품구매 비용이 크다는 것을 고려해야 한다.
- **운송 및 저장여부** : 편의식품이 구입된 곳과 고객에게 제공되는 곳이 구분되지 않으므로 운송은 불필요하지만, 구입된 편의 식품이나 냉동식품의 저장공간이 필요하게 된다.
- **제공** : 필요에 따라 1인분으로 나누어진 음식은 최종 가열을 거쳐 고객에게 제공된다.

조합식 푸드서비스 시스템에서의 장점과 단점을 살펴보자.

그림 4-8 조합식 푸드서비스 시스템

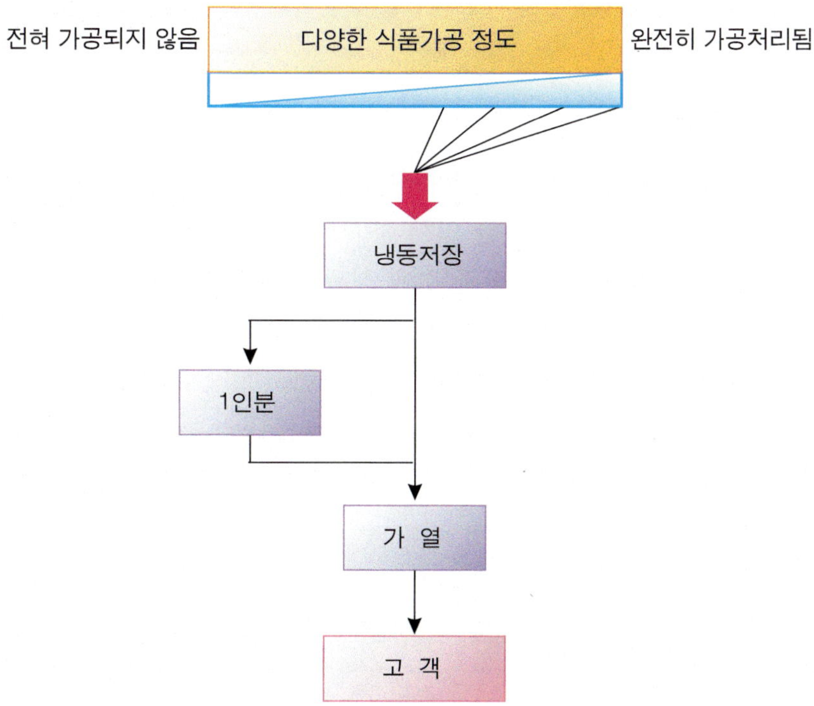

[장점]

- **낮은 인건비** : 거의 조리가 완성된 음식을 구입하므로 생산을 위한 노력이 필요하지 않음.
- **최소한의 시설** : 재가열을 위한 시설과 고객에게 제공할 수 있는 설비만 필요.

[단점]

- **높은 식재료비용** : 완전히 혹은 거의 다 조리된 식품을 구매하므로 식재료비용이 높음.
- **제한된 메뉴의 다양성** : 조리가 완성된 메뉴가 제한적일 수 있음.
- **품질이 낮다고 인식함** : 일반적으로 고객은 가정에서 만든 홈메이드 스타일의 음식에 비교하여 미리 만들어진 음식은 품질이 떨어진다고 인식함.

외식기업들은 이러한 유형의 푸드서비스 시스템을 한 가지 이상의 방식으로 혼합운영하는 경우도 있다. 예를 들어, 몇 가지 메뉴는 전통적인 방식으로 조리하고 또 스프와 소스류들은 중앙집중식 푸드서비스 방식으로 생산하는 등의 혼합방식을 사용하기도 한다. 따라서 외식기업 관리자들은 식재료시장의 상황과 구매비용, 노동력의 구성과 인건비 등을 고려하여 가장 적절하고 경제적인 푸드서비스 방식을 취해야 할 것이다.

4 상품생산의 단계별 세부관리

일반적으로 외식산업의 생산관리를 위해서는 식재료가 어떤 과정을 거쳐 고객만족을 위한 상품으로 만들어지는지 일련의 과정을 이해해야 한다. 가장 전통적인 푸드서비스 시스템에서는 식재료를 구매하고, 검수하여 저장한 후에 식품을 필요로 하는 주방에서 출고하고 이를 전처리 및 준비작업을 하고 나서 마지막으로 조리를 완성하게 된다. 이렇게 음식의 생산을 위해 사용되고 남은 식재료는 건조, 냉장, 냉동으로 저장되어 다음의 사용을 위해 재고로 보관된다.

외식업의 생산과정에서 재고관리-구매관리-검수관리-저장관리-출고관리-준비관리-조리관리 단계는 식재료가 관리되는 가장 기본적인 과정이며, 이 과정을 거쳐 고객을 위한 음식이 생산되고 제공된다.

재고관리 → 구매관리 → 검수관리 → 저장관리 → 출고관리 → 준비관리 → 조리관리

1) 재고관리

재고관리란 보유하고 있는 식재료의 종류와 양을 파악하는 것으로 효과적인 주방관리의 핵심 구성요소이다. 적정량 이하의 재고는 음식생산의 지연 및 고객에게 원하는 서비스를 제공하지 못할 수도 있고, 적정량 이상의 재고는 과다한 유지비용을 부담하게 된다. 재고란 레스토랑에서 사용되고 보유하고 있는 모든 것이라 할 수 있다. 즉, 채소, 건조된 식재료, 냄비와 프라이팬, 유니폼, 주류, 린넨 등 돈으로 구입하여 보관되어 있는 모든 것이 재고로 간주된다.

특정 기간에 어떤 식재료와 소모품이 남아 있는지 알 수 있는 재고조사를 통해 관리자는 식재료주문을 계획하고, 이전 재고로부터 식재료비용을 정확히 계산하고 필요할 경우 메뉴항목을 변경할 수도 있다. 식재료는 기간내 판매되지 않으면 상품가치가 상실되므로 재고조사 및 재고관리는 더욱 중요한 것이다. 재고량을 주시함으로써 부분적인 실수나 낭비로 인한 잠재적인 문제를 파악할 수 있다. 즉, 식재료보관시 위생관리와 품질관리가 제대로 되고 있는지, 식재료의 분류와 재료의 성질에 맞는 재고장소와 재고방법이 적용되고 있는지 등을 알아볼 수 있다.

재고관리는 은행계좌를 확인하는 것과 같다. 은행에 얼마나 많은 돈이 있는지, 그리고 그 돈으로 지불과 입금이 제대로 되고 있는지 여부에 관심이 있는 것처럼, 관리자는 주방과 창고에 보관되어 있는 식재료와 소모품의 가치에 관심을 가져야 한다. 대규모운영에서는 한팀 전체가 재고관리를 하겠지만, 소규모운영에서는 재고관리에 대한 모든 책임이 관리자나 혹은 한두 명의 핵심인력에 부과될 수 있다.

2) 구매관리

구매과정은 모든 외식업운영에 필수적이다. 유능한 관리자는 적정한 양의 적절한 재료를, 적절한 시기에 그리고 최적가격으로 구입할 수 있어야 한다. 외식점포마다 구매절차는 각기 다를 수 있지만, 구매과정에서 항상 따라야 할 가장 중요한 규칙은 예상되는 필요한 만큼의 양을 구매하는 것이다. 이는 식품을 신선하게 유지하고 재고회전율을 높게하며 불필요한 재고가 창고에 보관되어 있는 것을 막을 수 있는 방법이다. 경제적이고 효율적인 구매가 이루어질 수 있도록 다음 5가지의 구매절차에 대해서 알아보자.

1 **구매담당자 결정** : 운영점포의 크기와 규모에 따라, 대규모 레스토랑의 경우는 구매팀이 담당하겠지만, 소규모의 경우는 관리자나 조리사가 직접 구매를 담당한다. 최종적으로 구매를 결정하고 구매를 담당하는 사람은 책임을 갖고 구매과정을 진행해야 한다. 구매자는 실제 식재료를 이용하는 조리사들과의 원활한 소통이 중요하고 식재료의 특성과

비용관리에 대한 지식도 갖추고 있어야 한다.

2 **식재료 사양을 수립하여 구매할 식재료결정** : 구매담당자가 결정된 다음에는 식재료에 대한 사양을 수립하여 구매할 식재료를 결정한다. 다양한 종류의 식품을 사용하기 때문에 각 식재료들의 사양은 중요한 제어장치가 될 수 있다. 식품의 브랜드, 등급, 품질의 스펙(specification)은 메뉴와 표준레시피에서 필요로 하는 조건에 맞추어 구매해야 한다.

구매명세표

구매명세표(purchasing specification)는 원하는 제품의 이름, 이용하고자 하는 용도, 등급, 품질, 크기, 중량 및 기타 제품특성을 설명한다. 또한 배송, 지불절차 및 관련데이터에 관한 일반적인 지침도 포함된다. 기본적으로 구매명세표는 공급자에게 구매자가 원하는 것이 어떤 것인지 정확하게 알려줄 수 있다. 구매명세표는 문서화되어 구매자의 요구사항이 공급자와 명확하게 소통될 수 있도록 해야 한다.

3 **주문빈도 및 주문량 예측** : 구매할 식재료가 무엇인지 결정되면 식재료주문빈도와 양을 예측하게 된다. 식재료를 구매하는 것은 식재료에 대한 구매비용만 필요한 것이 아니고, 구매를 위한 직원들의 노력과 시간에 대한 비용도 지불하는 것이므로 불필요한 과정을 자주 진행하기 보다는 적정한 양과 적정한 횟수의 구매를 통하여 구매과정을 조절하는 것이 중요하다. 특별히 구매량이 많은 입찰방식으로 구매하는 대규모점포에서는 이에 대한 시간과 노력이 많이 요구되므로 주문빈도와 주문량 예측은 더욱 중요하다고 할 수 있다.

주문빈도와 주문량은 식재료의 종류에 따라서도 달라진다. 부패하기 쉬운 과일, 야채, 신선한 어패류와 고기, 가금류 및 유제품은 신선도보장을 위해 더 자주 구입하고, 냉동이 가능한 식재료들은 냉동보관으로 주문횟수를 줄일 수 있다. 부패되지 않는 건조제품, 밀가루, 시리얼, 올리브, 피클 및 기타 조미료같은 제품들은 매주 또는 매월 주문할 수도 있다. 무조건 많은 양을 구매하지 않도록 한다. 하루에 한 두개 필요한 것을 위해 천개를 한꺼번에 구매하여 창고에 재고로 쌓아둘 필요는 없다는 말이다.

4 **조직의 필요에 따라 구매방법선택** : 식재료나 소모품을 구매하기 위한 방법은 다양하다. 어떤 방법은 다른 방법에 비해 더 경제적이며 식재료비용을 낮추지만, 다른 방법은 오히려 점포에서 또 다른 비용이 더 들게할 수도 있다. 관리자는 구매방법을 결정하기 전에 조리팀에서 요구하는 사항을 확인하고 정의해야 한다. 즉 주요 공급자를 정하여 한 공급자로부터 모든 품목을 구매하거나 혹은 육류, 해산물, 채소류, 곡류 등 종류별로 각각의

전문적인 공급자를 정하여 거래하는 방식을 취하거나, 또는 여러 가지 방식이 조합된 형태로 구매할 수도 있다. 이러한 구매방법을 결정하는 것은 운영하는 외식점포에서 추구하고 있는 서비스방식이나 운영목표에 따라 달라질 수 있다.

5 **공급업체 선정** : 누가, 언제, 무엇을, 어떻게 구매할지를 결정한 후에 관리자는 공급자(vendor)를 선정한다. 모든 잠재적 공급자목록을 작성하여, 공급업체의 품질, 일관성, 다양성 및 가격 등을 검토하면서 대상공급자의 범위를 줄여나간다. 그 다음 운영중인 식당의 유형, 제공되는 메뉴 및 고객의 기대 등에 따라 공급업체의 수준을 결정하고 식재료의 품질과 배달시간의 일관성 등의 마지막 주요 항목을 두고 최종적으로 결정한다.

결정을 위해 빠지면 안되는 가장 중요한 항목은 HACCP(hazard analysis critical control point)기반 공급업체인지 확인하는 것이다. HACCP는 위험을 통제하는 시스템으로, 점포에서 음식에 문제가 생겼을 경우 책임까지 공유할수 있는 HACCP승인 공급업체라면 협력업체로서 적합하다. 최고의 공급업체는 비용절감, 품질유지 및 고객만족을 위한 비즈니스 파트너가 되는 것이다.

3) 검수관리

구매하기 위해 주문한 식재료의 주문내용과 실제로 배달된 식재료가 일치하는지를 확인하고 검사하는 과정을 검수라고 한다. 검수관리의 절차는 배달된 식재료의 인수, 입고된 식재료의 확인, 마지막에 서명을 함으로써 최종적으로 승인하는 것이다.

〈그림 4-9〉와 같이 검수담당자는 발주서에서 요청한 모든 항목이 납품서에 포함되어 있는지 확인해야 한다. 발주서에는 식당에 필요한 정확한 항목이 명시되어 있으므로 각 항목을 검사하여 항목의 수량, 무게, 가격이 모두 일치하는지 확인해야 한다. 따라서 발주서=납품서=식재료가 항상 일치되어야 한다. 검수에는 품질검사도 포함된다. 전체물품에 대한 검사가 끝나면 부적합한 식재료는 반품되고 적합한 식재료는 인수되며, 배달된 내용에 대해 최종서명을 한다.

인수된 제품은 지정된 저장장소로 신속하게 옮겨져 보관된다. 그후 담당자는 모든 식재료의 검수가 마무리된 것에 대해 검수보고서(receiving report)를 완료해야 한다. 검수과정에서 가장 중요한 것은 신선도에 대한 확인이다. 식중독질병에 대한 위험을 줄이고 음식물이 안전한지 확인하기 위해 식재료 신선도를 검사하며, 청결 및 적절한 온도를 위해 배송차량도 함께 점검해야 한다. 또한 불량품과 부적합한 물품은 즉시 반품하고 교환해야 한다. 이러한 조치는 경영자의 의지를 보여주는 것이고 공급업자의 노력을 촉진하는 과정이다.

그림 4-9 검수절차

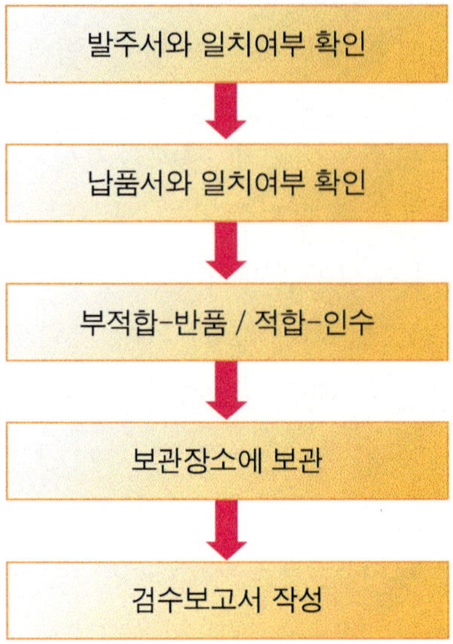

4) 저장관리

구매후 검수를 거친 식재료는 건조창고와 냉장, 냉동의 저온창고에 보관된다. 보관된 식재료 및 각종 소모품들은 레스토랑의 자산이기 때문에 적절한 장소에 올바르게 저장되어야 하며 그에 대한 체계적인 관리는 필수적이다. 즉, 저장은 출고되어 조리가 시작되기 전단계로서, 저장공간의 적절한 온도와 습도관리가 이루어지지 않으면 식재료의 품질에 직접적으로 영향을 줄 수 있는 아주 중요한 단계가 된다. 따라서 저장되는 품목에 따른 적절한 관리로 최고품질의 식재료가 보관되도록 하여 식재료의 변질과 부패에 의한 손실이 최소화하도록 관리해야 한다. 또한 식재료의 도난이나 재고감소에 영향을 주는 손실이 발생할 수 있는 단계이므로 보관하는 저장창고에 승인된 담당자만이 출입하는 권한이 있어야 한다.

1. 개인위생준비

① 검수자는 위생복, 위생모, 위생화를 착용한 후 손을 씻고 소독합니다.

② 깨끗한 면장갑 또는 일회용 위생장갑을 착용합니다.

2. 검수시간

① 물건이 들어오는 즉시 검수를 하는 게 원칙입니다.

② 사정상 즉시 검수가 어려울 때는 반드시 냉장/냉동식품을 검수전까지 냉장/냉동고에 보관했다가 가급적 빨리 검수작업을 진행합니다.

3. 검수

① 배송차량의 온도 및 위생상태를 확인합니다. (배송차량 온도기록지: 타코메타지)

② 별도의 검수대를 설치하여 식재료가 바닥에 닿지 않도록 하고, 식재료의 포장상태를 확인합니다.

③ 각 식품에 맞는 온도상태 인지를 확인합니다.

냉장식품, 전처리 채소류	냉동식품
10℃ 이하로 신선할 것	-18℃ 이하로 녹은 흔적이 없을 것

④ 냉장/냉동되지 않은 조개류, (육)고기, 생선 또는 제조원이 불분명한 물품은 반드시 반품조치합니다.

⑤ 가공식품은 표시시항, 유통기한을 확인하고 부적합품은 별도장소에 보관하여 반품 또는 폐기합니다.

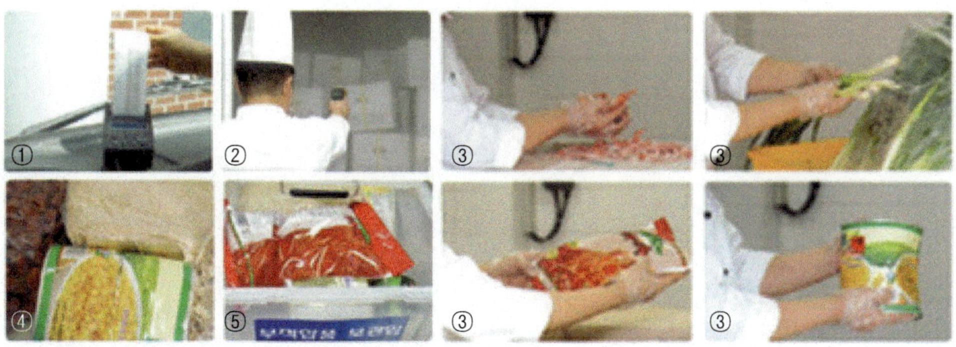

① 차량온도 기록지 확인　② 차량운반 온도측정　③ 식재료 관능검사
④ 식재료 부적합품 선별　⑤ 식재료 부적합품 별도보관

• 자료 : CJ 프레시웨이 식품안전센터에서 제작된 [Food safety Info] 2010년 2월호에서 발췌

5) 출고관리

식재료가 점포에 입고된 후 조리에 이용되기 위해 조리부서로 이동되는 과정을 출고라고 한다. 매일 사용되는 식재료는 검수가 끝난직후 바로 출고된다. 하지만 입고직후에 바로 사용되지 않고 일단 저장창고에 보관되는 식재료는 창고에서 출고된 이후 조리부서로 옮겨진다. 식재료출고에 승인된 담당자가 식재료를 반출할 수 있는 권한을 갖도록 하여, 식재료가 잘못 이용되지 않도록 해야 하며 꼭 필요한 식재료의 필요한 양만큼을 출고하여 점포의 자산이 손실되지 않도록 해야 한다. 식재료의 출고과정은 모두 문서화되어 출고담당자, 출고날짜, 출고시간, 식재료를 출고한 해당직원 등 모든 정보가 기록되어야 한다.

6) 준비관리

음식을 준비하기 위한 조리사를 포함한 모든 작업자들은 스프, 주요리, 디저트를 비롯한 각종 반찬류 등 다양한 음식을 준비하고 양념하여 요리로 만드는 작업을 한다. 음식준비 과정에는 대체로 일상적이고 반복적인 작업들이 포함된다. 채소를 씻고, 다듬고, 썰고, 육류, 가금류 및 해산물을 씻고, 요리에 맞도록 자르고, 준비하고, 재료들의 무게를 측정하고, 요리에 맞는 냄비와 프라이팬을 준비하고, 스프나 소스를 저어주고, 또한 작업장, 장비, 식기류, 포크, 숟가락, 젓가락 등을 씻고 준비하는 등의 작업들은 주방의 작업장에서 최고의 요리가 만들어 질 수 있도록 미리 준비되는 꼭 필요한 일들이다. 이러한 준비작업이 위생적이고, 심미적인 품질에 손상이 없이 이루어져야 다음 단계인 조리과정에서 만족스러운 음식이 만들어지게 되는 것이다.

7) 조리관리

레스토랑에서 고객에게 제공하는 최종적인 상품을 생산하는 단계이다. 음식의 계획부터 마지막 생산까지 많은 절차와 여러 사람의 노력을 거쳐 조리사에 의해 음식이 만들어진다. 모든 단계에서 어떤 위험하거나 비위생적인 일이 일어나지 않아야 하지만, 특별히 조리단계에서는 더욱 신중하게 음식이 만들어져야 한다. 이 단계에서도 식재료에 대한 관리와 통제가 필요하다. 즉, 한 고객에게 제공되는 음식의 양과 품질은 항상 일정하게 일관성을 유지해야 한다. 고객이 매번 레스토랑을 방문할 때마다 같은 음식인데 양이 다르거나 품질이 다르다면 그 레스토랑에 대한 고객의 신뢰도와 만족도는 떨어지게 될 것이다.

일관된 표준정량(standard portion)을 유지하기 위해 대부분 레스토랑 점포에서는 표준레시피(standardized recipe)를 사용하여 누가 음식을 조리하여도 같은 품질을 낼 수 있도록 훈련한다. 표준레시피를 사용하면 많은 이점이 있으므로 각 점포에서는 경제적이고 효율적인 운영을 위해 표준레시피를 개발하여 이에 따르도록 한다. 하지만 한번 개발된 표준레시피도 고객의 반응과 조리사의 의견을 수렴한 연구와 관찰을 통해 지속적인 변형과 발전을 거듭하여 고객만족과 품질향상에 노력해야 한다.

[표준레시피의 이점]

① 일관성 있는 메뉴의 품질
② 일관성 있는 메뉴의 1인분의 양
③ 요리사의 생산성 증가에 따른 경영생산성도 증가
④ 식재료의 과잉사용방지
⑤ 재고확인이 용이하여 비용절감
⑥ 메뉴의 원가계산이 용이해짐
⑦ 신입조리원 훈련과 조리사의 교육에도 사용됨

논의 과제

1. 외식업의 세 가지 운영 프로세스에 대하여 논의하시오.

2. 외식업의 운영상 특성에 대해서 논의하시오.

3. 식품가공 정도에 따른 식재료 구매방식에 대해서 논의하시오.

4. 외식상품생산 프로세스의 네 가지 유형의 특징과 장점, 단점에 대해서 논의하시오.

5. 외식상품생산을 위한 단계별 세부관리에서 관리자가 해야할 일에 대해서 논의하시오.

제5장

고객관계와 판매 프로세스관리

1. 고객관계 프로세스
2. 고객접점관리
3. 판매 프로세스관리

학습 목표

- 외식업에서의 고객관계 프로세스를 이해한다.
- 외식업 특성에 따른 고객접점관리에 대해서 알아본다.
- 생산된 상품을 고객에게 판매하는 프로세스에 대해 이해한다.

· **주 제** : 고객과의 관계구축과 판매 프로세스
· **강의 방향** : 고객을 만나기전, 만나는 접점, 만남이후로 구분하여 고객관계 프로세스를 알아보고, 판매 프로세스에 대해서 생산과 소비의 장소가 같을 경우와 다를 경우를 비교한다.
· **강의 시간** : 60분~75분 정도의 **2회 수업(120분~150분)**

1. 고객관계 프로세스	
1) 고객관계를 위한 브랜드관리	고객과 만나기 전에 고객과 소통하여 고객이 기대하도록 하는 브랜드관리에 대해서 알아본다.
2) 서비스 접점에서의 고객행동관리	서비스가치를 전달하는 고객과의 만남중에 고객과의 관계에 대한 고객의 행동관리에 대해 알아본다.
3) 고객서비스 제공이후 고객관계관리	고객이 떠난 이후에도 지속적으로 관계를 유지하기 위한 고객관계 관리에 대해 알아본다.
2. 고객접점관리	
1) 서비스 청사진과 스크립트	서비스 청사진의 필요요소와 구성요소를 알아보고, 고객의 스크립트를 이해함으로써 고객의 행동을 알아본다.
2) 표준화 정도에 따른 서비스 프로세스	표준화와 고객화에 따른 서비스 프로세스를 이해한다.
3) 고객접촉 정도에 따른 서비스 프로세스	고객의 직접, 간접적인 참여를 통한 서비스 프로세스의 차이를 알아본다.
3. 판매 프로세스관리	
1) 생산과 소비가 같은 장소인 외식점포 내 on-premise 판매	생산과 소비가 같은 장소에서 일어나는 테이블, 셀프, 카운터서비스에 대해서 알아본다.
2) 생산과 소비가 다른 장소인 외식점포 외부의 off-premise 판매	생산과 소비가 다른 장소에서 일어나는 케이터링, 배달, 테이크아웃 등에 대해서 알아본다.
3) 스마트판매	정보통신기술이 적용된 스마트기기를 통한 판매 프로세스에 대해서 알아본다.

고객서비스는 모든 비즈니스에서 꼭 지켜야 하는 생명선과도 같다. 마케팅팀, 인적자원관리팀 등과 같이 고객서비스를 한 팀에서만 하는 일이라 생각하면 안된다. 기업의 사업장 전 조직에서 고객서비스의 질적인 향상을 위해 노력해야 하며, 이를 통하여 고객만족을 실현하기 위해 최선을 다해야 한다. 즉 「훌륭한 서비스 = 즐거운 고객 = 번창하는 사업」이라는 사실을 알아야 한다. 그런 의미에서 고객에게 전달되는 서비스를 이해하고 프로세스를 단계별로 파악하는 것은 매우 중요한 일이다.

1 고객관계 프로세스

일반적으로 고객이 레스토랑에 들어온 이후부터 고객응대가 시작된다고 생각한다. 하지만 고객은 이미 그 전부터 자신들이 얻고자 하는 정보를 찾고, 얻고 싶은 서비스를 받기 위해 많은 활동을 하며, 이를 위하여 외식기업이나 레스토랑과 소통하고 있다. 즉 고객은 레스토랑에서 직접적인 서비스를 받기 전(before), 레스토랑 내에서 서비스를 받는 동안(during), 그리고

그림 5-1 고객관계 프로세스

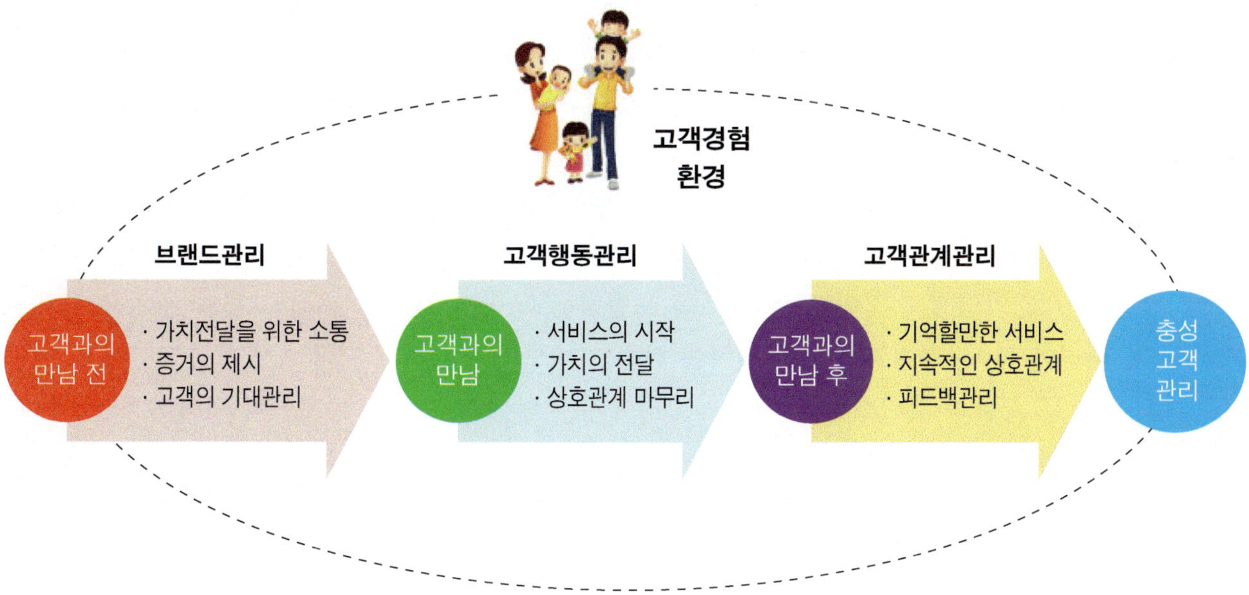

레스토랑을 떠난 이후까지(after) 끊임없이 자신들이 만족할 수 있는 가치를 구하고, 이를 경험하기 위한 직접적, 간접적 활동을 하고 있다.

〈그림 5-1〉과 같이, 고객은 한 기업의 제품이나 서비스를 접하고 사용하고 있는 동안뿐 아니라, 그 이전과 그 이후에도 고객경험을 위한 환경안에 존재하고 있다. 다만 이러한 환경을 고객 스스로가 인지하지 못할 수도 있다. 외식기업은 치열한 시장경쟁 속에서 고객에게 기억에 남는 서비스를 제공하기 위해 많은 가능성을 놓치지 않고 고객과의 관계를 형성하고 지속하는데 노력을 기울여야 할 것이다.

1) 고객관계를 위한 브랜드관리

고객은 아직 경험해 보지 못한 제품이나 서비스에 대하여 찾을 수 있는 정보를 통해서 알아보고 판단하려고 한다. 그 중 가장 대표적인 것이 「브랜드」라고 할 수 있다. 브랜드는 고객참여와 시장경쟁 및 회사관리에 강력한 영향을 미친다. 시장에서의 강력한 브랜드입지는 회사제품을 경쟁업체와 차별화하고 회사의 제품이나 서비스에 대한 브랜드 친화성을 창출한다.

코카콜라, 맥도날드, 스타벅스 등은 외식분야의 리더로 자리잡은 국제적인 브랜드이고, 파리바게트, BBQ 등은 국내외에서 활약하고 있는 국내 브랜드이다. 많은 기업들은 브랜드관리를 통해서 고객에게 기억되고자 노력한다. 브랜드관리는 브랜드의 인식된 가치를 높이는 마케팅의 활동이다. 효과적인 브랜드관리로 긍정적인 브랜드연상과 또는 브랜드인지도 향상을 통해 제품가격이 올라가고 충성도 높은 고객을 확보할 수 있는 것이다.

브랜드관리를 위해서는 브랜드의 유형 및 무형자산을 관리해야 한다. 회사의 제품, 가격, 포장, 로고, 관련색상, 글자, 형식 등의 유형의 자산과 고객이 브랜드에 대해 가진 경험과 제품 또는 서비스와의 감정적인 모든 관계를 포함하는 무형의 자산을 통해 고객의 주의를 끌게된다. 이러한 유·무형적 자산을 관리하여 다른 브랜드와 차별하고 결국 기업에서 고객에게 제공하는 모든 제품과 서비스를 이해하고 고객에게 전달되는 가치가 무엇인지 파악하게 된다. 기업은 고객과의 만남이전에도, 고객과 충분히 소통함으로써 그 기업에서 경험할 수 있는 가치를 알려주고, 고객이 앞으로 경험하게 될 미래에 대해 기대할 수 있도록 하는 것이 필요하다.

(1) 가치전달을 위한 소통(communicate value)

외식기업에서 고객에게 제공하고 있는 음식, 상품, 서비스가 왜 그만큼의 돈을 지불하여야 하는지, 그 이유가 무엇인지, 만약에 이러한 질문을 현재 우리 레스토랑에 있는 고객에게 했을 때, 과연 그 고객은 어떻게 대답할까? 우리 레스토랑에 한번도 방문하지 않은 잠재고객에게 같은 질문을 했을 때는 또 어떤 답을 들을 수 있을까? 그 레스토랑에서 제공하고 있는 음식과 서비스에 대한 가치를 알고 있는 고객과 그 가치에 대해서 아직까지 경험해 보지 않은 고객은 아마도 서로 다르게 대답할 것이다.

- **가치의 의미** : 여기서 말하는 가치는 지불한 돈에 비해 싸고 저렴한 가격으로 어떤 제품을 구매하는 것만을 의미하는 것이 아니다. 고객은 특정 가격을 지불하면서 제품이나 서비스를 구입하지만, 가격 이상의 혜택을 경험함으로써 가치를 판단하므로 가치와 가격은 다른 것이다. 가치(value)는 가격이나 제품을 초월하는 고객이 경험한 그 이상의 것을 말한다. 스타벅스에서 커피한잔을 즐기는 가치, Apple컴퓨터를 사용하는 가치, Disney랜드를 방문하여 즐기는 가치, 이러한 가치는 단순히 유형적인 제품이나 가격에 의해 결정되는 가치가 아니다.
- **차별성과 독특함의 소통** : 경쟁자와 비교하여 어떤 차별성(differentiation)과 독특함(uniqueness)을 갖고 있는지 파악하고, 그 가치에 대해 고객과 어떻게 소통할지 방법을 찾아야 한다. 고객들에게 알리고자 하는 메시지를 소통해야 하는 것이다. 즉, 고객에게 전달된 차별화된 가치를 고객들과 소통하여 고객이 선택할 수 있는 기회를 증가시켜야 한다. 소통을 통하여 고객과의 관계를 개선하고, 고객가치를 이해하고, 결국 고객만족을 통한 충성고객확보로 성공을 향해 갈수 있는 것이다.

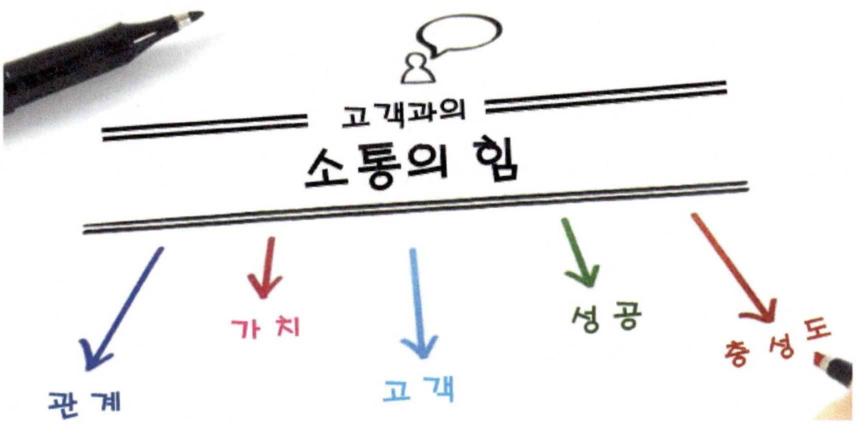

(2) 증거의 제시(present evidence)

외식시장에서 고객은 그 어느때보다 선택할 수 있는 종류도 많고, 방법도 다양하고, 채널도 여러 가지이다. 고객은 어떤 레스토랑에 가야할지, 어떤 음식을 먹어야할지 결정하기위해 자신의 직접 경험, 혹은 타인의 경험에 의한 간접적인 정보를 이용하여 자신의 선택에서 실수를 최소화하려고 한다. 따라서 외식기업은 고객이 어떤 선택을 하든지 자신의 선택에 확신을 가질 수 있도록 그 기업만이 갖고 있는 차별적이고 독특한 가치에 대한 유형의 증거를 제시할 수 있어야 한다.

(3) 고객의 기대관리(manage expectations)

고객은 기업과의 소통을 통해서 그 기업에 대해 기대하게 된다. 고객의 기대(expectation: E)에 비해 고객이 받은 서비스가 그에 미치지 못하면(perceived service: P) 불만족(E〉P)하게 되고, 기대 이상의 서비스를 받게 되면 고객은 만족(E〈P)하게 된다. 즉, 고객의 기대를 관리한다는 것은 고객의 만족에 직접적으로 관련이 있으므로 우리의 고객이 과연 어떤 제품과 서비스를 기대하고 있는지, 어떤 경험을 하고자 기대하고 있는지를 파악해야 한다. 고객들의 기대를 파악하여 그보다 더 지나친 가치를 제공하지 않는 것이 경제적이며, 또한 그 기대에 미치지 않는 상품이나 서비스가 제공되지 않도록 해야 한다.

2) 서비스 접점에서의 고객행동관리

외식을 위해 레스토랑을 방문하는 고객은 물건을 사기 위해 소매점에 가는 고객과는 다르다. 왜냐하면 소매점에서는 마음에 드는 물건이 없으면 구매하지 않고 점포를 떠나지만, 음식을 먹기 위해 레스토랑으로 들어온 고객은 거의 모두 식사를 하기 때문에 두 가지의 경우는 다르게 볼 수 있다. 따라서 레스토랑에서는 고객에게 서비스를 제공하고, 기업의 가치를 전달하는 고객과 교류할 수 있는 기회가 충분히 있게 된다. 고객에게 서비스를 제공하는 직원과의 상호소통을 통해서 긍정적인 행동으로 고객에게 좋은 인상을 줄 수 있도록 해야 한다.

(1) 서비스의 시작(initiate service)

고객을 위한 본격적인 서비스는 고객이 해당 레스토랑을 선택하여 직원과 상호작용할 수 있는 공간에 들어온 후 시작된다. 서비스가 시작되는 순간부터는 고객을 응대하는 모든 직원과 고객을 맞이하는 모든 환경이 고객이 생각하는 방식으로 바뀌어 고객이 원하는 것을 제공받을 수 있도록 해야 한다.

예를 들어, 혼자 레스토랑에 식사하러 온 고객에게는 가족끼리 식사하고 있는 테이블의 옆보다는 좀 더 조용한 다른쪽의 자리로 안내하고, 읽을 수 있는 독서물을 제공해 준다면, 그것이 굳이 필요하지 않은 고객이라도 그런 직원의 배려로 훨씬 긍정적인 인상을 갖게 될 것이다.

자동차 안에서 드라이브 쓰루를 이용하는 패스트푸드 레스토랑의 고객을 위해 음식을 받는 창문위를 덮어주는 캐노피가 있다면, 비오는 날 음식을 받는 고객의 팔에 빗물이 떨어지지 않을 것이다. 고객처럼 생각하는 이러한 배려로 서비스를 시작한다면 결국 고객도 긍정적인 행동을 할 것이다.

자료 : https://c11.kr/2dfq

(2) 가치의 전달(deliver value)

약속된 가치를 전달하기 위하여 고객과 상호작용하는 단계이다. 고객은 제품이나 서비스의 구매 전과 후의 두 단계에서 가치를 평가한다. 고객이 서비스를 구매하기 전에는 기업과 약속했던 가치에 대해 기대를 하고, 서비스를 제공받은 후에는 고객이 경험한 가치를 평가한다. 기업은 고객의 경험가치가 기대가치보다 높게 평가되도록 노력해야 한다.

이를 위해 기업은 고객관점에서 가장 중요한 가치를 제공해야 한다. 예를 들어, 커피한잔을 마시는 경우도, 혼자마시는 커피의 가치와 친구와 공원을 산보하며 테이크아웃 커피를 마시는 가치는 다를 수 있다. 두 경우 모두 커피한잔의 금전적 비용은 같더라도, 고객은 친구와 함께 마시는 테이크아웃 커피에 더 가치를 부여할 수 있다. 고객이 원하는 가치를 이해하는 것은 고객에게 필요한 가치를 제공하기 위한 첫 단계이다.

(3) 상호관계의 마무리(conclude interaction)

이 단계는 고객이 식사를 마치고 돌아가는 단계이다. 고객에게 서비스를 제공하는 직원과의 직접적인 상호관계는 고객이 레스토랑을 떠나면서 모두 마무리된다. 마지막 순간까지 고객의 원했던 가치가 더욱 증대되도록 모든 기회를 이용해야하고, 직원들도 고객이 만족하면서 떠나도록하여 고객과 레스토랑은 각자의 목적을 달성하고 상호관계가 마무리된다.

3) 고객서비스 제공이후 고객관계관리

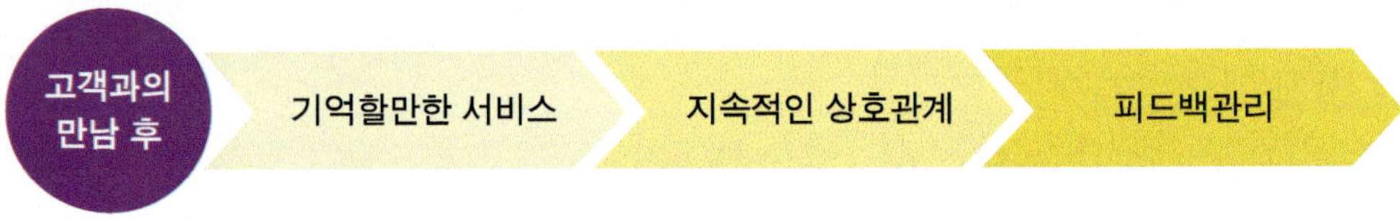

외식사업은 고객과 하루에 한번 이상 만날 수 있고, 식당, 소매점, 편의점, 마트, 인터넷, 모바일 등 다양한 방식으로 고객과 접할 수 있다. 즉 고객의 반복되는 거래가 더욱 두드러지는 산업이다. 따라서 한번 방문한 손님을 충성스런 고객으로 만드는 것이 비즈니스를 유지시키고 성공시키는 데 중요한 역할을 한다. 이미 식사를 마치고 레스토랑을 떠난 고객이라도 관계를 유지하기 위한 방법을 찾고 고객에 맞는 개별적인 관계유지를 위해 노력해야 한다.

(1) 기억할 만한 서비스/서비스 기념품(memorable service/service souvenirs)

고객은 자신이 구매한 제품이나 서비스보다 더 많은 것을 기억하는 경우가 있다. 고객을 위해 세심하게 주의를 기울이는 정중함(attentiveness), 이름을 불러주며 기억해주는 인지(recognition), 알레르기 있는 음식이나, 좋아했던 와인을 기억해주며 개별적인 특성을 맞춰주었던 개인화(personalization), 나이든 고객이나, 어린이 고객, 혹은 도움이 필요한 고객을 위한 고려(consideration), 자주 방문해 주는 VIP고객에게 그들에게만 특별히 전달하는 감사의 마음(appreciation), 모든 사람들을 즐겁고 행복하게 만들어주는 기쁨(delight), 이런 것들은 고객의 마음속에 더 오래 간직될 수 있는 기억할 만한 서비스가 된다.

또한 처음으로 서비스를 경험한 고객에게 예쁜 종이위에 손글씨로 써준 감사의 편지, 간단한 선물, 레스토랑의 기념품, 영수증으로 멋지게 접은 학 등은 작은 서비스 기념품으로 고객에게 오랫동안 기억에 남게 된다. 이러한 눈에 보이는 혹은 보이지 않는 서비스 기념품을 고객에게 전달함으로써, 고객과 좋은 관계를 장기적으로 유지할 수 있도록 노력해야 한다.

(2) 지속적인 상호관계(follow-up interaction)

이 단계는 한번 방문한 고객이 또 다시 방문하도록 친근감을 표현하거나, 기업의 가치를 다시 보여주기 위해 지속적으로 노력하는 단계이다. 고객의 라이프스타일을 기억하여 그에 맞는 서비스를 알려주거나 가정내에서의 가족행사 등에 특별한 서비스를 제공하여 지속적으로 고객과의 관계유지에 노력한다. 하지만 상호관계를 지속시키고자 지나치게 관여하면 오히려 역효과가 나타날 수도 있으니 그런 점들은 주의하도록 한다.

(3) 피드백 관리(feedback monitoring)

고객에게 제공하는 서비스수준을 향상시키기 위해 끊임없이 노력해야 한다. 예를 들어, 고객이 식사를 마치고 레스토랑을 떠날 때 피드백(feedback)양식이나 코멘트카드(comment card)를 작성하면, 이를 통해 고객의 의견을 수집하고 개선해야 할 부분을 파악할 수 있게 된다. 또한 레스토랑의 홈페이지나 SNS를 통한 고객들의 의견 등에도 답변을 하면서 고객과 소통할 수 있다. 이러한 피드백 관리를 통해서 레스토랑은 고객들의 요구를 알 수 있으며, 새로운 기회나 실패의 경험을 확인하기 위한 좋은 기회가 될 수 있다.

2 고객접점관리

1) 서비스 청사진과 스크립트

(1) 서비스 청사진(service blueprint)

청사진이란 건물을 건축하는데 필요한 건축도면이다. 청사진에는 그에 필요한 모든 제품들의 규격 등이 포함된다. 서비스 개념에서도 이러한 방법을 도입하여 서비스 청사진을 마련할 수 있다. 서비스 청사진은 서비스시스템을 가능한 한 정확하게 그림이나 지도처럼 나타내어 서비스를 제공하는 각 과정에 관련된 사람들의 업무를 객관적으로 이해하고 처리할 때 사용한다.

즉, 서비스를 논리적 구성요소로 분해하고 프로세스의 단계나 작업, 실행방법 및 고객경험에 제공되는 서비스의 증거를 나타내는데 도움을 준다. 이러한 서비스 청사진을 위해서는 분석하고자 하는 서비스 프로세스, 고객 접촉점, 서비스 증거를 필요로 하고 이들을 이용하여 각 서비스의 전체과정을 표현한다.

서비스 청사진은 서비스에서 필요로 하는 각기 다른 입장, 즉 서비스의 제공자입장, 서비스의 수혜자입장 등의 각 관점을 네 가지로 구분한 것과, 이 관점들의 사이를 구분하는 세 가지 경계선들로 구성된다. 이 두 가지에는 속하지 않지만, 고객이 볼 수 있거나 경험할 수 있는 레스토랑의 대기장소, 메뉴북, 식사장소의 외관, 테이블, 의자 및 각종 시설설비 등의 물리적 증거를 포함한 전체 8가지 요소를 이용하여 서비스 청사진을 나타낼 수 있다. 〈그림 5-2〉는 이러한 서비스 청사진의 구성요소들의 관계를 도식화한 것이다.

그림 5-2 서비스 청사진 구성요소

[네 가지 관점]

① **고객행동** : 서비스의 구매, 소비, 평가과정에서 수행하는 고객의 활동 및 상호작용

② **전방접점에서의 직원의 행동** : 고객과 직접 만나는 접점직원이 수행하는 활동

③ **후방접점에서의 직원의 행동** : 고객과 만나지 않는 가시선후방 직원이 수행하는 활동

④ **지원프로세스** : 서비스제공자를 지원하기 위한 내부시스템, 서비스, 상호작용 활동

[관점 사이의 세 가지 경계선]

① **상호작용선** : 고객과 영업조직의 직원이 직접적으로 상호작용하는 영역

② **가시선** : 고객이 볼 수 있는 영역과 고객이 볼 수 없는 내부적 영역의 구분

③ **내부 상호작용선** : 접점직원의 활동과 내부의 지원시스템 활동을 구분

이 구성요소를 이용한 서비스 청사진 계획 6단계는 〈그림 5-3〉과 같다. 어떤 프로세스를 청사진으로 만들것인지 확인하고, 고객관점의 활동과 그에 대한 전방과 후방직원의 업무와 활동을 정리한다. 그 후 필요한 지원시스템을 연결하고, 고객서비스를 위한 물리적 증거를 추가한다.

그림 5-3 서비스 청사진 작성

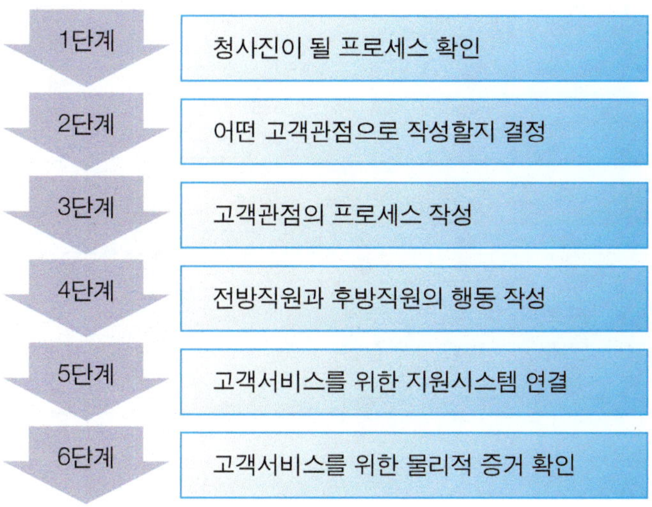

〈그림 5-4〉는 레스토랑의 서비스 청사진을 예로 제시한 것이다. 고객과 직원의 관점 및 세 가지 경계선과 물리적 증거가 모두 포함되어 있으며 연결선도 제시되어 있다. 관리자는 고객 서비스가 이루어지기 전에 서비스 프로세스의 전체적인 청사진을 작성하여 서비스가 실행되기 이전에 그 과정을 검증하여야 한다. 이러한 서비스 청사진의 활용을 통해 궁극적으로 고객 만족에 더 한걸음 다가갈 수 있다. 또한 새로운 시장개발, 새로운 컨셉의 개발, 새로운 시장의 테스트를 위한 도구로 이용할 수도 있다.

[서비스 청사진의 활용]

- 실수가 일어날만한 가능한 지점을 파악하여 수정
- 병목현상이 나타날 수 있는 가능점을 미리 파악하여 수정
- 신뢰성 있는 관리와 권한위임문제를 확인
- 원활한 서비스가 제공될 수 있을지 문제점 파악
- 발생된 문제의 원인을 분석
- 새로운 서비스 프로세스의 변형

그림 5-4 레스토랑 서비스 청사진 예

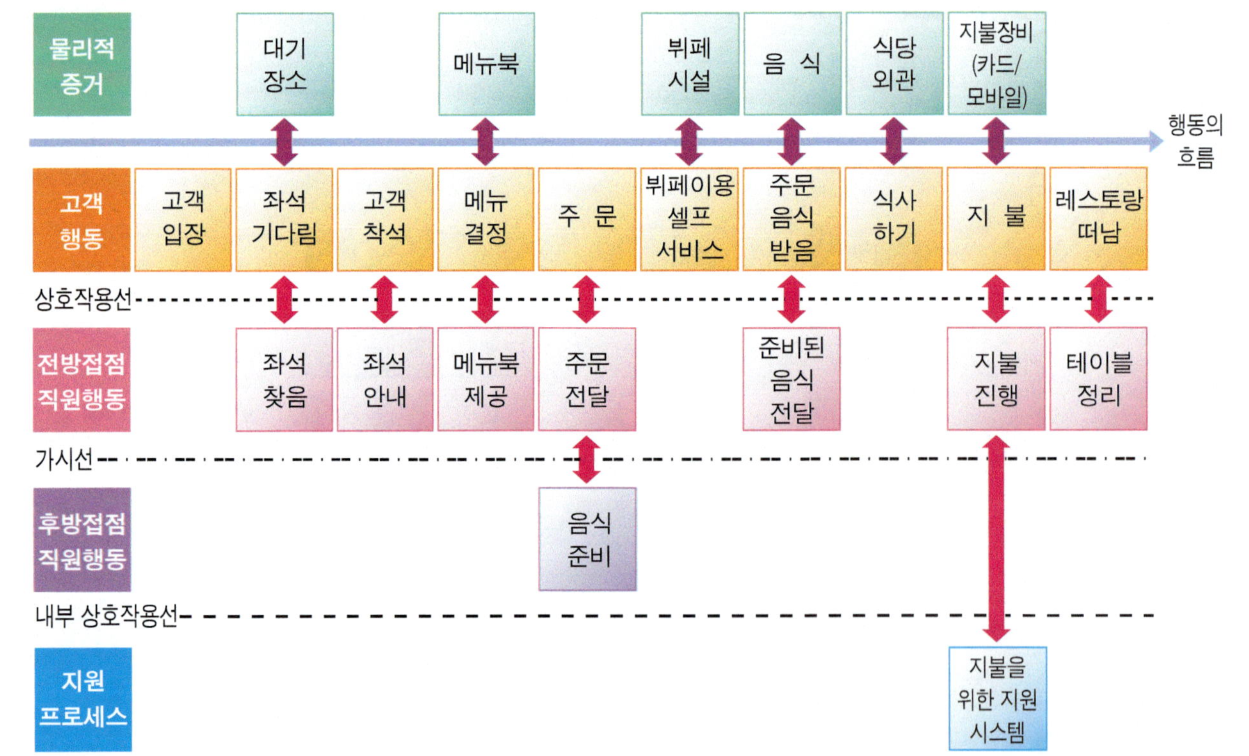

(2) 고객의 외식행동 스크립트 이해

서비스 청사진에서 고객행동이 어떤 단계로 진행되는지 이해하면, 접점직원은 고객이 요구하기전에 고객이 원하는 서비스가 무엇인지 알고 이를 제공할 수 있다. 고객이 행하는 절차적인 행동을 스크립트(script)라고 한다. 스크립트는 '대본'이라는 사전적인 의미를 가지고 있다. 또한 어떤 상황에서 절차적인 지식들 간의 연상적인 네트워크를 말한다. 일반적으로 특정한 때에 사람들이 취해야 할 적절한 행위에 대한 지식을 포함한다.

즉, 고객이 어떤 레스토랑에 갔을 때 어떤 방식으로 서비스가 제공되는지 잘 아는 경우도 있지만 절차상으로 주문방식이나 이용에 익숙하지 않다면, 심리적으로 다소 부담을 느끼게 된다. 예를 들어, 햄버거를 구입하는 패스트푸드 점포처럼 주문방식이 간단한 경우는 고객은 좀 더 빠르고 부담없이 주문하고 음식을 구매할 수 있다. 또는 복잡한 절차를 갖고 있는 레스토랑일지라도 자주 방문하여 이미 그곳의 절차에 익숙해진 경우에는 어렵지 않게 주문과 구입을 하게 된다.

스타벅스 커피주문하는 방법사례

- 선택 : 안에서 먹을지 가지고 나갈지(take-out 컵 사용)
- 결정 : 차가운 음료인지 뜨거운 음료인지
  → 어떤 크기의 컵에 먹을 것인지
  → 어떤 음료를 선택 할 것인지
  → de-caffeinate 를 먹을 것인지 아닌지
  → 시럽을 넣을 것인지, 넣는다면
  어느 정도 넣을 것인지
  → 첨가할 우유의 유형(2%, 1%, non-fat milk)
  → 함께 먹을 수 있는 pastries 종류
- 주문 : 주문한다

· 따뜻한 음료이름 : Short, Tall, Grande, Venti
· 차가운 음료이름 : Tall, Grande, Venti, Trenta

〈주문 예〉

- *Tall Americano for here.*
- *Venti 7 Pump no Whip White Mocha .*
- *Grande Strawberry & Cream Frappuccino blended cream.*
- *Decaf Double tall non-fat extra-dry cappuccino.*

그러나 생소한 새로운 방식으로 서비스가 제공되거나 방문해 본 경험이 없어서 주문방식이 익숙하지 않은 경우라면 그 레스토랑 이용이 부담스럽고 이것이 이유가 되어 해당 레스토랑에 다시 가는 것이 내키지 않을 수도 있다. 이런 점에서 레스토랑에서 이용고객의 고객관점 스크립트를 이해하는 것은 고객이 만족하는 서비스를 제공하기 위해 매우 중요하다.

2) 표준화 정도에 따른 서비스 프로세스

서비스 프로세스의 구조를 파악하기 위한 첫 번째 단계로 서비스 청사진에 대해서 알아보았다. 외식업에서는 서비스 청사진이 비슷하다 하더라도 레스토랑에서 실제 고객에게 서비스가 제공될 때, 서비스 프로세스의 표준화(standardization)와 고객화(customization)의 정도에 따라 서비스의 형태와 품질이 달라진다.

(1) 표준화된 서비스

주로 프랜차이즈 방식으로 운영되는 레스토랑은 대부분 표준화된 서비스 프로세스의 비중이 높다. 이 방식은 특정 시간 동안에 제공할 수 있는 서비스의 양이 대량이며 기술적으로는 비교적 낮은 수준의 서비스가 요구된다.

(2) 고객화된 서비스

반면에 고급 레스토랑의 경우는 매뉴얼에 따른 표준화된 서비스보다는 개별고객들의 특성에 따라 고객화된 개별적인 서비스제공 비중이 높다. 표준화된 서비스에 비해 고객의 개인적 성향과 요구를 좀 더 수용할 수 있는 많은 유연성이 있으며 서비스제공자의 능숙한 판단력이 필요하게 된다. 서비스제공 직원의 의사결정시 권한위임 정도에 따라 서비스의 전달과정이 좀 더 신속하게 되고 고객과 서비스제공자 사이에 많은 정보가 교환될 수 있다. 특정시간 동안 제공될 수 있는 서비스의 양은 소량이며 기술적으로 비교적 높은 수준의 서비스를 요구하는 경우가 많다.

3) 고객접촉 정도에 따른 서비스 프로세스

외식업에서 고객에게 제공되는 대표적인 것은 음식과 인적서비스이다. 음식은 유형적인 상품으로 고객이 레스토랑을 방문하는 주된 이유가 될 수 있지만 고객의 방문목적을 충족시켜주기 위해서는 인적서비스를 포함한 여러 가지 무형적인 요소들이 함께 작용해야 한다.

사람과의 대면서비스를 위해 서비스 제공직원과 고객은 계속적으로 접촉을 하게 된다. 일반적으로 고객과의 접촉내용은 주로 물적인 상품전달, 고객응대시 직원의 서비스 및 레스토랑에 대한 정보제공, 혹은 불가피한 신체적 접촉도 나타날 수 있다. 외식업에서의 서비스전달 시스템을 보면, 고객접촉(customer contact)은 세 가지 형태로 구분될 수 있다.

(1) 고객참여로 직접적 접촉

- 첫번째는 고객이 물리적으로 참여하여 서비스제공자와 직접 상호작용하는 경우이다. 식사주문시 샐러드소스의 선택, 스테이크의 굽기정도 결정 등은 서비스의 완전한 형태를 위한 적극적인 참여가 된다.
- 상호작용이 거의없이 고객이 직접 참여하는 경우도 있다. 식사전 대기장소의 기다림이나 셀프서비스 레스토랑에서의 고객참여가 그 예가 될 수 있다.

(2) 매개체를 통한 간접적 접촉

두 번째는 고객이 직접적으로 접촉하기 보다는 이메일 모바일 등의 매개체를 통해 간접적으로 접촉하는 경우이다. 직접적으로 제공자와 대면하지는 않았지만 다른 매체를 통해 음식을 주문하거나 정보를 교환하는 경우가 이러한 예가 될 수 있다.

(3) 고객접촉이 전혀없는 경우

마지막의 고객과의 직접적, 간접적인 접촉이 전혀없는 경우는 제조업같이 운영되는 방식이 많다. 하지만 HMR음식이나 반찬같이 완전조리된 음식을 구매할 때도 고객은 직원과 대면하여 직접 구매하기도 하고 인터넷과 같은 중간매체를 통해 구매할 수도 있다.

고객접촉도

외식업의 고객응대 서비스는 서비스의 진행과정에 고객이 함께 머무르는 특징이 있다. 서비스 직원과 고객과 접촉하는 정도에 따라 서비스의 형태를 구분할 수 있다. 레스토랑에서의 고객접촉도는 서비스의 생산과 제공에 걸리는 총시간 중에 고객이 시스템 내에 얼마나 머물러 있었는지를 시간의 비율로 나타낸 것이다. 머무는 시간의 비율, 고객접촉도에 따라 서비스의 성격과 품질에도 영향을 준다.

$$\text{고객접촉도(\%)} = \frac{\text{고객이 서비스시스템 내에 머무는 시간}}{\text{서비스생산의 생산과 제공에 소요되는 총시간}} \times 100$$

그림 5-5 레스토랑 서비스의 표준화 정도와 고객접촉 수준

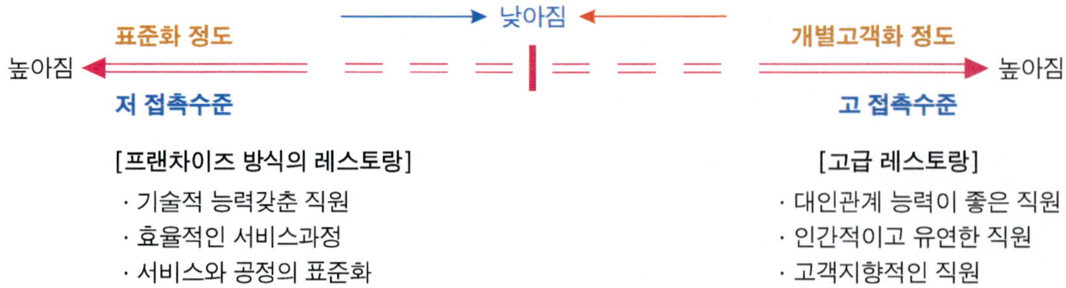

〈그림 5-5〉에 나타난 바와 같이, 고객접촉도의 수준이 높다는 것은 개별고객화 정도가 높다는 의미이고 주로 고급 레스토랑 방식이 그 예가 될 수 있다. 이런 경우에는 대인관계능력이 좋은 직원, 즉 인간적이고 유연하고, 고객지향적인 직원이 필요하다. 반면에 고객접촉도가 낮은 경우는 서비스의 표준화 정도가 높고, 패스트푸드 업체와 같이 프랜차이즈 방식으로 운영되는 외식업체가 대부분이다. 이 경우는 기술적 능력을 갖춘 직원, 효율적인 서비스과정 및 서비스와 공정의 표준화 체계를 갖추는 것이 좋다.

3 판매 프로세스관리

일반적인 서비스산업에서 고객에게 제공되는 무형의 서비스는 생산과 동시에 소비된다. 예를 들어 헤어숍에서 머리손질을 받거나, 에스테틱숍에서 마사지를 받는 경우는 해당 서비스가 생산과 동시에 고객에 의해 소비된다. 이와 비교하여 외식업은 「커피한잔과 함께 전달되는 직원의 밝은 미소」같이, 커피는 제공되기 직전에 만들어지는 유형의 상품이고, 직원의 미소는 생산과 동시에 소비되는 무형의 서비스이므로 상품과 서비스가 거의 생산과 동시에 소비된다고 볼 수 있다.

여기서 커피한잔과 같은 유형의 상품은 생산장소와 소비장소가 같은 곳일 수도 있고 다른 장소일 수도 있다. 생산과 소비의 장소에 따라 고객에게 전달되는 프로세스에 대하여 알아보도록 하자(그림 4-1 참조).

1) 생산과 소비가 같은 장소인 외식점포 내 on-premise 판매

대부분의 외식업체는 음식의 생산과 소비가 같은 장소인 on-premise 판매방식으로 운영된다. 즉, 같은 공간에 음식을 조리하는 주방과 고객이 식사하는 다이닝홀이 있어, 대부분 직원의 대면서비스로 음식이 제공된다. 이 경우 대표적으로 테이블 서비스, 셀프서비스, 카운터서비스 방식을 이용하고 있다. 일부 레스토랑은 이러한 서비스를 조합하여 사용하기도 한다.

(1) 테이블 서비스

테이블 서비스(table service)는 「서버」라고 부르는 웨이터 및 웨이트리스가 고객의 테이블로 음식을 가져다주는 방식이다. 레스토랑에서 일반적으로 사용되며 편안하게 식사를 즐기고자하는 사람들이 선호하는 가장 오래된 형태의 서비스이다.

대표적으로 아메리칸스타일을 들 수 있다. 이것은 만들어진 음식이 주방에서 모두 미리 세팅되어 접시에 담겨진 후 서버에 의해 손님에게 제공된다. 서비스속도가 비교적 빠르고 직원의 노동력이 덜 요구된다. 대체로 셰프들은 자신들의 창의적인 방식으로 접시위에 음식들을 눈에 띄게 디스플레이할 수 있기 때문에 아메리칸스타일을 선호한다.

프렌치스타일은 음식이 주방에서 카트에 실려 고객테이블 옆에 와서 고객이 보는 곳에서 음식의 마지막 최종완성을 한 후 서버에 의해 손님에게 제공되는 방식이다.

잉글리시스타일 또는 패밀리스타일이라고도 하는 서비스방식은 주방에서 마련된 음식을 웨이터가 커다란 접시에 담아 고객테이블에서 개별고객에게 서빙해 주는 스타일로 대부분 주인이나 모임의 호스트가 되는 사람에게 제일 먼저 서빙하며 진행된다. 서빙직원들의 고도의 기술과 장인정신이 요구되는 서비스방식이다.

(2) 셀프서비스

셀프서비스(self service)는 서비스 카운터나 음식이 진열된 곳에서 고객이 직접 원하는 음식을 선택하고 운반하는 방식이다. 대표적인 셀프서비스는 패스트푸드 레스토랑 방식이며, 호텔이나 일반 뷔페레스토랑에서도 셀프서비스 방식을 사용한다. 같은 셀프서비스이지만, 호텔 뷔페레스토랑은 고급음식을 다양하게 조리하여, 취향이 다른 사람들이 자신들의 기호에 맞는 음식을 선택할 수 있도록 운영한다. 즉, 같은 방식의 서비스도 고객의 특성, 업종과 업태에 맞게 고객층의 요구를 충분히 충족시킬 수 있도록 관리하고 적용하여야 한다.

(3) 카운터서비스

카운터서비스(counter service)는 바(bar)나 펍(pub) 등에서 주로 사용하는 서비스방식으로, 테이블이 아닌 카운터 또는 바에서 음식과 음료를 제공한다. 고객은 두 가지 방식으로 식사를 할 수 있다.

- 고객이 카운터에 앉아 주문하고 카운터 안쪽에서 음식을 준비하여 고객에게 제공한다. 이때 고객은 카운터에 그대로 앉아서 식사한다. 주로 바나 펍과 같은 곳에서 이러한 방식으로 서비스를 제공한다.
- 또 다른 방식으로 고객은 카운터에 와서 주문하지만 앉지 못하고 음식이 준비되는 동안 계속서서 기다리게 된다. 준비된 음식은 쟁반에 놓여지고, 고객은 음식을 테이블로 가지고 가서 식사를 하게 된다. 대체로 일반적인 패스트푸드 레스토랑에서는 두 번째 방식의 카운터서비스를 이용한다. 이 경우 패스트푸드 레스토랑은 카운터서비스와 셀프서비스가 조합된 경우라고 볼 수 있다.

2) 생산과 소비가 다른 장소인 외식점포 외부의 off-premise 판매

음식을 생산하는 시설과 떨어진 장소에서 고객에게 음식을 제공하는 경우를 off-premise 판매라고 한다. 가장 대표적인 경우는 레스토랑에서 음식을 만들어 외부의 행사나 이벤트 등을 위해 음식을 운반하여 제공하는 출장케이터링을 들 수 있다. off-premise 판매의 목적은 레스토랑의 홀에서 얻어지는 수입 이외에 음식이 다른 장소에서 소비되도록 함으로써 레스토랑의 수입원을 늘리는데 있다.

즉, 제한된 공간에서 판매되는 것 이외에 다른 판매장소를 활용함으로써 더욱 수익을 높일 수 있는 것이다. 하지만 음식을 만들어 운반하기 위해 필요한 차량 및 기타 관련시설장비 등의 렌탈비용도 운영에 고려해야 한다. 외부로 서비스를 나가는 경우, 기존 레스토랑은 그대로 정상적으로 운영될 수 있도록 인력에 대한 대책도 마련되어 있어야 한다. 이와 같은 off pemise 판매방식의 몇 가지 예를 보면 다음과 같다.

(1) 출장 케이터링(catering)

레스토랑 외부에서 일어나는 행사나 이벤트 등을 위해 음식을 만들어 외부 행사장소로 운반하여 고객에게 음식을 제공하는 형태이다.

(2) 테이크아웃(take-out)

고객들이 원하는 경우, 음료나 음식을 포장하여 가지고 나가는 테이크아웃이 생산과 소비가 다른 장소에서 일어나는 예가 된다. 대부분 완성된 음식을 고객이 직접 가져가는 형태로서 생산장소에서 일단 구매후 지불하고 다른 곳으로 옮겨 소비되는 형태이다.

(3) 배달(delivery)

반면에 배달은 완성된 음식이 생산장소와 전혀 다른 장소에서 구매되거나 소비되는 방식이다. 배달은 고객이 원하는 장소에서 음식은 먹을 수 있도록 소비장소로 음식을 운반해 주는 서비스이다. 배달앱이나 전문배달 서비스회사가 등장하면서 이러한 배달시장이 급속히 성장하고 있다. 이 경우는 음식을 생산한 외식업체에 음식비용을 지불하고 배달서비스 만을 받기도 하고 배달업체에 음식비용을 지불하고 구매하기도 한다.

(4) 가정간편식(HMR)

음식이 생산된 이후에 소매점판매와 유사한 형태로 소비자가 구매하는 가정간편식이 있다. 대부분 식품제조회사에서 만들어 소매점 등에서 소비자가 구매하는 형태이지만, 외식업체에서도 미리 만든 반찬류나 주 요리를 판매가능한 상품으로 포장하여 고객에게 직접 판매하기도 한다.

3) 스마트판매

스마트판매는 고객과의 거래과정에서 기술기반서비스, 모바일서비스 등을 이용하여 고객의 편의를 증가시켜주는 판매방식으로 정의한다. 외식업의 판매과정에서 직접적으로 고객과 관련된 기술기반서비스를 살펴보면 주문방식과 지불, 결제방식에 대한 시스템이 주요 부분이다.

(1) 디지털메뉴판

모바일이나 타블렛 PC 등을 이용한 디지털메뉴판은 주문부터 결제까지를 한번에 할 수 있는 원스톱시스템이다. 고객이 메뉴판의 터치스크린에서 메뉴를 주문하면 주문된 메뉴는 자동으로 주방에 전달되며 선택과 동시에 결제가 이루어진다. 주문이 잘못될 경우도 적고 메뉴추가와 수정 및 가격조정도 용이하다. 주문에서 결제까지의 시간이 단축되고, 외국인도 편리하게 주문할 수 있도록 외국어도 지원된다. 인건비부담도 줄이고 메뉴정보의 업데이트가 용이하다는 장점이 있으나 이러한 장비를 구비하는 것이 비용적으로 부담이 될 수 있다.

디지털메뉴판

자료 : http://bitly.kr/ruOY

셀프서비스 자동주문시스템

자료 : http://bitly.kr/oqjP

(2) 기술기반 셀프서비스 자동주문시스템

디지털키오스크(self-ordering kiosk)는 터치스크린 키오스크에 고객이 직접 주문부터 결제까지 할 수 있어 주문결제 시간을 단축해 주고 직원도 줄일 수 있다. 디지털키오스크 주문시스템은 패스트푸드 업체에서 많이 활용하고 있는 형태이며 고객들은 키오스크를 통해 자신이 원하는 재료들을 가감할 수 있고 사이드메뉴와 음료도 직접 선택이 가능하다.

(3) 스마트주문 · 결제시스템

O2O 시스템을 활용하여 주문과 결제가 가능한 시스템이다. 스타벅스의 사이렌오더를 시작으로 베스킨라빈스의 해피오더, SK플래닛의 시럽오더 등이 온라인에서 오프라인(Online to Offline: O2O) 스마트주문 서비스의 대표적인 사례이다. 이러한 사전주문시스템을 활용하여 고객은 기다림없이 주문하고 원하는 시간에 준비된 메뉴를 바로 제공받을 수 있게 된다. 외식업체는 고가의 스마트기기 구입과 유지비를 절감할 수 있으며 도난으로 인한 손해도 예방할 수 있다.

스타벅스 사이렌오더

자료 : http://www.indoornow.com/this-is-a-test/

SK플래닛의 시럽오더

자료 : http://bitly.kr/Il6b

(4) SNS 메신저주문 · 결제시스템

SNS(social network service) 메신저주문 · 결제시스템은 이용하기 편하고 사용빈도가 높은 메신저를 이용하여 단순한 채팅 외에도 원하는 서비스를 제공할 수 있다. 예를 들어, 중국에서는 최대 메신저 위챗으로 음식배달과 호텔예약 등의 챗봇이 상용화되었고 미국에서는 페이스북 메신저로 날씨를 물어보거나 음식주문 등을 할 수 있다.

다양한 지불결제시스템은 이를 이용하는 고객을 더욱 편리하게 만들어 주고, 운영자들에게도 더욱 투명한 거래가 이루어 질 수 있도록 한다. 일반적으로 모바일결제서비스는 네 가지 방식이 주로 사용된다.

① 계산대의 스캐너가 앱을 통해 생성된 바코드나 QR(Quick Response)코드를 직접 읽고 결제
② NFC(Near Field Communication)카드 태그인식장치를 통해 결제
③ 신용카드를 스마트 모바일기기에 등록하여 카드정보를 계산대에 보여주는 결제
④ 스마트폰의 앱 프로그램을 이용하여 결제

논의 과제

1. 고객서비스 프로세스에서의 브랜드관리, 고객행동관리, 고객관계관리에 대해 논의하시오.

2. 레스토랑 서비스의 청사진을 그려보고, 그에 따른 고객의 스크립트를 작성해 보시오.

3. 외식업체에서 표준화 정도와 고객접촉 정도에 따른 서비스 프로세스에 대해서 논의하시오.

4. 점포외부의 off-premise 판매방식의 예를 들고, 그 목적과 특성에 대해서 논의하시오.

5. 서비스과정의 기술도입에 대해 논의하고, 스마트판매 서비스의 예를 들어 이야기해 보시오.

제6장

외식서비스 품질관리

1. 종합적 품질경영
2. 고객서비스 품질관리
3. 고객관계관리

학습 목표

- 외식서비스에서의 종합적 품질관리를 이해한다.
- 고객서비스의 품질에 대해 정의하고 서비스 품질관리에 대해 알아본다.
- 고객관계관리가 무엇인지 알아본다.

· 주　　제 : 외식서비스의 종합적 품질경영과 서비스 품질관리
· 강의 방향 : 외식산업에서의 품질경영접근과 HACCP를 포함한 위생안전관리 및 서비스품질의 의미와 평가에 대해서 논의하고, 고객관계관리에 대해서 논의한다.
· 강의 시간 : 60분~75분 정도의 **2회 수업(120분~150분)**

1. 종합적 품질경영	
1) 고객만족을 위한 품질경영접근	TQM에 기초를 둔 데밍의 PDCA와 쥬란의 품질 3부작에 대해서 알아본다.
2) 생산과정의 위생 · 안전관리	식재료의 오염원에 대해서 알아보고, HACCP의 의미, 목적, 12절차 등에 대해서 알아본다.
2. 고객서비스 품질관리	
1) 서비스와 서비스품질의 의미	서비스의 의미와 무형성, 이질성, 소멸성, 비분리성의 서비스운영의 특징을 알아보고, 서비스품질의 의미와 차원에 대해서 알아본다.
2) 서비스품질의 평가	고객의 지각된 서비스품질의 의미와 서비스품질의 갭에 대해서 알아보고 서비스품질의 평가에 대해서 알아본다.
3. 고객관계관리	
1) 빅데이터를 통한 고객관계관리	고객관계관리, CRM에 대해서 알아본다.
2) 레스토랑 CRM 개념도	CRM프로세스에 관련되어 레스토랑 CRM의 개념도를 이해한다.
3) 고객스코어링 활용에 따른 고객관리	레스토랑의 고객들에게 점수가 부여되는 스코어링 활용에 대해서 알아본다.

품질관리는 고객만족과 직결되는 것이다. 음식을 생산하여 서비스를 제공하는 외식업에서는 품질관리가 더욱 중요하다. 품질은 한 마디로 정의하기 쉽지 않다. 고객의 주관적인 지각이 포함되는 것이므로 이를 평가하고 관리하는 것은 더욱 쉽지 않다. 하지만 기업은 어려운 상황에서도 끊임없이 고객의 행동을 이해하여 품질을 정의하고, 제품이나 서비스의 품질을 평가하고 각종 업무의 프로세스에 대한 효율성과 품질관리를 시도하고 있다. 보이지 않는 품질을 보이는 점수로 평가하여 고객의 반응을 계량화하고, 이에 따라 품질을 더욱 개선하고자 하는 시도는 항상 관심있는 주제가 되고 있다.

1 종합적 품질경영

시장경쟁에서 가장 중요한 요소 중 하나는 품질이다. 과거 일본과 미국기업들은 저비용으로 고객만족을 향상시키는 높은 품질이 달성 가능함을 보여주었으며, 이때 사용된 경영원칙이 종합적 품질관리(total quality management: TQM) 경영원칙이다. 어떤 회사든지 TQM이 성공하기 위해서는 팀 구성을 통한 참여적 관리, 지속적인 프로세스 개선이 제안되고 있다.

일본에 품질경영의 개념을 도입한 데밍(William Edward Deming)과 쥬란(Joseph Juran)에 의해 통계적 품질관리(statistical quality control: SQC)방식이 도입되었고, 데밍의 PDCA 사이클(PDCS 또는 Shewhart 사이클)을 통한 프로세스 개선이나 쥬란에 의한 품질 3부작(quality trilogy 또는 Juran trilogy)의 형태로 품질관리에 접근했다.

품질은 많은 학자들이 여러 측면에서 정의하고자 했던 개념이지만 결국 고객이 평가하고 정의내리는 것이라 볼 수 있다. 〈그림 6-1〉과 같이 고객주도 품질은 고객이 원하는 제품과 서비스의 특성 이외에 경쟁제품과의 차별성을 포함하며 기업성장을 위한 전략적 개념이 되는 것이다. 고객주도 품질은 기업이 목표로 하는 충성고객과 시장점유율을 확보하여 성장으로 연결되는 것이므로 변화하는 고객 및 시장의 요구와 고객만족, 고객선호 및 유지를 이끌어내는 요인들에 대해 지속적으로 관찰하고 연구해야 한다.

그림 6-1 고객주도 품질과 기업성장

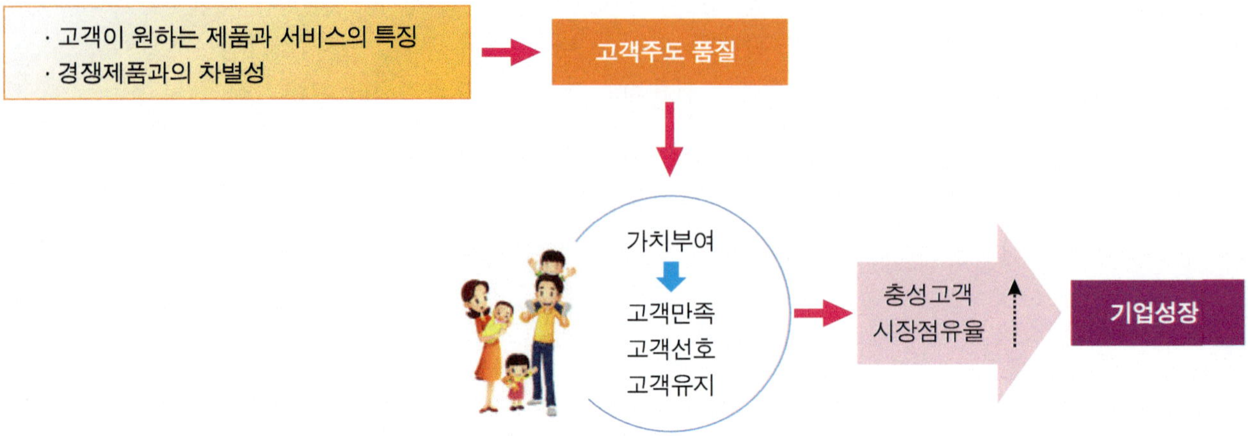

1) 고객만족을 위한 품질경영접근

(1) 데밍의 PDCA 사이클

외식산업은 고객과의 접점의 순간이 많고, 고객과의 만남채널도 다양한 대표적인 산업이다. 이러한 시장에서 끊임없이 변화하는 고객의 요구를 맞추는 메뉴와 서비스를 제공하기 위해 외식산업은 지속적인 품질개선(continuous quality improvement: CQI)이 필요하다. CQI는 품질 향상을 위해 한 단계씩 향상되는 연속적인 프로세스 개선을 말한다.

이러한 프로세스 개선을 위한 가장 일반적인 프레임워크 중 하나는 PDCA 혹은 Shewhart 사이클로 알려진 데밍사이클이다. 데밍사이클은 계획(PLAN), 실행(DO), 확인(CHECK), 조치나 학습(ACT/STUDY)과 같이 지속적 개선 및 학습을 위한 4단계의 논리적 순서로 구성되는 것이며, 〈그림 6-2〉는 PDCA 과정의 반복으로 CQI를 이룰 수 있는 개념을 도식화한 것이다.

[데밍사이클의 요소]

- **계획**(Plan) : 해결해야 하는 문제를 정의하고, 원인과 결과를 찾아 분석하고, 수치화한 후에 가능한 해결책을 모색한다. 즉 음식주문 프로세스를 검토하여 문제를 파악한다거나, 음식을 만드는 레시피를 검토하여 다시 점검한다든지 하는 해결방안을 찾아야 한다. 이 단계에서는 우선 목표가 무엇인지를 확실하게 정의하는 것이 중요하다. 이에 따라 한 가지 해결책에 대한 예측되는 결과를 고려하면서 시행할 프로세스를 수립한다.

- **실행**(Do) : 한 가지 해결방안을 선택하여 이를 실제로 시행한다. 계획단계에서의 구성요

그림 6-2 지속적인 품질관리와 PDCA

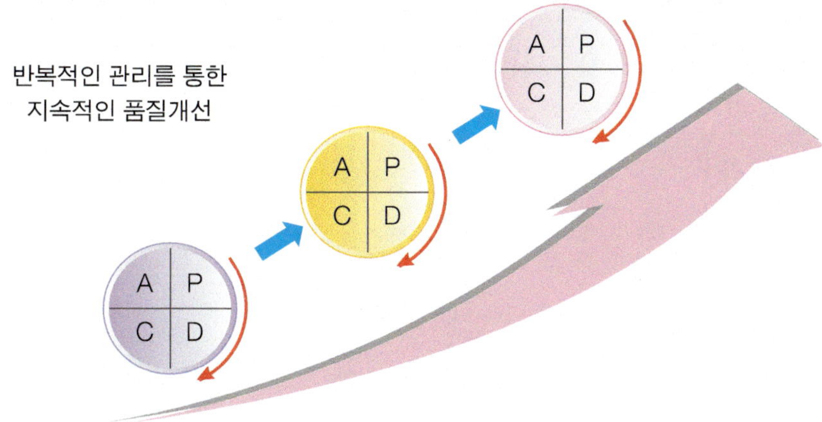

소가 구현되는 것이다. 따라서 계획한 대로 새로운 주문방식으로 실제 주문한다든지, 새로운 레시피를 이용하여 음식을 만들어 본다. 계획된 프로세스를 실행하여 궁극적으로 결과물이 나오도록 해야 한다.

- **확인**(Check) : 실행한 새로운 해결방안의 효과를 검토하고 그 결과를 측정하여 실행전 예상했던 결과와 비교하는 단계이다. 즉, 실제결과를 예상결과와 비교하여 차이를 파악하는 것이다.

> 실제결과는 실행단계에서 자료를 측정하여 수집한 것이고, 예상결과는 계획단계에서의 목표치를 말한다.

- **조치/학습**(Act/Study) : 실제결과와 예상결과의 두 가지 결과에 대한 차이를 파악해서 그 실행이 적절한지를 알아본다. 두 가지 결과가 일치하는 경우라면 그 해결책을 확정해서 새로운 표준으로 채택할 수 있고, 실행단계에서 계획했던 것보다 개선되지 않았으면 기존에 쓰던 방법을 그대로 표준으로 유지하게 된다. 데밍사이클은 반복적인 과정이기 때문에 조치단계 이후에 다시 계획단계로 돌아가게 된다. 이러한 과정이 되풀이되면서 시간이 지남에 따라 지속적으로 품질이 개선될 수 있다.

[데밍사이클 적용가능한 프로세스]

데밍사이클은 프로세스를 진단하고 개선하기 위해 여러 분야에서 적용이 가능하다. 예를 들어, 고객불만족의 원인으로 주문후 기다리는 시간이 길어서 또는 음식의 맛이 일관성이 없어서 등의 문제를 인지하였다면 이를 해결하기 위해 PDCA 사이클을 이용할 수 있다. 그 이외에도 다음과 같은 과정에 적용이 가능하다.

- 개인 또는 팀을 위한 일상업무관리
- 문제해결과정
- 프로젝트관리
- 공급업체개발
- 인적자원개발
- 신제품 및 신메뉴개발
- 새로운 서비스를 위한 프로세스 개발 및 개선

(2) 쥬란의 품질 3부작

쥬란의 품질 3부작(quality trilogy 또는 Juran trilogy)은 품질관리를 해야 하는 모든 조직은 세 가지 프로세스를 수행하도록 한다. ①품질계획, ②품질관리, ③품질개선 이 세 가지가 비슷하게 보이나 품질경영에서 서로 다른 목적을 가지고 있다.

- **품질계획**(quality planing) : 모든 경영활동 및 프로세스와 마찬가지로 품질경영은 고객요구를 충족하며 조직의 비전, 사명 및 품질목표달성을 위해 해야 하는 활동을 계획하는 것부터 시작된다. 이때 고객은 외부고객뿐 아니라 내부고객까지 포함하게 된다. 품질계획은 ①고객이해, ②고객요구 사항결정, ③메뉴나 서비스의 갖추어야 할 특성 정의, ④ 메뉴나 서비스설계, ⑤고객요구사항을 충족시킬 수 있는 프로세스 디자인을 포함한다.

- **품질관리**(quality control) : 품질관리 프로세스는 간단한 피드백구조를 갖는 것이다. 이를 위해서 측정방법을 먼저 정의하고 표준을 설정해야 한다. 정기적인 점검 및 검사로 프로세스가 관리되어야 하고 메뉴나 서비스가 디자인된 프로세스의 특성을 충족하고, 지표들은 설정된 목표에 따라야 한다. 결함이 있으면 시정조치와 예방조치가 필요하며 근본원인을 찾아야 한다.

- **품질개선**(quality improvement) : 프로세스 디자인 및 메뉴나 서비스의 수준이 아무리 우수하더라도 고객요구와 기업목표를 충족하지 못할 수도 있다. 이는 시스템 내부에 원인이 있을 수 있으며 비즈니스 상황, 고객요구사항 등 여러 요인에 인해 발생할 수 있다. 품질개선 단계에서는 성과향상을 위해 필요한 것을 찾고 확인하여야 한다.

그림 6-3 쥬란의 품질 3부작

세 가지 과정은 서로 상호간에 영향을 미친다. 품질계획, 품질관리, 품질개선을 3부작(trilogy)이라고 하는 것은 이중 어떤 것 하나라도 제대로 수행되지 않으면 〈그림 6-3〉의 부서진 테이블처럼 아무것도 이루어 낼 수 없음을 의미한다.

프로세스 품질을 개선하기 위한 기법들을 활용하여, 기존에 잘 운영되고 있는 프로세스라 하더라도 과연 그 방법이 조직의 목표에 부합하는지, 고객의 요구에 맞는지, 고객을 만족하게 하는지, 상품을 생산하고 서비스를 제공하는 구성원들에게는 만족스러운지 등에 대해서 끊임없이 문제를 제기하고, 관찰과 연구를 통해 개선의 여지를 찾아야 한다. 이러한 노력으로 최종적인 산물이 더욱 향상될 수 있는 것이다.

이밖에도 품질경영 분야에서는 린(lean), 식스시그마(six sigma), 리엔지니어링(reengineering) 등 다양한 개선방법을 도입하여 생산관리 측면에서 많은 성과를 보이고 있다. 이러한 방법의 적용과 결과의 산출은 프로세스에 따라 달라 질 수 있으므로 많은 연구가 필요한 영역이다.

2) 생산과정의 위생 · 안전관리

외식기업은 품질좋은 맛있는 음식을 제공하여 고객만족을 통한 이익창출을 실현하고자 하는 목표를 갖고 있다. 이 목표는 고객의 경험에 대한 만족과 함께 고객과 서비스제공자 모두 물리적으로, 위생적으로 안전할 때 달성된다. 제공된 음식을 먹고 고객을 포함한 누구든지 식중독을 일으키거나, 음식을 만들고 취급하는 과정에서 누구에게든지 안전사고가 일어난다면 기업이 도달하고자 하는 목표와 멀어지게 된다. 이러한 의미에서 생산과정의 위생 및 안전관리는 중요한 프로세스 경영이라고 볼 수 있다.

그림 6-4 식품취급과정

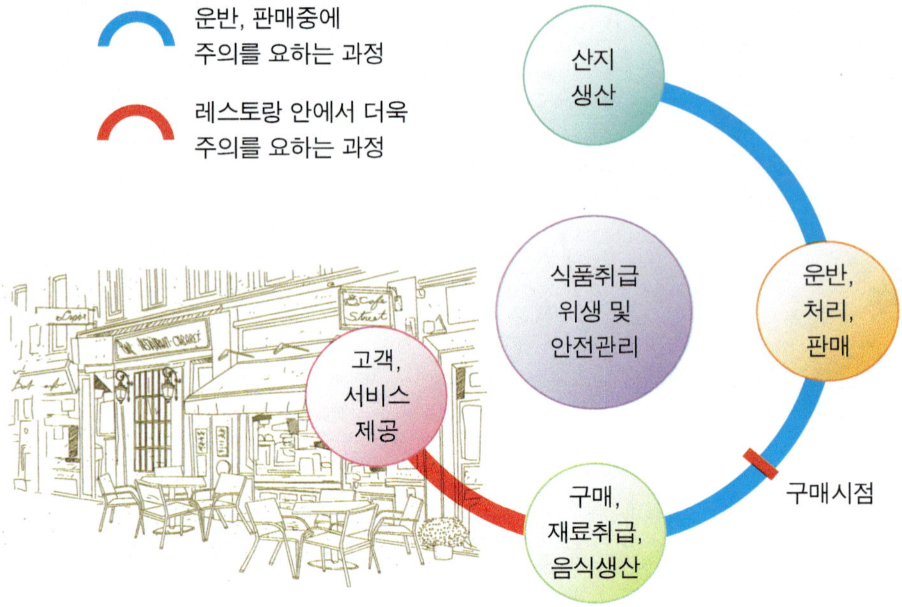

〈그림 6-4〉와 같이, 고객에게 제공되는 음식의 품질에 영향을 끼칠 수 있는 지점은 식품취급과정에 여러 단계에 걸쳐 있다. 산지에서 식재료가 생산되어, 운반, 처리, 판매되는 과정까지 세균이나 미생물에 의한 생물학적 오염이나, 신체에 유해한 물질 등에 의한 화학적 오염, 또는 이물질유입에 의한 물리적 오염이 없도록 취급해야 한다.

외식업체가 식재료를 구매한 이후에는 고객이 레스토랑을 떠날때까지 식재료취급이나 음식생산과 서비스 제공과정 등에서 위생과 안전에 대한 관리는 지속적으로 이루어져야 한다.

식품취급과정에서 식재료가 비위생적으로 되는 오염원을 살펴보면 크게 식재료, 식재료 취급자, 각종 시설, 기기, 조리용기 등으로 나누어 볼 수 있다.

- **식재료** : 식재료는 구매되는 시점에서부터 좋은 재료가 입고되어야 한다. 산지에서 생산 이후 레스토랑에서 구매, 검수되는 과정에서 좋은 재료임을 충분히 확인해야 한다. 구매된 좋은 재료들은 최적의 온도와 보관시간을 준수한 적정한 보관장소에 저장해야 한다. 아무리 좋은 재료를 구매했어도 보관이 잘못된 경우에는 식품의 질이 떨어지게 되고, 결국 품질이 저하된 식재료는 폐기되어야 한다.

- **식재료 취급자** : 식재료를 취급하는 직원이 앓고 있는 호흡기질환이나 각종 상처에 의해 식재료가 위험해 질 수 있다. 또한 취급부주의로 인해 닭고기를 자른칼로 과일을 깎거나

하는 교차오염에 의해서도 식품이 오염될 수 있다. 식재료를 취급하는 전 과정에서 모든 직원은 식재료의 품질이 저하되지 않도록 충분한 교육과 훈련이 절대적으로 필요하다.

- **시설, 기기, 조리용기** : 식재료를 운반, 취급, 조리하는 과정에서 주방내의 비위생적인 시설, 취급시 사용되는 각종 장비나 조리용기 등의 비위생적인 처리에 의해 식재료가 오염될 수 있다.

이러한 오염을 사전에 방지하기 위해 식재료 취급자에 대한 위생교육이 중요하며, 사업장내부 및 각종 조리용기 등은 항상 청결하게 관리해야 한다. 이를 위하여 식품생산과정, 식재료의 가공처리 및 제조과정, 메뉴의 생산과정 등에서 식재료를 취급할 때 발생할 수 있는 실수를 감시하고, 위험한 과정을 제거할 수 있도록 하는 해썹(hazard analysis critical control point: HACCP)프로그램이 있다. 해썹프로그램은 위해요소가 있을 수 있는 부분을 중점으로 관리하는 식재료 품질안전시스템이다. 해썹에 대한 의미, 목적, 효과, 활용절차 및 레스토랑 적용에 대해서 간단히 알아보자.

(1) HACCP(해썹)의 의미와 목적

- **HACCP 의미** : HACCP는 식품가공산업에서 생산품의 품질을 관리하기 위해 처음 개발된 것으로, 원료생산, 조달 및 취급, 완제품의 제조, 유통 및 소비에 이르기까지 생물학적, 화학적, 물리적 위험에 대한 분석과 통제를 통해 식품안전성을 관리하는 시스템이다. 즉, 생산-제조-유통의 전 과정에서 식품에 해로운 영향을 미칠 수 있는 위해요소를 분석하고, 이러한 위해요소를 제거하거나 안전하게 할 수 있는 단계에 중요 관리점을 설정하여 체계적으로 위생적으로 식품의 안전을 관리하는 것이다.

- **HACCP 목적** : 위해요소(hazard)란 식품에 해로울 수 있는 요인들을 말하며, 이를 분석(analysis)하는 것은 위해를 예측하여 그 위해요인을 미리 파악하는 것을 의미한다. 중요관리점(critical control point)은 반드시 필수적으로 관리해야 할 항목이란 뜻이다. 즉 HACCP는 위해방지를 위한 사전예방적 식품안전관리체계라 할 수 있다. 이 제도는 식품을 취급하는 과정에서 발생할 수 있는 위해들을 과학적으로 분석하고 사전에 차단하여 소비자에게 안전하고 깨끗한 식품을 공급하기 위한 목적을 가지고 있다.

- **HACCP 도입후 효과** : HACCP를 도입한 후의 효과를 운영업체측면과 소비자측면으로 나누어보자.

[운영업체측면 이점]

- 체계적인 위생관리체계를 구축
- 위생적이고 안전한 식품제조
- 위생관리의 효율성 도모
- 집중적인 위생관리
- 회사의 이미지제고와 신뢰성 향상

[소비자측면 이점]

- 소비자들에게 안전한 식품의 제공 : HACCP 시스템을 통해 생산되어 안전성 보장
- 소비자들에게 식품선택의 기회제공 : HACCP 인증마크를 통해 소비자 스스로 판단

(2) HACCP의 12절차

HACCP계획을 수립하고 실행할 때는 5가지 준비단계와 7가지 원칙이 있고 이를 12절차라고 한다. HACCP 수립시에는 각 단계와 원칙을 잘 따라야 한다(그림 6-5 참조).

그림 6-5 HACCP 5가지 준비단계와 7원칙

HACCP 5가지 준비단계

- HACCP 팀 구성
- 제품설명서 작성
- 용도확인
- 공정흐름도 작성
- 공정흐름도 현장 확인

HACCP 7원칙

- 위해요소분석
- 중점관리점(CCP) 결정
- CCP한계기준 설정
- CCP모니터링 체계확립
- 개선조치방안 수립
- 검증절차 및 방법수립
- 문서화, 기록유지방법설정

자료 : 〈한국식품안전관리인증원〉 https://www.haccp.or.kr/site/haccp/main.do 참고로 저자제공

(3) HACCP의 레스토랑 적용

HACCP는 주로 식품가공산업에서 상품이 생산되는 과정을 관리하는 데 초점이 맞추어져 있다. 하지만 식품생산분야 이외에도 레스토랑의 상품생산과 서비스제공의 프로세스에도 적용이 가능하다. HACCP모델을 적용함으로써 관리가 되지않았을 때, 치명적인 결과를 초래할 수도 있는 레스토랑상품을 위한 중요 관리점을 개발할 수 있다.

표 6-1 레스토랑의 품질관리를 위한 중요 관리점(CCP)

중요 관리점	관리/문서	관리/절차	시정조치	책임자
1) 메뉴 디자인과 상세표 단계	· 경영목적에 따름 · 정확한 문서	· 비용한도 · 직원스킬 · 사용가능한 시설 설비	· 테스트 · 검토 및 평가	· 총지배인 · 식음료메니저 · 주방장(셰프)
2) 식품구입	· 구매명세표	· 검수관리 · 로트 샘플링검사	· 수용 또는 폐기	· 공급자 · 저장담당자 · 주방장(셰프)
3) 저　장	· 저장절차 · 재고관리 · 저장상태	· 선입선출법 · 샘플링확인 · 재고품관리확인	· 요청/발급	· 저장담당자
4) 준　비	· 표준화레시피 · 식재료관리	· 샘플링 · 표준과 비교평가	· 처리방안/시정조치 · 훈련 · 동기부여	· 부주방장 · 주방장(셰프)
5) 요　리	· 표준화레시피 · 온도세팅 · 요리절차 및 설명 · 요리시간	· 위와 같음	· 위와 같음	· 위와 같음
6) 요리된/찬음식저장	· 뜨거운 접시세팅 · 생산시간 · 규정된 온도준수	· 자동온도조절관리 · 시간확인 · 샘플링기기의 정확한 사용	· 기기의 정기유지 보수 · 기기문제시 신속한 수리	· 기술자 · 주방장(셰프)
7) 어셈블리/1인분 양구분	· 표준산출량 · 접시 레이아웃 · 음식장식 · 서비스 접시의 온도 · 칼라사진	· 비교 · 스크리닝	· 시정조치 · 훈련 · 예를 들어 설명	· 주방직원 · 주방장(셰프) · 웨이터
8) 분　배	· 표준방법 : 몇 인분 확인 · 분배에 걸리는 시간	· 샘플링확인	· 가열 다시하기	· 셰프 · 레스토랑 메니저
9) 서비스	· 서비스실행을 위한 표준 방법 · 표준화된 서비스방법	· 관리자감독 · 레스토랑 메니저에 의한 스크리닝	· 예를 들어 설명 · OJT	· 레스토랑 메니저 · 훈련담당자
10) 고객식사	· 메뉴	· 고객만족 · 감각적인 속성	· 수용 또는 거절 · 불만	· 고객

자료 : Jones (1983). p.96

〈표 6-1〉은 Jones(1983)에 의한 레스토랑 품질관리의 중요 관리점을 정리한 것이다. 우선 레스토랑의 생산과 서비스단계를 고려하여 중요 관리점을 ①메뉴디자인과 상세표단계, ②식품구입, ③저장, ④준비, ⑤요리, ⑥요리된/찬음식저장, ⑦어셈블리/1인분 양구분, ⑧분배, ⑨서비스, ⑩고객식사 10개로 구분하였다. 그 다음은 각각의 중요 관리점에 해당되는 문서, 관리절차 및 책임자를 나타내고 있다.

어떤 절차를 관리하는 것은 기본적으로 생산에 요구되는 기술, 직원이 보유한 기술수준, 이용가능한 식재료, 구비된 시설/기기 및 생산비용 등을 고려하여 처음단계에서 어떤 품질의 음식을 만들어 낼 것인지 결정하는 데 달려있다. 식품이 생산되는 주방이나 사업장에서는 식품을 취급하는 위생에 대하여 철저한 관리와 교육이 이루어져야 함은 물론, 직원들과 고객들의 안전관리에도 중요 관리점이 없는지 확인해야 한다.

직원들이 일하는 업무를 각각 구분하여 단계별 중요 관리점을 정하고 이에 대해 철저히 품질관리를 한다면, 재난으로 이어질 많은 위험에서 벗어날 수도 있게 된다. 안전을 고려하지 않고 일을 하는 경우, 직원들에게 상해가 일어날 수도 있고, 어떤 경우 고객에게까지 피해가 될 수도 있다. 따라서 전 직원에 대한 안전교육은 필수적이다. 뿐만 아니라 홀의 바닥이 미끄럽지 않은지, 고객의 의자나 좌석은 모두 잘 정비되어 있는지, 홀의 천정에서는 아무것도 떨어지지 않는지, 유리창은 깨어져 있지 않은지 등과 같은 실내의 시설물이나 건물자체가 직원과 고객의 안전을 위해 이상이 없는지도 철저히 관리해야 한다.

2 고객서비스 품질관리

1) 서비스와 서비스품질의 의미

(1) 서비스의 의미

Kotler는 서비스를 한쪽의 개인이 다른 쪽의 개인에게 제공할 수 있는 행동이나 활동이라 정의하였다. 이는 기본적으로 눈에 보이지 않고 어떤 실체로 나타나기 어려운 무형의 것을 의미하고 있으며, 유형적인 형체가 없어 소유권에 영향을 미치지 않는다.

외식기업이 고객에게 제공하는 서비스는 유형적인 실내공간에서 유형적인 음식을 무형의 분위기와 함께 무형적인 서비스를 통해 제공하는 것으로, 무형적인 서비스를 제공하는 직원의 태도와 말씨, 미소 등은 무형의 서비스가치를 한층 더해주는 유형적인 증거가 된다고 볼 수 있다.

외식업체에서 고객이 구매하는 것은 유형적·무형적인 상품과 서비스가 함께 어우러져서 창출된 가치이다. 따라서 고객이 경험하고 느끼는 고객의 인지된 가치를 높이기 위해, 고객이 원하고 요구하는 서비스를 제공하도록 해야 한다.

(2) 서비스운영의 특성

무형성, 이질성, 소멸성, 비분리성의 네 가지 독특한 특징을 가지고 있는 서비스의 운영적인 특징에 대해서 알아보자.

- **무형성** : 서비스의 가장 대표적인 특성이 무형성일 것이다. 눈에 보이지 않고 실체가 없으므로 어떤 서비스의 가치를 판단하거나 평가하거나 고객과 소통을 할 때도 많은 어려움이 따른다. 이러한 점을 보완하기 위해 가능한 한 유형적인 증거가 되는 물리적인 실체를 이용하여 무형성을 극복하고자 한다. 실내의 청결함, 레스토랑의 외관, 직원들의 단정한 유니폼, 밝은 조명 등의 고객과의 접점의 순간에 여러 물리적 증거를 보이게 함으로써 레스토랑 서비스의 무형성을 유형의 증거로 돋보이게 하는 노력이 필요하다.

- **이질성** : 서비스를 제공하는 직원과 서비스를 받는 고객이 상호작용으로 일어나는 서비스가 매번 똑같기는 어려운 일이다. 따라서 고객과 서비스제공자의 다양한 조합과 결합 때문에 매번 달라지는 서비스의 이질성이 있게 된다. 음식을 만들어 판매하는 과정에서도 같은 사람이 만드는 음식도 매번 조금씩 달라질 수 있고, 같은 장소이지만 청결상태가 매번 달라질 수 있고, 서비스직원의 개인적인 감정상태도 매번 달라질 수 있으므로 서비스는 항상 똑같을 수 없다는 특성을 갖게 된다. 이러한 점을 극복하기 위해 직원들의 교육과 관리자의 관심이 더욱 필요한 것이다.

- **소멸성** : 비행기의 빈좌석, 호텔의 빈객실, 레스토랑의 빈테이블, 병원의 빈병실, 모두 그 시간대에 고객에 의해 사용되지 못해 기회손실이 발생하는 경우이다. 서비스는 이렇게 저장되지 못하고, 소멸되는 특성이 있어, 수요와 공급관리가 더욱 중요하다. 이를 위하여 레스토랑에서는 예약시스템을 운영한다거나, 대기시간활용을 위해 안락한 대기장소를 제공하거나 진동벨을 이용하기도 한다. 해피아워를 운영하여 한적한 시간대에 쉬고 있는 좌석을 활용하겠다는 것도 이러한 유휴자원이 서비스를 제공할 수 있도록 하기 위한 방안이 될 수 있다.

- **생산과 소비의 비분리성** : 서비스는 생산과 동시에 모두 소비되는 특성이 있다. 이러한 동시성으로 인해 고객이 서비스 생산과정에 빈번하게 참여하게 되는 것이다. 고객의 참여는 나만의 서비스과정에 국한되지 않고, 다른 사람들의 서비스과정에까지 함께 놓이게 된다. 즉, 레스토랑에서 식사를 하는 경우, 다른 사람들을 고려하지 않고 시끄럽게 한다든지, 소란을 피우면 다른 사람들에게 무형의 상품인 분위기에 영향을 미쳐 타인의 즐거움에 손상을 주게 된다. 유형의 제품은 거래와 함께 소유권 이전이 일어나지만, 서비스는 서비스가 생산되는 공간안에서 모두 소비되므로 고객은 그 순간에 모든 혜택을 누리거나 즐길 수 있어야 한다. 생산된 서비스를 소유하여 나만을 위해 가질 수 없기 때문이다.

(3) 서비스품질의 의미

서비스품질은 눈으로 볼 수 있는 어떤 실체가 아니고, 고객이 느끼고 경험한 것을 바탕으로 나타난다. 외식업은 고객의 개인적인 성향이나 선호도에 영향을 많이 받는 음식사업이므로 개인적인 인식이 더욱 중요하다. 고객이 개인적으로 인지하고 느낀 서비스품질을 지각된 서비스품질(perceived service quality)이라하고, 전체적인 품질에 대한 고객의 인식이라 한다. 즉, 서비스품질은 고객의 머리속에서 끊임없이 대안과 비교하고, 원래의 목적과 비교했을 때 느낄 수 있는 최종적인 우위에 대한 고객의 인식으로 정의할 수 있다.

지각된 서비스품질은 고객의 인식이므로 어떤 객관적인 기준과 비교될 수 없다. 고객에게 중요한 것이 무엇인지에 대한 판단이 포함되기 때문에 객관적으로 결정되기 어렵다. 세탁기 제조회사에서 만든 객관적인 기준에 모두 부합되는 최상의 세탁기가 그것을 실제로 사용하는 고객들이 느끼기에 최고가 되지 않을 수도 있다는 말이 된다. 마찬가지로 최고의 셰프가 최고의 재료를 이용해서 최고로 맛있는 음식을 멋지게 차려 놓았다해서 모든 고객이 이 음식을 최고라고 평가하지는 않는다. 고객은 개성, 요구, 선호도가 크게 다르므로 결국 자신이 가장 만족하는 것에 최고라고 말할 수 있다.

(4) 서비스품질의 차원

고객은 서비스제공자와 접촉하는 진실의 순간(moment of truth)에 자신이 지각한 서비스품질에 대해 평가를 하게 된다. 일반적으로 고객이 서비스품질을 평가하거나 판단하는 영역을 5가지 차원으로 구분한다. 초기연구에서는 「접근성, 커뮤니케이션, 능력, 예절, 신용도, 신뢰성, 응답성, 안정성, 유형성, 고객의 이해」의 10가지 서비스품질 결정요인이 제안되었으나, 그후 〈표 6-2〉와 같이 「유형성, 신뢰성, 반응성, 확신성, 공감성」의 5가지 서비스품질의 차원으로 정리되었다.

표 6-2 지각된 서비스품질의 5가지 차원

구성 차원	내 용
유형성(Tangibles)	물리적 장비, 시설, 직원의 외모 등
신뢰성(Reliability)	고객과 약속한 서비스를 정확하고 믿을 수 있게 수행하는 능력
반응성(Responsiveness)	고객에게 신속한 서비스를 제공하고 자발적으로 기꺼이 도우려는 의지
확신성(Assurance)	직원의 지식, 신뢰와 믿음을 줄 수 있는 직원의 능력
공감성(Emphathy)	기업이 고객에게 제공하는 개별적인 관심과 배려

자료 : Parasuraman, Zeithaml, & Berry (1985). p.48

2) 서비스품질의 평가

(1) 지각된 서비스품질

〈그림 6-6〉은 서비스품질을 평가하는 과정을 도식화한 것이다. 고객은 10가지 서비스품질 결정요인들로부터 형성된 서비스품질의 5가지 차원을 기준으로 자신이 기대한 서비스(expected service: E)와 실제로 경험한 지각된 서비스(perceived service: P)를 통해 최종적인 지각된 서비스품질을 판단하게 된다.

고객이 어떤 제품이나 서비스에 대해 기대를 할 때는 주변 사람들의 구전, 개인적인 욕구, 과거의 경험 등이 중요한 영향을 미친다. 이렇게 형성된 고객이 기대한 서비스와 지각한 서비스가 최소한 같은 수준이어야 전체적인 서비스에 대해 만족하게 된다(E=P). 그리고 기대한 서비스에 비해 지각한 서비스가 더 클경우 고객은 감동하게 되고(E〈P), 반대로 지각한 서비스가 기대에 미치지 못할 경우에는 수용불가능한 불만족(E〉P)상태가 되는 것이다.

레스토랑에서 식사를 계획하는 고객은 주변 사람들과 여러 정보를 이용하여 레스토랑에 대해 알아보고 그 장소에 대해 기대를 하게 된다. 아직 방문해 본 경험이 없는 레스토랑의 사진을 보고 건물의 외관이나 실내를 미리보는 것은 고객의 기대를 더욱 높일 수 있는 탐색활동이고, 이로 인해 결정을 포기할만큼 실망을 줄 수도 있다. 이러한 유형성으로 인해 경험해 보지 못한 무형의 서비스품질이 손쉽게 평가되는 경우도 있다.

기대를 안고 고객이 레스토랑에 들어온 이후 처음 대면하는 직원, 서비스를 제공하는 직원의 태도와 모습, 레스토랑의 실체와 제공되는 음식 등에 따라 고객은 레스토랑에 대한 신뢰성, 반응성, 그리고 확신성 등을 느끼고 인지하게 된다. 이러한 특성들은 고객이 직접 경험해

그림 6-6 지각된 서비스품질평가

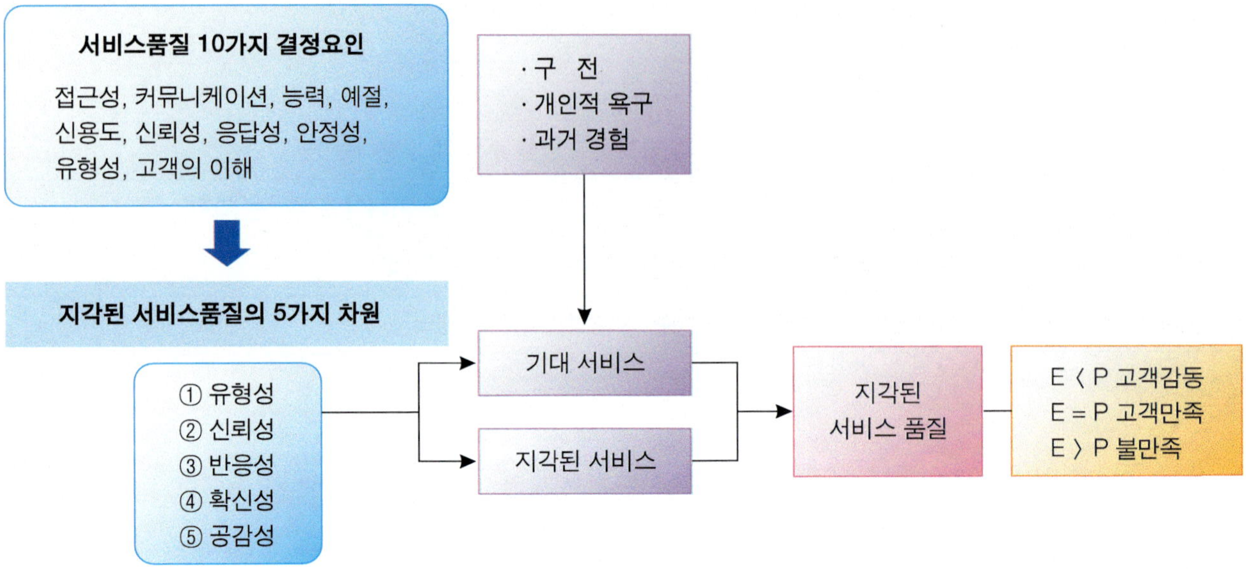

자료 : Parasuraman, Zeithaml, & Berry (1985). p. 48 ; Parasuraman, Zeithaml, & Berry (1988). p.23

보기 전에는 평가하기 힘든 특성이다. 고객이 식사를 하고 있는 도중에도 필요하다고 생각되는 물이나 추가되는 반찬 등을 알아서 제공해주는 직원의 공감성에도 고객은 만족하게 되고, 식사를 마치고 돌아간 이후에도 다시 올 수 있는 실마리를 제공하기 위해 새로운 프로모션이나 특별한 할인이벤트 및 고객의 기념일을 기억해 주는 관심도 고객에게 공감성을 자극하기에 충분한 활동이다.

(2) 서비스품질의 갭

레스토랑의 서비스품질을 평가하고 관리하기 위해서는 먼저 고객의 욕구가 무엇인지, 무엇을 원하는지를 알아야 한다. 맛있는 음식을 원하는 것인지, 음식을 편안히 먹기 위한 분위기를 원하는 것인지, 신속하게 음식을 제공받기를 원하는 것인지, 고객이 찾아온 레스토랑에서 진정으로 얻고자 원하는 것이 무엇인지 아는 것이 가장 중요하다.

품질에 대한 고객의 기대정도와 지각수준의 차이를 갭(Gap)이라고 정의한다. 〈그림 6-7〉에 나타난 「갭 5」는 서비스가 고객에게 전달되는 전과정에서 발생되는 네 가지 갭의 크기와 방향에 따라 결정된다.

- **갭 1-고객의 갭** : 서비스에 대해서 고객의 기대와 경영자의 인식간의 차이이다. 고객은 기업광고, 주변의 정보, 소통 등에 근거하여 서비스 기대수준을 형성하는데 경영자가 이

그림 6-7 서비스품질의 갭(Gap)

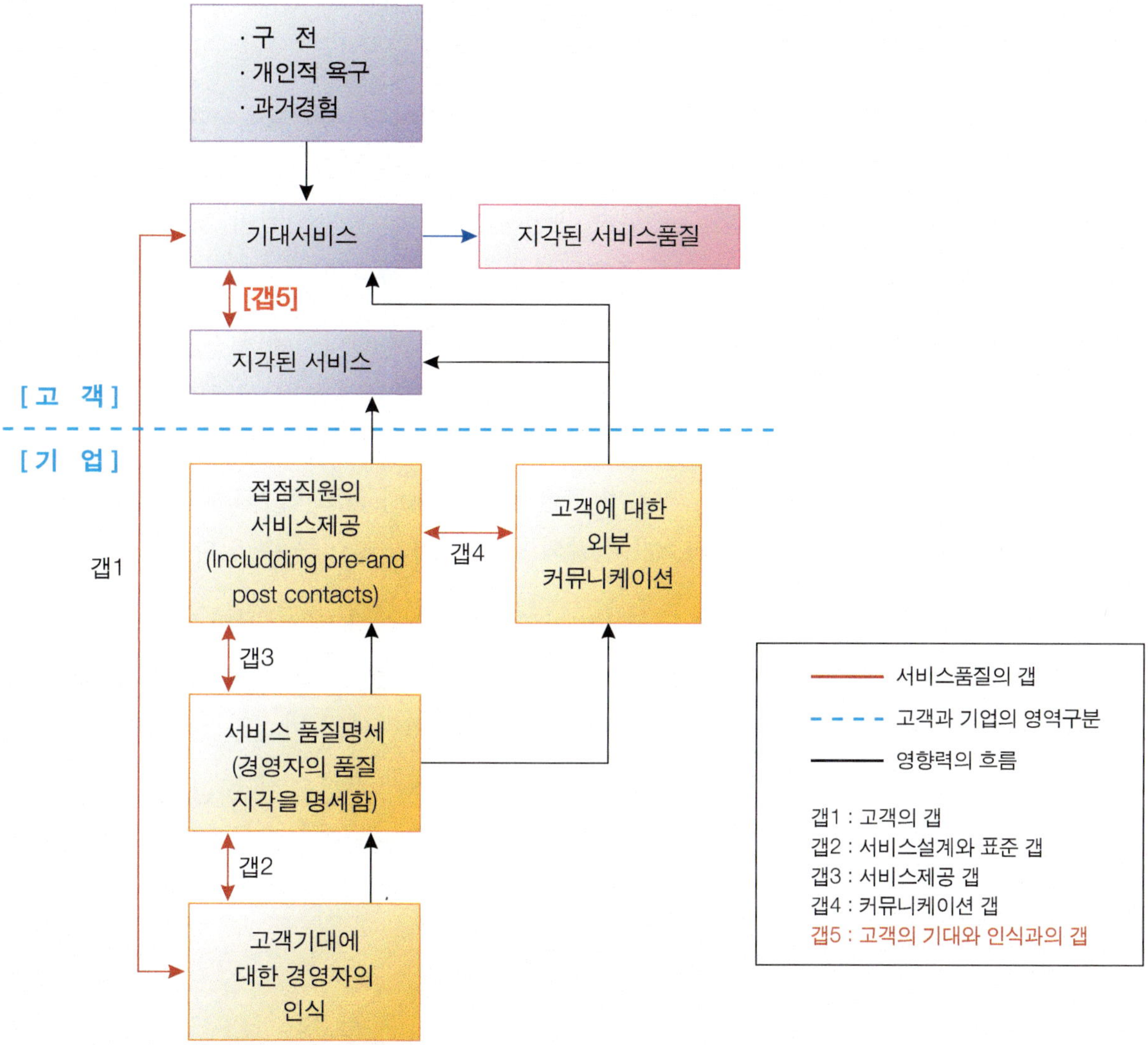

자료 : Parasuraman, Zeithaml, & Berry (1985). p.44

를 잘 이해하지 못하고, 고객의 기대를 다르게 해석하면 이 갭이 커지게 된다. 따라서 경영자는 고객과의 접촉을 늘리고 시장조사를 철저히 하여 고객과 친밀해 질 수 있도록 노력하여 이 갭을 줄이도록 한다.

■ **갭 2-서비스설계와 표준 갭** : 경영자의 인식과 서비스설계의 차이이다. 고객이 원하는 것을 잘 파악했더라도 실제의 서비스에 구현되지 못하면 생기는 갭이다. 즉 경영자가 지각하고 있는 서비스의 기준에 따라 서비스의 품질이 정해지는데 고객이 원하는 것을 표현

하기에 경영자의 능력이 부족하거나, 애초부터 그런 서비스를 제공하는 것이 불가능하다고 여겨 이에 대한 열정이 부족하면 이 갭은 더욱 커지게 된다. 서비스과정을 표준화하고 서비스목표를 명확하게 함으로써 이 갭을 줄이도록 해야 한다.

- **갭 3-서비스제공 갭** : 잘 계획된 서비스를 접점직원이 제대로 제공하지 못하여 생기는 차이이다. 즉 실제 제공된 서비스가 표준에 미치지 못하여 생기는 갭이다. 팀워크의 결여, 부적합한 직원선발, 적절한 훈련부족, 부적절한 보상, 조직력 결여 등이 원인이 될 수 있으므로 이러한 갭을 줄이기 위한 조직내부의 노력이 필요하다.

- **갭 4-커뮤니케이션 갭** : 실제 전달되는 서비스에 비해 과다하게 형성된 기대수준에 의한 차이이다. 외부 커뮤니케이션으로부터 지나치게 과장된 광고나 실제와 다른 내용이 과도하게 홍보된 경우 고객은 과다하게 기대하고 접점직원이 제공한 실제 전달된 서비스 간에 차이로 이 갭이 나타난다. 지키지 못할 약속을 하지 않고 접점직원의 서비스능력을 잘 훈련하여 고객과 약속된 서비스가 전달되면 이 차이가 줄어들 수 있다.

서비스품질의 갭은 갭모델(Gap model)이라고 부르고, 이를 다시 서비스(service)와 퀄리티(quality)가 결합된 단어인 서브퀄(SERVQUAL)이라는 단어를 이용하여 서브퀄모델(SERVQUAL model)이라고도 한다. 서브퀄은 여러 다양한 서비스분야에서 서비스의 5가지 차원을 측정하고 부족한 부분을 분석하여 개선하기 위해 빈번히 활용되고 있다.

3 고객관계관리

1) 빅데이터를 통한 고객관계관리

고객관계관리(customer relationship management: CRM) CRM은 마케팅 및 고객관리를 위한 한 가지 개념적인 방법이다. 고객과의 관계를 창출하고 이를 유지하여 장기적인 관계를 형성하면서 기업의 재무적, 사회적 또는 구조적인 측면에서 결속력을 갖기 위한 방법으로 많은 산업분야에서 강조되는 개념이다. 기업은 이러한 결속관계를 위해서 충성고객들이 요구하고 원하는 것을 이해하여 그들이 추구하는 혜택에 가치를 부여하고자 노력해야 한다.

이 과정에서 가장 중요한 것은 기업이 고객에 대하여 얼마나 많은 정보를 얼마나 정확한 수준으로 확보하고 있느냐 이다. 이에 따라 고객과의 관계의 질은 달라질 수 있다. 고객정보 즉 빅데이터를 이용한 관계관리의 진화는 새로운 고객창출과 기존 고객의 활성화에 필요한 CRM이라는 중요한 비즈니스 프로세스로 전환되었다.

CRM은 이를 운영하는 경영자, 관리자, 마케터, 고객접점의 서비스제공자에 의해 고객관리가 원활하게 되기 위한 개념적인 체계이지, 마치 좋은 기계를 구입한 것처럼 이 시스템을 도입했다고 모든 문제가 해결되는 것은 아니다. 다만 기업의 전략에 기반을 두어 마케터의 자료분석에 의해 고객과의 장기적인 관계가 이어지도록 하는 유용한 도구가 되는 것이다.

표 6-3 고객관계관리의 업무적 영역

고객관계관리(CRM)		
분석(analytic) CRM	협력(collaborate) CRM	운영(operational) CRM
· 우리 레스토랑의 고객은 누구인가? · 그들은 어떤 특징을 갖고 있나? · 우리로부터 무엇을 원하나? · 우리 레스토랑을 왜 방문하나?	· 우리고객과는 어떤 관계인가? · 그들의 구매채널은 무엇인가? · 어떤 서비스를 원하는가? · 무엇을 제공해 주어야 하는가?	· 어떤 시스템이 필요할까? · 우리의 고객과 관계를 지속하고 그들이 원하는 서비스제공을 위해 효율적으로 지원하기 위한 시스템은 무엇인가?

〈표 6-3〉은 CRM의 업무적 영역을 제시한 것이다. 마케터는 자료를 통하여 우리 레스토랑의 고객은 누구이고, 어떤 특징이 있는지, 왜 방문하는지 등을 분석할 수 있고, 고객과 어떤 관계를 가져야 하는지, 어떤 서비스를 제공할지 등을 알아볼 수 있다. 또한 고객과의 지속적인 관계를 위해 더 필요한 시스템을 찾아보기 위한 도구로도 활용이 가능하게 된다.

2) 레스토랑 CRM 개념도

〈그림 6-8〉은 CRM의 개념을 좀 더 쉽게 이해하기 위해 레스토랑에서 적용할 수 있는 CRM활용을 도식화하여 나타낸 것이다.

(1) 푸시알림

고객은 신메뉴와 이벤트소개, 포인트활용 등의 푸시정보에 의해 방문 가능한 레스토랑을 고려한다.

그림 6-8 레스토랑에서의 CRM 개념도

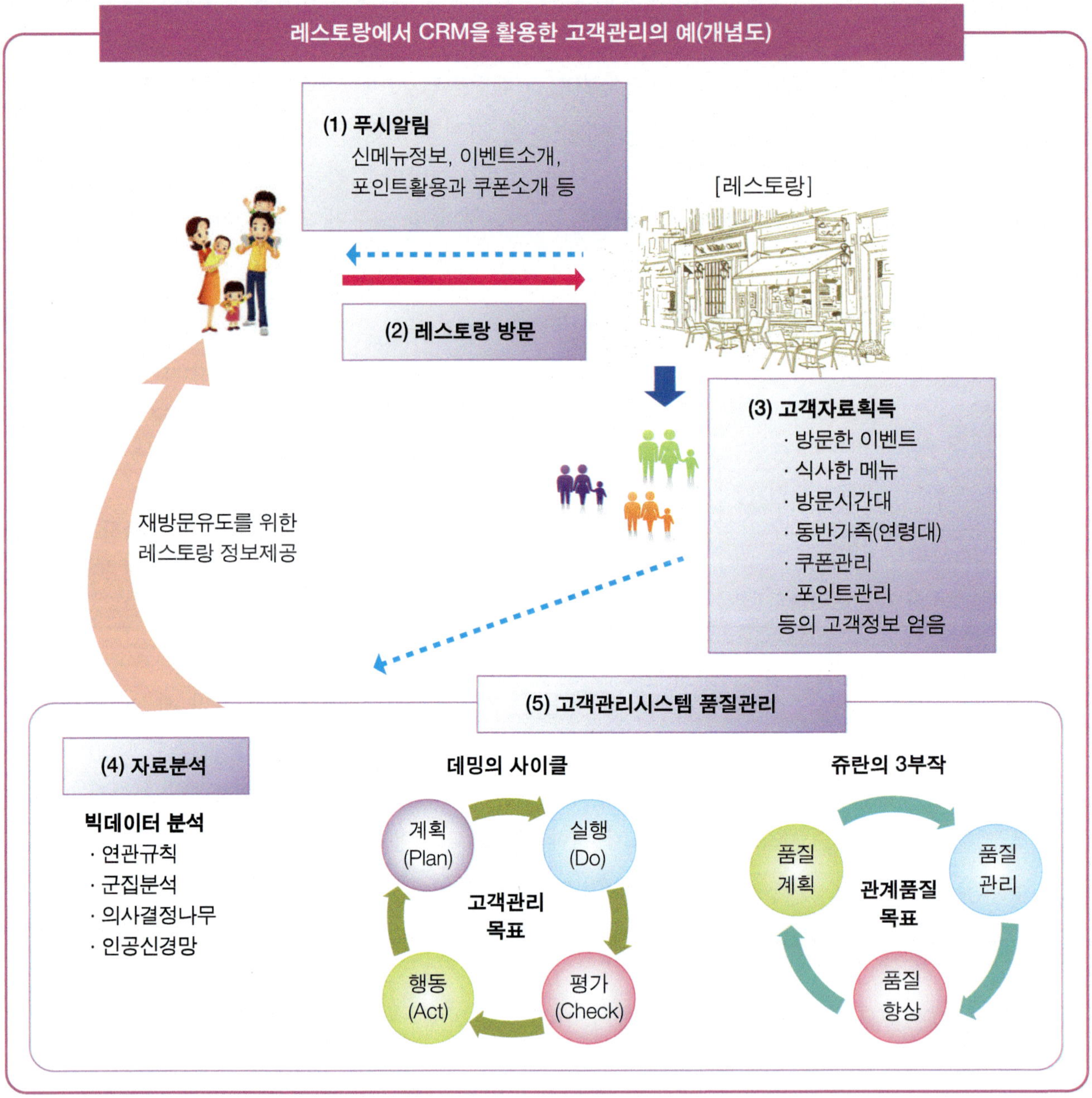

(2) 레스토랑 방문

고객은 여러 가지 대안을 비교한 후 레스토랑을 선택하고 방문하게 된다.

(3) 고객자료획득

고객의 1차적인 방문을 통해 레스토랑에서는 고객정보를 획득할 수 있다. 활용가능한 고객정보 이외에도 고객이 호소한 특별한 음식알레르기, 좌석에 대한 선호도, 가족구성원들에 대한 특이 사항, 돌잔치, 환갑잔치 등의 가족이벤트와 같은 개별적인 정보들도 함께 얻을 수 있다. 하지만 이러한 정보수집은 고객접점 직원이나 매니저의 노력이 있어야 획득이 가능하다.

(4) 자료분석과 재방문유도

획득된 정보는 자료분석을 위한 분석시스템에 입력되고, 그 시스템 내부에서는 빅데이터분석을 통해 마케터나 매니저가 원하는 정보를 얻게 된다. 1차 방문한 고객에게 다가오는 생일이나 결혼기념일 혹은 가족이벤트를 위해 개인적으로 특화된 서비스의 제공과 함께 2차 방문을 촉진하는 정보를 제공하게 된다.

(5) 고객관리시스템의 품질관리

고객관리를 위한 프로세스가 반복되는 과정에서 고객에게 관심없는 정보가 제공되는 것은 아닌지, 새롭게 입력된 고객정보에 따라 좀 더 최신의 정보를 제공해야 되는 것은 아닌지, 프로모션이 반복되는 것은 아닌지 등에 대한 끊임없는 확인과정을 거치게 된다. 이는 〈그림 6-8〉에서 보여지는 바와 같이 데밍의 사이클이나, 쥬란의 품질관리 개념을 도입하여 프로세스 검토가 가능하다.

고객들의 방문자료, 고객의 구입내역, 거래자료 등을 이용한 고객관리의 초기형태는 고객들의 인적사항이나 특이 사항 등을 관리자나 특정직원이 기록하여 해당 점포에서만 활용하였다. 하지만 기술의 발달로 이제는 고객의 모든 자료는 중앙시스템에 집중되어 고객자료의 활용도가 높아지고 있다. 즉, 고객이 한 점포를 이용했다면, 그 정보는 같은 기업의 다른 점포에서도 활용될 수 있어 고객이 어떤 점포를 이용해도 그 고객을 알아보고 인지할 수 있다. 같은 점포가 아니더라도 그 고객의 거래내역까지 추적이 가능하다는 것이다. 이러한 데이터의 통합관리는 고객에게 맞춤되는 서비스를 제공하고 고객이 원하는 정보를 제공할 수 있도록 하며 회사 운영비용을 절감하면서 고객의 만족을 더욱 높여주는 효율적인 마케팅활동을 지원해 준다.

3) 고객스코어링 활용에 따른 고객관리

(1) RFM 활용에 따른 고객점수화

- **RFM의 의미** : RFM은 일반적으로 한 고객이 얼마나 최근에 그 레스토랑을 방문했는지의 최근성(recency), 얼마나 자주 그 레스토랑을 방문했는지의 구매빈도(frequency), 한번 레스토랑 방문시 평균적으로 얼마 정도의 식사비용을 지출하는지의 이용금액(monetary), 이렇게 세 가지 지표에 기반을 두어 고객을 점수화하는 가장 간단한 스코어링 분석기법이다. 〈그림 6-9〉는 RFM을 활용하여 개별고객을 스코어링하는 방법을 설명하고 있다.
- **RFM의 기준설정** : 최근성, 구매빈도, 금액의 기준은 마케터가 설정한다. 패스트푸드 레스토랑의 경우는 최근 방문을 최근 2주일 이내에 방문한 고객으로 설정할 수 있지만, 고급 레스토랑의 경우는 최근 6개월 이내에 방문한 고객을 최근에 방문한 고객으로 설정할 수 있다. 구매빈도의 경우도 패스트푸드 레스토랑은 1주일에 한번 혹은 1주일에 2~3회 정도로 설정가능하고, 고급 레스토랑은 3개월에 한번 정도의 방문을 구매빈도의 기준으로 정할 수 있다. 금액에 대한 지표도 역시 해당 레스토랑의 수준에 따라 그 기준을 정할 수 있다.
- **RFM스코어 부여** : 설정된 기준에 따라 각각의 고객에게 최근성에 대해서 1,2,3,4,5 / 구매빈도에 대해서 1,2,3,4,5 / 금액에 대해서 1,2,3,4,5의 5개 숫자 중 하나를 부여한다.

그림 6-9 RFM 활용에 따른 고객스코어링

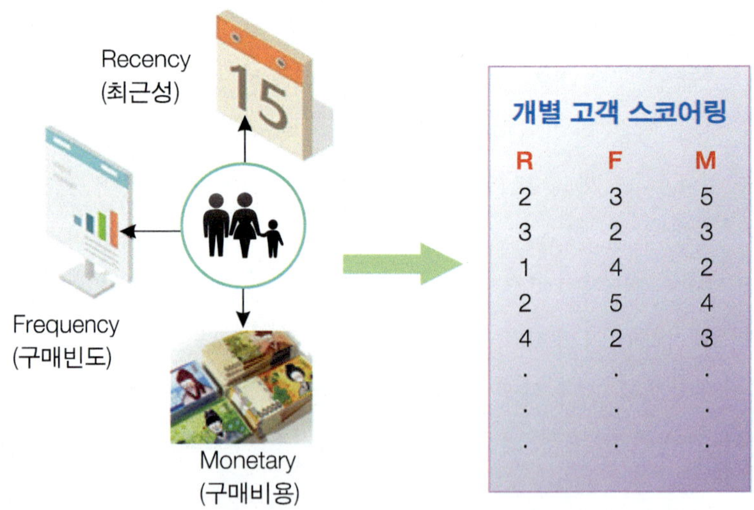

최근성이 높은 고객은 5, 구매빈도가 높은 고객도 5, 가장 많은 비용을 지출한 경우 5를 부여하게 되면 결국 가장 최근에 자주 많은 비용을 지출한 고객은 555의 스코어를 갖게 된다. 이러한 방법으로 개별고객은 111, 112, 113, ~~~~~…… 553, 554, 555 까지 125개의 스코어중 하나의 점수를 부여받게 된다. 이 숫자는 555가 222보다 더 크다는 혹은 더 좋다는 절대적인 수의 의미가 있는 것은 아니다.

이렇게 고객에게 개별스코어를 부여하고 마케터는 각 고객에 맞는 고객관리를 시행할 수 있다. 자주 방문하지만, 구매비용이 적으면 좀 더 구매하도록, 한번 오면 비싼값을 지불하고 식사하지만 자주오지 않는다면 좀 더 자주 오도록 하는 다양한 방법으로 고객에게 개별적으로 적용되는 마케팅활동을 디자인할 수 있다. RFM의 활용은 기업이 어떤 비즈니스를 하고 있는지에 따라서도 달라지고 어떤 세분고객을 목표로 하는지에 따라서도 다르게 적용되어야 한다.

(2) 고객생애가치 활용

고객생애가치(customer lifetime value : CLV)는 고객이 1회 방문으로 관계가 끝나는 것이 아니고, 다음에도 방문하고, 또 그 다음에도 방문하고, 그 고객의 가족도 방문하게 되고, 이런 식으로 지속적인 방문이 이어진다고 가정했을 때, 이 고객의 가치가 어느 정도 되는지를 금전적인 수치로 한번 계산해 보자는 개념에서 시작된 분석기법이다. 즉, 고객과의 미래관계까지 예측하여 그 고객으로부터 얻을 수 있는 순수익을 계산해 보는 것이다. 고객생애가치를 측정하여 생애가치가 높은 고객과 그렇지 않은 고객에게 다른 마케팅활동을 적용할 수 있다. 고객의 가치를 인정하고 차별화된 고객관리로 생애가치가 높은 고객이 우리 기업에 더욱 오래동안 머물고 장기적인 관계를 유지하도록 하는 것이 마케팅활동의 목표이다.

(3) 교차판매와 상승판매

- **교차판매** : 교차판매(cross selling)는 CRM프로세스가 비즈니스에 도입되면서 많은 기업들이 활용하는 방법으로, 기존 고객에게 새로운 상품이나 서비스를 권유하는 것을 말한다. 같은 브랜드에서도 상품에 따라 목표고객층이 서로 다를 수 있는데, 만일 기업이 데이터를 확보하고 있는 경우라면 상품 프로파일과 고객 프로파일의 관계를 분석하여 고객들의 개별정보, 즉, 인적사항, 라이프스타일, 구매특성 등에 맞도록 다른 상품들의 구입을 권유할 수 있다.
- **상승판매** : 상승판매(up selling)는 교차판매의 한 가지 형태로서, 고객의 기존 구매행태와 관련있는 새로운 상품을 권유하여 매출을 더욱 상승하게 하는 것이다. 예를 들어, 기

존에 항상 보통의 피자를 구입하는 고객에게 치즈로 둘러싸인 새로운 치즈크러스터피자의 구매를 권유하여 고객에게 새로운 상품을 소개하면서 판매가격을 더욱 높이는 경우가 이에 해당된다.

데이터를 활용한 교차판매의 기회를 찾기 위해서는 먼저 마케팅의 목적이 설정되어야 하고, 이에 따라 기존의 고객들에게 어떤 권유가 가능한지를 정해야 한다. 이런 내용들이 결정된 후 다음 단계는 분석할 수 있는 데이터를 확보하는 것이다. 기존에 확보된 인적사항이나 거래자료 혹은 새롭게 조사된 데이터를 활용한 모델링, 스코어링의 단계를 거쳐 설명이 가능한 결과를 이끌어내어 CRM에 근거한 적절한 교차판매활동을 할 수 있다.

논의 과제

1. 종합적 품질관리에 대해 논의하시오.

2. 데밍의 PDCA 사이클을 이용하여 레스토랑 고객의 음식에 대한 불만족을 해결하기 위한 프로세스에 대하여 논의하시오.

3. 〈표 6-1〉에 제시된 레스토랑의 품질관리를 위한 중요 관리점에 대해서 논의하시오.

4. 레스토랑 서비스를 예로 들어 서비스품질의 5가지 차원에 대해서 논의하시오.

5. 레스토랑 서비스에서 고객의 지각된 서비스품질이 무엇인지 논의하시오.

6. 갭이론과 서브퀄모델에 대하여 논의하시오.

7. 〈그림 6-8〉에 제시된 레스토랑에서의 CRM적용의 개념도를 활용하여 실제의 레스토랑 마케팅 활동에 대해서 예를 들어 논의하시오.

8. 고객을 점수화하여 스코어링할 수 있는 방법에 대해서 논의하시오.

[제3부]

외식기업의 경영관리

제7장

외식기업의 경영형태와 관리

1. 외식산업의 업종과 업태
2. 경영주체에 따른 외식경영
3. 점포수에 따른 구분
4. 프랜차이즈 경영의 용어와 특징 및 운영주체구분
5. 단체급식경영의 특징과 운영형태

학습 목표

- 외식산업에서의 업종과 업태에 대하여 이해한다.
- 경영주체에 따른 외식경영형태에 대하여 알아본다.
- 점포수에 따른 경영형태에 대하여 알아본다.
- 프랜차이즈 경영의 주요 용어와 직영점과 가맹점의 경영형태에 대하여 알아본다.
- 단체급식의 직영과 위탁운영에 대하여 알아본다.

· 주　　제 : 외식업이 이용할 수 있는 경영형태와 관리
· 강의 방향 : 외식산업의 업종과 업태에 대해서 이해하고, 외식업에서 이용할 수 있는 대표적인 경영형태 및 프랜차이즈 경영방식과 단체급식의 운영방식에 대해서 논의한다.
· 강의 시간 : 60분~75분 정도의 **2회 수업(120분~150분)**

1. 외식산업의 업종과 업태	
1) 업종과 업태의 이해	외식업의 업종과 업태를 알아본다.
2) 고객의 욕구와 업태의 진화	고객의 욕구에 따라 진화된 외식업의 업태에 대해서 알아본다.
2. 경영주체에 따른 외식경영	
1) 개인소유경영	개인이 소유한 경영형태의 의미와, 특징 및 경영상의 이슈에 대해서 알아본다.
2) 기업소유경영	기업소유경영의 의미와 특징에 대해서 알아본다.
3) 개인과 기업의 복합소유경영	소사장제도와 같은 개인과 기업의 복합소유 경영형태에 대해서 알아본다.
3. 점포수에 따른 구분	
1) 단일점포경영	하나의 외식점포를 운영하는 단일점포경영에 대해서 알아본다.
2) 다점포경영	두 개 이상의 외식점포를 운영하는 다점포경영에 대해서 알아본다.
4. 프랜차이즈 경영의 용어와 특징 및 운영주체구분	
1) 프랜차이즈의 유래와 관련용어	프랜차이즈의 유래와 관련된 여러 용어에 대해서 알아본다.
2) 체인경영의 직영점과 가맹점	체인경영의 직영점과 가맹점이 무엇인지 비교하여 알아본다.
3) 체인경영을 위한 기업형 외식업이 갖추어야 할 조건	외식기업의 체인경영을 위해 갖추어야 할 단순화, 표준화, 전문화의 의미를 알아본다.
5. 단체급식경영의 특징과 운영형태	
1) 직영급식과 위탁급식경영	단체급식의 직영급식과 위탁급식경영의 특징과 운영형태에 대해서 알아본다.
2) 단체급식의 고객유형	학교, 병원, 직장, 산업체 등의 단체급식의 고객유형에 대해서 알아본다.
3) 단체급식과 외식	단체급식과 외식과의 특성을 고려하여 그 관계를 알아본다.

외식업은 여러 종류의 음식을 만들어서 다양한 방법으로 고객에게 서비스를 제공하는 사업이다. 수많은 종류의 음식, 많은 유형의 고객들, 여러 서비스방법 등 이런 모든 것들이 서로 조화롭게 어우러져 가장 적합한 사업을 개발하는 것이 외식사업 운영자들의 희망이 될 것이다. 음식의 종류, 서비스의 종류뿐 아니라, 외식업체의 경영방식을 가장 적절한 방법으로 적용하는 것도 중요한 선택의 문제가 된다.

1 외식산업의 업종과 업태

1) 업종과 업태의 이해

우리나라에 식당, 레스토랑 등이 많지 않았던 시대에는 모두가 식사만을 하는 식당이었다. 단지 어떤 종류의 음식을 파는지에 따라 한식당, 양식당, 중국집, 화식집(일식당) 등으로 불렸으며, 이것이 자연스럽게 「업종」으로 나뉘어졌다. 그 시대의 이러한 구분은 산업적인 분류나 학문적인 개념에 의한 구분이라기 보다는 고객과의 소통의 편리함에 따른 것이라 볼 수 있다.

이후 경제성장과 외식관련 산업의 발전과 함께 우리나라에 본격적으로 해외 외식기업들, 특별히 다국적기업들의 국내진출로 인해 여러 종류의 패스트푸드 형태의 레스토랑들이 국내에 유입되면서 새로운 업태의 개념이 등장했다고 볼 수 있다.

예전에는 대부분 고객들이 식사하는 테이블에서 음식을 제공받는 서비스방식만 있었다면, 이제는 고객이 줄을 서서 음식을 직접 받는 방식도 이용되고 있다. 또한 작은 받침위의 커피잔에 담긴 커피를 자리에 앉아서 제공받던 커피점이 이제는 커다란 머그잔이나 1회용 컵에 담긴 커피를 다른 곳으로 가지고 나갈 수도 있는 판매방식으로 변화되었다. 서비스의 형태가 변화되면서 서비스방식을 의미하는 「업태」라는 용어가 등장하였다.

(1) 업 종

외식업에서의 업종(type of business)은 어떤 음식을 제공하는지에 대한 구분이다. 해당 외식업체에서 판매하고 있는 주력상품이 무엇인지, 고객에게 어떤 종류의 음식을 제공하는지, 이에 대한 것을 업종이라 한다. 업종은 오래전부터 한식, 중식, 일식, 양식 등의 구분이 기본이었으나 점차적으로 베트남식, 타이식 등과 같은 민족음식(ethnic food)을 포함하고, 퓨전음식(fusion food)같은 국적이 혼합된 음식도 나타나 점점 그 종류가 다양해졌다.

한국음식

서양음식

일본음식

중국음식

베트남음식

(2) 업 태

외식업에서의 업태(type of service)는 업종에서 제공되고 있는 주력상품을 어떤 형태의 서비스로 판매할지에 대한 것이다. 한식당, 양식당 등의 업종이 다시 음식을 제공하는 서비스방식인 업태에 의해서 더 세분화된다. 테이블에 앉아 있는 고객에게 모든 서비스를 제공해 주는 완전서비스(full service)에서부터 셀프서비스, 테이크아웃 서비스 등의 제한적인 서비스(limited service)까지 서비스수준에 따라 업태를 구분할 수 있다.

〈그림 7-1〉은 업태에 따른 외식업의 종류를 제시한 것이다. 아무런 인적서비스를 제공받지 못하는 자동판매기부터 완전서비스를 제공받는 고급 레스토랑까지를 연속적으로 나타내었다. 그림에서 볼 수 있듯이 고급 레스토랑으로 갈수록 서비스의 정도가 증가하고 인적서비스의 비중이 높아진다. 대체로 고객은 메뉴당 가격을 더 많이 지불하고 더 넓고 안락한 공간에서 편안하게 식사를 즐길 수 있다. 결국 고객은 음식 이외에 그 레스토랑의 분위기와 인적서비스에 대한 비용을 모두 지불하는 것이다.

반면에 자동판매기쪽으로 갈수록 고객이 왔다가 식사하고 나가는 좌석회전율이 높아지고, 레스토랑에서 음식이 제공되는 속도나 고객이 식사하는 속도도 비교적 빠르다. 레스토랑의 업태에 따라 서비스방식에서 많은 차이가 나타나게 된다.

그림 7-1 업태에 따른 외식서비스의 형태

2) 고객의 욕구와 업태의 진화

외식업의 업태가 진화하는 것은 고객이 외식을 하게 되는 상황이 다양해지고 그 상황마다 변화되는 고객의 욕구를 반영하기 위해 새로운 업태가 생성되기 때문이다. 또한 같은 상황이라도 고객의 욕구는 사람마다 다양하고 선호하는 정도가 다르기 때문에 업태는 더욱 새로운 형태로 진화를 거듭하게 된다. 하루에 아침, 점심, 저녁의 식사만 했던 예전과는 다르게 사회가 변화되고 복잡해지면서 〈그림 7-2〉와 같이, 사람들은 하루에도 많은 상황의 외식이 필요하고 그 형태도 매우 다양하다.

외식기업은 변화하는 고객의 욕구에 맞추어 새로운 모습으로 끊임없이 변신해야 한다. 고객은 해외여행이나 인터넷, 모바일 SNS 등을 통해서 많은 정보에 노출되어 무엇인가 좀 더 독특하고, 재미있는 경험을 하려는 욕구를 갖게 된다. 일상적인 일로만 여겼던 식사를 이벤트로 만들어, 특별한 상황으로 기억되도록 하면서 외식업의 업태도 진화하고 있다.

새로운 식재료를 연구하여 새로운 업종을 만들고 이 업종에 따라 서비스의 형태를 달리하여 또 새로운 업태를 만들 수 있다. 따라서 외식업의 업종과 업태는 그 외식업의 컨셉이라 할 수 있다. 외식업의 컨셉 즉, 업종과 업태를 결정하는 것은 외식기업의 경영전략과 판매방식, 그리고 기업의 나아가야 할 방향을 결정하는 것과 같다.

그림 7-2 다른 업태의 외식서비스를 이용하는 Mr. B씨의 하루

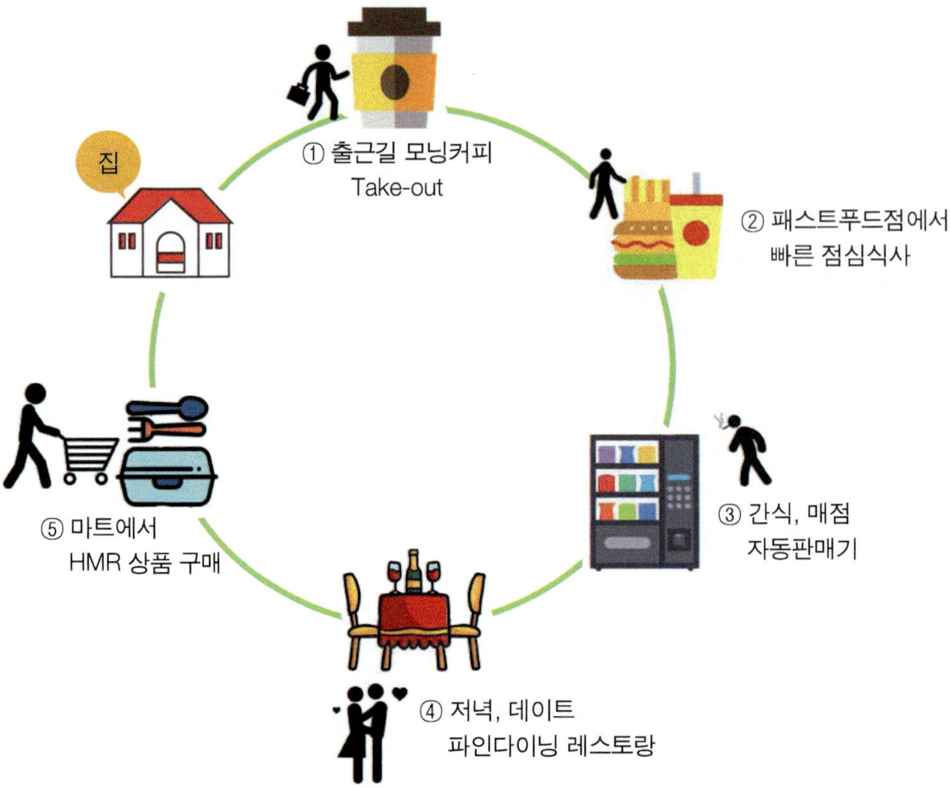

Mr. B씨의 하루

집 → 출근길에 모닝커피 한잔을 테이크아웃(아침을 깨우는 모닝커피 한잔!)
→ 점심시간에는 회사앞 패스트푸드 레스토랑(회사 구내식당의 길게 늘어선 줄을 기다리기 싫어서)
→ 자동판매기에서 간식(오후업무중에 졸음을 깨고 출출함을 달래기 위해)
→ 캐주얼다이닝 레스토랑에서 저녁식사(퇴근후 애인과 와인을 곁들인 저녁식사를 하기 위해)
→ 집근처 마트 HMR 음식구매(집에 돌아가는 길에는 내일의 아침식사를 준비)

고객들에게 판매할 메뉴의 종류를 정하고, 어떤 방식으로 판매할지 정하고, 고객들에게 어떤 가치를 제공할지 결정해야 한다. 바쁜 고객들을 위해 스피드를 더 제공할 것인지, 여유를 찾는 고객들을 위해 안락한 공간과 분위기를 제공할 것인지, 패밀리들을 위해 어린이 공간을 확보할 것인지 등의 고객가치를 결정하여 기업이 향후 사업방향을 정해야 한다.

2 경영주체에 따른 외식경영

1) 개인소유경영

(1) 개인소유경영의 의미

국어사전에 따르면, 자신이 직접 경영하는 사업을 자영업(自營業)이라고 한다. 자영업은 회사 등의 법인을 설립하지 않고 개인이 하는 사업을 말한다. 생활의 수단으로 사업을 하는 경우 이러한 사업을 하는 자를 자영업자(自營業者) 또는 개인사업자(個人事業者)라고 한다. 이렇게 한 개인이 외식사업체를 경영하는 형태를 개인소유경영이라고 한다. 즉, 개인이 자본을 투자하여 사업체를 소유하고 자신만의 업종과 업태를 선정하여 운영하는 방식이다. 모든 경영활동에서 소유주의 의사결정이 중요하게 작용하며 모든 활동의 결과와 책임도 소유주의 몫이다.

(2) 개인소유경영의 특징

개인소유 외식업은 「소유주=사장=경영자=점포매니저」가 대부분이고 가족이 모두 직원의 형태로 운영하기도 한다. 또한 규모에 따라서 믿을 만한 직원을 몇 명 두거나 아르바이트 만으로 운영하기도 한다. 경영자를 포함하여 가족들이 운영할 때는 자기사업이므로 고객의 상황에 따라 운영시간도 유동적이고 단골고객을 대하는 응대방법도 가족적일 수 있다.

직접 식재료를 구매하여 조금이라도 저렴하게 비용을 지불하고자 하며 한 명이라도 더 많은 고객이 오도록 가능한 방법을 모두 사용하려고 한다. 더 나아가 주변지역의 유사한 다른 점포에서 시행하고 있는 활동들에 관심이 많으며 카피캣(copy cat)이 되어 타점포의 활동들을 따라해보는 시행착오를 겪기도 한다.

(3) 개인소유경영의 운영상의 이슈

외식업에서는 조리사 혹은 주방장 등 주방직원들의 역할이 가장 중요하다. 경영자가 직접 음식을 만드는 경우는 큰 문제가 없을 수도 있으나 전문조리사를 두는 경우는 상황에 따라 해결하기 어려운 많은 문제들이 제기될 수 있다. 예를 들어, 조리사와 경영자의 의견충돌시 조리사의 역할이 중요하므로 조리사의 의견에 따르게 되는데 이런 상황이 반복되면 경영자가 경영을 하지만 사실상 조리사의 의견에 의해 운영되므로 경영자는 개인적인 신념이나 철학이 무시될 수 있다. 결국 조리사와 경영자는 함께 일하기 어렵게 된다.

또한 경영자 한 명이 모든 결정을 하므로 의사결정속도는 무척 빠를 수 있지만 일관성이나 전문성은 다소 떨어질 수 있다. 결정된 결과도 유연성과 융통성은 많으나 즉흥적일 수 있다. 업무의 프로세스를 위해 표준이나 기준을 설정하기 보다는 전통적인 방식으로 상황에 맞게 진행되는 경우도 있다. 개인이 점포 하나를 운영해도 메뉴의 품질과 일관성을 유지하고 직원들의 업무교육, 위생교육 등 직원훈련을 위한 시스템을 갖추어 운영하도록 해야 한다.

2) 기업소유경영

기업(企業)은 이윤추구를 목적으로 하는 단체를 말한다. 즉 영리를 얻기 위하여 재화나 용역을 생산하고 판매하는 조직체이다. 외식기업의 경우는 자영업에서 시작하여 중견기업, 대기업으로 성장한 경우도 있고, 타산업의 대기업에서 기업의 확장전략의 일환으로 외식분야에 까지 진출하여 성장한 경우도 있다. 자본금의 출자에 따라 구분하기도 하지만 대부분의 외식기업은 사기업인 경우가 많다.

기업이 소유하여 외식업을 경영하는 경우에는 기업의 사업전략에 따라 기업에서 점포의 소유와 경영을 직접하는 직영형태로 운영하는 경우도 있고 가맹사업자를 선정하는 프랜차이즈 가맹사업형태로 운영하는 경우도 있다. 가맹사업을 하는 경우는 직영점포와 가맹점포를 함께 경영하는 혼합경영형태를 갖는다.

기업소유경영 형태의 대부분은 기업이 경영자가 되고 실제로 점포를 운영하는 사람은 그 기업의 직원으로 조직의 구조에 따라 점주 혹은 점장인 매니저가 점포를 운영하고 관리한다. 모든 경영활동은 회사의 방침, 기준, 규정에 따라야 한다. 기업이 소유하고 있는 점포가 많은 경우는 중앙에서 운영하는 중앙조리장(central kitchen)에서 식재료를 가공처리하여 각 점포마다 운반하기도 하고, 단일점포를 운영하는 경우에는 1차 가공처리없이 해당점포에서 모든 식재료를 구입하여 손질한 후 사용한다.

〈표 7-1〉은 개인소유경영 형태와 기업소유경영 형태의 외식업운영을 비교하여 두 가지 방식의 소유권, 식재료조달방법, 음식생산방법, 운영방법, 교육훈련방법, 목표상권 등을 제시한 것이다. 두 가지의 시스템을 요약해 보면, 개인소유경영 형태는 개인의 전통과 경험을 중심으로 사업을 운영하는 것이며 기업소유경영 형태는 이 보다는 조직과 시스템을 갖추어 체계적으로 운영하는 사업으로 구분할 수 있다.

표 7-1 개인소유와 기업소유경영의 외식업운영 비교

구 분	개인소유경영 외식업운영	기업소유경영 외식업운영
소유권	개인	기업
식재료조달방법	직접 시장에서 모든 가능한 원재료 사용	기업의 구매부서 구매(중앙조리장에서 1차가공 식재료) 점포에서 가능한 원재료 구매
음식생산방법	조리사 경험중시	표준화된 레시피
운영방법	전통적인 방법강조	시스템화 된 효율적인 방법
교육훈련방법	상황에 따른 현장교육	매뉴얼에 따른 체계적인 교육
목표상권	지역 동네상권	목표고객유치를 위한 광역상권
시스템 요약	◈ 개인의 전통, 경험 중심의 사업	◈ 경영을 위한 조직과 시스템을 갖춘 체계적인 사업

3) 개인과 기업의 복합소유경영

복합소유경영은 지역적으로 산재된 다점포 외식기업을 운영하고 있는 일부 외식기업에서 한 점포의 점주나 점장, 혹은 해당점포가 소속된 사업본부장, 총주방장 등 주요 직원이나 임원들에게 10% 혹은 20%의 점포의 지분을 갖도록 하여 운영에 큰 동기를 부여하는 경우이다. 일부에서는 일명 외식기업의 「소사장제도」라 부르기도 한다. 기업이나 점포의 지분을 가지므로 해서 수익이 많아지게 되면 그만큼 인센티브를 더 많이 받게 되어 점포운영에 동기부여가 될 수 있다는 장점이 있으나, 직원들과 혜택이 공유되지 않으면 오히려 부작용이 될 수도 있다.

3 점포수에 따른 구분

1) 단일점포경영

외식업을 단일점포로 경영하는 형태는 하나의 상호로 한 개의 점포를 운영하는 경우이다. 하나의 상호에 하나의 점포는 당연한 것이지만, 체인경영개념이 도입되면서 그와 대조되는 개념으로 단일점포 운영이라는 용어를 사용한다. 개인이 한 점포를 소유하거나, 기업에서 한 점포를 경영하는 경우가 모두 해당되며, 작은 규모에서부터 최고급 레스토랑까지 다양한 형태를 취할 수 있다. 이 세상에 단 하나뿐인 식사를 제공한다는 자부심을 갖고 운영하는 오너 셰프(owner chef)들의 점포는 모든 창의적인 음식예술을 발휘하는 독특한 단일점포의 한 형태이다.

2) 다점포경영

단일점포와 대조되는 개념으로 다점포 외식경영은 하나의 상호나 브랜드를 가진 외식업이 하나 이상의 점포를 서로 다른 지역에서 운영하는 형태를 말한다. 한 개인사업자가 두개 이상의 점포를 같은 상호로 운영하는 경우도 다점포경영이라고 할 수 있고, 또는 외식기업이 같은 상호로 여러 점포를 운영하는 경우도 다점포경영이라고 할 수 있다. 외식기업이 다점포경영을 하는 경우는 다점포 체인경영이라고 하며, 이것은 다시 기업이 직접 경영하는 직영체인과 가맹점을 모집해서 운영하는 프랜차이즈 경영으로 구분 할 수 있다.(※다점포 체인경영에 대해서는 11장에서 좀 더 자세히 다루고자 한다.)

4 프랜차이즈 경영의 용어와 특징 및 운영주체구분

1) 프랜차이즈의 유래와 관련용어

(1) 프랜차이즈 어원

중세시대 가톨릭교회가 세금을 징수하는 관리에게 부여한 일종의 권한으로 수수한 세금의 일부는 세금징수관리가 취하고 나머지는 교황에게 납부하면서 프랜차이즈 어원이 시작되었다는 견해가 있다.

(2) 프랜차이즈 최초의 기업

프랜차이즈의 개념을 소비자 대상의 제품에 도입한 첫 번째 기업은 1851년 Isaac Singer에 의해 설립된 미국의 「싱거 재봉틀회사」로 알려져 있다. 대량생산으로 생산한 재봉틀을 판매하

자료 : https://goo.gl/ZJ9ZpC

자료 : 롯데리아 소공점 개점 당시 모습(사진=롯데GRS)

는 과정에서 특정 지역의 판매권을 딜러에게 부여한 제조업-소매업 프랜차이즈 시스템을 개발하였다. 해당지역에 대한 판매독점권의 대가로 딜러들에게 돈을 받아 대량생산에 필요한 자금을 확보하였다. 고객이 재봉틀을 구입하여 사용할 수 있도록 고객에게 재봉틀사용법을 가르치기도 했으나 딜러들의 지나친 할인 등의 이유로 기업은 크게 성과를 거두지 못했다고 한다.

(3) 우리나라의 프랜차이즈 기업

우리나라는 1975년 개인사업체였던 「림스치킨」이 프랜차이즈 형태로 치킨외식사업을 시작하여 지속적으로 운영하고 있고, 1979년 커피전문점 「난다랑」이 프랜차이즈 형태로 문을 열었으나 오래지 않아 문을 닫았다. 같은 1979년 10월 패스트푸드 레스토랑인 「롯데리아」가 선진화된 기업형 프랜차이즈 시스템을 도입하여 우리나라의 외식프랜차이즈 사업이 본격화되었다.

(4) 프랜차이즈 경영의 의미

프랜차이즈 경영은 본사와 가맹점이 상호간에 프랜차이즈 계약을 맺어 사업확장을 위해 전략적으로 채택하는 마케팅개념이다. 본사는 상품의 판매권, 경영기술, 상호사용권, 비즈니스 모델 등을 가맹점이 사용하도록 하고 그 대가로 수수료, 로열티, 보증금 등 계약된 비용을 가맹점으로부터 받는다.(그림 7-3 참조).

그림 7-3 프랜차이즈 본부와 가맹점 간의 상호관계

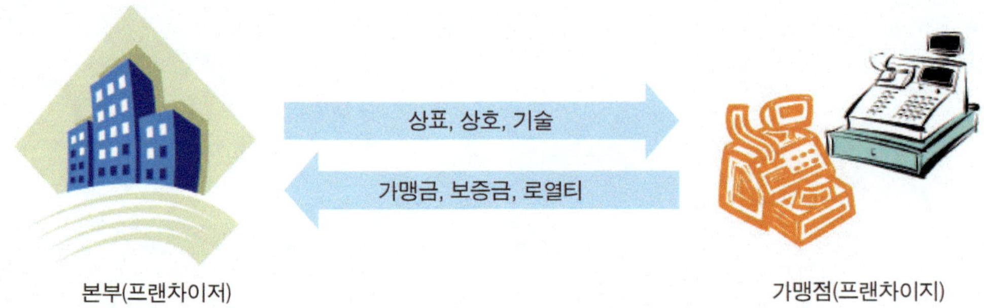

프랜차이즈 시스템을 이용하여 사업을 전개하는 것을 프랜차이징, 혹은 가맹사업전개라고 한다(그림 7-4 참조).

그림 7-4 프랜차이징[가맹사업 전개]

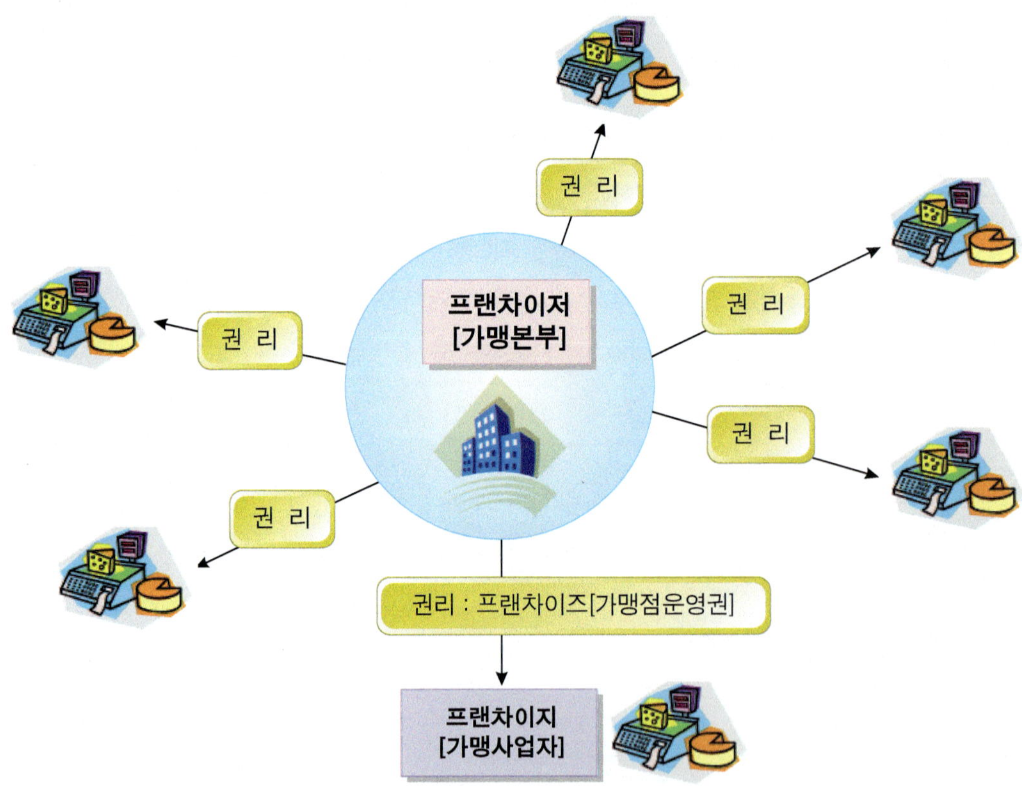

[프랜차이즈관련 기본용어]

① **프랜차이즈**(franchise) : 본사가 가맹점에게 본사의 자산 등을 사용하도록 부여하는 권한

② **프랜차이저**(franchisor) : 프랜차이즈 사업을 하고자 하는 본사, 본부가 되는 조직

③ **프랜차이지**(franchisee) : 프랜차이즈 권한을 사려고 하는 가맹사업자

④ **프랜차이징**(franchising) : 프랜차이즈 시스템을 전개하여 사업을 확장하는 방식

2) 체인경영의 직영점과 가맹점

(1) 직영점 체인경영

외식기업이 다점포 체인경영으로 점포를 확산할 때 해당 외식기업이 직접 자금을 투자하여 건물을 소유하거나 임차하고 외식시설을 갖추어 레스토랑을 운영하는 경영방식을 직영점 체인경영이라고 한다.

[직영점 조직특성]

- 직영점 체인경영의 경우 각 점포로부터 얻어지는 이익이 모두 기업의 순수익이 된다.
- 각 직영점포는 같은 회사의 조직이며 다른 지역에서 영업을 하지만 회사의 방침을 준수하며, 조직전체의 동일한 시스템에 맞추어 운영해야 한다.

그림 7-5 맥도날드의 직영점과 가맹점의 비율

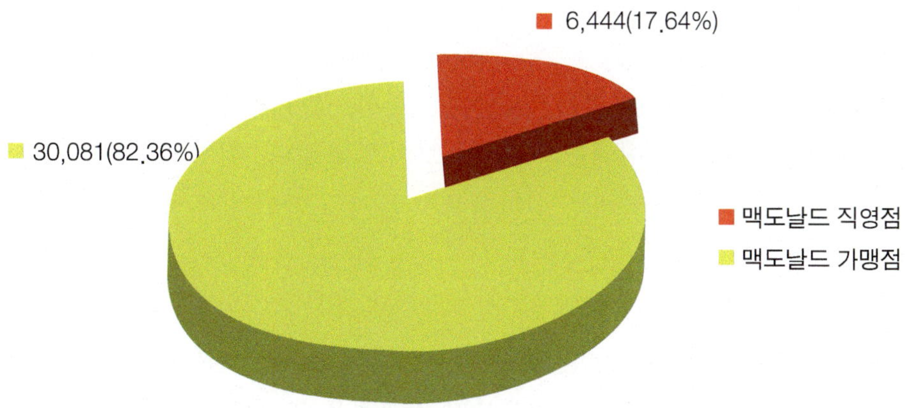

맥도날드는 전체 36,535개 점포에서 약 82.36%에 해당하는 30,081개 점포를 프랜차이즈 경영으로 운영하고, 나머지 6,444점포를 를 회사에서 소유하는 직영점을 운영하고 있다.

자료 : https://www.fool.com/investing/general/2016/04/03

- 각 직영점포에서 일하는 모든 종사원들은 회사에 소속된 직원이며 점포운영자들은 점장 혹은 점포매니저(store manager), 소지역매니저(area manager), 중지역매니저(district manager), 대지역매니저(regional manager) 등의 계층적인 조직을 갖는다.

(2) 가맹점 체인경영

프랜차이지인 가맹사업자를 모집하여 본사의 운영방식, 규정, 방침, 표준 등에 따라 외식점포를 운영할 수 있도록 교육과 훈련을 통해 점포를 경영하는 방식이다. 가맹본부와 가맹사업자 간의 관계는 법적으로 독립적인 관계이고 가맹사업자는 점포의 사장으로 해당점포의 직원을 채용하고 관리하여 고객에게 상품과 서비스를 판매한다. 가맹점은 본사로부터 외식점포 운영권을 받는 대신 자금을 투자하여 건물을 소유하거나 임차하고 본사와 계약된 가맹금이나 로열티 등의 일정금액을 서비스비용으로 지불하여야 한다.

[가맹점의 조직특성]

- 프랜차이즈 본사와 가맹사업자는 사업계약에 의해서 맺어진 파트너 관계이다. 가맹사업자는 자본을 투자하고 본사에 초기가맹비를 지불하여 점포를 열고 로열티를 지불한다.
- 가맹사업자는 본사의 직원이 아니고 동업자와 유사한 관계이다. 가맹사업자와 함께 일하는 본사에서 파견된 운영자는 보통 '컨설턴트', '슈퍼바이저' 혹은 '대표'라고 불리며, 이들은 몇 개의 점포를 맡아서 상품이나 서비스의 품질관리 및 운영에 대한 도움을 주게 된다.

3) 체인경영을 위한 기업형 외식업이 갖추어야 할 조건

외식기업의 체인경영을 위해서는 단순화, 표준화, 전문화의 3S를 갖추는 것이 좋다. 〈그림 7-6〉은 맥도날드의 햄버거 어셈블리라인을 보여주고 있다. 햄버거 하나가 생산되는데 전체 1분 30초가 걸리고 각 작업단계마다 얼마나 걸리는지 초단위로 제시하고 있다.

(1) 단순화(simplification)

외식기업의 체인경영을 위해서는 정해진 작업을 누구라도 원활히 신속하게 행하기 위한 단순화조건을 갖추어야 한다. 음식을 처음부터 전과정을 조리하게 되면 일관성을 유지하기 위해 걸림돌이 되는 과정이 많게 된다. 따라서 작업과정을 단순하게 만들어 누가 따라하더라도 일관성 있는 결과가 나올 수 있도록 해야 한다.

(2) 표준화(standardization)

체인경영에서는 한 점포에서 뿐만 아니라 서로 멀리 떨어진 지역에서도 각각 똑같은 작업을 하게 된다. 이런 경우 산출되는 상품이나 서비스가 똑같이 생산되어야 하므로 이를 평가할 수 있는 기준이 명확해야 한다. 따라서 모든 작업이 표준화되어야 한다. 메뉴생산과정, 고객서비스 제공과정 등이 표준화되어 누가 상품을 만들고, 누가 서비스를 제공해도 같은 품질의 상품과 서비스가 생산되고 제공되도록 하는 시스템이 뒷받침되어야 한다.

(3) 전문화(specialization)

전문화란 작업을 특정화하여 능력을 탐구하며 개발하는 노하우라 할 수 있다. 외식체인경영기업에서의 전문화란 대량을 생산하면서도 일관성 있는 품질의 상품을 빠르게 생산하기 위해 직원들이 어떤 한 과정에 전문적으로 작업을 하게 되는 일종의 분업화와도 같은 의미이다. 맥도날드의 햄버거를 만드는 과정의 〈그림 7-6〉에서도 볼 수 있듯이 햄버거패티만 만드는 사람은 계속 패티만 만들고 포장하는 사람은 계속 전문적으로 포장만을 하는 경우를 말한다.

그림 7-6 맥도날드의 햄버거 어셈블리라인

경과시간	0:00	0:11	0:31	0:45		1:30
경과시간(초)		11	20	14	0	45
작 업	1. 주문	2. 햄버거 빵 토스팅	3. 각종 소스 양념 바름	4. 빵에 패티얹음	5. 주문은 신선하게 유지하고 즉시 제공	6. 고객서비스 (주문과 결제)

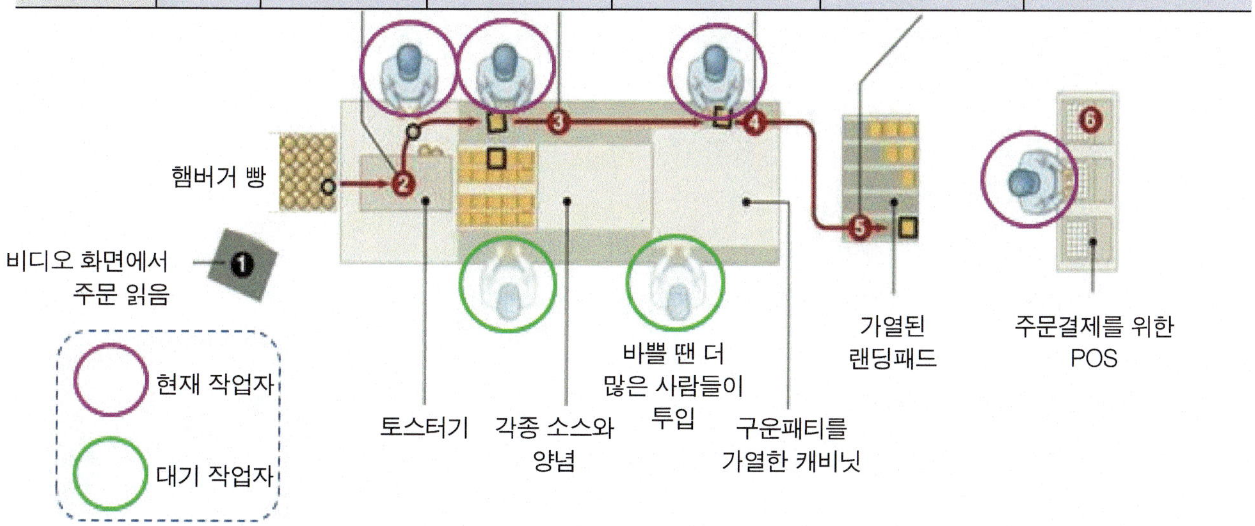

자료 : https://www.sutori.com/story/mcdonald-s-innovation-timeline

5 단체급식경영의 특징과 운영형태

단체급식은 표준산업분류에서 기관 구내식당업으로 분류되는 외식시장이다. 어떤 특정한 목적을 가지고 만들어진 기관의 특정고객을 대상으로 한다는 점에서 일반외식기업과 그 경영목표가 다르다.

일반적인 외식기업이 고객만족을 통한 영리추구를 기업의 경영목표로 삼는다면, 단체급식 사업체를 운영하는 학교, 회사, 병원 등은 해당기관들에서 일하는 소속원들이나 그곳을 찾는 방문객들에게 편의를 제공하기 위한 목적으로 식사공간을 마련하여 음식을 판매하는 것을 목표로 한다. 그 기관에 소속되어 일을 하는 사람들이 식사를 위해 외부로 나가지 않고 그 건물 안에서 식사할 수 있도록 하는 것이다. 이런 의미에서 외부의 일반외식업체와 경쟁구도에 놓이기도 한다. 단체급식시장은 운영주체에 따라 직영급식과 위탁급식 경영형태로 구분된다.

식품위생법 제2조 12호

집단급식소는 영리를 목적으로 하지 않으며 공공기관, 기숙사, 학교, 병원, 사회복지시설, 산업체 등 급식시설로 규정한다.

1) 직영급식과 위탁급식경영

(1) 직영급식경영

직영급식경영이란 단체급식경영의 주체가 되는 기관이 직접 투자하여 소속원들의 복지를 위한 식당을 직접 경영하는 형태이다. 대체로 영리를 목적으로 수익성을 추구하지 않기 때문에 주어진 예산에 따라 식당을 운영하는 예산경영을 하게 된다.

예를 들어, 초등학교와 같은 기관에서 어린 학생들의 특성을 잘 알고 그 학생들의 기호에 맞도록 메뉴를 계획하고, 그에 맞는 식사와

서비스를 제공한다면 어린 고객들이 더 편안하게 식사를 하게 된다.

[직영급식경영의 특성]

- 기관 내에서 운영되므로 더욱 책임감 있는 운영이 된다. 또한 식사하는 고객의 특성을 더 잘 이해하고 그 특성이 고려된 식사를 제공할 수 있다. 기관의 영리를 추구하지 않고 오직 고객들의 만족을 고려하여 고객의 필요와 욕구에 잘 맞는 메뉴를 계획하고 식당을 운영하는 것이 목표이다.
- 목표를 위해 식품구입과 조리과정에서 철저히 확인하는 위생적인 관리로 식당이용에 안전성이 확보되도록 해야 한다. 고객들이 위생관련 질병에 걸리지 않도록 하여 식중독 가능성도 낮고 음식의 질과 양 측면에서도 기관의 직원들이나 학생들이 급식에 모두 만족할 수 있도록 해야 한다.
- 하지만 기관 내에서 서로 잘 안다는 지나친 신뢰감이나 관리의 미흡으로 식재료의 품질저하 및 위생사고가 발생할 수도 있고, 이러한 문제가 발생했을 때 절차에 따르기보다는 덮어주고 문제를 무마시킬 우려도 있으므로, 체계적이고 철저한 운영이 필요하다. 인력관리, 스케줄조정, 시간관리 등 경영의 전반적인 부분에 대하여 조직적으로 관리해야 한다.

(2) 위탁급식경영

위탁급식경영이란 단체급식이 필요한 기관이나 기업이 회사내의 소속원들을 위한 식당운영을 위해 외부전문업체와 계약하여 모든 경영을 의뢰하는 것을 말한다. 위탁전문회사는 주 기관과의 계약내용에 따라 급식업무의 일부 혹은 전부를 관리하게 된다. 외부의 전문업체에 급식운영을 위탁하는 경우는 인적자원관리, 급식운영 및 감독 등에 효율성과 전문성이 증가될 수 있으며, 식재료의 원가절감효과 및 자본이 투자되는 경우는 재정적인 도움도 받을 수 있다.

위탁급식업체(contracted foodservice 또는 managed foodservice)는 대체로 기업형으로 운영되는 조직이다. 체계적으로 운영하고 있는 위탁급식업체는 직영급식보다 더 우수한 품질의 음식을 제공할 수 있다. 또한 양질의 식재료를 대량구매하여 조직적으로 운영하므로 원가절감효과도 거둘 수 있다.

[위탁급식경영의 특성]

- 위탁급식기업은 원가, 품질, 위생, 시간관리를 철저히 하도록 운영한다. 주어진 예산안에서 정해진 고객층이 만족할 수 있는 메뉴를 개발하고 점심시간의 제한된 시간안에 식사를 제공해야 한다.
- 위탁급식기업은 또한 HACCP제도 등 체계적인 위생관리가 이루어지므로 안전이 확보되어 있고 전문화된 인력으로 다양한 식단제공과 효율적인 인력배치를 이룰 수 있다.
- 하지만 전문성이 부족한 업체와 계약할 때 이러한 모든 면에서 문제가 발생할 수 있으므로 식중독발생과 위생관련 안전사고 등의 예방을 위해 위탁업체 선정시 업체에 대한 면밀한 검토가 이루어져야 한다.

위탁급식 회사는

원가관리(COST CONTROL) : 주어진 예산(비용) 범위내에서
품질관리(QUALITY CONTROL) : 급식의 대상인 고객에게 적합한 메뉴를
위생관리(SAFETY CONTROL) : 안전하고 위생적인 방법으로 제조하여
시간관리(TIME CONTROL) : 정해진 시간에 차질없이 공급함

〈그림 7-7〉는 우리나라 5대 위탁급식기업인 삼성웰스토리, 아워홈, 현대그린푸드, CJ프레시웨이, 신세계푸드를 소개하고 있으며, 〈그림 7-8〉은 글로벌 위탁급식기업으로 명성이 있는 콤파스, 아라마크, 소덱소를 보여주고 있다.

그림 7-7 한국의 5대 위탁급식기업

◆ 공정거래위원회의 2019년 자료에 따르면 국내 단체급식 시장은 2019년 기준 약 4조2799억원 규모이며, 이중 상위 5개의 회사, 즉 삼성웰스토리(28.5%), 아워홈(17.9%), 현대그린푸드(14.7%), CJ프레시웨이(10.9%), 신세계푸드(7.0%) 가 시장을 점유하고 있는 비중은 약 80%를 차지하고 있다.

자료 : 머니투데이 2021.09.04.

그림 7-8 글로벌 위탁급식기업

콤파스 COMPASS GROUP　ARAMARK 아라마크　sodexo 소덱소

2) 단체급식의 고객유형

단체급식은 급식을 제공하는 기관의 특성이 결국 고객의 특성이 된다. 일반적으로 학교급식, 산업체급식, 병원급식이 가장 큰 고객집단으로 구성되지만 장기요양시설, 고아원 등의 보육시설, 유치원, 군대급식까지 고려하면 그 규모는 실로 대단한 시장이다. 특별히 단체급식의 고객은 불특정 다수에게 서비스하는 외식부문과는 다르게 특정 다수에게 서비스를 제공한다는 점에서 이미 고객의 특징을 파악하기에 유리한 위치에 있다.

(1) 산업체급식

산업체급식은 큰 규모의 공장, 기업체 사무실 등의 직원들이 주요 고객층이며 대체로 건강한 성인들로 구성된다. 어린이들이나 환자들과 비교하여 가장 제한조건이 적은 집단으로 운영자입장에서는 위험도가 낮아서 서비스하기에 가장 선호하는 고객층이다. 하지만 일반적인 성인들이므로 메뉴에 대한 기대와 변화를 요구하고 더욱 고급음식을 선호하는 경향이 있어 전문성있는 메뉴개발과 다양한 이벤트에 대한 필요성이 강조되는 시장이다.

- 저위험군의 성인으로 가장 선호하는 고객
- 시장포화로 인한 업체간 경쟁이 가장 치열
- 비교적 고단가로 형성되어 있으며 위생안전 환경이 비교적 양호

(2) 관공서급식

관공서급식도 성인을 대상으로 하지만 경직된 시스템으로 조건의 협상이 어렵고, 저단가시장으로 운영자입장에서는 수익내기가 어려운 고객유형이다.

- 중소형 규모 및 저단가로 인해 수익창출이 어려움
- 경직된 시스템으로 협상에 어려움

(3) 병원급식

병원급식은 일반직원들과 방문객에게는 일반식을 제공하고, 환자들을 위해서는 치료식을 제공한다. 치료식을 위한 전문적인 인력이 필요하고 환자들의 질병에 맞추어 식사를 만들어서 제공해야 하는 어려운 시장이다. 또한 많은 의료직종이 함께 근무하는 기관이다 보니 직종간에 갈등도 나타날 수 있어 병원들이 대체로 직영보다는 위탁급식경영으로 운영하고자 한다.

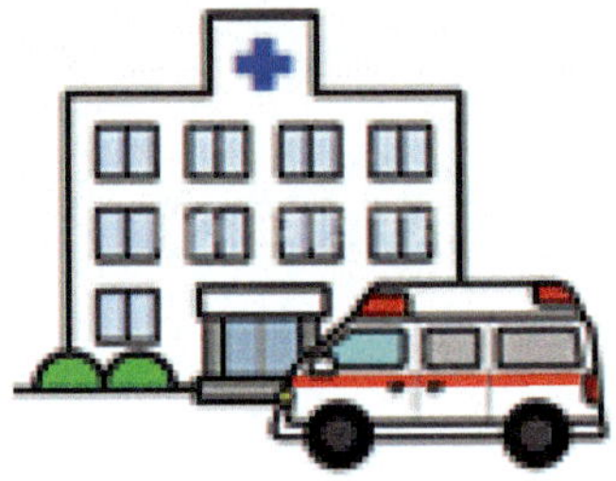

- 병원도산율 심화, 직종간 갈등심화, 노조문제상존
- 직원식, 환자식, 치료식 등 병원급식 전문인력필요

(4) 학교급식

학교급식은 가장 운영하기 어려운 고객층이다. 연령층이 어릴수록 학부모의 요청이 많고 학생들의 면역력과 저항력이 낮아 위생에 더욱 철저한 관리감독이 필요하다. 초·중·고 학생들을 위한 학교급식은 성장기의 학생들에게 영양이 고루 갖추어진 식사를 제공해 주고, 학생들의 건강을 증진시키고, 편식하지 않는 올바른 식사습관과 영양교육, 식생활관리 등을 위하는 목적도 함께 가지고 있다.

■ 초등학교

- 법규상 직영체제, 사립초등교 위주로 일부위탁운영
- 학부모의 요구사항이 많음
- 저항력이 약한 연령층으로 위생사고발생 가능성이 큼

■ 중학교 · 고등학교

- 학생수 감소, 대부분 직영화
- 저단가, 고투자
- 학부모 운영위원회의 고품질 식사요구
- 배식방법, 인력조달 등의 문제로 운영조건이 까다로움

(5) 대학교급식

성인으로 구성되어 있는 대학교는 대학생들과 교직원 및 방문자들까지 고객이 될수 있다. 매출량은 비교적 크지만 방학기간이 길어 영업일수가 부족하기도 하고 식사수가 미달되어 적자운영을 겪기도 한다. 또한 학생회 및 학생들의 요구조건이 많아서 운영하기에 다소 까다로운 시장이다. 특별히 대학교내부에 들어가 있는 각종 프랜차이즈 기업이나 대학교 주변의 일반 외식업체들도 대학교급식 업체의 경쟁이 되는 시장으로 운영의 어려움을 더욱 가중시킨다.

- 매출양은 크지만 저단가 어려움, 영업일수 부족, 식수미달 등으로 적자운영이 많음
- 학교 및 학생들의 요구조건이 많음

3) 단체급식과 외식

단체급식의 고객유형 중에 대상이 성인인 경우는 대부분 회사내부의 단체급식업장이나 회사외부의 외식업체에서도 식사하는 것이 가능하다. 이런 경우 단체급식 회사는 기관의 외부에 있는 식당에게 고객을 빼앗기지 않기 위해 이벤트를 계획하거나 새로운 메뉴를 제공하는 등 많은 노력을 한다. 또한 주변외부 음식점들의 동향에 따라 경쟁에서 뒤지지 않기 위해 변화하고자 애쓴다. 이러한 변화중에 한 가지로 「단체급식의 외식화」현상이 나타나기도 한다. 반면에 일부 외식업체에서는 단체급식의 장점을 살려 필요한 부분을 도입하는 「외식의 단체급식화」현상을 보이기도 한다.

(1) 단체급식과 외식의 대표적인 특징

〈표 7-2〉는 단체급식과 외식의 특징을 비교한 것이다. 단체급식과 외식의 각각의 대표적인 특징을 비교하면 메뉴선택에 제한적인지 다양성이 있는지 하는 문제와, 소품종을 다량생산하는 단체급식과 다품종을 소량생산하는 외식의 특성, 선(先)생산된 음식을 나중에 구입하는 단체급식과 주문을 하고난 이후에 소량이 생산되는 외식의 특징 등이다. 그 밖에도 이용시간, 식사장소, 서비스방식, 가격대에 대해서 단체급식과 외식을 비교하였다.

(2) 단체급식의 외식화

병원급식에서는 일부 소화기관에 문제가 없는 환자들에게 국의 종류를 선택하도록 한다든지 반찬의 한두 가지를 선택하도록 하거나 밥의 종류를 선택하게 함으로써 메뉴선택의 폭을 조금이라도 넓혀주어 제한된 메뉴선택의 문제를 해결해 보려고 노력한다. 단체급식 기업에서 이렇게 선택권을 더 주려고 노력하는 것을「단체급식의 외식화」의 예라 볼 수 있다.

메뉴의 선택권 이외에도 단체급식 업체들은 고객의 범위를 특정 다수고객에서 불특정 다수

표 7-2 단체급식과 외식의 특성 및 외식화 고려요인

항 목	단체급식	외 식	외식화 고려요인	운영상 고려해야 하는 사항
대 상	특정 다수	불특정 다수	특정+불특정	고객특성 혼재로 주고객의 불만족을 일으킬 가능성
메뉴선택	선택의 제한	선택의 다양	선택의 제한+다양	서비스유형의 변화로 시설투자비용 요구
생 산	소품종 다량생산	다품종 소량생산	다품종 다량생산	노동력과 식재료의 전처리유형에 따른 다품종 가지 수의 적절한 결정
주 문 (배식)	선생산-후주문 (배식)	선주문-후생산		정보기술을 이용한 선주문 도입가능
이용시간	제한적	자유		기관에서 시간적 제한을 없애는 것은 사실상 불가능
식사장소	고정장소	선택가능	고정장소+선택(?)	고정장소+테이크아웃 형태
서비스	주로 셀프서비스	풀서비스 또는 셀프서비스		셀프서비스 혹은 선택적 풀서비스(비용추가지급)
가격대	주로 고정가격	다양한 범위	고정가격+선택가격	다양한 배식라인마다 가격의 차이를 두면서 운영가능

고객으로 넓히거나, 소품종 다량생산을 다품종 다량생산으로 확대하거나, 가격범위도 다양하게 갖추는 등의 노력을 통해 외식업체와 경쟁할 수 있는 외식화방안을 모색하고 있다(표 7-2 참조).

(3) 외식의 단체급식화

회사가 밀집되어 있는 지역에 위치한 평소에 20~30가지의 메뉴를 제공하던 외식업체에서 바쁜 점심시간에 비빔밥 또는 칼국수 등의 대표적인 단일메뉴 하나를 정해 일괄적으로 제공함으로써 점심시간 1시간 동안 메뉴선택의 폭을 좁혀 식사제공을 위한 서비스시간을 줄이기도 한다. 외식업체에서 이렇게 메뉴의 선택에 대해서 제한을 두어 운영하고 있는 것이 「외식의 단체급식화」에 대한 예가 될 수 있다.

논의 과제

1. 외식업에서의 새로운 업종의 생성과 업태의 진화에 대해서 논의하시오.

2. 개인소유 외식업과 기업형 외식업의 특징에 대해서 논의하시오.

3. 프랜차이즈, 프랜차이저, 프랜차이지, 프랜차이징의 용어의 의미를 비교하시오.

4. 프랜차이저와 프랜차이지의 관계에 대해서 논의하시오.

5. 프랜차이즈 경영을 위해 갖추어야 할 3S 조건에 대해서 논의하시오.

6. 단체급식시장의 고객을 분류하고 고객의 특성을 고려한 중점적인 서비스에 대해서 논의하시오.

제8장

외식기업의 경영환경분석

1. 외식기업의 거시적 경영환경
2. 외식기업의 미시적 경영환경
3. 외식기업의 경영환경분석
4. 전략적 경영을 위한 관리자의 역할

학습 목표

- 외식기업의 거시적 경영환경에 대해서 알아본다.
- 외식기업의 미시적 경영환경에 대해서 알아본다.
- 외식기업의 경영환경분석 방법에 대해서 알아본다.
- 전략적 경영을 위한 관리자의 역할에 대해서 알아본다.

· 주　　제 : 외식기업의 거시적, 미시적 경영환경분석과 SWOT분석

· 강의 방향 : 외식기업을 둘러싼 거시적 환경과 미시적 환경에 대하여 알아보고, 경영환경분석에 대한 이해와 SWOT분석에 대해서 자세히 알아본다.
또한 전략적 경영을 위한 관리자의 역할에 대해서도 논의한다.

· 강의 시간 : 60분~75분 정도의 **2회 수업(120분~150분)**

1. 외식기업의 거시적 경영환경	
1) 정치 · 법률적 환경	외식업관련 정부의 정책이나 법률적인 측면에 대해서 알아본다.
2) 경제적 환경	외식시장의 수요와 공급에 영향을 주는 경제적 요인에 대해서 알아본다.
3) 사회 · 문화적 환경	외식업에 영향을 주는 사회적인 변화와 문화적인 측면에 대해서 알아본다.
4) 기술적 환경	외식업에 영향을 끼치는 기술적 요인에 대해서 일아본다.
2. 외식기업의 미시적 경영환경	
1) 외식기업의 경쟁자	직접경쟁, 간접경쟁, 대체경쟁으로 구분되는 외식업의 경쟁자에 대해서 알아본다.
2) 외식기업의 공급자	외식업의 중요한 파트너인 공급자에 대해서 알아본다.
3) 외식기업의 외부고객	미시적 환경에서 가장 중요한 외식업의 고객에 대해서 알아본다.
4) 외식기업의 내부고객, 직원	외식업의 내부고객인 직원을 위한 내부고객관리에 대해서 알아본다.
5) 외식기업의 공중	외식업의 사회적 이미지에 영향을 끼치는 공중과의 관계를 알아본다.
3. 외식기업의 경영환경분석	
1) 마이클포터의 경쟁전략 수레바퀴	마이클포터의 경쟁전략 수레바퀴의 구성과 역할을 알아본다.
2) SWOT분석	SWOT의 의미, 전략수립단계와 사례를 알아본다.
4. 전략적 경영을 위한 관리자의 역할	
1) 외식조직의 책임과 통제	외식조직의 기능적, 조직적, 기관적 수준의 책임과 통제를 알아본다.
2) Katz의 관리자 기술	Katz의 기술적 관리기술, 인력관리기술, 개념적 관리기술을 알아본다.
3) Mintzberg의 관리자 역할	Mintzberg의 대인관계역할, 정보전달역할, 의사결정역할을 알아본다.

외식기업도 사람과 같이 하나의 생명체로 본다면 여러 가지 환경에 적응하여 본인의 실제 모습을 보호하고자 하는 카멜레온과 같다. 산업을 둘러싼 무수히 많은 외부환경과 기업이 해결해야 하는 다양한 내부문제들을 안고 작은 애벌레처럼 생존을 위해 끊임없이 변화하며 새로운 모습을 갖추려고 한다.

〈그림 8-1〉은 기업의 내부환경을 중심으로 기업을 둘러싸고 있는 거시적 환경요인 즉, 정치, 경제, 사회, 기술, 법률, 환경적인 요인, 그리고 미시적 환경요인 즉, 경쟁자, 고객, 공급자, 공중, 직원을 도식화하여 나타낸 것이다.

그림 8-1 기업을 둘러싼 환경요인

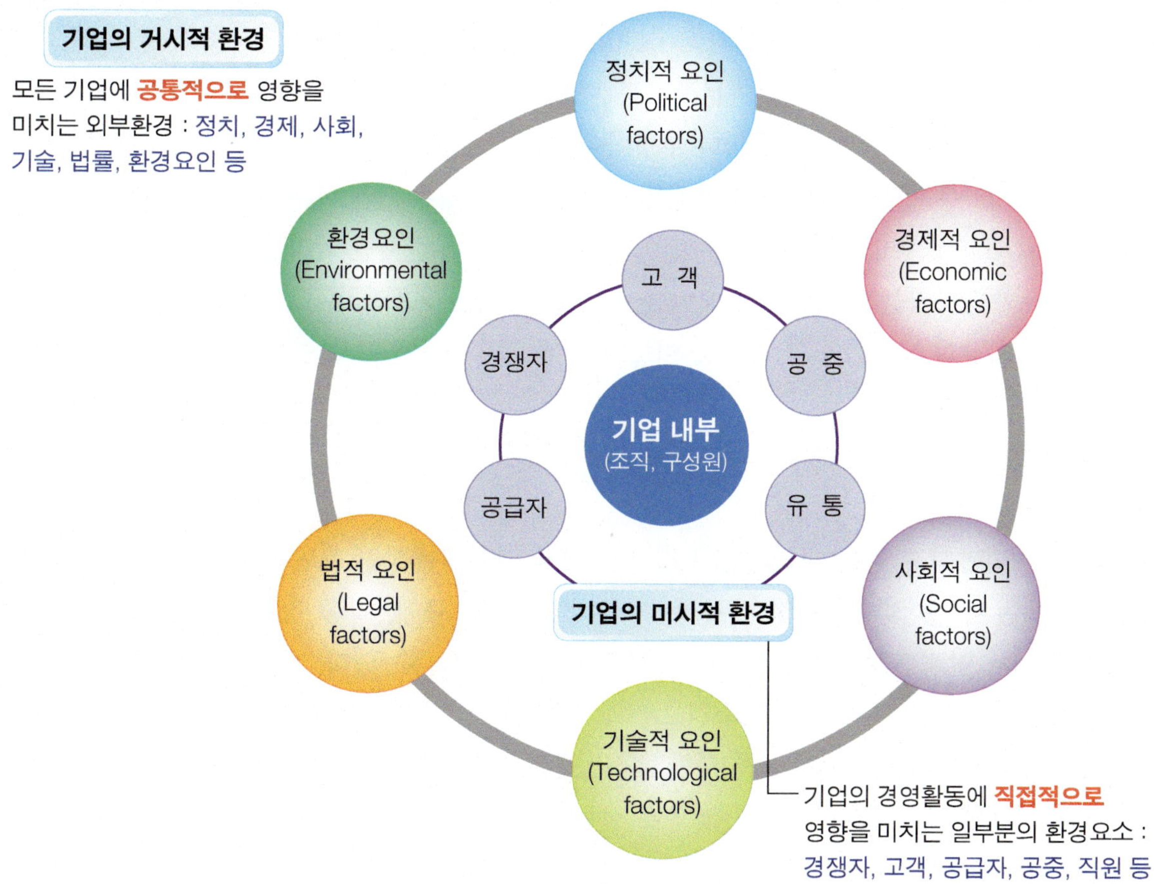

1 외식기업의 거시적 경영환경

일반적으로 거시적 환경은 국민총생산(Gross Domestic Product; GDP), 인플레이션, 실업률, 지출, 통화정책이나 재정정책 등의 동향을 포함하며, 한 기업이나 산업의 어떤 성과와 밀접한 관련이 있기 보다는 일반적인 산업이나 기업의 전체적인 사이클과 연관되는 관계를 보여준다. 거시적 환경은 모든 기업들에게 공통적으로 영향을 미치는 정치적, 경제적, 사회적, 기술적 환경 등으로 기업들과는 상호 의존적인 관계에 있다.

외부환경에 대한 분석은 정치적(political), 경제적(economic), 사회적(social), 기술적(technological) 요인들의 첫 영문글자를 따서 PEST모델이라고 한다. 법률적(legal), 환경적(environmental) 요인의 이름을 더 추가하여 PESTLE분석이라고도 한다. 혹은 STEP, STEEP, STEEPLED 등으로 변화하여 사용하기도 하는데, 이경우 E와 D는 윤리적(ethical), 인구통계적(demographic) 요인을 나타내는 것이다. 어떤 것이든 순서만 달라질뿐 모두 환경분석을 표현하기 위해 영문자들을 조합한 형태이다. 이들은 산업의 현재 상황, 잠재적 상황, 앞으로의 예측과 같은 시장의 성장이나 감소 등을 이해하기 위해 유용한 도구로 사용되고 있다.

1) 정치 · 법률적 환경

정치 · 법률적 환경은 외식산업이 정부의 정책이나 법률적인 측면으로부터 어떻게 영향을 받는가 하는 부분이다. 정치적 안정성, 정부의 정책 및 규제, 각종 정부기관의 방침, 국회의 입법 및 기타 압력단체의 활동 등이 이러한 환경요인이 될 수 있다. 일반적으로 정치 · 법률적 요인들의 일부는 규제로서 혹은 촉진으로서의 양면성을 가지고 외식산업의 발전이나 진흥에 영향을 미칠 수 있다. 외식산업진흥 및 육성, 식품산업진흥, 식품위생 및 환경관련 등에 대한 규제나 간섭 및 구체화된 법률의 형태로 실천하도록 하는 요인들을 외식산업에 영향을 미치는 정치 · 법률적 환경요인으로 보고, 대표적인 외식산업관련법을 알아보면 〈표 8-1〉과 같다.

식품산업진흥법, 외식산업진흥법, 가맹사업진흥에 관한 법률 등과 같은 진흥법은 해당산업을 진흥시키고 산업경쟁력을 강화하기 위해 뒷받침되는 내용을 법으로 정하고 있다. 또한 공정한 시장거래가 이루어지도록 하거나, 소비자, 고객, 국민건강을 위해 피해가 없도록 하는 법률도 있다. 이러한 정부규제관련법들이 도입되어 시행되는 이유는 경쟁이 기업을 위협할 경

표 8-1 대표적인 외식산업관련법

외식산업관련 법	목 적
식품산업진흥법 [시행 2008.6.28] [법률 제8796호, 2007.12.27 제정]	식품산업과 농어업 간의 연계강화를 통하여 식품산업의 건전한 발전을 도모하고 식품산업의 경쟁력을 제고하여 다양하고 품질 좋은 식품을 안정적으로 공급함으로써 국민의 삶의 질 향상과 국가경제발전에 이바지하는 것을 목적으로 한다.
외식산업진흥법 [시행 2011.9.10] [법률 제10454호, 2011.3.9 제정]	외식산업의 육성 및 지원에 필요한 사항을 정하여 외식산업진흥의 기반을 조성하고 경쟁력을 강화함으로써 국민의 삶의 질 향상과 국민경제의 건전한 발전에 이바지하는 것을 목적으로 한다.
가맹사업진흥에 관한 법률 (약칭: 가맹사업진흥법) [시행 2014.1.21] [법률 제12281호, 2014.1.21 일부개정]	가맹사업의 진흥에 필요한 사항을 정하여 가맹사업발전의 기반을 조성하고 가맹사업의 경쟁력을 강화함으로써 국민경제의 건전한 발전에 이바지함을 목적으로 한다.
식품위생법 [시행 1962.4.21] [법률 제1007호, 1962.1.20 제정]	식품으로 인하여 생기는 위생상의 위해(危害)를 방지하고 식품영양의 질적향상을 도모하며 식품에 관한 올바른 정보를 제공하여 국민보건의 증진에 이바지함을 목적으로 한다.
제조물책임법 [시행 2013.5.22] [법률 제11813호, 2013.5.22 일부개정]	제조물의 결함으로 발생한 손해에 대한 제조업자 등의 손해배상책임을 규정함으로써 피해자보호를 도모하고 국민생활의 안전향상과 국민경제의 건전한 발전에 이바지함을 목적으로 한다.
근로기준법 [시행 2014.7.1] [법률 제12325호, 2014.1.21 일부개정]	헌법에 따라 근로조건의 기준을 정함으로써 근로자의 기본적 생활을 보장, 향상시키며 균형있는 국민경제의 발전을 꾀하는 것을 목적으로 한다.
가맹사업거래의 공정화에 관한 법률 (약칭: 가맹사업법) [시행 2014.8.14] [법률 제12094호, 2013.8.13 일부개정]	가맹사업의 공정한 거래질서를 확립하고 가맹본부와 가맹점 사업자가 대등한 지위에서 상호보완적으로 균형있게 발전하도록 함으로써 소비자복지의 증진과 국민경제의 건전한 발전에 이바지함을 목적으로 한다.
폐기물관리법 [시행 2016.7.21] [법률 제13411호, 2015.7.20 일부개정]	폐기물의 발생을 최대한 억제하고 발생한 폐기물을 친환경적으로 처리함으로써 환경보전과 국민생활의 질적향상에 이바지하는 것을 목적으로 한다〈개정 2010.7.23〉.
국민건강증진법 [시행 2016.2.3] [법률 제13986호, 2016.2.3 일부개정]	국민에게 건강에 대한 가치와 책임의식을 함양하도록 건강에 관한 바른 지식을 보급하고 스스로 건강생활을 실천할 수 있는 여건을 조성함으로써 국민의 건강을 증진함을 목적으로 한다.
농수산물 원산지표시에 관한 법률 (약칭: 원산지표시법) [시행 2015.12.23] [법률 제13383호, 2015.6.22 타법개정]	농산물 · 수산물이나 그 가공품 등에 대하여 적정하고 합리적인 원산지 표시를 하도록 하여 소비자의 알 권리를 보장하고, 공정한 거래를 유도함으로써 생산자와 소비자를 보호하는 것을 목적으로 한다.

우 기업을 보호하고 기업의 불공정한 사업활동으로부터 고객이나 소비자를 보호하기 위함이다. 이 밖에도 세금과 관련된 법률이나 직원들의 근로와 관련된 법률들은 항상 많은 논의가 필요한 분야이다.

2) 경제적 환경

기업이 경영활동을 하는 시장은 수요와 공급의 구조에 영향을 받는다. 외식산업도 시장에서의 수요와 공급을 중심으로 이에 따른 경쟁에 대처하고 가격변동에 대응하게 된다. 즉 경제적 환경요인은 소비자의 구매력이나 소비지출에 영향을 미침으로써 경제활동에 영향을 끼치는 요인들을 말한다. 대외적으로 세계의 기후변화와 원재료의 생산량이나 가격변동에 따른 식재료 가격상승 등이 대표적이고, 국내적으로는 국민소득과 소비, 물가상승률, 실업률, 경제활동 참가율 등과 같은 항목들이 외식산업에 영향을 미치는 요인들이다. 이러한 지표를 분석하여 다음과 같은 내용을 파악할 수 있다.

- 거시적 경제지표를 통해 내수경기의 흐름파악과 경기변화예측도 가능하다.
- 경기침체나 여러 사회적 사건들도 외식산업에 직접적으로 작용하여 경영을 힘들게 한다.
- 식재료관련 사건으로 육류를 비롯한 원재료가격의 변동도 외식업경영을 어렵게 한다.
- 노동집약적인 외식업에 인건비상승에 따른 외국인 근로자채용도 경영을 어렵게 한다.
- 소비자 소득수준의 양극화로 외식비지출의 소비구조 양극화 양상도 나타난다.
- 저가를 선호하는 고객과 고가의 고급을 추구하는 고객층으로 구분된다.

3) 사회·문화적 환경

사회·문화적 환경이란 ①사회의 구성원인 개인의 행동이나 행위에 영향을 끼치는 집단이나 ②문화, 가치관, 전통이나 관습 등과 같은 사회의 제도적인 측면이나, ③구성원들의 인식이나 태도 등을 말한다. 그러므로 정치적, 법률적, 경제적 환경요인에 의해 영향을 받을 수도 있고 시대에 따라 또는 지역에 따라 서로 크게 달라 질 수 있는 요인이다. 또한 한 국가의 사회적 이념인 민주주의, 개인주의, 자유주의에 따라 사회구성원들은 각 개인의 판단에 입각해서 의사결정을 하게 된다.

전통적으로 가족구성원에 의해 또는 지역적인 요인에 의해 의사결정에 영향을 받는다. 특별히 외식산업에 영향을 미칠 수 있는 사회·문화적 환경요인은 인구구조의 변화, 일하는 여성의 증가, 여가문화인식, 다문화가정과 다국적기업의 증가 등을 들 수 있다.

그림 8-2 우리나라 총인구와 인구성장률

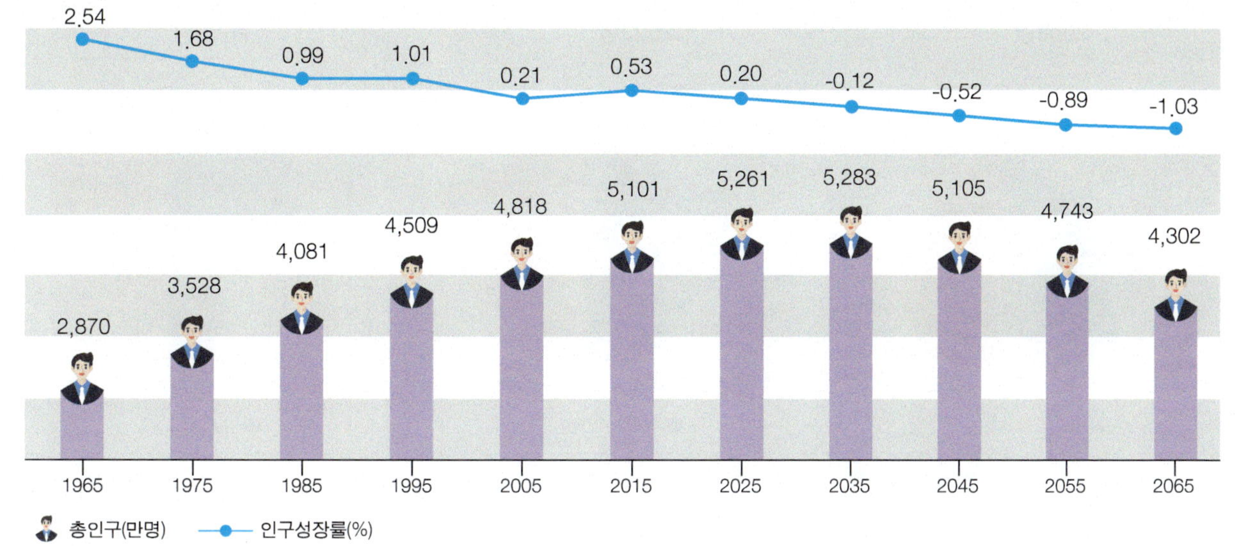

지료 : 통계청, 장래인구추계, 2018

(1) 인구구조의 변화

사회 · 문화적 환경변화에 가장 크게 영향을 미치는 요인은 인구구조일 것이다. 〈그림 8-2〉는 우리나라 총인구와 인구성장률을 보여주고 있으며, 총인구는 2035년까지 증가한 후 감소할 전망이다. 이민, 귀화 등 사회적 증가로 다소 차이가 있을 수도 있으나, 저출산, 고령화의 심화에 따라 인구의 자연감소가 불가피할 것으로 예상된다.

총인구의 감소와 인구성장률의 감소는 전체인구의 규모와 구성에만 변화를 주는 것이 아니라 경제활동인구의 감소를 의미하고, 연령구조, 가족구조도 변화되어, 다양한 라이프스타일이 존재하도록 바뀌면서 사람들이 살아가는 방식도 변하게 된다.

■ 고령화사회로의 진입

〈그림 8-3〉은 우리나라 인구추계를 그래프로 그려서 나타낸 것이다. 과거 2000년에는 30~40대가 가장 두꺼운 띠를 이루는 종형과 유사한 모양이었으나, 2022년 2050년으로 갈수록 고령인구가 늘어나는 추이를 보여 2000년에 평균연령이 33.1세이었던 것이 2022년 43.8세, 2050년에는 54.4세까지 증가하여 연구의 절반이상이 50세가 넘게 되고 80세 이상의 고령인구도 상당히 많은 초고령사회가 되는 인구구조를 보인다. 고령화사회로 진입되는 사회구조적 변화로 인해 소비시장도 변화되면서 외식시장에도 고령자를 위한 음식이나 식당 등이 나타나 실버시장이 활성화되고 있다.

그림 8-3 인구 피라미드, 2000년, 2022년, 2050년

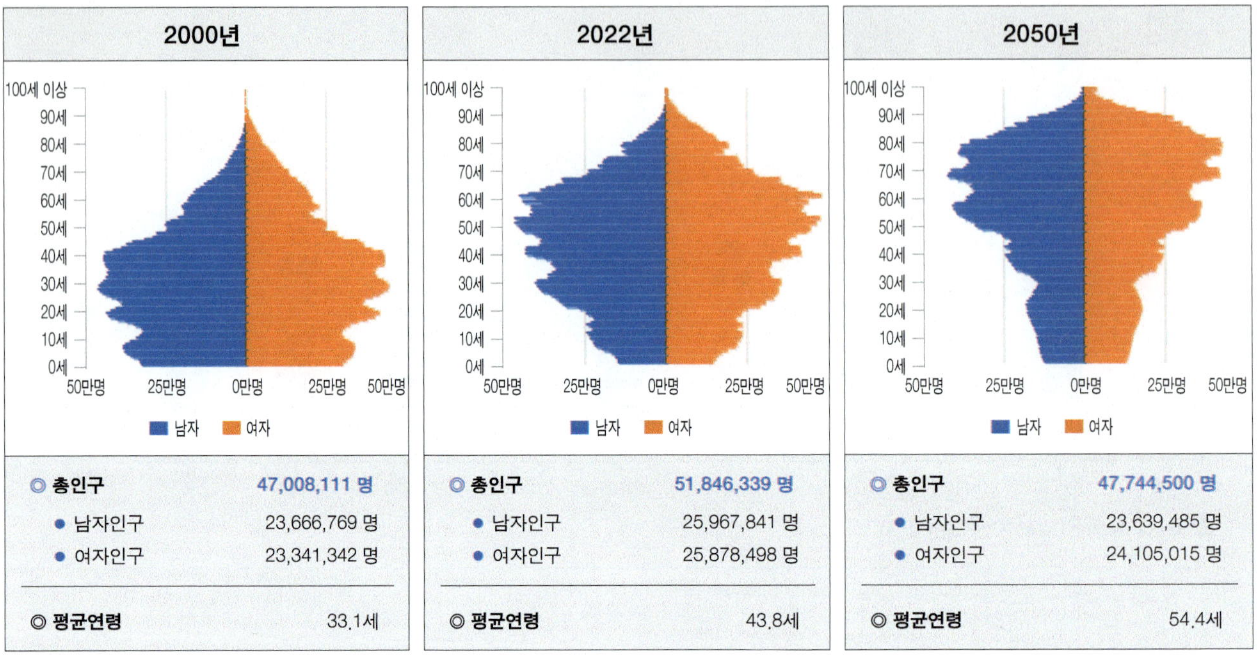

자료 : 통계청 / 인구피라미드 (https://sgis.kostat.go.kr/jsp/pyramid/pyramid3.jsp#)

■ 핵가족세대

맞벌이 부부의 증가로 자녀양육에 대한 부담을 줄이기 위해 자녀를 적게 낳는 핵가족이 많아졌다. 한두 명의 자녀들은 가족의 외식에서 의사결정권이 높아져 외식시장에서의 어린이 소비자에 대한 중요성이 더욱 부각된다. 따라서 외식마케터들은 어린이를 공략하기 위해 키즈마케팅을 시도하기도 한다.

■ 1인 가구의 증가

〈그림 8-4〉에서 볼수 있듯이 경제적으로 여유있는 전문직으로 자기계발 및 싱글이코노미의 핵심축이 되는 1인 가구, 사회적으로 결혼에 대한 인식이 변하여 독신, 비혼, 만혼 등으로 인한 1인 가구, 이혼 혹은 가족과 함께 살기 어려운 중년층의 1인 가구, 고령화로 배우자 없이 혼자 살아야 하는 실버1인 가구 등이 증가하여 1인 가구수는 500만이 넘어 40년 동안 거의 17배 이상 증가되었다. 이러한 사회적 변화추이에 따라 외식시장에서도 이들을 겨냥한 식품의 소량포장이나, 1인을 위한 메뉴가 다양하게 등장하고 1인을 위한 식당까지도 생겨나고 있다.

그림 8-4 1인 가구수의 증가추이

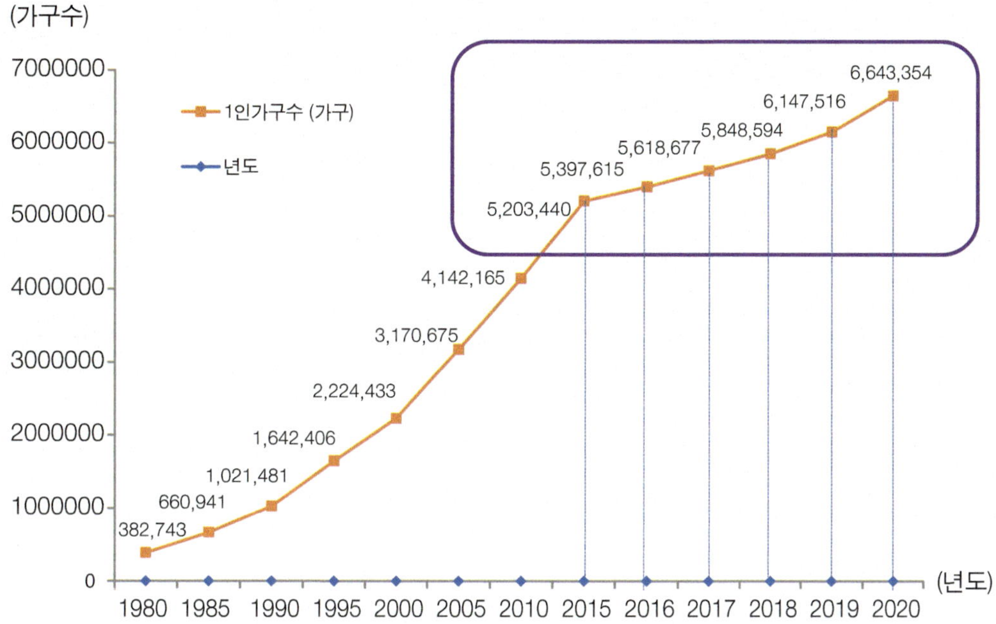

자료 : 통계청, KOSIS 지표 (인구총조사), 2022 근거로 저자제공

(2) 일하는 여성의 증가

일하는 여성의 증가로 더욱 간편하고 준비시간이 절약되는 효율적인 식사를 동반한 외식문화가 급속히 확산되고 있다. 미혼여성, 기혼여성, 자녀가 있는 여성 등 경제활동 여성의 증가로 HMR과 같은 간편식품의 구매, 음식의 배달과 테이크아웃의 중간식시장도 더욱 활성화되고 있다.

(3) 여가문화인식

국민들의 생활수준향상과 소비지출 증가로 여가시간을 활용하고자 하는 의지가 이젠 여가문화로 자리잡았다. 주5일근무, 재택근무 등의 확산은 이러한 사회적 분위기를 더욱 촉진하고 있다. 여가생활에서 외식은 중요한 요소로서 여가를 즐기고자 하는 사람이 늘어날수록 더욱 다양한 형태의 외식시장으로 발전하는 계기가 되고 있다.

(4) 다문화가정의 증가

외식시장은 각 나라의 음식문화와 밀접한 관련성이 있는 산업이므로 다문화가정의 증가로

할랄푸드

이슬람식 도축법인 다비하(Dhabihah) 식으로 도살한 짐승의 고기와 그 고기를 가지고 만든 음식전반을 뜻한다. 할랄이라는 말은 아랍어로 '허용된 것'이라는 뜻이 있으며, 말 그대로 이슬람율법에 허용된 것이다. 반대말은 '허용되지 않은 것'이라는 뜻의 하람(Haram)이다. 이슬람에서 이것만은 먹으면 안 된다는 금지된 음식. 굳이 할랄방식으로 도살한 고기가 아니더라도 이슬람율법에 하자가 없는 음식은 다 할랄푸드로 부르기도 한다. 무슬림들에게 이슬람은 생활전반에까지 영향을 끼치기 때문에 필히 할랄푸드를 먹어야만 한다.

자료 : 나무위키 https://goo.gl/fEfx3t

먹거리시장에도 많은 영향을 끼친다. 대표적으로 돼지고기를 먹지 않는 이슬람문화와 같이 특별한 조건을 고려해 음식이나 식품을 선택하는 경우도 있다. 그리 흔한 경우가 아니더라도 그들에게는 중요한 문화적인 이슈가 된다. 따라서 외식기업에서는 이러한 시장을 고려한 상품도 개발해야 하고 혹은 이러한 고객을 존중하는 유연성있는 대처가 필요하다.

(5) 다국적 외식기업의 증가

해외에서 많은 기업들이 국내에 유입되면서 각 국가마다 서로 다른 사회·문화적 환경은 다국적 기업으로 하여금 국가별로 다른 경영기법의 채택을 강요할 수도 있다. 직원을 고용하는 고용제도에서 일본의 경우는 종신고용을 중요시하고, 미국의 경우는 계약을 원칙으로 한다. 이러한 차이는 서양과 동양의 사회·문화환경에 대한 인식차이라고도 볼 수 있지만 외식기업 경영자는 점포경영을 위해 이러한 점도 간과해서는 안 된다.

4) 기술적 환경

기술적 환경요인은 기업의 조직, 생산, 마케팅, 재무 등 여러 운영에 간접적으로 영향을 주는 다양한 형태의 기술적 변혁을 의미한다. 외식산업은 식품, 유통, 물류, 전자, 기계, 정보산업 등 관련산업의 기술발전과 변화에 직접적으로 영향을 받는 산업이다. 특별히 정보통신기술의 발전은 외식산업의 식품생산, 유통, 물류, 서비스전달과정 및 마케팅에 이르기까지 전체적인 분야에 영향을 주고 있다.

〈표 8-2〉는 외식산업에 기술이 적용된 몇 가지 예를 제시하고 있다. 가장 대표적으로 POS, 즉 판매시점 관리시스템을 들 수 있으며, 이를 통하여 메뉴의 주문과 계산이외에도 고

표 8-2 외식산업 운영에 기술이 적용된 예

기 술	기술적용 예
Point of Sale(POS) 스템	판매시점 관리시스템
디지털메뉴판	메뉴의 주문
기술기반 무인 키오스크	셀프서비스 방식으로 된 디지털무인 메뉴주문 시스템
RFID(Radio Frequency Identification)	RFID 간편운영 시스템 – 회전초밥의 가격산정 및 재고관리 용이
바코드스캐너 쇼핑	IT기술을 활용한 스마트 쇼퍼(smart shopper)를 설치한 백화점과 식품마트
소셜네트워크 시스템 (Social Network Service : SNS)	인터넷을 통하여 소비자에게 쉽게 도달할 수 있으며, 소비자들이 원하는 제품과 서비스에 대해 상호교류 가능

객의 정보까지 관리가 가능하다. 디지털메뉴판의 경우는 고객이 기존의 메뉴판 대신에 메뉴의 사진을 볼 수 있는 태블렛을 통하여 메뉴를 보다 쉽게 주문할 수 있다.

주문과 결제를 한 번에 할 수 있는 디지털 셀프키오스크는 패스트푸드 레스토랑을 시작으로 많이 이용되고 있다. 그릇의 색으로 가격을 구분하는 회전초밥 레스토랑에서 RFID태그를 그릇에 붙여두면 RFID스캐닝으로 가격을 쉽게 계산할 수 있으며, 유통회사의 재고관리시에도 RFID스캐닝을 통해 자동으로 인식이 가능하다. 바코드스캐너 쇼핑은 쇼핑고객이 모바일스캐너를 들고 사고자 하는 물건의 바코드를 읽기만 하면 구매가 된다. 구매된 물건은 당일집으로 배송되어 카트없는 쇼핑이 가능하여 고객에게 편리함을 주는 시스템이다. 이밖에도 SNS를 통하여 기업은 고객과의 양방향 상호교류가 가능해져 더욱 소통이 원활하게 되었다.

정보통신기술의 발전은 외식사업의 운영에도 많은 영향을 끼치므로 외식기업 경영자나 관리자들은 기술환경에 대한 업데이트 및 개발되는 관련분야에 대하여 지속적으로 관심을 가져야 한다. 새로운 기술도입으로 조직은 운영의 효율성을 향상시킬 수 있기 때문이다.

지금까지 살펴본 정치·법률, 경제, 사회·문화, 기술 등의 환경요인 이외에도 환경적인 요인(environmental factor)도 기업의 외부환경 요인이 된다. 각 나라의 지리적 위치, 기후와 날씨. 폐기물 처리, 음식물처리, 에너지소비규제, 환경에 대한 사람들의 태도 등도 기업에서는 통제하기 어려운 외부영향 요인이 될 수 있다. 외식기업은 이러한 거시적인 외부환경 요인들이 기업에 유용하게 작용할 수 있도록 대처하여야 한다.

2 외식기업의 미시적 경영환경

외식기업의 미시적 환경은 기업운영에 있어 기업의 성과와 의사결정에 직접적으로 영향을 끼치는 요인들을 말한다. 여기에는 경쟁업체, 유통채널, 공급업체, 일반대중 및 고객이 포함되며, 외식기업은 이들과의 관계를 잘 구축하여 고객이 원하는 가치창출과 고객만족을 이끌어 낼 수 있도록 해야 한다.

1) 외식기업의 경쟁자

외식기업은 경쟁자보다 더 나은 가치를 고객에게 제공함으로써 고객이 반복적으로 점포에 방문해야 성공할 수 있다. 따라서 경쟁업체가 누구인지 경쟁자에 비해 어떤 차별점이 있는지 알아야 한다. 먹거리사업은 그 음식의 종류가 다양한 만큼 규모, 크기, 유형 등이 무척 다양하다. 소규모 레스토랑부터 기업형 레스토랑까지 가격과 질적인 면에서도 많은 차이가 있어 시장 내에서 경쟁구조를 파악한다는 것은 쉬운 일이 아니다. 이러한 외식시장의 경쟁수준을 〈그림 8-5〉와 같이 크게 직접경쟁, 간접경쟁, 대체경쟁으로 구분하여 알아보자.

그림 8-5 경쟁의 차원

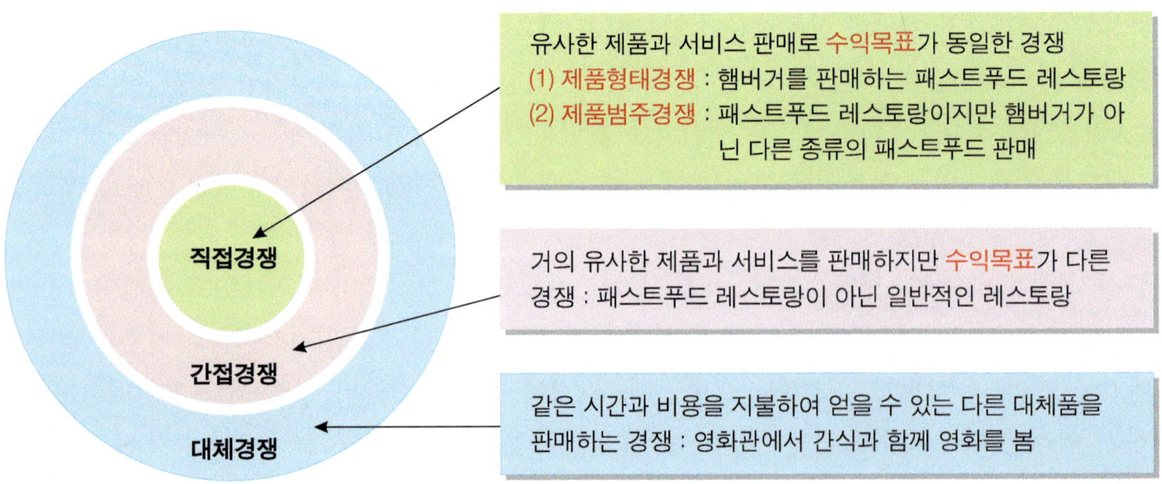

자료 : https://goo.gl/to9NZ9/ 참고로 저자제공

(1) 직접경쟁

직접경쟁은 다시 제품형태(product form)경쟁과 제품범주(product category)경쟁으로 세분화할 수 있고 이들은 레스토랑의 수익목표가 유사한 시장이다. 예를 들어, 햄버거를 판매하는 패스트푸드 레스토랑이라면 동일한 햄버거 종류를 판매하는 업체가 제품형태 경쟁이 되고, 패스트푸드이지만 햄버거가 아닌 타코나 치킨샌드위치를 파는 경우는 제품범주 경쟁의 예가 된다.

(2) 간접경쟁

간접경쟁은 직접경쟁업체와는 수익목표가 다른 업체로 패스트푸드 레스토랑이 아닌 고급 레스토랑과 같이 일반적으로 다른 종류의 메뉴를 취급하는 레스토랑들이 이에 해당된다.

(3) 대체경쟁

대체경쟁은 같은 시간과 같은 돈을 사용하여 즐길 수 있는 다른 엔터테인먼트와 경쟁하는 것을 말한다. 식사를 하고자 했던 고객이 그 비용으로 식사 대신 영화관에서 간식을 먹으며 영화를 즐기거나 해당비용의 음식을 구입하여 스포츠를 즐기거나 하는 비슷한 정도의 예산으로 할 수 있는 대체가 되는 활동들과 경쟁하는 경우이다.

외식업의 관리자는 동일한 상권내에 이러한 직접, 간접의 경쟁이 되는 레스토랑이 어느 정도될지 레스토랑이 가격이나 서비스수준과 형태로 보아 얼마나 다양하게 분포되어 있는지 주류를 판매하고 있는 곳은 어디인지 등에 대해서도 파악해야 한다. 성공적으로 운영하고 있는 곳이 있다면 서비스수준, 추구하는 가치, 음식의 다양성, 표준화 수준 등에 대해서도 벤치마킹하도록 하고 필요하다면 경쟁자와의 제휴도 생각해 볼 수 있다. 고객이 생각하는 다양한 경쟁의 외식시장에서 어떤 차별화전략으로 생존할 수 있을지 끊임없이 노력해야 한다.

2) 외식기업의 공급자

외식기업에서 공급업체는 식재료뿐 아니라, 고객들이 사용하는 식기를 비롯한 모든 용품들과 주방에서 직원들이 사용하는 기기 및 기구들까지 거래하는 아주 중요한 위치의 파트너이다. 규모에 따라서 이러한 제품과 서비스를 생산하는데 필요한 자원의 제공처는 기업 또는 개인이 될 수 있다. 어떤 외식기업은 자본을 투자하여 주요 식재료를 직접 생산하기도 하지만, 대부분의 외식업체들은 레스토랑 경영을 위한 원재료, 설비, 기기 등을 외부에서 공급받아 경영한다.

식재료부족, 직원파업 등으로 식재료공급이 안되면 레스토랑 운영에 지장을 주고, 부정적 이미지로 치명적인 결과를 초래하므로 공급자와의 관계는 무척 중요하다. 공급업체의 독과점이 행해질 우려도 있으므로 공급업체와의 좋은 파트너 관계를 유지해야 한다. 하지만 소수의 업체와 거래를 오랫동안 하는 것 보다는 정기적으로 새로운 업체를 선정하는 것도 장기간의 관계를 유지하면서 어느 정도의 긴장감을 갖게 하는 방법이 될 수 있다.

3) 외식기업의 외부고객

고객은 외식기업의 미시적 환경에서 가장 중요한 요소이다. 레스토랑을 찾는 고객은 어떤 고객인지 고객들의 필요(needs)와 욕구(wants)가 무엇인지 고객들이 추구하는 가치는 무엇인지 그들은 무슨 이유로 특정 레스토랑을 방문하는지 그들의 외식목적은 무엇인지 등 복잡하고 다양한 고객에 대한 이해가 필요하다.

모든 고객에게 모든 것을 다 제공할 수는 없다. 고객들은 각자 추구하는 가치가 다르기 때문에 그들이 원하는 서비스를 받고자 한다. 저비용에 가치를 두거나 편리함과 신속함에 가치를 두거나 고품질의 서비스에 가치를 두거나 고객은 자신이 원하는 독특한 가치를 충족하고자 한다. 따라서 전체시장의 모든 고객보다는 기업이 보유하고 있는 역량을 잘 발휘하여 그에 잘 맞출 수 있는 목표고객들에게 집중적으로 만족스러운 서비스를 제공하는 것이 바람직하다. 이를 위해 목표고객들의 라이프스타일, 소비패턴 등을 파악하고 그에 따른 고객욕구와 추구가치를 알아보는 것이 고객을 이해하는데 중요한 시작점이 될 수 있다.

새로운 시장을 개척하여 새로운 고객을 창출하는 것도 중요하지만 기존 고객과의 장기적인 관계를 유지하는 것이 더 경제적인 고객관리 전략이 될 수 있다. 기존 고객과의 관계를 강화하여 시장을 점유함으로써 경쟁기업에 앞설 수 있도록 하여야 한다.

4) 외식기업의 내부고객, 직원

외식기업의 직원은 기업의 내부고객이다. 특별히 서비스 접점의 직원은 외부고객의 만족을 극대화시키기 위해 많은 관심으로 관리해야 한다. 외식업은 노동집약적인 인적사업으로 서비스를 제공하는 인력이 서비스품질에 결정적인 영향을 끼치기 때문에 직원의 역할이 매우 중요한 것이다. 〈그림 8-6〉에 나타난 바와 같이 기업과 외부고객은 외부마케팅 활동으로 관계가 유지되고 기업과 직원은 내부마케팅 활동으로 관계가 더욱 강화될 수 있으며, 직원과 고객은 서로가 서로에게 영향을 주는 상호작용 마케팅의 관계에 있다.

그림 8-6 기업·직원·고객의 관계

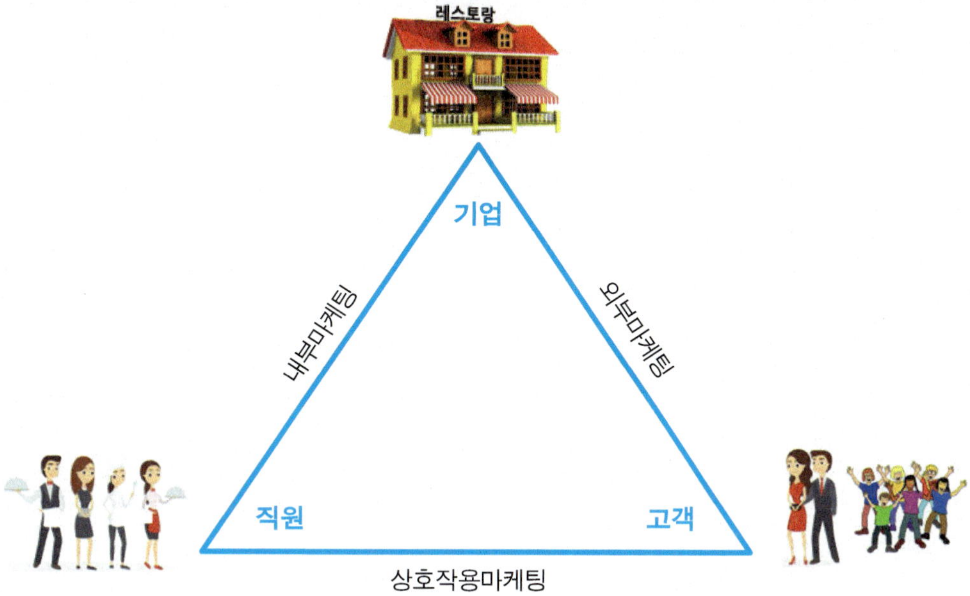

자료 : Kotler & Armstrong(1996), p.665

직원의 능력과 자발적인 동기에 기초한 품질향상의 노력이 외부고객을 만족하게 해주는 제품과 서비스생산의 원동력이 된다. 따라서 인력선발부터 평가와 보상에 이르는 모든 과정이 이러한 서비스품질을 고려하여 통합적으로 계획되고 관리되어야 한다.

내부고객관리를 위한 조직구성

- **조직의 소통과 협조** : 조직전체가 기업의 목표와 전략에 부합되도록 각 부서와 모든 구성원들이 상호소통과 협조가 필요하다.
- **효과적이고 효율적인 조직운영** : 양질의 서비스제공을 위해 양질의 메뉴가 생산되도록 계획단계부터 조리, 생산의 모든 프로세스가 효과적이고 효율적으로 운영되는 조직을 갖추어져야 한다.
- **고객만족형 인적자원 채용** : 생산부서의 전략적인 인적자원계획 수립이 선행되어 서비스특성에 적합한 고객만족형 인적자원이 선발될 수 있는 체계와 프로세스를 갖추어야 한다.
- **교육프로그램 및 복지정책** : 높은 성과와 효율성을 위해 교육훈련의 개발 및 프로그램의 강화가 필요하고, 직원에 대한 동기부여, 보상프로그램의 운영과 업무환경개선, 및 복지정책도 필요하다.

내부고객관리의 중요성

외식업은 직원들의 서비스가 제품의 일부분을 구성하고 직원의 만족이 고객의 만족도와 높은 상관관계가 있으므로 내부고객을 관리하는 것이 더욱 중요하다. 즉 직원들이 고객에게 만족스러운 제품을 제공하기 위해서 직원들의 만족도를 높일 수 있는 방안이 마련되어야 한다. 이를 위하여 기업의 내부직원에게 초점을 둔 내부마케팅(internal marketing)활동을 통해 직원들에게 동기를 부여하고 보상과 혜택 등의 복지를 제공하여 내부고객을 관리해야 한다.

5) 외식기업의 공중

외식기업은 경영목표를 달성하기 위해 금융기관, 신문·방송·잡지·인터넷·블로그 등의 미디어단체, 소비자단체, 지역사회 등과 이해관계를 갖게 된다. 이러한 집단은 공중(public)으로 고객시장과는 다른 측면에서 기업의 이미지에 영향을 끼친다. 기업은 공중으로부터 좋은 이미지를 갖게 함으로써 긍정적인 구전을 얻고자 다양한 활동을 한다.

특별히 외식업은 일정 상권내의 지역주민을 주고객으로 하는 사업으로 그 점포의 성공여부는 지역사회, 지역단체 등과의 관계에 많은 영향을 받게 된다. 또한 자금조달능력에 영향을 주는 은행, 홍보수단이 되는 TV, 신문, 잡지 등의 미디어, 소비자단체 및 시민단체와도 호의적인 관계를 유지하는 것이 필요하다. 이러한 이유 때문에 외식업이 지역사회단체의 어떤 행사나 이벤트 등에 많은 관심을 보이고 행사 등을 지원하기도 하고, 자선단체를 후원하거나 환경보호를 위한 공동체 지향적인 노력에 초점을 두는 활동을 하는 것이다.

외식기업과 사회공헌활동 예

버거킹	닭장없이 사육된 닭 2%, 활동공간이 보장된 농가의 돼지고기 10%를 사용함으로써 인도적인 사육방법을 이용한 육류를 이용하고 있으며 이러한 비중을 점차 높이고자 한다.
롯데리아	라이스버거를 팔 때 20원씩 불갈비를 팔 때 10원씩 적립하여 결식아동을 돕고자 한다.
맥도날드	지역사회의 노인, 주부, 장애인들을 직원으로 채용하여 우호적인 기업 이미지를 창출한다.
도미노피자	'희망나눔기금'을 만들어 소아청소년 환아들의 의료비를 지원한다. 2006년이후 매년 정기적으로 시행하여 수익금 일부를 어린이 의료비 및 소아질환연구·아동복지기금에 지원하고 있다.

BHC치킨	'해바라기 봉사단'을 조직해 지역의 환경미화 봉사활동, 사회복지시설, 노인요양원을 방문해 어르신들과 즐거운 시간도 갖고 빨래와 청소 등 직원들의 일손을 도왔다.
본죽 / 본아이에프	저소득 어르신들에게 팥죽을 나누는 '동지 팥죽 나눔행사'를 진행하고, 300여 명의 이웃들에게도 동지팥죽과 본설렁탕 가정간편식, 쇠고기장조림, 메추리알 장조림 등을 전달했다.

환경문제는 지구상의 전체적인 문제로 지속가능한 외식사업이 되기 위해 다양한 환경보호 활동들이 진행되기도 한다. 매일 발생되는 음식폐기물 감소와 처리에 관한 문제, 지역에서 생산된 식재료의 활용으로 탄소발생감소를 위한 노력, 일회용 용기사용의 최소화, 재생가능한 자원과 에너지의 활용 등 이러한 활동 역시 공중에 기여하고자 하는 외식기업들의 노력을 볼 수 있는 글로벌한 동향이라고 볼 수 있다.

외식기업 지속가능성을 위한 제안

에너지 낭비감소	LED등으로 교환하여 에너지 효율성 업그레이드 관리 시스템을 갖춘 기업에 리베이트를 주어 투자수익률을 높인다.
쓰레기 제로 폐기물운동	식당은 음식폐기물 퇴비화, 저감 및 재사용프로그램을 시행, 포괄적인 재활용 프로그램을 시행, 스티로폼 사용을 억제, 폐기물 관리계획개발 등을 통해 폐기물을 처리하고, 진정한 제로 폐기물 인증 프로그램을 진행하도록 해야 한다.
물 낭비 감소	물 부족이라는 글로벌한 이슈해결에 동참하기 위해 재사용 식기세척시스템, 물 없는 소변기 등의 사용으로 외식기업에서도 수자원 효율성을 위한 시스템을 갖출 수 있다.
온실가스 배출감소	주방에서 사용되는 기기를 보다 효율적인 장비로 업그레이드하고, 재활용률을 높이고, 직원 카풀프로그램을 개발하고, 하이브리드 또는 전기자동차를 사용하는 등의 활동으로 온실가스 배출량 줄임에 기여할 수 있다.
식재료 공급망 변화	더 많은 현지, 유기농 및 건강식 재료를 찾아 이용함으로써 사회적 및 환경적 영향을 줄이는 동시에 웰빙을 추구하는 고객에게 더욱 어필할 수 있다.

3 외식기업의 경영환경분석

산업구조 내에서 외식기업의 위치나 경쟁업체와 비교시 상대적인 위치 등을 분석하는 것은 기업의 전략수립에 많은 도움을 준다. 경쟁분석은 회사를 경영하고 운영하기 위한 전략적 계획에 중요한 부분이다. 이러한 분석을 통해 제품 또는 서비스를 차별적으로 만드는 요소를 정할 수 있고 목표시장을 유치하기 위해 어떤 특성을 발휘할 것인지 정할 수도 있다.

기업의 경영자와 관리자들은 외식산업 내에서 경쟁을 주도하는 사업은 어떤 것인지? 또 어떤 기업이 경쟁을 주도하고 있는지? 기업의 경쟁자는 어떤 전략을 취하고 있는지? 이에 대한 가장 좋은 대응방법은 무엇인지? 기업이 하고 있는 사업은 어떤 방향으로 나가게 될지? 장기적으로 우리회사는 어떻게 경쟁을 할 수 있는 최상의 위치에 놓여 있는지? 등에 대한 끊임없는 질문과 의문 속에서 그 해답을 찾고자 노력해야 한다.

1) 마이클 포터의 경쟁전략 수레바퀴

〈그림 8-7〉은 마이클 포터의 경쟁전략 수레바퀴를 보여주고 있다. 여기서는 기업의 경쟁전략은 기업이 달성하고자 추구하는 최종목표(ends=goals=mission=objectives), 사명 등으로 나타나고 수레바퀴는 그 목표까지 도달하기 위한 운영방침이나 수단(means=policies=tactics)의 결합임을 보여주고 있다.

최종목표와 운영방침은 기업에 따라 다양하게 표현될 수 있으나 수단(means)과 목표(ends) 간의 기본적인 핵심관계는 동일하다. 바퀴의 중심은 기업의 전략적 목표로써 기업이 어떻게 경쟁하여 나갈지 이를 위해 세부적인 경제적, 비경제적인 목표를 제시하여야 한다. 각각의 바퀴살은 기업의 목표를 달성하기 위한 주요한 운영방침들을 나타내고 있다. 바퀴살의 기능들은 사업의 특색에 따라 구체적인 활동으로 기술되어 기업이 행동으로 옮기도록 해야 한다. 방사 모양의 바퀴살은 목표를 중심으로 하여 목표가 각 방침에 반영됨을 의미하며, 수레바퀴와 같이 기능들이 서로 상호보완이 되면서 기업의 목표를 향해 나가도록 지지되고 서로에게 힘을 주는 역할을 해야 한다.

기업을 더욱 성공적으로 이끌기 위해서는 수레바퀴를 중심으로 네 가지 요소가 필요하다. 왼쪽에는 기업의 강점과 약점, 주요 전략실행자의 개인적 가치관 등의 기업의 내부경쟁 전략의

그림 8-7 마이클 포터의 경쟁전략 수레바퀴(The Wheel of Competitive Strategy)

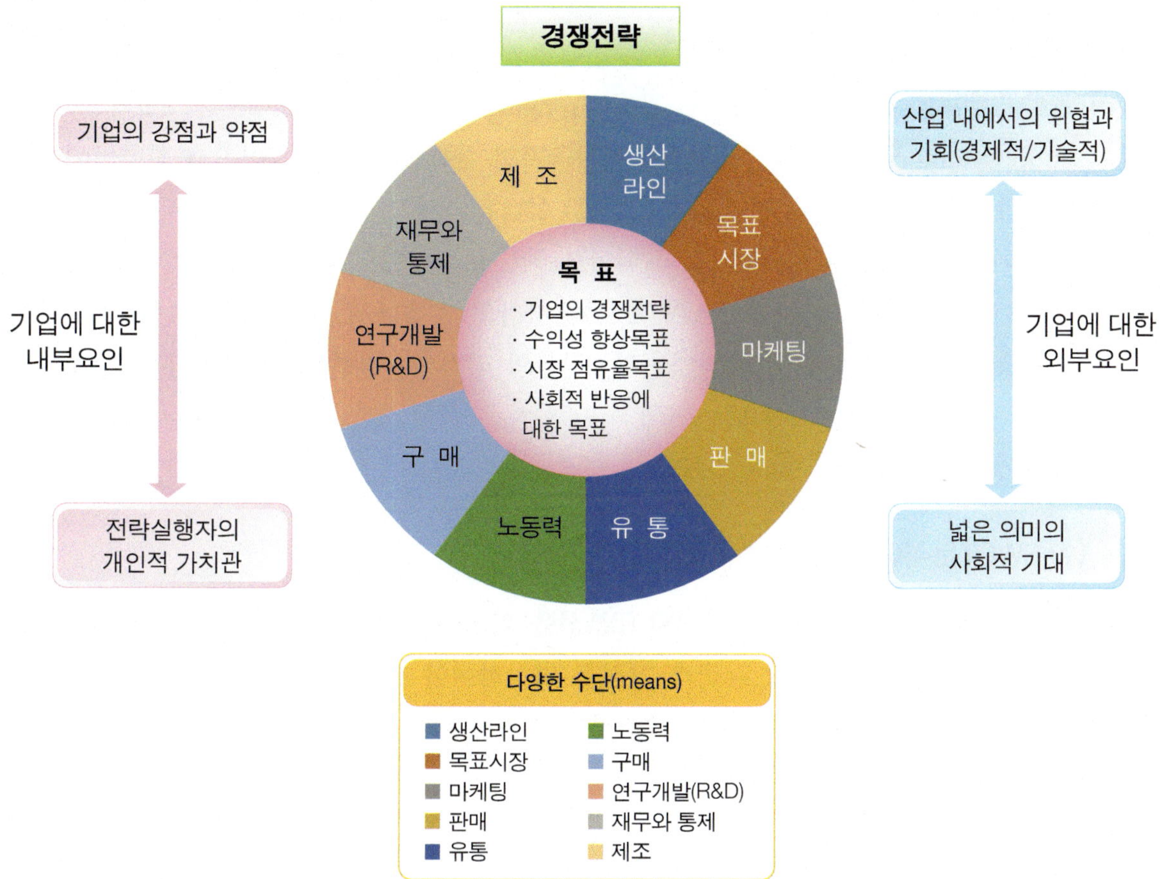

자료 : Porter(1980).

한계를 결정하는 내부요인들이 놓인다. 오른쪽은 산업 내에서의 위협과 기회에 관련되는 정부 정책, 광범위한 사회적 요인과 함께 기업의 외부한계를 결정하게 된다. 이러한 네 가지 요소들은 기업이 현실적이고 실행가능한 목표를 선정하기 전에 분석하여 고려해야 하는 항목들이다.

- **기업의 강점과 약점** : 기업이 가지고 있는 자산에 대한 프로파일, 경쟁자와 비교한 기술 보유, 재무적 자원, 기술적 수준, 브랜드동일시 정도 등
- **조직의 개인적 가치관** : 선택된 전략을 수행하는 경영자들의 동기와 필요성
- **산업 내에서의 위협과 기회** : 경쟁적 환경 내의 위험(risk)과 잠재적인 보상
- **사회적 기대** : 정부의 정책, 사회적 관심, 진화하는 관습 등으로부터 기업이 영향을 받은 것에 대한 반응

2) SWOT분석

SWOT분석은 상황분석을 전략적으로 접근하기 위해 개발된 도구로써 마이클 포터의 경쟁전략에서 제안된 기업의 내부요인인 강점(Strengths)과 약점(Weaknesses), 기업의 외부요인인 기회(Opportunities)와 위협(Threats)의 영어글자의 첫음을 따서 만들어진 분석방법이다. 기업을 둘러싼 상황분석 만으로 전략을 수립할 수 있다는 실용성 때문에 널리 사용되고 있다.

기업의 강점과 약점, 시장의 기회와 위협요인을 한 눈에 보기 쉽게 SWOT매트릭스 상에 도표화하여 각 요인들을 분석함으로써 자사가 시장의 경쟁에서 이기기 위한 전략도출 과정에 많이 사용된다. 과거와 현재의 환경변화, 원인의 평가 등 변화에 의해 영향을 받을 수 있는 요소들을 확인하고 미래에 사업여건에 어떤 영향을 미칠 것인가를 예측하는 데 많이 이용되고 있다.

(1) SWOT분석에 의한 전략수립단계

〈그림 8-8〉에 나타나 있듯이, SWOT분석을 위해서는 먼저 외부적인 요인을 조사하고 평가한 후에, 내부적인 기업의 강점과 약점을 파악하여야 한다. 그 이후에는 수정된 정보들을 이용하여 SWOT매트릭스를 작성한 후, 기업에 가장 적합한 전략을 수립하여야 한다. 전략은 상황이 변하면 또 다시 개선해야 하는 동태적인 것이므로 SWOT분석은 정기적으로 실시하여야 한다.

그림 8-8 SWOT 전략수립단계

(2) 레스토랑의 SWOT

기업의 강점과 약점은 기업의 내부적인 사항이므로 이를 평가하고 판단할 때는 정직하게 하는 것이 중요하다. 약점을 인정하고 대처하는 것이 현명하며 문제인식을 갖는 것이 해결의 첫 단계이다. 또한 새로운 사업을 시작할 때는 점포의 임대차 계약서에 싸인하기 전에 통제할 수 없는 약점이 있는지도 확인해야 한다.

표 8-3 레스토랑의 SWOT 요소

내부적	강점	레스토랑만이 가지고 있는 독특한 장점으로 다른 레스토랑에서 찾아보기 어려운 것을 말함 예) 평판, 입지, 종업원, 분위기, 전망, 시장점유율 등
	약점	레스토랑에서 꼭 피해야 할 사항이나 주의와 개선이 필요한 부분 예) 나쁜 평판, 불충분하거나 불편한 주차장 등
외부적	기회	레스토랑 업계, 특히 우리 점포가 위치해 있는 곳의 사업에 긍정적인 영향을 줄 수 있는 모든 상황 예) 버스정거장의 신설, 기업의 새로운 유입 등
	위협	레스토랑 업계, 특히 우리 점포가 위치해 있는 곳의 사업에 부정적인 영향을 줄 수 있는 모든 상황 예) 고객의 변화, 새로운 고객의 출현 등

반면에 기회와 위협은 기업이 통제할 수 없는 외부적인 사항들이다. 기회와 위협에는 즉각적인 대응이 필요한 것과 아직은 영향을 미치지 않는 잠재적인 것으로 나누어 생각해 볼 수 있고, 어떤 경우에는 기회가 되는 요인이 위협이 되는 상황으로 전개되기도 한다. 〈표 8-3〉은 레스토랑 SWOT분석을 위해 강점, 약점, 기회, 위협요소가 되는 예를 도표로 제시한 것이다.

커피회사 SWOT분석 사례

강 점(S)
- 글로벌 커피브랜드
- 좋은 명성
- 40개국에 9000개 점포
- 세계 100대 기업
- 직원이 뽑는 최고기업
- 윤리적으로 강한 조직

약 점(W)
- 지역적으로 한 나라에 편중
- 새로운 제품이 부족
- 커피종류가 제한적
- 새로운 음료가 부족
- 현재 상황에 안주하고자 함
- 연구개발에 지원부족

기 회(O)
- 공정무역거래 등을 통한 새로운 제품의 판매기회
- 글로벌확장의 기회
- 인도와 같은 곳에 확장기회
- 다른 식품, 음료회사와 코브랜딩 기회

위 협(T)
- 커피 이외의 음료에 대한 고객의 선호
- 새로운 음료시장의 진입가능성
- 커피비용 상승
- 낙농제품의 가격상승으로 재료비용 상승
- 경쟁회사의 복제품의 출현

SWOT분석 전략 매트릭스

	강점(S)	약점(W)
기회(O)	**SO 전략** 강점을 활용하여 기회를 선점하는 전략	**WO 전략** 기회를 활용하여 약점을 만회하는 전략
위협(T)	**ST 전략** 강점을 활용하여 위협을 극복하는 전략	**WT 전략** 약점을 최소화하고 위협을 회피하는 전략

SWOT에 대한 분석을 마친 후에 매트릭스를 작성하고, 기업의 상황에 맞도록 SO 전략을 취하고, WT 전략을 취한다거나, 혹은 WO 전략과 ST 전략으로 기업의 현재 상황을 극복하고자 한다거나 하는 전략을 수립할 수 있게 된다. 하지만 이러한 전략은 한 번의 일회적인 활동이 아니고 주기적으로 시행되어야 함을 명심해야 한다.

4 전략적 경영을 위한 관리자의 역할

사람들을 통해 효과적이고 효율적으로 일을 완성하는 것이 경영이다. 따라서 무엇인가 경영하기 위해 만들어진 조직의 목적은 사람들을 통해서 이루어진다고 볼 수 있다. 외식기업의 경영자, 관리자들은 조직의 각종 자원들에 대한 책임을 담당하고 있는 사람으로 그 기업이 성장하도록 가능하게 이끌어 가는 사람들이다.

효과성과 효율성

경영 : 사람들을 통해 효과적이고 효율적으로 일을 완성하는 것

효과성(Effectiveness) : doing the right things
올바른 일을 찾아하는 것으로 목표달성 여부를 의미함

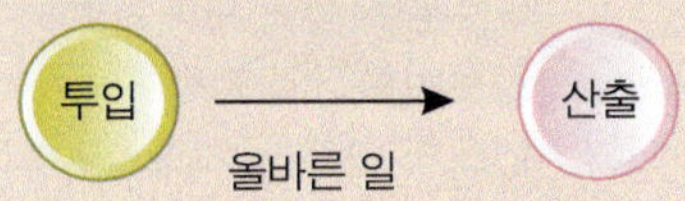

효율성(Efficiency) : doing things right
일을 올바르게 하는 것. 투입과 산출간의 관계에 관한 것으로 자원의 비용을 최소화하는 것

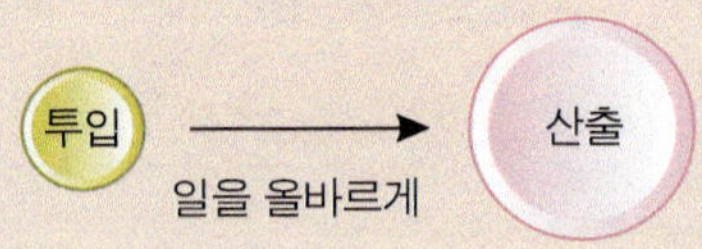

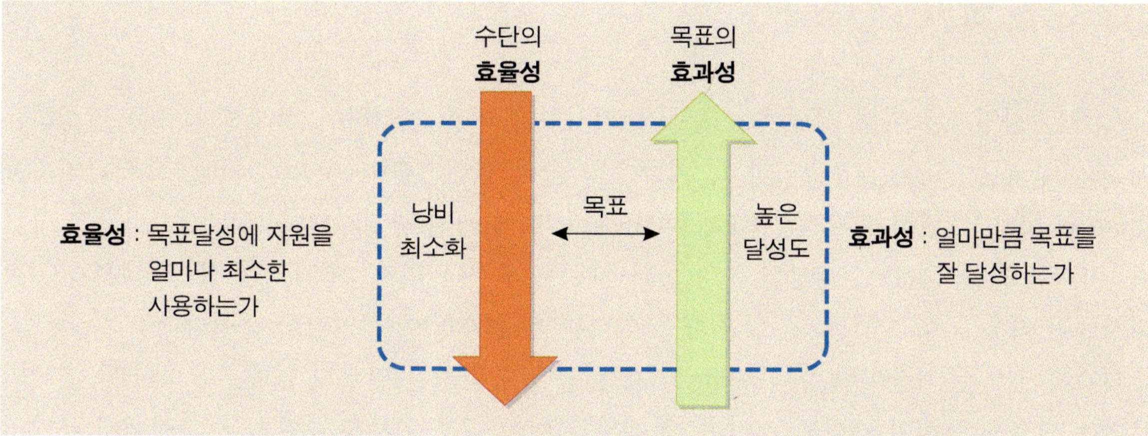

1) 외식조직의 책임과 통제

외식기업은 조직의 내부적 책임과 통제를 기관적(institutional), 조직적(organizational), 기능적(technical) 수준의 세 가지로 구분할 수 있다

- 기능적 수준은 조직내의 가장 내부영역으로 음식메뉴나 서비스 등 외식업의 최종상품을 생산하는 하부시스템이다. 생산과 서비스의 기능적인 임무에만 중점을 두어 생산레벨(production level) 혹은 기능적 핵심(technical core)이라하며 외부환경에 의해서는 비교적 방해를 적게 받는다.
- 조직적 수준은 기능적 수준의 생산업무를 위해 서비스하고 통제하는 기능을 한다. 최종상품이 잘 생산되도록 필요한 자원을 구매하고 적재적소에 배치하는 역할을 하고, 기능적 임무의 특성, 운영의 규모, 운영을 위한 방침들을 결정한다.
- 기관적 수준은 조직의 외부환경과의 관계를 담당한다. 공중(public), 산업, 정부, 노동조합 등 그 기업이 생존하고 시장에서 존재하기 위해 필요한 기관이나 다른 조직들과의 좋은 관계를 유지하는 것이 주된 업무라고 볼 수 있다.

세 가지 수준의 관련성

기능적, 조직적, 기관적 이 세 가지 수준은 본질적으로 서로 다르지만 상호 의존적인 관계에 있다. 조직적 수준은 기관적 수준의 업무보다는 계층적으로 낮은 업무를 수행한다. 기관적 수준이 기업의 외부환경에 적절하게 대처하지 못하면 조직적 수준의 역할이 어려워지고 기능적 수준이 요구하는 생산을 위한 자원을 제때 이용할 수 없게 된다. 반면 기관적 수준에 의한 환경적인 지원이 잘 된다면 기능적 수준은 올바른 최종상품을 생산할 수 있어야 한다.

2) Katz의 관리자 기술

Katz는 경영자는 다른 사람에게 활동을 지시하고 이를 관리하여 정해진 목표를 달성하는 데 책임이 있는 사람이라 정의하고, 이들은 기술적 관리기술(technical skill), 인력관리기술(human skill), 개념적 관리기술(conceptual skill)의 세 가지 관리기술이 모두 필요하다고 하였다. 이러한 관리기술은 성격상의 특성을 나타내는 「좋은 관리자」에 기초한 접근이 아니고, 관리자들이 직무를 효과적으로 수행할 때 나타나는 기술(skill)에 근거한 접근이다.

여기서 말하는 기술이란 능력(ability), 재능 등을 함축하는 말로써 날때부터 타고난 것이기보다는 교육을 통하여 개발된 것이며, 잠재된 것이 아니라 업무를 수행하는 과정에서 분명히 나타나는 것을 말한다. 〈그림 8-9〉는 경영자 계층에 따른 Katz의 세 가지 관리기술을 도식화하여 나타낸 것이다.

그림 8-9 경영자 계층에 따른 Katz의 세 가지 관리기술

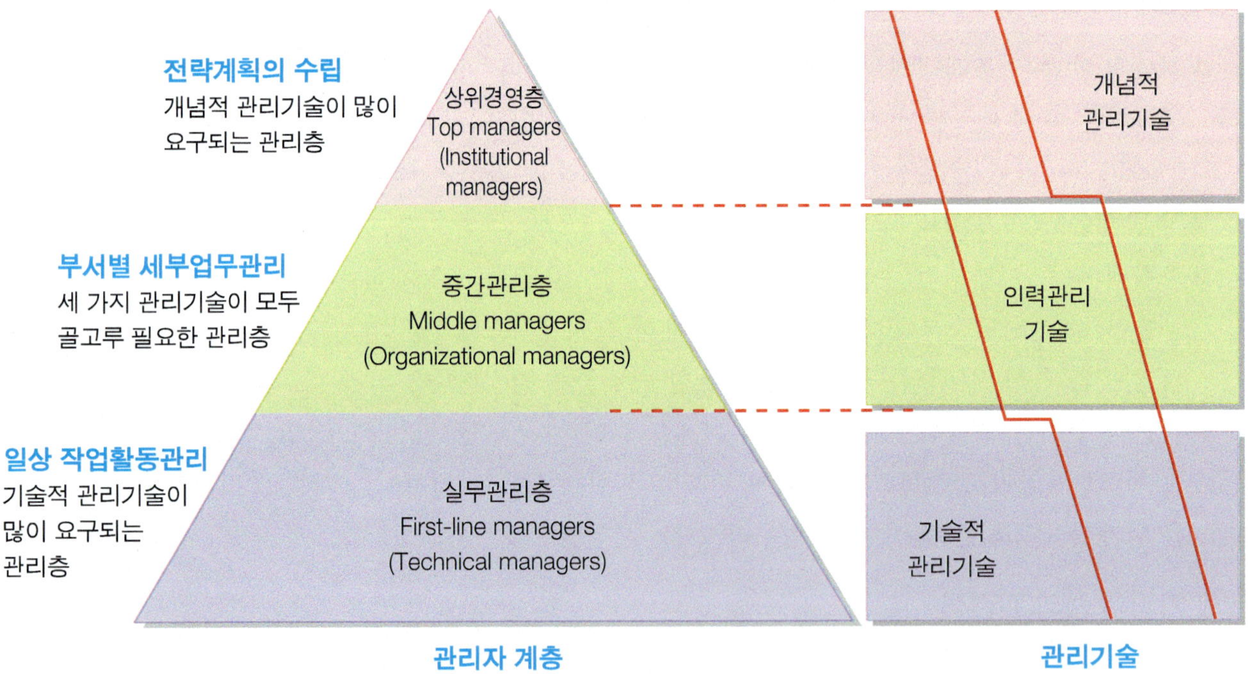

자료 : Katz(1972).

[Katz의 효과적인 관리자의 세 가지 기술]

- **기술적 관리기술** : 기술적 능력은 일상적인 작업을 관리하고 감독하는 실무관리자에게 가장 많이 필요한 능력이다. 실무부서 직원들이 맡고 있는 업무를 잘 수행하고 그 분야의 전문적인 기술을 잘 발휘하도록 관리자는 그 분야에 대한 전문지식, 실무능력, 기기 및 도구의 사용에 대한 전문성과 기술 등을 필요로 한다.
- **인력관리기술** : 인력관리능력은 모든 관리자층에 필요한 기술이다. 직원의 동기부여 및 사기진작 등은 실무관리자 층에 더욱 필요한 기술이고, 상위관리자 층에게는 외부사람들과의 효과적인 인간관계를 유지하는 것이 더욱 필요하다. 기업전체 부서간에 원활한 관계유지와 의사소통을 위해서 전체관리자들은 이러한 인력관리기술을 갖고 있어야 한다.
- **개념적 관리기술** : 개념적 능력은 외식기업을 큰 환경조직 안에서 정치, 경제, 사회적 영향력에 대해 이해하고 이에 대처하는 광범위한 의사결정을 하는 기술을 말하며, 상위관리자 층으로 갈수록 더욱 많이 요구되는 기술이다. 중간관리자나 실무관리자도 새로운 계획에 맞도록 작업을 설계하는 개념적인 기술이 어느 정도는 필요하다.

3) Mintzberg의 관리자 역할

Mintzberg는 경영자들의 역할에 대해서 〈그림 8-10〉과 같이 대인관계역할, 정보전달역할, 의사결정역할로 크게 분류하고 〈표 8-4〉와 같이 이를 다시 10가지의 세부역할로 구분하여 제시하였다.

그림 8-10 Mintzberg의 경영자의 역할

자료 : Mintzberg(1975).

표 8-4 Mintzberg의 경영자의 10가지 역할

역할		내 용
대인관계역할	대표자	대표자로서 행사참석, 내빈접견, 문서서명 등 상징적인 임무수행
	지도자	리더로서 부하직원 지휘, 동기부여, 상담, 커뮤니케이션 수행
	연결자	우편, 전화, 회의, 인터넷으로 조직 내외간 정보네트워크 연결
정보전달역할	정보탐색자	정보검색과 수집, 분석과 보고, 개인적 접촉을 통한 모니터링
	정보제공자	조직 내외에서 수집한 정보를 구성원에게 제공하고 전파
	대변인	대변인으로서 내부정보를 설명, 보고, 홍보, 인터넷으로 외부전달
의사결정역할	기업가	조직의 성장과 발전을 위해 새로운 사업기획이나 아이디어를 개발
	문제해결자	구성원의 갈등해결, 예기치 못한 환경적 위기나 애로사항해결
	자원배분자	경영자원의 적절한 배분, 사업의 계획, 예산집행의 우선순위 조정
	협상자	단체협약, 외부와의 구매 및 판매계약, 예산편성 협상임무

(1) 대인관계역할

사람들과의 관계에 초점을 두며, 대표자, 지도자, 연결자역할을 하는 것이다. 조직의 경영자는 조직의 대표자로서의 역할, 직원들을 격려하고 지원하는 지도자역할, 두개 이상의 다른 그룹을 잘 연결해 주는 연결자역할 등의 대인관계역할을 해야 한다.

(2) 정보전달역할

경영자들은 조직에 영향을 미칠 수 있는 정보탐색자 역할, 조직구성원들이 필요로 하는 정보를 적절하게 전달하는 정보제공자 역할, 조직의 내부와 외부사람들에게 기업의 경영이념 및 기업문화에 대한 정보를 주는 대변인으로서의 역할을 하는 정보전달역할을 수행해야 한다.

(3) 의사결정역할

경영자는 자발적으로 변화를 시도하는 기업가정신을 갖고 새로운 변화에 대처해 나가는 혁신적인 역할을 필요로 하며 위기상황이나 문제가 발생했을 경우 문제해결능력, 인적, 물적자원에 대한 자원의 배분 및 조직 내외와 외부의 여러 관계에서 거래와 계약을 체결하는 경우 협상자로서의 의사결정역할까지도 수행하게 된다.

논의 과제

1. 외식기업에 영향을 끼치는 거시적 환경요인에 대해 예를 들어 논의하시오.

2. 외식기업의 미시적 환경요인 중 외식기업의 내부고객인 직원관리의 중요성에 대해서 논의하시오.

3. 외식기업이 공중과의 관계를 위해 활동하고 있는 일들의 예를 들고 이에 대해 논의하시오.

4. 마이클 포터의 경쟁전략 수레바퀴의 각 요소들에 대해서 논의하시오.

5. SWOT분석을 이용한 전략수립단계에 대해서 논의하시오.

6. 전략적 경영을 위한 관리자의 역할과 ① Katz의 관리자 기술, ② Mintzberg의 관리자의 역할에 대해 논의하시오.

제9장

외식기업의 메뉴관리

학습 목표

- 외식산업에서의 메뉴의 정의와 중요성에 대하여 이해한다.
- 메뉴계획시 고려요인과 메뉴의 종류에 대해 알아본다.
- 외식메뉴의 가격전략에 대해 이해한다.
- 외식메뉴가격 산정의 기본개념과 방법에 대하여 알아본다.
- 외식메뉴에 대한 분석과 평가방법에 대해 알아본다.
- 외식사업의 신메뉴개발과 메뉴수명주기에 대해서 이해한다.

· **주 제** : 외식사업을 위한 메뉴관리

· **강의 방향** : 외식메뉴의 정의와 중요성, 계획시 고려요인, 가격전략 및 가격산정방법과 메뉴 분석 및 평가에 대해서 알아보고 신메뉴개발과 제품수명주기에 대해서 논의한다.

· **강의 시간** : 60분~75분 정도의 **3회 수업(180분~225분)**

1. 외식메뉴의 정의와 중요성	
1) 메뉴의 정의	외식메뉴의 정의에 대해서 알아본다.
2) 메뉴와 메뉴북의 중요성	메뉴의 레스토랑 운영과 고객경험 측면의 중요성을 알아보고 메뉴의 역할을 알아본다.
2. 외식메뉴의 계획	
1) 메뉴계획시 고려요인	메뉴계획시 고려할 물리적인 요인, 고객과 감각적인 요인에 대해서 알아본다.
2) 메뉴의 종류	메뉴의 스타일과 유형에 따른 메뉴의 종류에 대해서 알아본다.
3) 메뉴의 프레젠테이션 유형	메뉴 프레젠테이션 종류에 대해서 알아본다.
3. 외식메뉴의 가격전략	
1) 프리미엄 가격전략과 경제 가격전략	메뉴의 프리미엄 가격전략과 경제 가격전략에 대해서 알아본다.
2) 시장침투 가격전략과 상층흡수 가격전략	메뉴의 시장침투 가격전략과 상층흡수 가격전략에 대해서 알아본다.
3) 심리적 가격전략과 묶음 가격전략	메뉴의 심리적 가격전략과 묶음 가격전략에 대해서 알아본다.
4. 외식메뉴 가격산정의 기본개념과 가격산출	
1) 비용개념과 매출개념	메뉴가격산출의 이해를 위한 비용과 매출개념에 대해 알아본다.
2) 고객지향적 가격	고객지향적 메뉴가격에 대해서 알아본다.
3) 경쟁지향적 가격	경쟁지향적 메뉴가격에 대해서 알아본다.
4) 비용지향적 가격	가격팩터법과 프라임코스트법의 비용지향적 메뉴가격 산출에 대해서 알아본다.
5. 외식메뉴의 분석과 평가	
1) 고객의 입장에서의 평가	고객입장에서 메뉴를 평가하는 고객선호도와 인기지수에 대해서 알아본다.
2) 운영자입장에서의 평가	운영자입장에서 메뉴를 평가하는 Miller모델 MAM과 Kasavana모델 MEM에 대해서 알아본다.
6. 신메뉴개발과 메뉴수명주기	
1) 신메뉴의 정의	신메뉴의 정의와 혁신메뉴, 모방신메뉴, 메뉴확장에 대해서 알아본다.
2) 신메뉴의 개발단계	신메뉴개발의 5단계에 대해서 알아본다.
3) 메뉴수명주기	메뉴수명주기가 무엇인지 알아보고, 수명주기에 따른 매출액과 이익의 관계 및 연속성장형 수명주기에 대해서 알아본다.

메뉴는 레스토랑에서 제공하는 음식의 종류를 정리해둔 목록이상으로 고객에게 어떤 상품과 서비스를 제공할 수 있는지를 알려주는 청사진과 같은 것이다. 외식사업에서 가장 핵심이 되는 메뉴는 멋진 경험을 계획하고 레스토랑을 찾는 고객에게 첫인상을 제공하는 중요한 마케팅도구이다. 또한 관리자에게는 식재료의 원가관리, 비용통제 등 레스토랑 운영의 기본적인 지침이 된다.

1 외식메뉴의 정의와 중요성

1) 메뉴의 정의

메뉴는 사전적으로 「식사중 제공되거나 식당에서 주문할 수 있는 요리목록 또는 식당에서 제공되는 식품의 세부목록」이라고 정의된다. 용어의 혼돈을 피하고 구분을 명확히 하기 위해 본 장에서는 레스토랑에서 제공되는 개별음식상품 하나하나를 메뉴라하고, 이러한 음식상품들에 대한 정보를 정리하여 종이나 나무판, 혹은 식탁표면에 장착된 고정태블렛(tablet)이나 이동이 가능한 모바일 태블렛 등의 실질적인 도구를 이용하여 목록으로 작성된 것을 메뉴북, 메뉴판 혹은 태블렛메뉴 등으로 사용하고자 한다.

메뉴의 역할은 무척 중요하다. 메뉴는 마치 실내디자인은 무대의 배경과 장치가 되고 셰프와 서버는 배우가 되는 레스토랑이라는 무대에서 상영되는 방송프로그램과도 같다. 시청자들이 방송프로그램의 리스트를 보고 재미있을 법한 드라마나 쇼프로그램을 선택하듯이, 고객들은 레스토랑 메뉴북의 메뉴리스트를 보며 가장 최고의 가치를 얻을 수 있는 음식을 선택하게 된다. 고객에게 즐겁고 기억에 남는 추억을 남겨주고 행복한 경험을 줄 수 있는 멋진 프로그램이 되기 위해 열심히 연습하고 준비하는 무대위 배우들의 연기처럼, 레스토랑 무대에서 경영자의 연출에 따라 셰프가 만들고 직원들이 전달하는 훌륭한 메뉴가 고객의 욕구를 충족할 수 있도록 기억에 남는 최고의 프로그램이 되도록 해야 한다.

2) 메뉴와 메뉴북의 중요성

(1) 레스토랑 운영측면의 중요성

메뉴는 음식과 음료를 판매하는 레스토랑 운영의 핵심이 된다. 즉, 레스토랑에서 무엇을 생산할지, 어떤 식재료가 필요할지, 어떤 기기나 기구가 필요할지, 어떤 자격을 갖춘 인적자원이 필요할지 등을 지시해 주는 역할을 한다. 메뉴는 레스토랑의 계획, 가격책정, 주방과 홀의 설계 및 수익분석 등과 같은 중요한 경영활동을 수행하는 레스토랑 관리의 지침서가 된다.

메뉴를 보여주기 위한 도구인 메뉴보드, 메뉴북, 디지털키오스크는 고객이 제일 먼저 만나는 유형적인 단서로서 레스토랑 마케팅활동을 위해 가장 기본적이고 필수적인 판매촉진도구가 된다. 가격적인 면, 디자인적인 면을 통해 고객의 눈에 띄게하여 평균 객단가를 올리는데 기여할 수 있고 레스토랑의 전반적인 분위기에 맞는 특별한 음식의 매출액을 올릴 수도 있다.

(2) 고객의 경험측면의 중요성

레스토랑의 주요 상품은 식사의 경험이다. 음식, 음료, 분위기, 사회적 요인, 서비스와 함께 구성되는 고객의 경험은 고객의 주관적인 인식이며 메뉴는 고객경험의 주요한 일부가 된다. 메뉴가 레스토랑에서 제공하는 모든 것은 아니지만 고객은 메뉴를 통해서 어떤 음식과 서비스를 받을지 알 수 있다.

레스토랑에서는 메뉴북에 정리되어 있는 메뉴정보를 통해 고객과 소통을 한다. 메뉴에 대한 설명은 바로 고객에게 전달되는 정보를 의미하므로 고객은 메뉴북을 보고 음식이름, 식재료, 요리방법 등에 대해 알며, 어떻게 제공되는지도 알게 된다. 따라서 메뉴북은 고객에게 제공되는 상품과 서비스를 통해 고객이 어떤 것들을 경험할 지 알려주는 계약서와 같은 것이다.

(3) 메뉴의 역할

메뉴는 레스토랑과 고객, 두 입장 모두에게 여러 역할을 한다.
메뉴에 따라서 레스토랑 관리자들은

① 레스토랑의 운영방식을 결정한다.
② 주문해야 할 식재료들과 필요한 소모품을 결정한다.
③ 레스토랑의 주방과 홀의 레이아웃을 결정한다.
④ 필요한 장비, 기기, 기구 등을 결정한다.
⑤ 직원들이 어떤 기술이 필요한지를 결정한다.

⑥ 직원들의 작업스케줄을 결정한다.
⑦ 어떤 유형의 고객을 맞이해야 할지 결정한다.
⑧ 고객에 대한 서비스방식을 결정한다.

고객은 레스토랑의 메뉴를 통해

① 레스토랑의 전체적인 이미지를 파악한다.
② 어떤 상품과 서비스를 제공받을지를 예측한다.
③ 음식의 정보를 알 수 있어 레스토랑과 소통할 수 있다.
④ 방문목적에 맞는 음식을 선택할 수 있다.
⑤ 자신이 원하는 추구가치에 부합되는 음식을 선택할 수 있다.

〈그림 9-1〉에서 볼 수 있듯이, 햄버거를 판매하는 패스트푸드 레스토랑에서 고객은 햄버거

그림 9-1 햄버거 만드는 예를 통한 메뉴의 중요성 이해

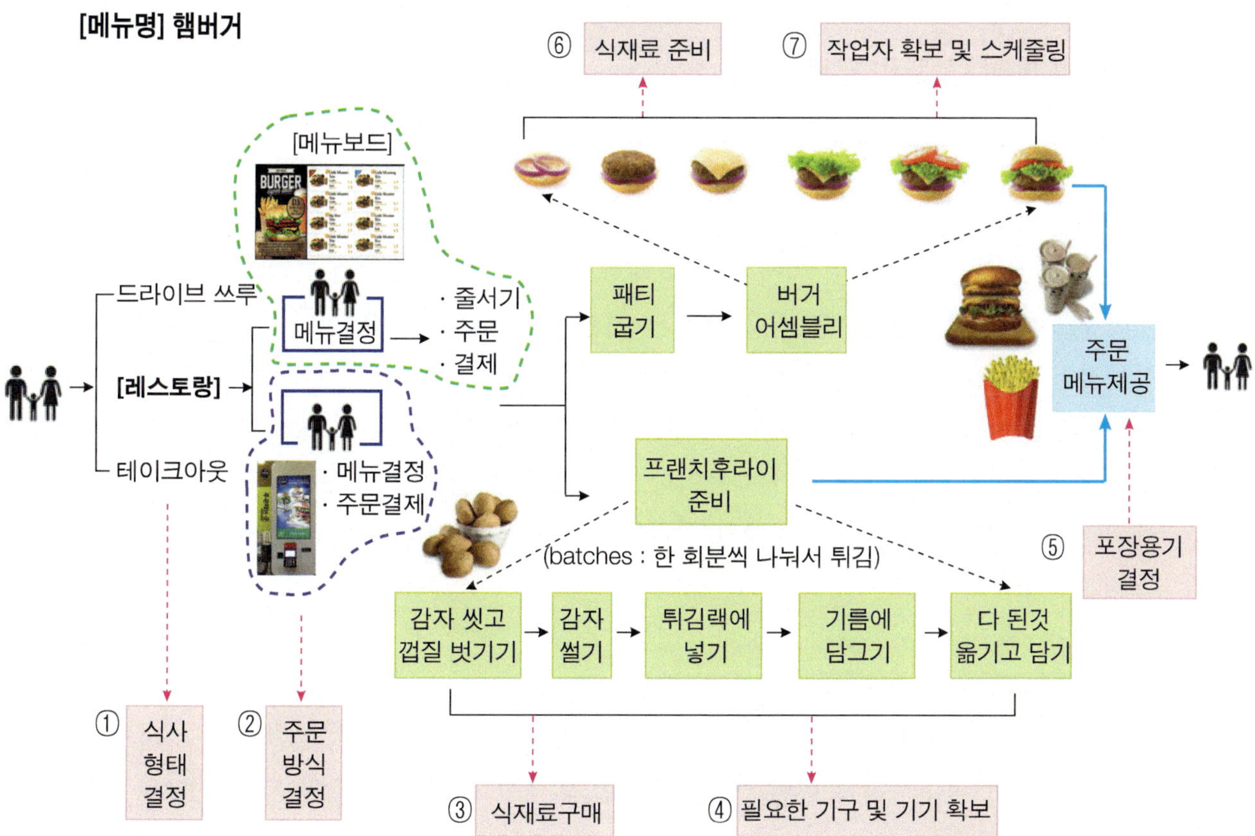

라는 메뉴를 통해 어떤 음식이고, 어느 정도 시간이 걸리고, 어떤 방식으로 서비스를 받게 될지에 대해서 예측할 수 있다. 패스트푸드 레스토랑에 입장한 고객은 어떤 형태로 식사할지, 어떤 방식으로 주문하고 결제할지를 결정하게 된다. 그 과정이 끝나고 잠시후에 음식을 받고 식사를 하게 된다.

레스토랑에서는 어떤 메뉴를 생산하는지에 따라서 식재료구매, 식재료손질, 재료준비, 필요한 기구나 기기확보, 적합한 직원채용, 교육, 훈련, 스케줄링, 포장방식결정 등의 모든 것이 결정된다. 따라서 외식점포를 운영하는 운영자들에게 어떤 메뉴가 더 추가되거나 없어진다는 것은 단순히 메뉴북에서 추가되고 사라진다는 것을 의미하는 것이 아니고 점포가 추구하는 영업방식에까지 영향을 미치게 된다.

2 외식메뉴의 계획

1) 메뉴계획시 고려요인

레스토랑의 메뉴는 레스토랑의 경영목표를 따르고 레스토랑 이미지와 일치되어야 한다. 또한 레스토랑의 업종과 업태의 특성을 반영하고 컨셉이 충분히 적용되어야 한다. 따라서 메뉴를 계획할 때는 주요 고객이 원하는 것과 레스토랑 컨셉이 일치되어 표현되어야 한다.

메뉴를 계획하여 새로운 음식을 만드는 것은 예술적인 작품을 만들어 내는 것과 같다. 즉 창의적인 생각을 음식으로 구현하여 고객에게 전달하는 것이다. 그렇다고 예술적인 부분만 고려되어서는 안 된다. 메뉴를 통하여 고객을 만족하게 하고 결국 레스토랑은 수익을 창출해야 하는 최종적인 기업목표가 있기 때문이다. 메뉴계획을 위해 고려해야 하는 여러 가지 요인들을 크게 「물리적인 요인」과 「고객과 감각적인 요인」의 두 가지로 구분하여 알아보도록 하자(그림 9-2 참조).

「물리적 요인들」은 학습이 가능하고 벤치마킹도 가능한 부분이다. 하지만 「고객과 감각적인 요인들」은 개별고객들의 느낌과 인식이 모인 결과물이므로 모든 고객이 다 만족하는 것은 쉬운 일이 아니다. 따라서 관리자는 고객과의 소통채널을 활용하여 고객의 의견이 메뉴에 충분히 반영되어 관리자적 측면인 「물리적 요인」과 「고객과 감각적 요인」이 균형을 이루는 메뉴가 되도록 해야 한다.

그림 9-2 메뉴계획을 위한 고려요인들

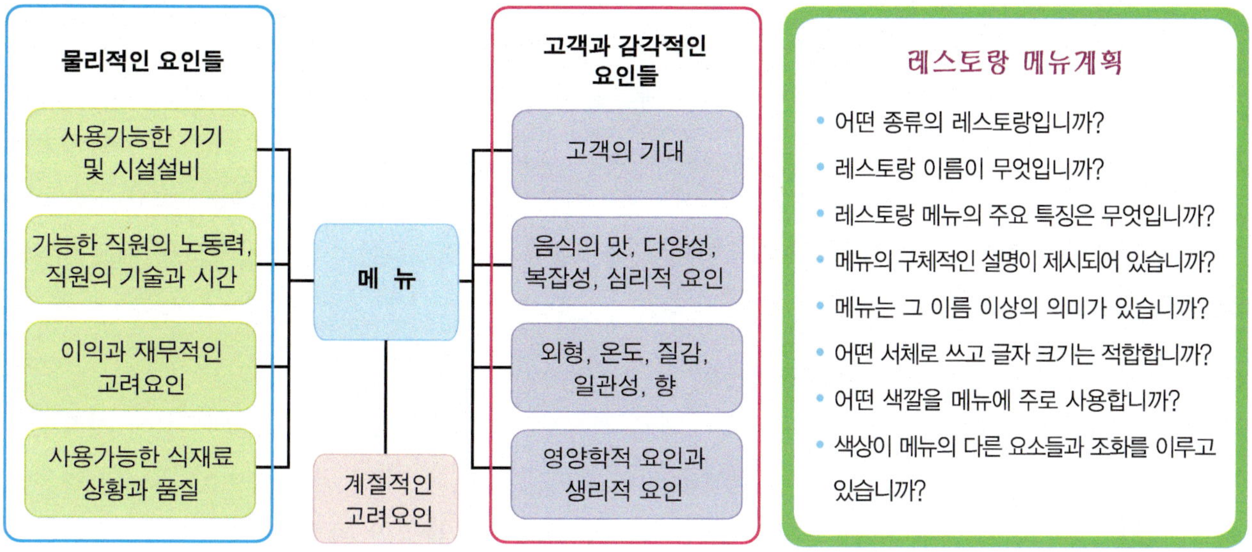

(1) 물리적 요인

■사용가능한 기기 및 시설설비

메뉴는 실제 생산하는 작업에 맞도록 계획되어야 한다. 레스토랑의 기기나 시설들은 적절한 수량의 메뉴를 생산하도록 계획되어야 품질유지가 가능하다. 특정 기기나 시설을 사용함에 있어 단시간에 과중한 부담을 주지않아야 한다. 오븐요리가 너무 많다던가, 튀김요리가 너무 많다던가 하여 한꺼번에 사용되는 기기로 인해 메뉴의 품질이 저하되지 않도록 해야 한다.

■가능한 직원의 노동력, 직원의 기술과 시간

오븐을 과하게 작동하면 음식이 타게된다. 주방에서는 사용되는 기기나 시설의 과중한 사용을 피하여 과부하가 되지 않도록 관리해야 한다. 이처럼 직원들도 초과업무에 시달리지 않아야한다. 기계는 오작동하거나 음식을 타게 하지만, 직원들은 힘들어도 인내심으로 참고견디기 때문에 그 한계를 모를 때가 있다. 하지만 직원들의 노동력이 점포의 소중한 자산임을 명심하고, 오랫동안 함께 할 수 있도록 해야 한다. 직원들은 배우고 학습할 수 있는 능력이 있으므로 더 존중되는 자산이고 훌륭한 교육프로그램으로 직원에게 새로운 기술 새로운 역량을 가르칠 수 있다. 메뉴를 계획할 때는 ①현재 직원들의 기술을 활용해야 하고 ②그렇지 않은 경우라면 시간과 비용을 들여 새로운 기술을 습득하도록 해야 한다.

■ **이익과 재무적인 고려요인**

레스토랑의 유형에 따라 고객이 어느 정도 기꺼이 지불할 것인지 고려하여 고객의 기대에 부응하는 메뉴가격을 책정해야 한다. 레스토랑 고객들이 가격에 매우 민감하다면, 레스토랑의 메뉴는 고객의 이러한 특징을 반영하여 메뉴를 구성해야 한다. 대부분의 고객들은 지불한 돈에 대비하여 최대한의 효과를 누리기를 원한다. 지불한 가격은 고객의 마음에 적절한 가치의 범위를 나타낸다. 따라서 레스토랑의 메뉴관리자는 고객의 추구가치를 충족하고, 고객이 기꺼이 지불할 수 있는 범위에서 레스토랑의 운영비용을 충당하고 이익이 보장되도록 메뉴가격을 책정하여야 한다.

■ **사용가능한 식재료 상황과 품질**

식재료의 수급상황이나 품질은 고객에게 제공되는 상품의 생산과 메뉴의 품질에 직접적으로 영향을 끼친다. 예를 들어, 고객에게 와인을 제공하는 레스토랑이라면 어느 정도의 와인종류를 갖추고 있어야 한다. 그렇지 못한 경우 단골고객이 특정한 와인을 마시고자 할 때 당황하게 될 수도 있다. 메뉴에 리스트 되어 있는 음식이나 음료는 고객이 원하면 제공할 수 있도록 구색을 갖추고 있어야 한다. 이와 유사한 상황이 계절식품에서도 나타날 수 있다.

■ **계절적인 고려요인**

메뉴계획시 식재료의 계절적인 공급상황에 대한 이해가 부족하면 서비스에 지장이 생길수 있다. 겨울철에 비싼과일을 메뉴에 계획한 경우는 메뉴생산비용이 증가되므로 이런 경우는 다른 과일로 대체해야 한다. 또한 겨울보다 여름에 샐러드를 더 많이 제공할 수 있고 겨울에는 수프를 더 많이 제공할 수도 있다. 이러한 사계절에 관련된 계절성 이외에도 1년에 한번 반복되는 특별한 이벤트날이나 명절 또는 지역에서의 축제 등을 기념하여 그날에 꼭 먹어야 하는 음식이 있다면 레스토랑에서도 이점을 고려하여 메뉴를 계획할 수 있다.

(2) 고객과 감각적 요인

■ **고객의 기대**

메뉴를 계획할 때는 주요 고객들이 무엇을 위해 레스토랑을 방문하는지 파악해야 한다. 우선 어떤 고객이 주요 고객인지, 그들이 왜 이 레스토랑에 방문하는지, 그리고 어떤 욕구를 충족하고자 하는지 등의 고객정보를 파악해서 메뉴계획에 고려해야 한다. 모든 고객들의 요구를 듣기보다는 이 레스토랑에서 목표로 하는 주요 고객층에 맞는 메뉴계획이 이루어져야 한다.

■ 음식의 맛, 다양성, 복잡성, 심리적 요인

음식과 관련된 즐거움은 감각적인 자극을 극대화하는 것이고 이것은 음식의 맛을 변화시킴으로써 가능하다. 영화제작자가 새로운 스릴러를 만들기 위해 더 정교한 특수효과를 개발하는 것처럼, 메뉴계획도 고객의 관심을 끌기 위해 다양성과 복잡성이 더욱 더 가미되어야 한다. 고객에게 즐거움과 자극을 주기 위해 새로운 맛을 찾고 개발하고, 맛뿐 아니라 음식의 조리된 모양, 담겨진 모양, 표현, 새로운 식재료 등으로 변화를 줄 수 있다. 또한 독특한 조리방법, 복잡한 조리기술 등을 이용하여 음식의 가치를 더욱 높이려는 노력이 필요하다.

■ 외형, 온도, 질감, 일관성, 향

고객들은 입맛을 제외한 다른 감각을 이용하여 음식을 평가하기도 한다. '눈으로 먹는다'는 말은 시각적인 자극으로 고객에게 매력적으로 보일 수 있다는 것이고 음식의 냄새로 사람들의 식욕을 자극하기도 한다. 음식을 맛 볼 때 느끼는 온도, 질감 및 일관성에 따라서도 음식에 대한 선호정도가 달라진다. 어떤 색상의 재료를 사용하는지, 어떤 모양으로 썰거나 다져서 사용하는지 등에 따라 음식에 대한 이미지와 느낌이 다르게 된다. 이러한 모든 면에서 다양하고 새로운 경험이 될 수 있도록 메뉴를 계획하여야 한다.

■ 영양학적 요인과 생리적 요인

어떤 사람에게 배고픔은 불안을 유발하게 하므로 음식에 대한 최고의 가치는 포만감의 가치라고도 한다. 좌절하거나 혼란에 빠지면 과식하는 사람도 있다. 사람들은 음식을 통해서 배고픔의 욕구를 충족하고 신체에 에너지를 공급하고 영양적으로 부족한 부분을 채우기도 한다. 건강과 웰빙에 관심이 많은 고객들은 지방과 당분을 줄이고 단백질과 채소로 구성된 메뉴를 찾을 것이다. 이러한 건강한 식생활의 최근 추세로 인해 많은 레스토랑에서 저칼로리 및 저탄수화물 옵션을 제공하고 있다.

2) 메뉴의 종류

■ 메뉴스타일

메뉴스타일은 레스토랑의 운영방식에 따라 고객에게 다르게 제시될 수 있다. 대표적인 메뉴스타일의 유형은 메뉴품목의 변화정도, 즉 한번 계획한 메뉴를 유지하는 기간에 따라 구분하는 고정메뉴와 순환메뉴의 유형이 있다. 또한 메뉴를 구성하는 식사내용과 가격 등에 따라 구분하는 정식메뉴라고도 하는 따블도트메뉴와 일품요리메뉴라고도 불리는 알라카르트메뉴, 두 가지가 혼합된 방식의 컴비네이션 메뉴를 들 수 있다.

메뉴품목의 변화정도에 따른 구분	
고정메뉴 (fixed menu/ static menu)	메뉴의 내용이 거의 변화되지 않는 메뉴를 말한다. 이러한 메뉴는 대체로 패스트푸드 레스토랑, 스테이크하우스, 분식점, 김밥점 등에서 주로 많이 사용된다. 일단 메뉴가 한번 만들어지면 계속해서 사용되는 메뉴이다.
순환메뉴 (cycle menu)	일정한 주기를 갖고 변동되는 메뉴로 학교, 병원 등의 단체급식에서 많이 사용된다. 기간은 대체로 7일, 21일 또는 10일이나 또 다른 기준에 의해 주기를 만들기도 한다. 한 주기가 끝나면 다시 첫 날의 메뉴로 돌아가는 방식으로 운영된다. 되도록 고객들이 주기를 느끼지 않는 것이 좋다. 계절별로 순환메뉴를 만들면 계절에 따른 손쉬운 식재료를 사용한다는 이점이 있다.

메뉴를 구성하는 식사내용과 가격에 따른 구분	
정식메뉴/ 따블도트메뉴 (table d'hôte menu)	일반적으로 가격이 정해져 있는 코스요리로, 2~3개 코스나 그 이상의 코스로 구성되어 있다. 모든 형태의 메뉴는 애피타이저, 주요리(앙트레) 및 디저트로 나뉘고, 식사의 각 부분에서 고객은 제한된 선택을 할 수 있다. 예를 들어 애피타이저는 수프, 샐러드, 다른 종류의 애피타이저중 선택하고, 주요리는 쇠고기, 닭고기, 돼지고기, 생선 또는 채식음식중에 선택 할 수 있다. 디저트도 다양한 종류 중에 한 가지를 선택할 수 있다.
일품요리메뉴/ 알라카르트메뉴 (á la carte menu)	모든 요리가 개별적으로 메뉴마다 가격이 정해져 있어 고객이 선택한 음식에 대해서만 비용을 지불한다. 어떤 메뉴가 고객들이 많이 선택할지 예측하기가 어려워 수익창출을 위해서는 고객의 선호도 조사가 필요하다.
결합메뉴/ 컴비네이션 메뉴 (combination menu)	정식메뉴와 일품요리메뉴가 결합된 방식으로 운영된다. 특별한 연회나 행사를 주관하는 경우, 고객의 국적 및 특성을 고려하여 정식메뉴와 일품요리를 혼합하여 메뉴를 제공하기도 한다.

■ 메뉴유형

레스토랑에서 음식이 제공되는 식사시간에 메뉴가 제공되는 고객, 제공되는 메뉴의 종류, 제공되는 방식에 따라 메뉴의 유형이 다음과 같이 구분될 수 있다.

제공되는 시간	제공되는 대상	제공되는 음식	제공되는 방식
· 아침메뉴 · 점심메뉴 · 저녁메뉴	· 어린이메뉴 · 실버메뉴	· 알콜음료메뉴 · 디저트메뉴 · 민족음식메뉴	· 룸 서비스메뉴(호텔) · 테이크아웃메뉴

3) 메뉴의 프레젠테이션 유형

메뉴의 프레젠테이션은 고객에게 보여지는 방식이다. 이를 위한 유형으로는 전통적으로 사용된 종이에서부터 나무, 플라스틱, 메뉴보드, 야외, 온라인, 모바일, 태블렛까지 다양한 방법이 있다.

프레젠테이션 종류	내 용
종 이	종이에 인쇄된 방식으로 레스토랑 방문고객에게 메뉴가 제공된다. 대부분 널리 사용되어온 형식이며 종이에 내용을 인쇄하는 방식으로 수정과 보완이 용이하고 비교적 저렴하다.
메뉴보드	패스트푸드 레스토랑과 같이 보드를 사용하여 고객이 메뉴를 한눈에 볼 수 있도록 벽이나 카운터 상단의 높은 곳에 설치한다. 메뉴가 바뀔 때는 회전하거나 교체하는 방식으로 관리한다.
디지털디스플레이/키오스크	디지털디스플레이는 디지털화면으로 메뉴를 보여주는 방식이고, 키오스크는 고객이 직접 메뉴정보를 보면서 주문과 결제를 할 수 있는 시스템이다. 이러한 방식은 컴퓨터 내용의 수정으로 메뉴수정이 비교적 용이하다.
야외/레스토랑 외부	레스토랑 외부에 메뉴복사본을 제공하거나, 야외에 보드를 만들어 유리에 끼워서 관리하는 방식으로 고객이 매장으로 들어오기 전에 미리 메뉴를 파악하도록 정보를 제공한다.
온라인	온라인웹사이트, 레스토랑의 홈페이지를 통해서 메뉴를 제공하기도 한다. 온라인메뉴를 가지고 있는 대부분의 레스토랑은 온라인으로 주문할 수 있고, 결제도 가능하다.
태블렛/테이블탑디스플레이	고객이 자리에 앉아서 모바일 태블렛이나 식탁위에 장착된 모니터를 통해 메뉴확인, 주문결제까지 가능하다. 글보다는 그림으로 모든 정보를 전달하도록 구성하는 것이 좋다. 고객들은 태블렛을 이용하여 메뉴정보를 얻고, 주문도 하고, 간단한 게임도 할 수 있다.

3 외식메뉴의 가격전략

외식기업은 적합한 가격전략을 활용하기 위해 운영하고 있는 레스토랑의 특징을 파악하고 해당 점포의 주요 상품과 서비스에 가장 잘 맞는 가격전략을 연구하고 개발해야 한다. 시장에서 경쟁이 치열한 기존 제품과 새롭게 도입된 신제품에 대해서는 다른 가격전략이 적용될 수 있다. 외식기업에서 활용할 수 있는 가격전략방법을 세 가지 기준으로 나누고 다시 각각 두 가지 가격전략으로 구분할 수 있다. 먼저 가격측면을 기준으로 프리미엄 가격전략과 경제 가격전략으로 나눌 수 있고, 목표시장을 기준으로 시장침투 가격전략과 상층흡수 가격전략으로 구분할 수 있으며, 소비자의 심리측면을 고려한 심리적 가격전략과 묶음 가격전략으로 구분하여 비교할 수 있다.

1) 프리미엄 가격전략과 경제 가격전략

(1) 프리미엄 가격전략(premium pricing strategy)

외식기업에서 기존에 시중에서 판매되고 있는 유사한 제품보다 뚜렷한 경쟁우위를 가진 신제품을 출시할 때, 경쟁제품보다 높은 가격의 프리미엄 가격전략을 사용한다. 외식기업은 고객이 높은 가격의 상품가치를 알 수 있도록 기업 이미지를 만들기 위해 노력해야 한다. 더 높은 품질로 상품에 대한 좋은 인식을 창출하는 것 외에도, 마케팅, 제품의 외형, 포장, 및 매장 내부의 장식 등을 높은 가격의 수준에 맞게 갖추어 프리미엄 가격가치의 이미지를 뒷받침해줄 수 있도록 회사의 노력이 필요하다. 스타벅스 커피와 비교하여 스타벅스 리저브 브랜드는 프

스타벅스 리저브 브랜드

월마트의 가격전략

리미엄 가격전략의 예가 될 수 있다.

(2) 경제 가격전략(economy pricing strategy)

경제 가격전략은 최소한의 이익을 내기위해 최소한의 가격을 책정하는 전략이다. 이 가격전략의 핵심은 저렴한 가격으로 많은 양의 상품과 서비스를 판매하는 것으로, 기업은 마케팅 및 판촉비용을 최소화한다. 그러나 월마트와 같은 대기업은 이러한 저렴한 가격전략을 활용하여도 많은 판매량으로 기업을 유지할 수 있지만, 작은 기업들은 저렴한 가격에 충분히 상품판매량이 나오지 않으면 기업을 유지하는데 어려움이 있으므로 이러한 전략을 사용하는 데는 더욱 심사숙고하여야 한다.

2) 시장침투 가격전략과 상층흡수 가격전략

(1) 시장침투 가격전략(market penetration pricing strategy)

시장침투 가격전략은 충성도 구축 또는 시장진입 도구로 사용된다. 빠른 시간안에 시장에 침투하여 목표한 시장점유율을 달성하고자 할 때 활용하는 도입기 저가전략이라고도 한다. 낮은 가격의 고품질상품으로 강력한 경쟁업체가 있어도 새로운 시장진입에 유리하여 처음부터 고객에 대한 충성도를 구축할 수 있다. 탁월한 첫 번째 상품에 '매료되어' 고객의 평생가치를 획기적으로 높일 수 있다.

고객들이 가격에 민감한 시장이나 상품차별화가 어려운 경우 또는 시장의 후발주자로서 기존 경쟁자로부터 고객을 빼앗고 시장점유율을 확보하기 위해 이러한 저가전략을 사용한다. 처음에는 기업이 손실을 볼 수도 있지만 시장침투력을 강화한 후에 수익성 있는 수준으로 가격을 인상할 것으로 기대하고 이러한 전략을 사용한다.

(2) 상층흡수 가격전략(market skimming pricing strategy)

상층흡수 가격전략은 도입초기의 메뉴에 비교적 높은 가격을 책정하여 시장에서 상층부의 고객들에게 매력있게 보이고자 하는 가격전략이다. 커다란 잠재시장의 작은 일부인 최상층의 고객들에게 대단히 가치가 높다고 생각할 만한 최고의 상품이나 서비스를 최고높은 가격에 제공하는 전략이다. 시간이 지날수록 점차로 가격을 낮추는 것을 기대하고 수명주기가 짧은 상품에 주로 사용된다. 시장도입기에는 개발비와 광고선전비 등 초기투자비를 조기에 회수하기 위해 높은 가격으로 책정했다가 이후에는 후발주자들의 시장진입을 방어하기 위해 가격을 낮추는 전략으로도 활용되는 가격전략이다.

3) 심리적 가격전략과 묶음 가격전략

(1) 심리적 가격전략(psychological pricing strategy)

외식기업에서는 고객의 상식적인 논리보다 감정을 기반으로 상품을 구입하도록 유도하는 심리적 가격전략을 사용하기도 한다. 햄버거가격을 1000원이 아닌 990원으로 정하는 경우를 예로 들 수 있다. 1000과 990원의 차이는 비록 적지만 고객들은 990원을 상당히 싸다고 인식한다.

유사한 방법으로 홀수가격을 책정하여 고객의 충동구매를 자극하는 방법도 있다. 이것은 5000원보다는 4750원, 4770원 등의 가격을 사용함으로써 고객이 순간적으로 훨씬 싸다고 느끼게 하는 방법이다. 또한 포장판매를 하는 외식기업이나 테이크아웃 점포, 샐러드바처럼 완전제조된 음식을 중량으로 판매하는 곳에서 중량단위로 가격을 책정하는 경우도 100g당 가격을 적어두어 실제로 500g을 구입하는 고객은 훨씬 더 싸다는 느낌을 갖게 유도하는 방법도 심리적 가격전략을 이용한 경우이다.

(2) 묶음 가격전략(bundling pricing strategy)

외식업에서는 몇 가지 메뉴들을 혼합하여 묶음가격으로 구입하는 것이 각각의 메뉴를 별도로 구입하는 것보다 더 저렴하도록 하는 가격전략을 종종 사용한다. 이러한 가격전략을 묶음가격전략 혹은 번들링 가격전략이라고 한다. 묶음가격은 지불하는 돈을 고려했을 때 매우 매력적이고 가치 있는 거래라는 인식을 준다. 패스트푸드 레스토랑의 세트메뉴 가격이 그 예가 될 수 있다. 세트메뉴는 가치있는 메뉴라는 의미로 「value meal」이라고 불린다. 햄버거, 콜라, 프랜치프라이스를 개별의 메뉴로 구입하는 것보다 한꺼번에 구입할 때 훨씬 더 경제적으로 가치 있다는 의미인 것이다.

레스토랑에서 특정 요일에 주요리가 포함된 무료디저트를 제공 할 수 있다. 주요리와 디저트를 따로 구입하는 가격에 비해, 특정 주요리를 구입할 경우 무료디저트가 제공되는 묶음가격을 통해 디저트재료를 빠르게 소진시킬 수도 있고 고객에게 더 가치 있는 식사를 제공할 수도 있고 주중의 한가로운 시간에 고객의 방문을 유도할 수도 있다.

4 외식메뉴 가격산정의 기본개념과 가격산출

1) 비용개념과 매출개념

메뉴의 가격을 정할 때 관리자는 마케팅적인 지식과 회계적인 지식이 필요하다. 마케팅적으로 접근하면 메뉴가격은 시장에서 경쟁적이면서 고객의 눈에 띄어야 한다. 반면에 회계적인 접근은 레스토랑의 이익에 공헌하는 가격이어야 한다. 이를 위하여 먼저 비용과 매출개념에 대해서 알아보고자 한다.

(1) 비용(cost)

레스토랑에서의 비용은 크게 식재료 구매비용과 인건비로 지불되는 비용의 두 가지로 구분할 수 있다.

- **식사와 음료를 판매하는 레스토랑에서의 비용**은 메뉴나 서비스가 제공되어 고객에 의해 소비될 때 발생하는 비용이다. 또한 음식이나 음료는 사용된 음식, 낭비된 음식 또는 그 이외의 이유로 섭취한 음식 등, 더 이상 원래의 목적을 위해 사용할 수 없는 경우도 모두 비용으로 처리한다. 따라서 한 조각의 고기가 손상되었거나, 도난당해 요리로 제공하지 못하는 경우 폐기되어서 음식조리에 더 이상 사용할 수 없는 모든 경우에서 고기조각의 비용이 발생하게 되는 것이다.
- **인건비로 지불되는 노동비용**은 직원이 일을 하고 있든 안하고 있든, 근무가 끝났을 때 인건비를 받든 나중에 인건비를 받든, 어떤 상황이든지 직원이 「근무중(on-duty)」이면 발생하는 비용이다.
- **비용의 표현** : 모든 비용은 어떤 단위를 기준으로 나타낸다. 즉 식음료비용은 중량, 부피 등의 단위를 사용하여 고기비용은 한 조각의 그램(g)당 가치로, 노동비용은 시간당 가치(예: 시간당 급여) 또는 주당 가치(예: 주간 급여) 등으로 표시할 수 있다.

(2) 매출(sales)

일반적으로 「매출」이라는 용어는 가치를 위한 제품과 서비스의 교환활동으로 인해 얻어진 수익으로 정의될 수 있다. 레스토랑에서는 고객이 원하는 가치를 위해 식사메뉴와 음료를 교환하여 매출이 이루어진다. 다른 방법도 있겠지만 일반적으로 매출은 금전으로 표현된다.

- **총 매출액**(total sales) : 주, 달, 년과 같이 주어진 기간동안 돈(원, 달러 등)으로 표시되는 전체 판매량을 지칭하는 용어이다.
- **범주에 따른 매출액**(by category) : 레스토랑에서 정하는 메뉴의 카테고리별 분류기준에 따른 매출액을 말한다. 즉 총 식품매출액, 총 음료매출액, 총 스테이크 매출액 등을 예로 들 수 있다.
- **좌석에 따른 매출액**(by seat) : 보통 1년 동안 총 매출액을 레스토랑 좌석수로 나눈 값이다.
- **판매가격**(sales price) : 판매가격은 특정 메뉴의 한 단위를 구매할 때 청구되는 금액이다.
- **평균매출**(average sales) : 레스토랑의 평균매출은 일반적으로 고객당 평균매출을 이용하고 이를 평균객단가(average check)라고 하며, 총 매출액을 고객수로 나누어 산출한다.

평균객단가(average check) = 총 매출액 ÷ 총 고객수

예) 평균매출(평균객단가) = 총 매출액(5,076,000원) ÷ 고객수(423명) = 12,000원

(3) 메뉴가격 산정의 기본방법

레스토랑에서는 모든 메뉴항목에 대한 판매가격을 설정해야 한다. 가격을 결정하기 전에 관리자는 어떤 방법에 의해 가격을 결정할지 정하는 것이 좋다. 다음 세 가지 방법으로 메뉴가격을 산정할 수 있다. 이에 대해 좀 더 알아보기로 하자.

첫째, 고객지향적 가격

둘째, 경쟁적 가격

셋째, 비용지향적 가격

2) 고객지향적 가격

고객지향적 즉, 수요지향적 접근이나 고객의 인지된 가치에 따른 가격책정법은 고객관점에서 메뉴를 보고 고객입장에서 생각했을 때 그 메뉴가 얼마의 가치가 있을지에 따라 가격을 정

하는 것이다. 레스토랑 관리자가 생각하는 가치가 아니고 고객이 생각하는 인지된 가치를 고려해야 한다.

식사테이블 옆에서 불꽃장식으로 마련되는 특별한 디저트를 먹으면서 고객은 특별함을 느끼고, 음식만 먹었을 때 보다 더 가치를 느낄 수도 있다. 이러한 가치라면 가격이 그리 문제가 되지 않기도 한다. 고객이 생각하는 인지된 가치는 식탁위 접시에 담긴 음식 이상의 것이다. 고객들은 직접 만든 수제빵에 더 지불할 의사가 있고 셀프서비스보다는 풀서비스에 더 가치를 부여하고 딱딱한 환경보다는 아늑한 환경에 브랜드이름을 가진 멋진 레스토랑에 더 가치를 부여하곤 한다.

3) 경쟁지향적 가격

경쟁적 가격책정은 경쟁업체가 부과하는 비용을 기준으로 제품의 가격을 책정하는 것이다. 이 가격책정방법은 유사한 제품을 판매하는 업체끼리 많이 사용되는 방법이다. 이러한 유형의 가격책정 전략은 일반적으로 제품이나 서비스수준이 거의 비슷한 평균수준에 도달한 이후 사용되며, 제품이 장시간 시장에 출시되어 제품에 대한 많은 대체물이 있을 때 주로 사용된다. 많이 사용되는 방법이기는 하지만 업체마다 식재료가 조달되는 방법이 다르고 원가와 매출정도가 다르기 때문에 그대로 적용하는 것보다는 해당 레스토랑의 상황이 고려된 가격이 책정되는 것이 바람직하다.

4) 비용지향적 가격

비용지향적 가격책정법은 가장 오래된 방법이지만 레스토랑의 이익을 보장하기 위해 여전히 업계에서 제일 많이 사용되는 방법이다. 가격을 정할때 레스토랑의 운영에 관련되는 모든 비용을 고려하여 가격을 정하는 방법이다. 즉 임차료, 요리사 임금, 식당의 가스 및 전기사용료 등의 모든 간접비를 고려하고 이윤을 생각해야 한다. 소유주는 사업의 가치를 위해 수익을 올려야 하고 그 수익에는 소유자의 임금, 레스토랑의 유지·관리 등의 능력도 포함된다. 간접비비율에 원하는 이익비율을 추가하여 비용지향적 가격을 정하게 된다.

(1) 가격팩터법(factor pricing method)

가격팩터법은 마크업(mark up)방법이라고도 부르고 단순한 계산으로 가격을 산출할 수 있어 많이 사용되고 있다. 판매가격을 결정하기 위해 ①식재료원가와 ②식재료비율(혹은 목표원가율)이 필요하다. 식재료비율은 식재료에 사용되는 비용이 어느 정도가 바람직한지에 따라 결정하는 목표원가율이다.

메뉴의 식재료원가와 가격팩터를 곱하여 판매가격을 정하는데 가격팩터는 100을 식재료비율로 나눈값으로 정한다. 만약 30%가 바람직한 식재료비율이라고 한다면 가격팩터는 100/30=3.33이 되는 것이다.

이 방법은 유용하게 사용되긴하지만 식재료비용 이외에 다른 비용이 전혀 고려되지 않아서 정확한 가격산출이라 보기는 어렵다. 예를 들어, 가공되지 않은 원재료를 구입하여 음식을 만드는 경우는 완전가공품으로 음식을 만들때 보다 인건비 지출이 더 많게 되는데 이러한 비용이 고려되지 않는다.

판매가격 = 메뉴의 식재료원가 × 가격팩터 〔가격팩터 = 100% ÷ 식재료비율〕

비빔밥가격 = 비빔밥의 식재료원가 × 가격팩터(3.33)
= 1500원 × 3.33 = 4995원 =〉 약 5000원의 판매가격이 된다.

(2) 프라임코스트법(prime cost method)

프라임코스트법은 메뉴의 식재료원가와 그 메뉴의 생산을 위한 직원의 직접 인건비를 포함하여 가격을 산출한다. 두 가지 비용이 고려된 프라임코스트 비용을 이용하여 앞에서 제시한 가격팩터법과 같은 방식으로 판매가격을 정하면 된다. 그러나 이렇게 산출된 판매가격에도 서비스, 위생 또는 행정과 같은 업무에 소요되는 비용은 포함되지 않는다는 것을 인지해야 한다.

프라임코스트 = 메뉴의 식재료비 + 해당 메뉴생산을 위한 직접 인건비
판매가격 = 메뉴의 프라임코스트 × 가격팩터

식재료비율 : 35%, 직접 인건비율 : 8% [프라임코스트비율 : 35% + 8% = 43%]
가격팩터 = 100% ÷ 43% = 2.32

불고기백반의 프라임코스트 = 불고기백반 식재료원가 + 불고기백반 생산을 위한 직접 인건비
= 4000원 + 1500원 = 5500원
불고기백반의 판매가격 = 불고기백반의 프라임코스트 x 가격팩터
= 5500 × 2.32 = 12,760원 =〉 약 13,000원이 판매가격이 된다.

5 외식메뉴의 분석과 평가

메뉴개발 이후 레스토랑에서 그 메뉴가 판매되기 시작하면 제공하는 메뉴가 잘 계획된 것인지 혹시 수정이 필요한지 알아봐야 한다. 레스토랑 메뉴에 대한 평가는 두 가지 측면에서 접근될 수 있다.

첫 번째는 고객의 입장으로 제공하는 메뉴에 대해서 목표고객층들이 과연 이러한 메뉴에 만족하는지, 이에 대한 반응이 어떠한지에 대해서 알아야 한다.

두 번째는 운영자입장으로 제공하는 메뉴들이 수익성이 있는지, 더 수익을 높일 수 있는 방법은 없는지 등에 대해서 파악해야 한다.

1) 고객의 입장에서의 평가

(1) 고객선호도

레스토랑 메뉴에 대한 고객의 의견이 어떤지 알아보는 가장 기본적인 방법은 고객에게 어떤 메뉴가 가장 좋았는지, 선택했던 메뉴가 얼마나 좋았는지 등의 선호도를 직접 물어보는 것이다. 간단한 앙케이트 조사지나 커멘트카드(comment card)를 만들어서 의견을 구할 수 있다.

선호도는 개별 메뉴항목에 대해서 선호정도에 표시하여 계량화된 숫자로 그 정도를 비교할 수 있다. 선호도가 높은 것이 꼭 많이 팔리는 것은 아니다. 선호하는 음식과 구입해서 먹는

그림 9-3 고객 선호도조사의 예

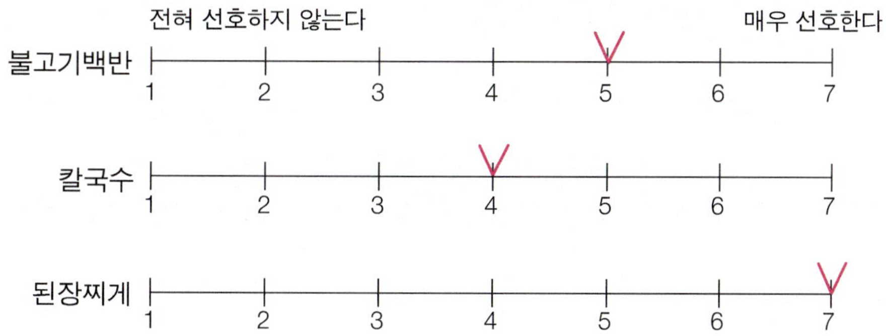

음식의 기준이 다를 수도 있다는 것이다. 〈그림 9-3〉에 제시된 예를 보면 된장찌개의 선호도가 7로 가장 높고, 칼국수의 선호도는 4로 조사되어 제시된 세 가지 메뉴중에 가장 낮게 나타났다.

(2) 인기지수(popularity index)

레스토랑에서 특정 메뉴들이 어느 정도 팔리는지 알아보면 그 메뉴의 인기지수를 구할 수 있다. 레스토랑 매출자료를 모을 수 있는 정교한 POS(point of sale)같은 시스템이 있기 전에도 관리자들은 메뉴를 평가하였다. 즉, 어떤 특정 기간 동안 판매된 모든 메뉴항목의 합계와 그 기간에 판매된 각 메뉴항목의 비율을 이용하여 인기지수를 구할 수 있다.

인기지수는 메뉴항목의 비용정보는 고려하기 어렵고, 특정 기간의 단순한 비율을 나타내기 때문에 서로 다른 기간의 지수를 숫자만으로 비교하는 것은 그다지 큰 의미가 없다. 간단한 분석이지만 전체 메뉴항목에 대한 상대적인 인기도에 대한 고객반응을 조사한다는 점에서 의미가 있다. 〈그림 9-4〉를 보면 비빔밥 인기지수가 30.37%로 가장 높게 나타났고 그 다음은 김치찌개, 된장찌개순이고, 불고기백반의 인기지수가 9.26%로 가장 낮게 나타났다.

그림 9-4 인기지수 분석의 예

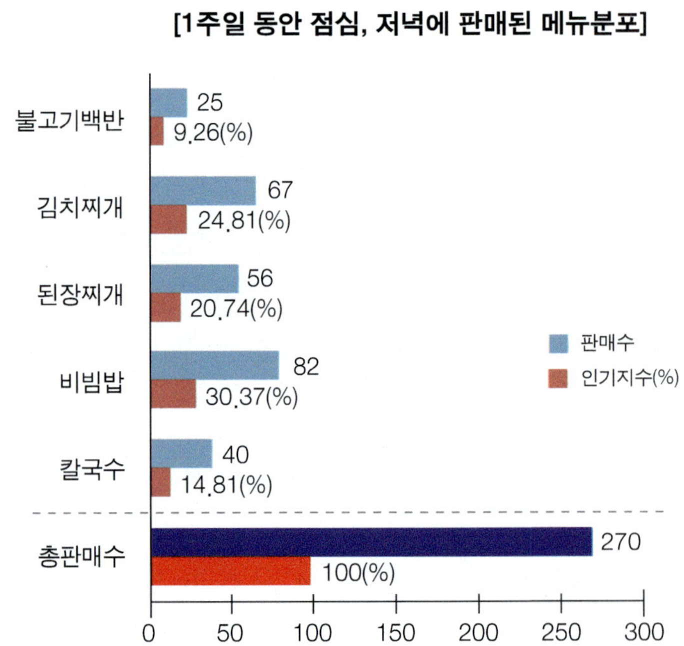

2) 운영자 입장에서의 평가

(1) Miller 모델

메뉴분석의 첫 번째 모델은 Miller가 개발한 MAM(menu analysis model)분석으로 식재료 비용과 판매량을 고려하여 메뉴항목을 구분한 것이다. 〈그림 9-5〉와 같이 메뉴분석을 위해 사분면 매트릭스를 도입하여 Miller의 matrix라고도 한다. Miller는 원래 세로축을 인기도(popularity)로 구분하였으나, 후에 제안된 Kasavana-Smith의 메뉴분석 방법과 축의 기준을 같도록 하기 위해 판매량(volume)으로 세로축을 다시 정의하였다.

가장 바람직한 사분면은 승리자(Winners)로서 메뉴의 인기가 높고 식재료비용이 낮은 영역이다. 유지2(Marginals II)의 사분면에 있는 메뉴는 식재료비용도 높고 인기도 높은 메뉴로서 식재료비용을 줄이도록 하여 승리자 사분면으로 가져오도록 전략을 활용할 수 있다.

유지3(Marginals III) 사분면으로 분류된 메뉴는 식재료비용이 적지만 인기도에서 승리자 사분면의 메뉴보다 낮다. 이러한 메뉴들은 메뉴배치나 광고를 조정하여 가시성을 높여 고객들이 좀 더 선택할 수 있도록 조정하는 것이 바람직하다.

패배자(losers)로 분류된 메뉴는 식재료비용은 높고 인기는 낮다. 일반적으로 이곳에 해당되는 메뉴들은 삭제하거나 재분석하여 새로운 메뉴로 전환하여야 한다.

그림 9-5 Miller의 MAM(메뉴분석 매트릭스)

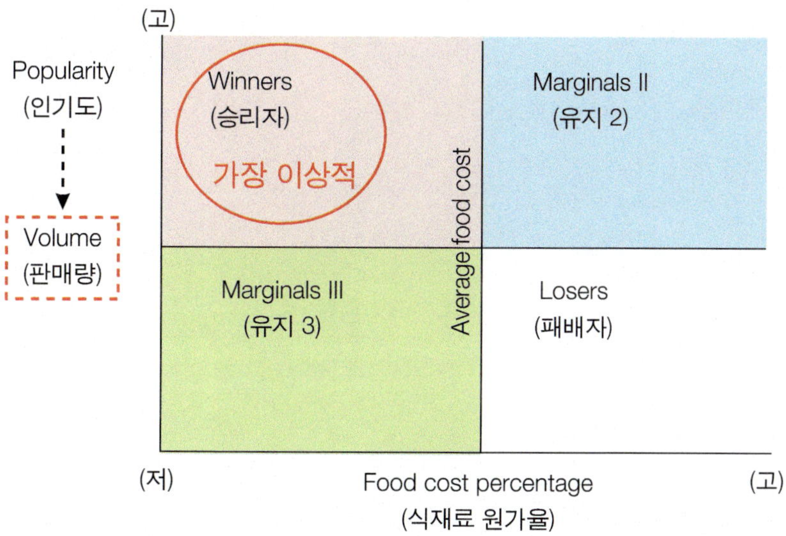

자료 : Taylor & Brown(2007)

메뉴는 평균 식재료비용과 인기도에 따라 사분면으로 분류되기 때문에 메뉴구성이 달라지면 원래의 평균값이 달라지고 그래프의 사분면구분도 달라져서 각 영역에 속하는 메뉴품목도 달라진다. 따라서 그 어떤 모델도 어느 정도의 메뉴가 어디에 속해야 한다고 말하기 어렵지만, 식재료비용이 평균과 비교하여 낮은 그룹에 속하는 Winners와 MarginalsI III의 메뉴가 전체메뉴 중 60%가 적절한 목표라고 제안하고 있다.

(2) Kasavana-Smith 모델

〈그림 9-6〉에 제시된 바와 같이 가로축의 식재료비용은 개별메뉴의 공헌이익으로 대체되었다. 공헌이익은 「판매금액-식재료비용」으로 정의되므로 식재료비용을 사용하는 Miller모델과 비교시 사분면에서의 메뉴들의 위치는 달라진다. Miller모델에서는 왼쪽 상단 Winners가 식재료비용이 낮고 인기가 높은 이상적인 위치였으나, Kasavana-Smith모델(Menu engineering model: MEM)에서는 오른쪽 상단의 별(Stars)의 위치가 인기가 높고 공헌이익이 높아 수익성이 좋은 가장 바람직한 사분면이 된다. 쟁기끄는 말(Plowhorses)의 사분면은 판매량은 많지만 공헌이익이 낮은 메뉴들로서 이들은 레시피를 조정하여 공헌이익이 높아지는 별로 옮겨가도록 하는 것이 바람직하다.

공헌이익은 높으나 판매량은 적은 수수께끼(Puzzles) 그룹의 메뉴들은 이익이 높기 때문에 더 잘 팔릴 수 있도록 광고를 하던지 메뉴의 위치가 눈에 띄도록하는 활동이 필요하다. 공헌

그림 9-6 Kasavana-Smith의 MEM(메뉴엔지니어링)

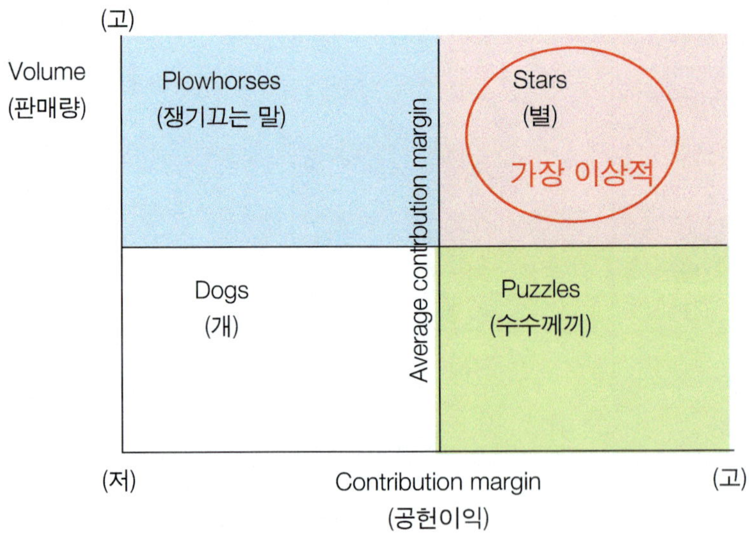

자료 : Taylor & Brown(2007)

이익과 판매량이 모두 낮은 개(Dogs) 사분면의 메뉴들은 다른 특별한 대책이 마련되지 않으면 메뉴를 삭제하는 것이 더 나을 수도 있다.

학자들에 의해서 제시된 메뉴분석 모델을 실제 영업에서 그대로 적용하기에는 다소 무리가 있다. 식재료비용이 낮고 공헌이익이 높은 메뉴들만 구성하여 레스토랑에서 판매한다면 결국 레스토랑은 고객들을 위한 메뉴를 제공하기보다는 이익만을 추구하는 모양으로 메뉴를 구성하게 되어 장기적으로 고객들이 오래 남아 있지 않는 위험한 상황이 될 수도 있다.

따라서 이러한 메뉴분석은 지나치게 비경제적인 메뉴가 있는지 효율성이 떨어지는 운영을 하고 있지 않은지 등을 확인하여 더 나은 방안마련에 실질적인 자료로 활용하는 것이 바람직하다.

6 신메뉴개발과 메뉴수명주기

1) 신메뉴의 정의

고객들의 요구도 다양해지고 가치에 대한 인식도 많이 변화되고 문화적인 수준도 높아지고 있다. 생활양식과 환경에도 많은 변화를 가져오면서 음식이나 레스토랑에 대한 고객의 취향과 선호도도 많이 변화되고 있다. 외식기업은 이러한 고객들의 기호를 맞추기 위해 여러 유형의 업종과 업태를 시도하여 새로운 메뉴개발에 노력하고 있다. 새로운 메뉴는 〈그림 9-7〉과 같이 레스토랑에서 새로운 메뉴인지 고객에게 새로운 메뉴인지의 여부에 따라 네 가지로 구분할 수 있다.

즉, 레스토랑에서 그 메뉴가 처음으로 개발되는 것인지 혹은 이미 그와 유사한 메뉴가 있는 것인지에 따라서 신메뉴와 아닌 메뉴로 구분한다. 고객과 레스토랑에서 모두 새로운 메뉴라면 이것은 혁신메뉴가 된다. 고객에게는 이미 알려져 있는 메뉴이지만 레스토랑 입장에서는 처음 개발된 메뉴라면 모방신메뉴가 되는 것이다. 이미 기존에 가지고 있던 메뉴를 새로운 메뉴로 확장하는 경우는 기존메뉴수정, 메뉴추가, 기존메뉴 재포지셔닝 등으로 고객에게 새롭게 선보이는 경우의 세 가지로 나누어 질 수 있다.

그림 9-7 신메뉴의 구분

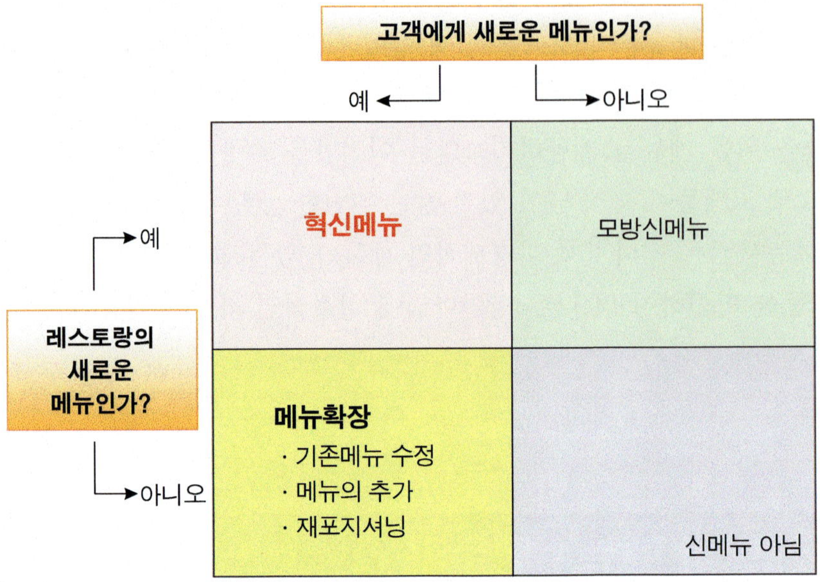

자료 : 안광호(2017)

〈그림 9-8〉은 앞에서 구분한 유형을 다시 혁신성에 따라 나눈 것이다. 혁신메뉴에서 가장 큰 변화와 혁신성을 찾아볼 수 있으며 기존메뉴를 수정하거나 메뉴를 확장하는 경우에도 변화의 정도에 따라 혁신성에 다소 간의 차이가 생겨날 수 있다. 이미 다른 레스토랑에서 운영되고 있는 메뉴를 모방하는 경우는 레스토랑 입장에서는 새로울 수 있지만 고객에게는 이미 혁신적인 느낌은 사라지게 된다.

그림 9-8 메뉴의 혁신성 정도에 따른 구분

2) 신메뉴의 개발단계

외식기업의 규모와 경영자의 철학에 따라 새로운 메뉴를 개발하고 관리하는 데는 차이가 나타날 수 있다. 메뉴의 전문성과 복잡성이 높은 레스토랑이라면 메뉴를 수시로 바꾸고 변화하기보다는 운영하고 있는 메뉴의 전문적인 기술을 더욱 높이고자 할 것이다. 반면에 메뉴의 전문성이나 복잡성이 낮은 레스토랑에서는 시장상황에 맞게 메뉴에 조금씩 변화를 주는것이 더 용이할 수 있다.

하지만 어떤 경우이든지 고객으로부터 일관성의 결여에 따른 신뢰저하가 뒤따르지 않는 메뉴관리 단계를 거쳐야 한다. 기업형 레스토랑은 주기적으로 메뉴를 진단하고 분석하고 필요하면 신메뉴를 개발하는 과정이 비교적 체계적일 것이다. 소규모 레스토랑도 어떤 문제가 인식되고 그 문제가 메뉴와 관련된 것이라면 이를 해결하기 위해 일련의 과정을 거쳐야 한다. 〈그림 9-9〉는 일반적인 신메뉴개발 단계를 보여주고 있다. 즉 문제인식, 정보수집 및 선별, 신메뉴개발, 신메뉴테스트, 최종확정과정으로 메뉴가 개발될 수 있다. 각 과정에서는 어떤 내용으로 활동을 하게 되는지 그에 대한 예시가 주어져 있으며, 외부적으로 지원이 가능한 항목들도 함께 제시되어 있다.

그림 9-9 신메뉴개발을 위한 단계

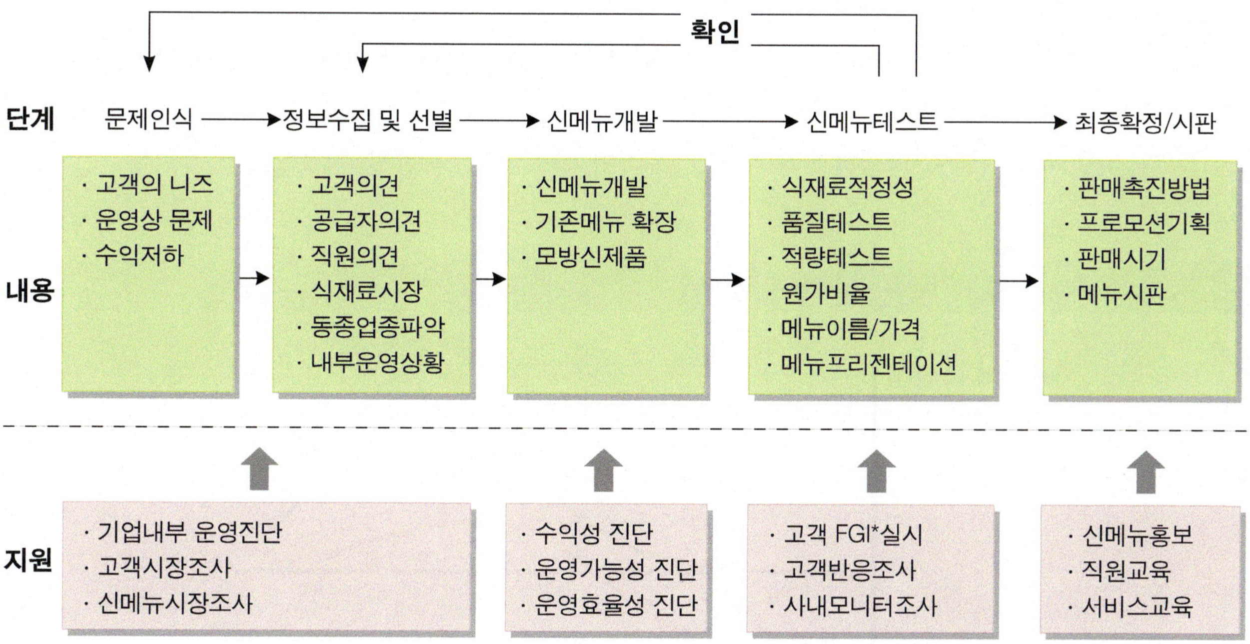

*FGI : Focus group interview

3) 메뉴수명주기

외식기업들이 신메뉴를 지속적으로 개발해야 하는 주된 이유는 모든 메뉴에 수명주기(product life cycle: PLC)가 있기 때문이다. 신메뉴로 개발되어 시장에서 성장과 성숙을 거쳐 퇴화되는 과정을 거치는 동안 기업은 한 가지 메뉴의 삶을 통해서 최고로 운영이 잘 될 수 있도록 전략을 세워야 한다. 관리자는 신메뉴개발을 준비하는 것처럼 신메뉴기간을 거쳐 기존메뉴로 바뀌는 메뉴들에 대해서도 전략을 세워 관리해야 한다.

메뉴의 수명주기는 새로운 메뉴로 시장에 도입된 이후 쇠퇴기에 이르기까지 이익을 창출해가는 자연적으로 발생하는 메뉴의 진화과정이다. 시간이 지나면서 고객을 끌어들이고 유지하는 각 메뉴의 기능에 따라 메뉴수명주기는 수개월, 수십년 또는 더 오랜시간이 걸릴 수 있고 다양한 형태의 모양으로 나타날 수 있다. 일반적으로는 모든 제품은 개발되어 시장에 출시된 이후 도입 → 성장 → 성숙 → 쇠퇴의 4단계로 진행된다. 하지만 신메뉴를 개발하는 레스토랑의 메뉴개발단계를 고려하면 맨앞에 제품개발단계가 추가되는 5단계로 구성될 수 있다. 〈그림 9-10〉은 5단계로 구성된 일반적인 신메뉴의 수명주기를 나타낸 것으로 S자 곡선을 제시하고 있다.

(1) 메뉴개발

메뉴를 개발하는 단계에서는 매출이 생기지 않고 메뉴개발을 위한 투자가 이루어지는 단계로 이익도 생기지 않고, 이익그래프가 아래로 내려가 오히려 비용이 들어가는 모양이다. 이러한 투자를 거쳐 신메뉴가 시장에 도입되면 그때까지도 아직 이익보다는 유통 및 판매촉진활동을 위한 비용지출이 발생하게 되어 초기가격이 다소 높게 책정될 수도 있다.

그림 9-10 메뉴수명주기에 따른 매출액과 이익

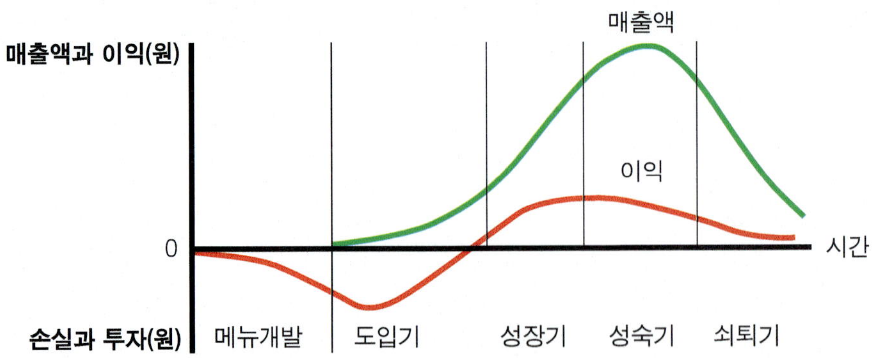

(2) 도입기

도입기의 촉진전략은 고객에게 브랜드인지도를 구축하고, 새로운 메뉴에 대한 구매를 유도하는 것이 주목적이 된다. 도입기 동안에 새로운 메뉴나 새롭게 개발된 메뉴 카테고리에 대해서 고객의 인지도를 형성해야 하며 잠재 구매력이 있는 고객들에게 메뉴에 대한 소개가 충분히 이루어져야 한다. 이 시기에 들어오는 수익은 새로운 메뉴의 개발과 마케팅을 위해 재투자해야 한다.

(3) 성장기

도입기를 거쳐 시장점유율이 어느 정도 확보되고, 새로운 메뉴에 대한 고객들의 인지도도 높아지게 되고, 메뉴의 부족한 점의 개선 및 홍보와 판매촉진을 통하여 해당 메뉴는 성장단계로 들어가게 된다.

성장기의 촉진전략은 메뉴의 품질이나 특성에 대해 구체적인 정보를 홍보하고, 고객들이 이러한 메뉴에 대해서도 잘 알 수 있도록 인지시키고, 관심을 증대시키는 것이 중요하다. 고객의 인지도가 증가되면서 매출이 빠르게 올라가게 된다. 또한 순수입이 증가되면서 관련 경쟁업체들이 나타나는 시기이기도 하다. 경쟁업체들이 함께 나타나 있을지라도 관련된 업종이 전체적으로 성장하게 되면 그 안의 기업들이 모두 이익을 볼 수 있으므로 이러한 노력과 홍보가 필요한 시기이다. 이 시기의 수익은 새로운 메뉴의 개발과 브랜드형성 및 시장확장에 재투자하여 잠재적인 경쟁자들이 시장에 진입하는 것을 방지하도록 해야 한다. 도입기보다 더 노력해야 하는 점은 진입하는 경쟁자들에 대한 차별화전략을 갖도록 노력하는 것이다.

(4) 성숙기

성숙기에는 매출에 정점을 찍고, 이미 경쟁업체들이 많이 나타나서 제품판매도 최고에 달하는 경쟁으로 메뉴나 제품의 가격은 인하되기 시작하고, 판매량이 둔화되는 시기이다. 시장 점유율을 지키기 위한 강력한 판매촉진으로 판매촉진비와 광고비가 늘어나며 제조원가를 줄이기 위해 노력해야 하는 시기로 이익은 성장기보다 하락하게 된다. 성숙기에는 많은 경쟁업체들 사이에서 경쟁력이 강하면 시장에 남아 있고, 경쟁력이 약하면 시장에서 도태된다. 따라서 메뉴제품에 대한 약점을 제거하고 브랜드확장을 생각해 볼 수도 있고, 다음 제품에 대한 기술개발도 고려해야 하는 시기이다. 외식시장의 햄버거와 피자시장이 이러한 성숙기시장의 대표적인 예라고 볼 수 있다.

기존의 성숙기시장을 유지하기 위하여 메뉴브랜드의 재활성화(brand revitalization) 전략이 필요하다. 이를 위한 방법으로는 시장확대(market expansion), 제품수정(product modification),

그림 9-11 연속성장형 수명주기

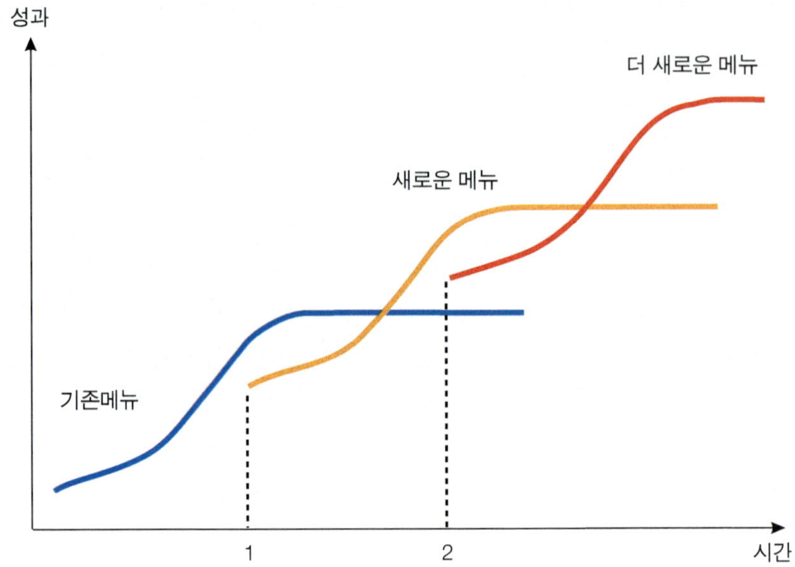

브랜드 재포지셔닝(brand repositioning) 등이 있다. 이러한 노력을 통해 기업은 〈그림 9-11〉과 같이 연속적으로 성장하는 메뉴나 제품을 만들어 낼 수 있으며, 신라면이나 새우깡과 같이 장수제품, 장수브랜드가 되는 것이다.

(5) 쇠퇴기

고객들의 기호변화로 쇠퇴기를 맞이하는 메뉴의 경우는 신규투자를 통해 새롭게 변신할 수도 있지만, 대부분 시장에서 철수하여 메뉴로서의 수명을 다하게 된다.

논의 과제

1. 외식메뉴의 정의와 중요성에 대해 논의하시오.

2. 외식메뉴 계획시 고려사항에 대해 논의하시오.

3. 외식메뉴의 가격전략에 대한 사례를 찾아 논의하시오.

4. 외식메뉴 분석에 대한 두 학자들의 방법을 비교하고 그 특성을 논의하시오.

5. 신메뉴개발의 유형에 대해서 논의하고 메뉴브랜드의 재활성화 방법에 대해 논의하시오.

[제4부]

외식기업의 전략적 경영

제10장

기업마케팅과 지역점포마케팅

1. 고객을 위한 가치와 마케팅 전략
2. STP 전략과 마케팅믹스
3. 외식사업의 지역점포마케팅
4. 외식기업의 다브랜드 전략과 코브랜딩 전략

학습 목표

- 고객을 위한 가치전달단계와 마케팅 전략을 이해한다.
- STP 전략과 마케팅믹스를 이해한다.
- 외식사업 지역마케팅의 글로벌관점과 개인점포관점을 이해한다.
- 다브랜드 전략과 코브랜딩 전략을 이해한다.

· **주　　제** : 외식기업의 마케팅활동과 지역점포의 마케팅

· **강의 방향** : 고객의 가치와 마케팅 전략에 대해 알아보고 STP 전략과 마케팅믹스에 대해서 공부한다. 지역에서의 점포마케팅과 체인외식기업의 다브랜드 전략과 기업의 코브랜딩 전략에 대해서 논의한다.

· **강의 시간** : 60분~75분 정도의 **4회 수업(240분~300분)**

1. 고객을 위한 가치와 마케팅 전략	
1) 고객의 필요, 욕구, 수요의 이해	고객의 필요, 욕구, 수요의 의미가 무엇인지 이해한다.
2) 가치창출, 가치소통, 가치전달	고객을 위한 가치창출, 가치소통, 가치전달이 무엇인지 알아본다.
3) 차별화, 전문화, 집중화 전략	마케팅의 차별화전략, 전문화 전략, 집중화 전략에 대해서 알아본다.
2. STP 전략과 마케팅믹스	
1) 시장세분화 전략	고객시장, 기업시장, 해외시장 세분화에 대해서 알아본다.
2) 목표시장 전략	세분시장과 기업의 역량에 맞는 목표시장선정 전략에 대해서 알아본다.
3) 포지셔닝 전략	고객의 마음에 자리잡기 위한 포지셔닝 전략에 대해서 알아본다.
4) 마케팅믹스의 개발	고객시장을 위한 마케팅믹스가 무엇인지 알아본다.
3. 외식사업의 지역점포마케팅	
1) 「지역(로컬)」의 다양한 의미	지역마케팅을 위한 지역의 다양한 의미를 이해한다.
2) 글로벌기업 관점의 지역마케팅 활동	글로벌기업 관점의 지역마케팅 활동에 대해서 알아본다.
3) 개별점포 관점의 지역마케팅 활동	개별점포 관점의 지역마케팅 활동에 대해서 알아본다.
4. 외식기업의 다브랜드 전략과 코브랜딩 전략	
1) 다브랜드 전략	여러 브랜드를 운영하는 다브랜드 전략에 대해서 논의한다.
2) 코브랜딩 전략	복합코브랜딩과 성분코브랜딩에 대해서 알아본다.

마케팅은 경영의 꽃이다. 외식기업은 기업규모의 전체적인 마케팅활동과 지역적으로 분산된 점포별 마케팅활동으로 구분하여 시행하는 것이 바람직하다. 기업은 기업차원에서 고객에게 어떤 가치를 부여하여 어떻게 소통하고 전달할지 연구하고 점포에서는 실질적인 구매고객과의 소통을 통해 장기적인 관계를 가질 수 있도록 노력해야 한다. 특별히 체인경영 외식기업의 경우는 다브랜드 전략이나 코브랜딩 전략을 통해 브랜드인지도 향상에 노력하기도 한다.

1 고객을 위한 가치와 마케팅 전략

1) 고객의 필요, 욕구, 수요의 이해

*Creating, communicating, and delivering **value** to a target market at a profit*

Kotler는 조직의 모든 사람들은 고객에 대해 creating, communicating, and delivering value to a target market at a profit이라고 말한다. 즉 마케팅은 목표고객을 위해 가치를 창출하고 그 가치에 대해 소통하고 그 가치를 전달하는 활동을 통해 기업의 이익을 창출한다는 것이다.

목표고객의 요구사항, 인구통계적, 사회·문화적, 소득 등의 특성에 따른 고객의 필요(needs), 욕구(wants), 수요(demands)를 고려하여 고객들에게 만족을 가져다 줄 수 있는 가치를 창출하여야 한다. 필요, 욕구, 수요는 상호 연관되어 있으며 마케터가 전략적 결정을 내리는 데 많은 도움이 된다.

(1) 필 요

필요(needs)는 사람들이 생존하기 위해 필요한 음식, 쉼터, 의복, 물 및 안전과 같은 인간의 기본 요구사항을 말한다. 따라서 필요란 인간이 살아가는데 없으면 불가능한 것의 어떤 결핍상태라고 볼 수 있다. 예를 들어, 배고픈 상태와 같이 이 문제가 해결되지 않으면 인간은 생존하기 어려워지게 된다. 마케터의 관점에서 인간의 「필요」는 자신이 원하는 것과 관계없이 반복되는 구매를 창출하게 하는 것이다.

그림 10-1 필요, 욕구, 수요

필요(needs) : 물리적, 사회적, 개인적 필요 등이 결핍된 상태
(예) 배고픔

욕구(wants) : 문화적, 개인적 성향에 따라 어떤 필요의 상태에 형성되는 것
(예) 배가 고픈데 빵이 먹고 싶다.

수요(demands) : 인간은 원하는 욕구가 생길 때 구매력이 뒷받침되면 수요가 생김
(예) 지불능력, 돈

(2) 욕 구

욕구(wants)는 기본적인 사항은 아니고 인간생존에 필수적인 것은 아니지만 필요와 욕구사이에는 어떤 관계가 있다. 인간에게 필요가 생기면 그것은 인간의 개인적인 취향과 기호를 자극하고 마침내 원하는 것이 생기게 된다. 이때 원하는 것은 영구적인 것은 아니며 시간, 상황, 장소에 따라서 바뀔 수 있다. 예를 들어, 사람이 목이 마르면 그 사람은 필요를 충족하기 위해 물을 마실 수 있지만 원한다면 시원한 음료나 과일주스를 마실 수도 있다. 같은 필요상황에서도 다른 욕구가 생길 수 있다.

(3) 수 요

구매의사와 지불능력은 특정 제품에 대한 수요(demands)를 생기게 한다. 인간의 욕구는 어떤 의지를 갖게하고 여기에 구매력이 있으면 그 욕구의 의지는 수요로 전환된다. 예를 들어, 한 사람이 스테이크를 먹겠다고 한다면 이것을 살 수 있는 구매력이나 지불능력이 그 사람의 의지를 뒷받침해 주어야 한다. 그러면 스테이크가 그 사람의 수요가 되는 것이다.

2) 가치창출, 가치소통, 가치전달

고객의 필요, 욕구, 수요를 통해서 기업은 고객의 문제를 해결하고 고객이 원하는 것을 제공하여 고객에게 만족을 가져다준다. 〈그림 10-2〉와 같이 목표고객을 위한 가치창출, 가치소통, 가치전달의 과정은 기업이 추구하는 차별화전략, 전문화 전략, 집중화 전략에 의해서 더욱 성공적이 될 수 있다. 외식기업에서의 고객의 가치창출, 소통, 전달이 갖는 의미가 무엇인지 알아보도록 하자.

(1) 가치창출

가치창출(create value) = 제품관리(product management)

고객을 위한 가치를 창출한다는 것은 결국 고객에게 전달되는 상품이나 서비스에 대한 관리를 의미한다. 제품관리는 고객에게 제공될 상품과 서비스의 개발부터 가격책정, 포지셔닝까지 모든 것을 상품과 이를 구매할 고객에 중점을 두어 관리하는 조직적인 기능이다.

외식기업의 제품관리자는 목표고객이 중심이 되는 시장의 변화와 요구를 반영하는 상품이 개발되도록 해야 한다. 열린자세로 상품을 관리하여 점포에서 제공되는 메뉴와 서비스에 고객

그림 10-2 고객가치와 마케팅 전략

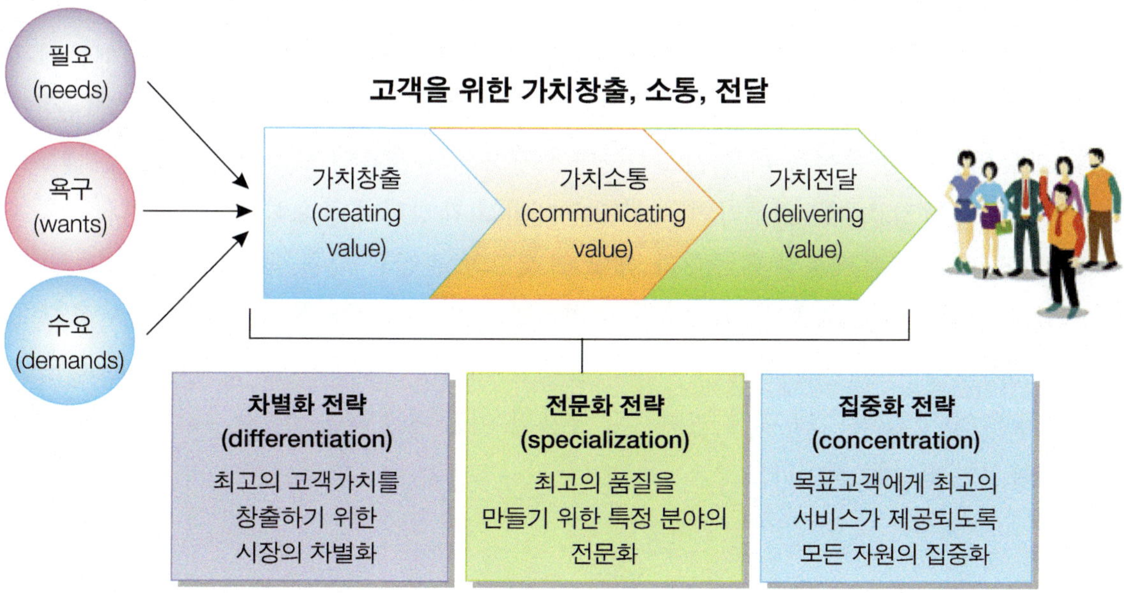

이 원하는 가치가 구현되도록 해야 한다. 메뉴개발실 전문가의 의견이 수렴된 최고의 음식보다는 목표고객이 원하는 음식이 무엇인지에 대해 고객으로부터 듣고 그 의견을 수렴하고 연구하는 조리전문가 즉, 리서치셰프(research chef)의 자세로 제품관리가 이루어져야 한다. 제품이 제공되는 서비스방식도 함께 고려하여 그 메뉴상품을 구매하게 될 고객들이 원하는 방식으로 메뉴가 제공될 수 있도록 해야 한다. 외식기업은 목표고객이 원하는 제품을 만들고 이를 통하여 고객이 원하는 가치를 창출해야 한다.

(2) 가치소통

가치소통(communicate value) = 브랜드관리(brand management)

기업은 생산된 제품의 가치를 고객에게 알림으로써 고객과 소통하게 된다. 제품의 가치를 높이기 위해 고객과 끊임없이 소통하는 마케팅과정에서 기업을 알리는 브랜드관리는 중요한 역할을 한다. 한 기업의 한 브랜드안에서 여러 가지의 제품이 만들어질 수 있다. 각 브랜드는 한 회사의 여러 제품들이 시장에서 활성화 되고 그 가치를 높이기 위해 차별화되어야 한다. 많은 자금을 투자해서 최고의 브랜드를 만들어내기 보다는, 전략적인 브랜드관리를 통해 고객들의 마음속에 지속적으로 남아있도록 그 인식을 향상시켜야 한다. 목표시장의 고객과 긍정적인 관계를 구축하는 것은 브랜드관리에 있어 기본이되는 필수적인 일이다. 초기에는 로고, 포장, 색깔 등과 같은 보여지는 면에서 브랜드를 다루었다면 이제는 고객이 느끼는 감정을 총체적 관점에서 다루어야 한다.

스타벅스에 가서 커피를 마시는 어떤 고객은 스타벅스 커피의 유형적인 요소 때문에 그곳에 가고 또 다른 고객은 스타벅스안의 분위기와 그 브랜드를 경험하기 위해 그곳에 갈 수도 있다. 메뉴의 독특한 특성을 더욱 강조한다면 브랜드의 유형적인 요소가 중요한 것이되며, 무형적인 서비스를 강조하는 경우라면 브랜드에 대한 고객경험이 중요한 요소가 된다.

브랜드관리는 한 제품뿐만 아니라 해당 브랜드와 관련된 다른 제품의 매출에도 영향을 줄 수 있다. 예를 들어, 고객이 CJ에 대한 이미지가 좋으면 CJ푸드빌에서 운영하는 VIPS에 대해 좋게 생각하게 되고 이를 통해 뚜레쥬르에 대한 이미지에도 도움이 될 수 있다. 혹은 파리바게트의 빵이 맛있고 이에 대한 이미지가 좋으면 이를 운영하는 SPC에 대해서 더욱 신뢰하게 될 가능성이 크다는 것이다.

(3) 가치전달

가치전달(deliver value) = 고객관리(customer management)

기업은 고객의 의견으로 그들의 추구가치를 알고 그 가치를 창출하여 고객에게 전달하는 과정에서 고객을 또 만나고 더 잘 알게 된다. 고객에게 가치를 전달하는 이러한 과정을 고객관리라 할 수 있다. 고객의 데이터베이스가 고객관리를 의미하는 것은 아니다. 제5장과 제6장에서 이미 논의한 바와 같이 고객관리는 우수한 고객가치와 고객만족을 제공함으로써 수익성 높은 고객과의 관계를 구축하고 유지하는 전반적인 과정을 의미한다. 즉, 고객관리는 고객확보, 고객유지 및 고객성장의 모든 측면을 다루는 것이다. 따라서 외식기업은 고객이 원하는 가치를 창출하고, 이를 소통하고 전달하는 과정에서 확보된 고객이 지속적으로 우리 브랜드 안에서 머무를 수 있도록 변화되는 고객의 욕구를 충족시키고자 최선을 다하여야 한다.

3) 차별화, 전문화, 집중화 전략

(1) 차별화전략(differentiation strategy)

우리 외식기업의 경쟁우위는 무엇인가? 우리 기업이 경쟁기업과 다른 점은 무엇인가? 고객이 경쟁사가 아닌 우리 점포를 방문하는 이유가 무엇인가? 고객은 항상 최상의 거래를 원한다. 최상의 거래라는 것은 모든 고객들마다 다르게 정의될 수 있으나 대부분은 거래를 통한 독특한 경험을 일컫는다. 즉, 레스토랑에서 식사를 통해 색다르고 차별화된 경험을 하고자 한다.

단지 '최고의 품질', '최상의 품질'과 같은 진부한 표현으로 차별화를 제안하는 것은 아무런 차별화가 없다는 말과 다를 바가 없다. 누구든지 쉽게 모방할 수 있는 것은 차별화가 될 수 없다. 모든 것이 다 똑같다고 하더라도 서비스를 제공하는 제공자가 다를 수 있다. 그렇다면 어떻게 서비스제공자가 다른 레스토랑과 차별되는 서비스를 제공할지에 대해서 고민하여 그 차별점을 찾아야 한다. 다른 기업이 모방할 수 없는 서비스제공자의 자신감, 전달방식, 개성 등과 같이 누구와도 같지 않은 독특한 차별점이 무엇인지 끊임없이 만들고, 찾고, 소통하고, 전달해야 한다.

(2) 전문화 전략(specialization strategy)

외식사업은 전문화할 수 있는 영역이 메뉴상품이 될 수도 있고, 서비스를 제공하는 직원이 될 수도 있고, 특별한 지역이 될 수도 있다. 맥도날드의 전문화는 빠른 속도, 스피드에 있다. 가능한 모든 메뉴, 샐러드, 커피, 햄버거, 아이스크림 그외 사이드메뉴 등을 제공하면서 빠르게 식사하려고 하는 고객들에게 전문적으로 빠른 서비스를 제공하는 것을 목표로 하고 있다.

서브웨이의 전문화는 맥도날드와는 다소 차이가 있다. 서브웨이 고객은 빠르면서 동시에 건강하게 먹고자 하는 사람들이다. 청결과 효율성 및 가치를 원하는 것이다. 그래서 서브웨이는 끊임없이 고객에게 호소력있는 제품을 제공하기 위해 노력한다. 결국 전문화를 통해 차별화를 이끌어내고 차별화를 통해 전문화를 달성하는 것이다.

외식기업은 특정한 메뉴 한 가지를 전문화하는 경우도 있다. 육개장, 설렁탕, 칼국수 등 가장 전문적으로 잘하는 한 가지 분야에 전문화하여 어느 누구도 따라올 수 없는 노하우를 지니고 이것으로 시장에서 차별화 될 수도 있다. 하지만 이런 경우의 전문화는 지속적으로 우수한 품질을 제공하기 위해 끊임없이 노력해야 한다. 마치 모든 달걀을 한 바구니에 담아둔 것처럼, 식재료 수급문제와 같이 어떤 어려움이 생기게 되면 모두가 한꺼번에 깨지는 단점이 있으므로 사업리스크를 분산시킬 수 있는 방법도 모색하여야 한다.

(3) 집중화 전략(concentration strategy)

기업의 시간, 자본, 자원들을 어디로 집중하는가? 가장 이상적인 고객과 소통하는 최고의 방법은 무엇인가? 어떤 방법이 고객들에게 가장 어필할 수 있는 방법인가? 이를 위해 모든 자원을 어느 곳에 집중하여 운영할 것인가?

집중화란 모든 분야에서 최상의 서비스를 제공하도록 목표시장에 모든 핵심역량과 주요자원을 집중시키는 것을 의미한다. 시장에서 가장 좋은 성과를 보인 고객들이 목표로 선정되면, 이 고객을 확보하고 유지하는 데 필요한 기업의 인적, 물적, 예산, 시간 등 모든 자원을 이 시장을 위해 집중하여야 한다. 이러한 노력을 통해 기업은 부족한 자원낭비를 줄이고 효율적이고 효과적인 운영을 할 수 있게 된다.

2 STP 전략과 마케팅믹스

고객가치를 창출하고, 소통하고, 전달하기 위한 목표고객은 시장세분화 과정을 거쳐 선정한다. 마케터는 기업의 마케팅 전략을 수립하기 위해 제8장에서 논의한 바와 같이 기업의 거시적, 미시적, 환경분석 및 SWOT분석을 시행하여 기업의 경영환경을 이해해야 한다. 〈그림 10-3〉에서 볼 수 있듯이 고객시장을 세분화하고 목표시장을 선정하고 마케팅믹스를 통해 목표시장에 잘 포지셔닝할 수 있도록 해야 한다. 「환경분석」, 「STP 마케팅 전략」, 「마케팅믹스」의 단계는 어떤 순서를 의미하기 보다는 동태적인 과정이므로 끊임없이 되풀이 되면서 서로를 보완하는 단계로 이해하는 것이 바람직하다.

목표시장선정 이후에는 목표시장에 맞추어진 마케팅믹스 즉 4P를 구성해야 하고 이를 통해 포지셔닝이 잘되는지 확인하며, 다시 수정이 필요하면 언제든지 이러한 마케팅믹스의 수정과정이 반복될 수 있다. 하지만 각각의 고객시장에서 마케팅믹스가 수시로 바뀌게 되면 고객을 혼란스럽게 하여 결국 포지셔닝에 실패하게 된다. 따라서 시장에 대한 충분한 이해가 필요하며 각 단계별로 마케터들의 많은 연구와 신중한 의사결정이 요구된다.

그림 10-3 STP 전략과 마케팅믹스

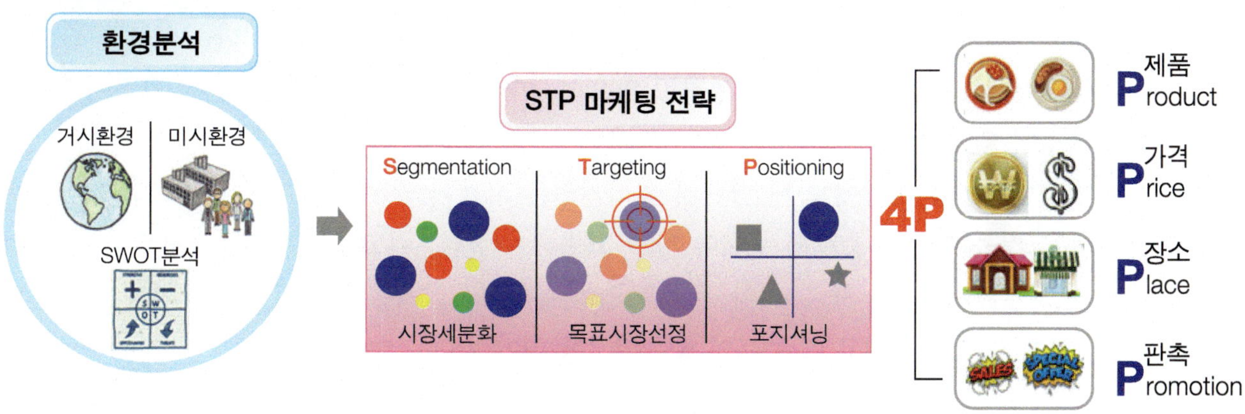

1) 시장세분화 전략(segmentation strategy)

외식기업이 거래하고 있는 시장에서 고객 또는 구매자를 작은 시장으로 세분화하는 것을 시장세분화라고 한다. 시장세분화는 이질적인 특성을 가진 커다란 시장을 동질적 특성의 여러 개의 작은 시장으로 구분함으로써 고객에게 좀 더 효과적이고 효율적으로 접근하고자 하는 것이다. 동질한 작은 세분시장의 독특한 필요와 욕구를 파악하여 그 시장에서 원하는 상품과 서비스를 제공할 수 있도록 하는 것이다.

외식기업에서 세분화할 수 있는 시장을 크게 고객시장, 기업시장, 해외시장으로 구분하여 각각의 세분화가 어떻게 이루어지는지 알아보자.

(1) 고객시장 세분화(customer market segmentation)

마케터는 기업의 경영목표를 고려하여 세분화에 사용가능한 다양한 변수들 중 하나 혹은 여러 가지를 이용하여 고객집단을 작게 구분할 수 있다. 어떤 변수가 기업을 위한 최상의 고객을 알려주는 확실한 정답인지 알기는 어려우나, 오랜 경험과 연구를 통하여 기업에서 가장 잘 만들어 낼 수 있는 상품을 최고의 가치로 인정하고 만족하는 고객층을 찾는 것이 중요하다.

고객시장 세분화를 위하여 이제까지 주로 사용되어온 항목들은 지리적(geographic), 인구통계적(demographic), 심리적(psychographic), 행동적(behavioral) 변수들이다. 〈표 10-1〉에는 각각의 세분화 변수가 무엇인지 설명하고 있으며, 이러한 변수들에 대한 기준설정과 구분하는 예와 특성이 제시되어 있다.

고객이 어떤 세분시장에 속해 있던지 외식기업은 고객이 왜 우리에게 왔는지 그 이유가 무엇이고, 그것을 어떻게 충족해 주어야 할지 고민해야 한다. 배고픔의 해결, 즐거운 시간을 위한 식사, 여유로운 커피 등 고객이 우리 기업 혹은 우리 점포로부터 취하고자 하는 상품이나 서비스가 무엇인지를 알고 그 부분이 충족되도록 해야 한다.

표 10-1 주요 세분화 변수와 고객시장의 특성

세분화 변수	변수의 예와 특성
지리적 변수	◎ 고객시장을 지역적, 지리적 변수에 따라 구분하는 것 · 국가, 도시, 구, 동 등의 행정구역기준 · 도시, 교외, 농촌, 어촌, 산간지역 등의 지역특성이나 기후특성 등에 따른 기준 · 지도상의 위치에 따라 동부, 서부, 남부, 북부 등의 기준 · 인구 : 3000명 이하, 3001~5000명, 5001~10,000명 등 인구밀도, 인구수에 따른 기준
지리적 시장세분화 : 지리적 변수를 사용하여 설정된 기준에 따라 고객시장을 세분화하여 고객특성 파악	
인구통계적 변수	◎ 고객시장을 고객의 개인적인 특성인 인구통계적 변수에 따라 구분하는 것 · 7세이하, 7~11세, 12~19세, 20~30세 등의 나이를 기준, 여성과 남성의 성별기준 · 1인, 2~4인, 5인 이상 등의 가족수를 기준 · 미혼, 무자녀기혼, 유자녀기혼, 3세대 등의 가족 라이프사이클의 생애주기에 따른 기준 · 소득, 교육, 직업, 종교, 인종, 국적 등의 특성에 따른 기준
인구통계적 시장세분화 : 인구통계적 변수를 사용하여 설정된 기준에 따라 고객시장을 세분화하여 고객특성 파악	
심리적 변수	◎ 고객시장을 고객의 심리적 변수에 따라 구분하는 것 · 사회적 신분이나 계급 – 사회적으로 어떤 신분에 속해 있는지 등에 따른 기준 · 라이프스타일 – 고객의 AIO, 즉 활동(activities), 관심(interest), 의견(opinion) 등에 따른 기준 여가시간을 어떻게 보내는지, 무엇에 관심이 있는지 등의 특성에 따라 · 성격특성 – 목표, 야망, 동기, 희망, 꿈, 포부 등의 성격특성의 기준
심리적 시장세분화 : 심리적 변수를 사용하여 설정된 기준에 따라 고객시장을 세분화하여 고객특성 파악	
행동적 변수	◎ 고객시장을 고객의 행동적 변수에 따라 구분하는 것 · 특별한 이벤트인지, 휴가인지, 평상시인지 등에 따른 상황적 변수를 기준 · 경제성, 품질, 편리함, 서비스 등 고객이 추구하는 중요한 혜택에 따른 가치기준 · 사용자(처음이용, 과거이용, 정기적 이용), 사용률(고, 중, 저), 충성도(없음, 중간, 강력, 절대) · 상품에 대한 태도 – 열정적, 긍정적, 무관심, 부정적, 적대적 등의 기준
행동적 시장세분화 : 행동적 변수를 사용하여 설정된 기준에 따라 고객시장을 세분화하여 고객특성 파악	

그림 10-4 패스트푸드 고객시장의 세분화의 예

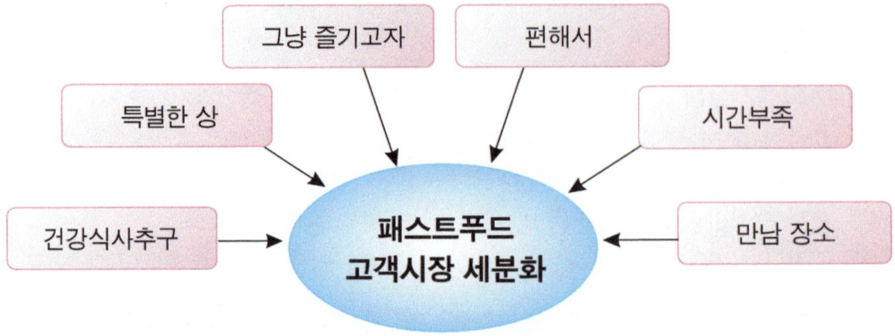

자료 : http://muz.so/Jdm, 저자보완

■ 패스트푸드에 대한 고객시장 세분화 예

패스트푸드 시장의 고객을 세분화한 예는 〈그림 10-4〉에서 볼 수 있다. 행동적 변수중 패스트푸드를 어떻게 생각하고 있는지의 상품에 대한 태도를 기준으로 고객시장을 6가지 세분시장 즉, 건강식사추구, 아이를 위해 특별한 상으로 하는 식사, 그냥 즐기고자, 편해서, 시간부족, 만남 장소로 구분한 것이다.

나누어진 각 시장들은 〈표 10-2〉와 같은 특징을 보일 수 있다. 마케터는 이렇게 구분된 각 시장에 대한 인구통계적 특성을 파악하고 이 고객들이 얼마나 회사에 이익을 가져다 주고 얼마나 회사에 충성도를 가진 고객인지 등을 알고자 노력하게 된다. 즉, 이러한 세분시장의 고객들 중에 회사를 위해 가장 최상의 고객이 어떤 집단인지 알아보아 현재 그들에게 제공되는 상품과 서비스가 그들을 위해 잘 디자인되어 있는지 확인해야 한다. 이러한 활동을 통해서 최고의 고객집단이 지속적으로 우리 회사에 남아 있고 계속 거래를 할 수 있도록 해야 한다.

표 10-2 세분화된 패스트푸드 고객시장의 특성

세분시장	각 세분시장의 특성
건강식사추구	패스트푸드를 편의에 의해서 먹으며, 대체로 건강한 음식을 먹으려고 애쓰는 시장
특별한 상	가족 간에 아이가 어떤 잘한 일에 대한 보상으로 특별한 경우에 식사하는 시장
그냥 즐기고자	패스트푸드의 맛을 단순히 즐기기 위한 시장
편해서	패스트푸드를 편리함때문에 선택하고, 좋아하지 않지만 요리하기 싫어서 선택하는 시장
시간부족	패스트푸드를 좋아하지는 않지만, 정말 시간이 부족할 때 선택할 수밖에 없는 꼭 필요한 시장
만남 장소	패스트푸드를 그다지 좋아하지는 않지만, 위치와 시설이 편리해서 만남 장소로 이용하는 시장

그림 10-5 시리얼 아침식사 고객시장 세분화의 예

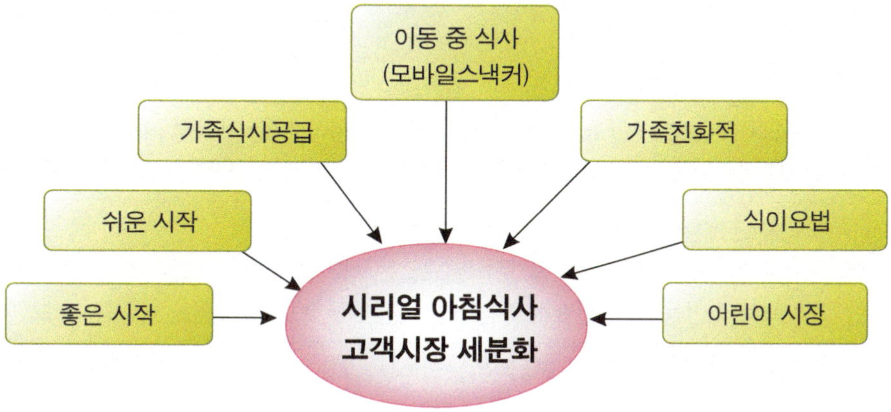

자료 : http://muz.so/Jdp, 저자보완

■아침식사에 대한 고객시장 세분화 예

간단한 아침식사는 시리얼, 토스트, 팬케이크, 베이컨과 계란, 과일, 영양바, 커피, 주스, 우유, 에너지음료 등을 포함할 수 있다. 이 시장은 집에서 혹은 여행중에 아침식사를 하거나 커피숍, 식당 또는 패스트푸드 레스토랑에서 식사하거나 심지어 자동판매기를 통해 음식을 먹을 수 있는 시장으로, 유사한 소비자의 욕구를 충족시키려고 직접, 간접적으로 상호 경쟁되는 시장이다. 이러한 경우는 효과적인 시장세분화와 고객의 다양한 욕구와 동기를 차별화할 필요가 있다.

〈그림 10-5〉는 시리얼 아침식사 고객시장의 세분화에 대한 예를 보여주고 있다. 시리얼로 아침식사를 하고자 하는 시장은 6가지 세분시장 즉, 좋은 시작, 쉬운 시작, 가족의 식사공급, 이동 중 식사, 가족 친화적, 식이요법, 어린이 시장으로 시리얼 아침식사 시장의 구분이 가능하고 그에 대한 특징은 〈표 10-3〉에 제시된 바와 같다. 이 경우도 역시 어떤 세분시장이 가장 기업에 유리한 이득이 되는 고객시장인지 파악하여 그 고객들과의 관계가 더욱 장기적인 관계가 될 수 있도록 노력해야 한다.

표 10-3 세분화된 시리얼 아침식사 고객시장의 니즈와 특성

세분시장	각 세분시장의 니즈와 특성
좋은 시작 (a good start)	[아침식사를 중요한 시작으로 여기고 일반적으로 더 건강함을 추구하는 시장] · 아침식사를 거르지 않고, 집에서 먹음, 건강한 음식고려. 계획적 식품구매, 음식관여도 높음 · 매장내시식, 포장, 영양정보, 건강음식관심많음. 가격에 덜 민감. 고품질전문제품 브랜드선호
쉬운 시작 (easy start)	[아침식사에 대한 빠르고 편리한 방법을 찾는 시장] · 테이크아웃, 밖에서 식사구입. 준비필요없는 시리얼, 영양바 즐김. 충동적 식품구매 · 판촉행사에 반응잘함. 신속하고 간단한 아침추구. 브랜드충성도 보다는 다 브랜드 이용
가족식사공급 (family feeders)	[아침식사는 중요하지만, 비교적 저비용의 식사이고, 대부분 집에서 식사하는 시장] · 다자녀나 10대자녀 많은 가정. 낮은 가격의 시리얼, 빵, 팬케익 대량구입으로 저렴한 아침식사 · 매장할인 선호. 한명이 온가족을 위해 식품구매. 다양한 맛의 묶음포장 선호.
이동 중 식사 (mobile snackers)	[이름처럼 이동하면서 간단히 식사하는 시장] · 집밖에서 아침식사. 카페, 식당, 패스트푸드점에서 음식 구매. 아침식사용 영양바, 과일, 아침음료 · 대체로 계획 못하고 바쁘게 살며, 일과 공부를 위해 서둘러 식사. 편안한 브랜드에 충성도
가족 친화적 (family friendly)	[너무 저렴하지 않은 중간수준의 아침식사를 하고자 하는 시장] · 가족이 모두 받아들이는 음식을 구매하려함. 브랜드로열티를 가진 아침식사용 식품으로 식사 · 팬케이크나 토스트같은 따뜻한 아침식사 즐김. 브랜드충성도가 높은 경향
식이요법 (dietary needs)	[특정 건강이나 식이요법을 위해 아침식품을 구매하는 시장] · 알레르기 성분없는 음식, 저탄수화물, 저염 등 건강문제를 인식하는 시장. 식사 전문브랜드 이용 · 알고 신뢰하는 브랜드에 대한 충성도가 높고, 가격에 덜 민감. 그 외 브랜드에는 별 반응없음
어린이 시장 (just for kids)	[주로 아침식사를 어린이 위주로 하는 시장] · 부모는 대부분 모닝커피나 주스로 간단한 아침식사. 어린이는 어린이용 시리얼을 자주이용 · 디즈니캐릭터 등 라이센스 브랜드를 포함한 어린이용 판매홍보에 잘 이끌림.

(2) 기업시장 세분화(business market segmentation)

일부 외식기업은 개인고객 이외에 크고 작은 비즈니스 고객이 구매자가 되는 경우가 있다. 예를 들어, 도시락을 만들어 정기적으로 회사에 납품하거나, 소매업자에게 납품하거나, 식재료를 공급하고 그 이외의 주방기기 등의 식자재를 정기적으로 거래하는 공급자들은 모두 비즈니스 파트너와 거래를 하게 된다. 이러한 방식의 B2B 거래자들도 마치 개인고객과의 관계처럼 장기적인 관계를 위해 지속적으로 관리하여야 한다.

비즈니스 구매자도 역시 지리적 변수, 산업규모, 회사의 규모나 업력, 직원수 등의 인구통

그림 10-6 피자소스의 기업시장 세분화

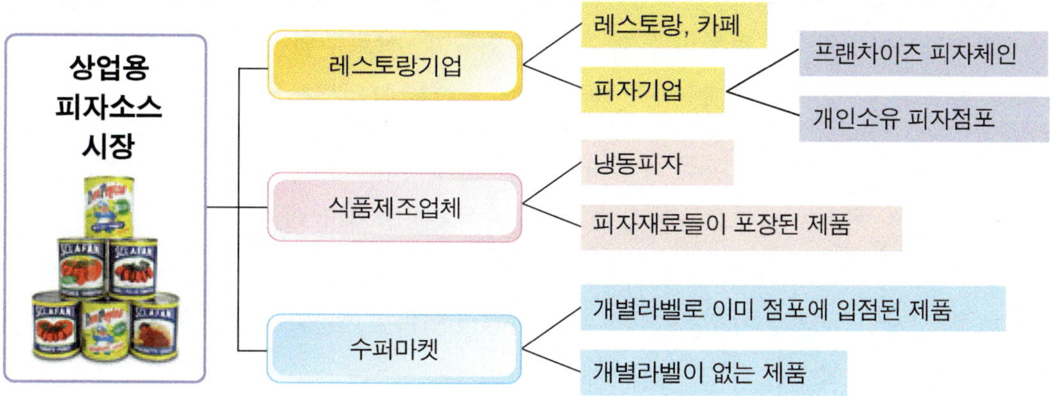

자료: http://muz.so/Jdq, 저자보완

계적 변수, 추구하는 이익, 거래자의 상태나 충성도, 거래율 등에 따라 분류될 수 있고, 거래특성, 거래방식, 상황적 요인 등의 개별적인 변수들도 더 추가될 수 있다. 개인고객시장과 마찬가지로 구매행동과 거래를 통한 혜택이 비즈니스 시장세분화에 가장 기본이 되는 변수이다.

〈그림 10-6〉은 비즈니스 시장인 피자소스 시장의 기업시장 세분화의 예를 보여주고 있다. 피자소스 제조시장은 시장을 세분화하기 위해 그 시장만의 독특한 기준에 따라 구분하고 있다. 첫 번째 층으로는 잠재적인 시장을 레스토랑 기업, 식품제조업체 및 수퍼마켓으로 크게 세 가지로 구분하였고, 그 다음 각 그룹에 대해 2차 변수를 사용하여 다시 시장을 구분하였다. 레스토랑 기업의 경우는 레스토랑과 카페 그리고 피자기업으로, 피자기업은 프랜차이즈와 개인사업자로 한번 더 구분하였다. 식품제조업체는 피자소스를 사용한 냉동피자인지 혹은 재료들이 포장된 형태인지에 따라 구분하였으며, 마지막으로 수퍼마켓은 매장에서 개별라벨 피자소스를 이미 판매했는지 여부에 따라 추가로 나눠질 수 있다.

(3) 해외시장 세분화(international market segmentation)

맥도날드나 코카콜라와 같은 기업들은 해외에서 많은 나라에 진출되어 있는 기업이다. 이 정도는 아니더라도, 많은 외식기업들이 자국 이외에 다른 나라의 시장에 진출하고 있다. 해외로 진출한다는 것은 아무리 가까운 곳이라해도 지역적인 특성과 경제적, 정치적·법적, 문화적인 여러 문제들에 대해서 다양하게 대처하여야 한다. 이러한 변수들을 고려하여 시장을 세분화할 수도 있다.

- 지역적 특성 : 지리적 위치, 지역
- 사회 · 경제적 특성 : 인구, 수입, 경제적 발전정도
- 정치적 · 법적 특성 : 정부의 유형, 화폐통화규제, 관료주의 정도
- 문화적 특성 : 언어, 종교, 가치, 태도, 행동패턴, 고객특성

세계시장은 크게 지역적으로 나누어 질 수 있다. 지역적 특성외에 세계시장에서 나타나는 독특한 현상은 서로 다른 나라에 살고 있는 소비자들이지만 비슷한 욕구를 가진 유사한 구매행동을 하는 그룹이 있다는 것이다. 이들은 유사한 가치를 추구하고 있는 집단으로 이런 시장세분화를 시장간 세분화(intermarket segmentation)라고 한다. 〈그림 10-7〉의 맥도날드, 코카콜라, 스타벅스의 분포가 그 예를 보여주고 있다.

많은 조건이 서로 같지 않은 다른 나라에 살면서도 어린이들이 맥도날드의 햄버거를 즐겨먹고, 10대 청소년들이 코카콜라를 즐겨마시고, 젊은 직장여성들이 스타벅스를 찾는 것처럼, 또는 한국인, 일본인, 중국인, 태국인, 인도인들은 서로 다른 나라에 살고 있지만, 모두 쌀을 주식으로 하고 있는 것처럼, 서로 다른 나라를 넘나드는 시장간 세분화를 통해 기업은 글로벌기준으로 구분되는 각 세분시장에 대한 마케팅 프로그램을 개발할 수 있다.

그림 10-7 해외시장의 지역적 세분화와 시장간 세분화의 예

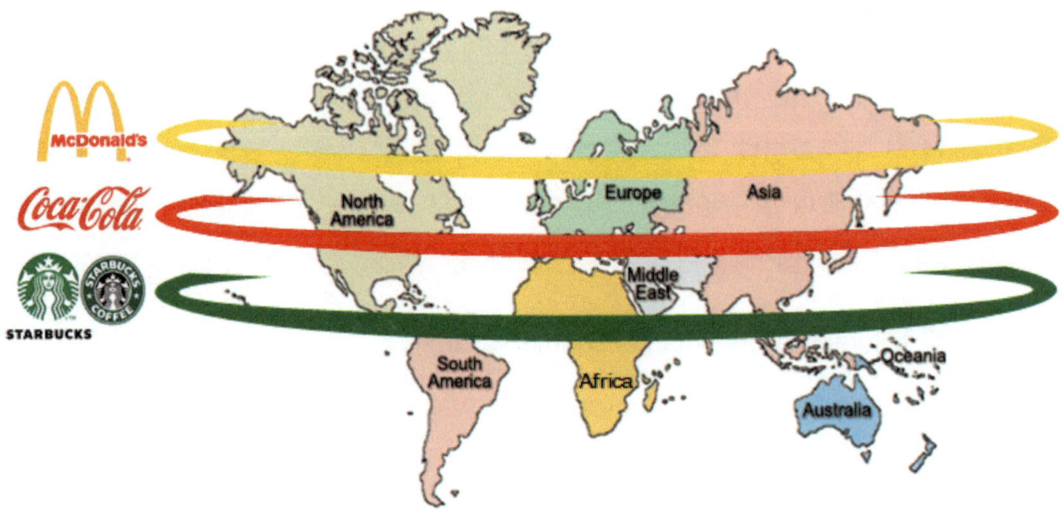

(4) 효과적인 세분화를 위해 갖추어야 할 조건

나누어진 세분시장이 모두 효과적인 것은 아니다. 어떤 경우는 시장을 나누는 것이 의미가 없을 수도 있다. 예를 들어, 유사한 가격과 품질의 소금이 있고 고객들은 어느 것이든 비슷한 양만큼 정기적으로 구매한다면 굳이 시장을 차별화할 필요가 없다. 따라서 효과적인 시장세분

표 10-4 효과적인 세분화를 위해 갖출 조건과 내용

갖출 조건	내 용
① 측정가능 (measurable) 	· 시장세분은 시장의 특징과 크기를 측정할 수 있어야 한다. · 인스턴트 커피시장과 같이 판매액, 고객규모, 구매력 및 특성 등을 알아야 전략수립이 가능하다. · 청소년 흡연시장과 같이 숨겨진 시장이 아닌 눈에 보이는 측정가능한 시장이어야 한다. · 이러한 정보를 이용할 수 있는 크기의 시장이어야 한다.
② 차별가능 (differentiable) 	· 세분시장은 서로 간에 이질적(heterogeneous)으로 차별이 가능해야 한다. · 같은 집단에서는 비슷한 특성을 갖고, 다른 집단과 비교시는 서로 이질적이어야 한다. · 이질적인 집단으로 구분하기 위한 명확한 기준이 있어야 한다. · 각 집단의 고객들은 구매자의 필요, 특성이 서로 달라 같은 마케팅믹스에 다르게 행동한다. · 집단간 차이가 명확해야 마케팅캠페인, 제품 및 마케팅도구가 중복없이 구현될 수 있다.
③ 접근가능 (accessible) 	· 세분시장은 유통채널, 광고매체 및 판매원과 같은 마케팅기관을 통해 접근이 가능해야 한다. · 제품홍보를 중개하는 고객들이 즐기는 TV프로그램이나 인터넷사이트 파악이 가능해야 한다. · 고객들과 소통하는 채널을 통하여 차별적 특성을 전달하지 못한다면 세분시장은 무의미하다.
④ 충분한 (substantial) 	· 세분시장의 규모는 고객 및 수익잠재력 측면에서 충분히 커야 한다. · 불충분하여 소비력이 무시할만한 수준이라면 그 시장에 마케팅예산을 낭비할 필요가 없다. · 실행가능한 시장은 일반적으로 연령대, 사회 · 경제적 배경 및 브랜드인식과 같이 명확하게 정의된 동질(homogeneous)그룹이다. · 기존 커피와 차별화된 다양한 향이 들어간 커피를 개발하는데, 얼마나 많은 고객들이 기존 커피를 등지고 새로운 커피를 구매할지에 대한 확신이 없다면, 이 세분시장을 겨냥한 신제품은 개발하기 어려울 것이다.
⑤ 실행가능 (actionable) 	· 세분시장 내에서 마케팅목적이 실행가능해야 한다. · 조직은 선택한 시장을 위해 마케팅믹스를 설계하고 구현할 수 있어야 한다. · 작은 외식기업에서 5가지의 세분시장으로 구분하여 차별화한다고 할 때, 차별화를 실행할 만큼 조직이나 시장이 충분히 형성되지 않을 수 있다. · 각 세분시장이 실질적인 가치를 가지도록 구성해야 한다.

화를 위해 갖추어야 할 조건을 이용하여 시장을 세분화하여야 한다.

먼저 그 시장이 ①시장에서 측정이 가능한지 ②마케팅을 위한 차별이 가능한지 ③시장에서의 접근이 가능한지 ④수익을 올리기에 충분한 규모인지 ⑤조직에서 실행이 가능한지 파악하여야 한다. 〈표 10-4〉는 이러한 세분화조건과 그 내용을 요약한 것이다.

시장세분화 원칙을 잘 이해하는 것은 회사의 마케팅 전략을 구성하는 중요한 요소이다. 세분화를 통하여 효율적이고 능률적인 방법으로 제품 및 서비스를 정확하게 목표고객에게 전달하는데 낭비가 최소화될 수 있다. 시장세분화 이후에는 어떤 세분시장이 기업의 목표와 경영방식에 가장 잘 맞고 기업에 이익을 가져다 줄 수 있는 고객집단인지를 평가해서 그 세분시장을 목표시장으로 설정해야 한다.

2) 목표시장 전략(market targeting strategy)

세분화는 잠재고객의 각 집단에 관심을 갖도록 도와주는 중요한 마케팅기법이다. 나누어진 각 잠재고객의 세분시장들을 평가하면 해당기업의 제품에 관심없는 고객집단을 찾을 수 있고, 그 고객들을 위해 마케팅활동을 펼치는 자원낭비를 막을 수 있다. 다시 말하면, 회사에 가장 이익을 줄 수 있는 세분시장을 찾아 그들을 위해 집중적인 마케팅활동을 할 수 있다는 것이다. 제한된 자원으로 기업의 목표를 달성하기 위해서는 마케팅부문의 활동특성을 기업의 제품품질과 기업의 자원능력에 맞추어야 한다.

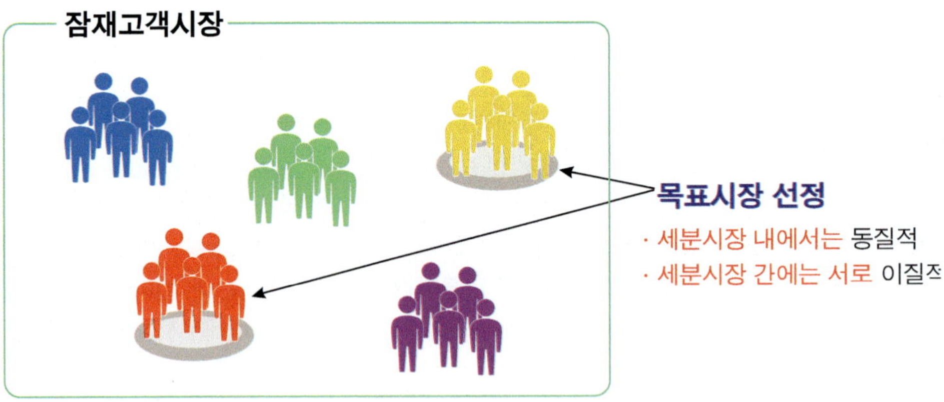

(1) 세분시장평가

시장세분화 이후에는 세분화된 시장을 평가하여 기업에 가장 잘 맞는 시장을 선정하여야 한다. 이를 위해서는 다음의 세 가지 요소를 고려해야 한다.

■ 외식기업의 경영목표와 자원

세분시장의 규모와 성장이 적절하고 구조적으로 매력적이라 할지라도 회사는 기업의 경영목표와 보유하고 있는 자원을 고려해야 한다. 매력적인 세분시장이라도 외식기업이 그 해당 세분시장을 위해 필요한 기술과 자원이 부족할 수도 있고, 기업의 장기목표와 부합하지 않아 기대이하의 성과가 나타날 수도 있다.

예를 들어, 1인 시장의 증가로 저렴한 1인 도시락 판매가 급증한다고 해서 SPC의 파리바케트에서 1인 도시락을 판매하는 것은 기업의 목표와 자원을 감안할 때 거의 의미가 없는 일이다. 그것은 마치 빠르고 일관된 품질의 가족 친화적임으로 평가받는 맥도날드가 최고급의 미식레스토랑의 음식을 제공하는 상황과 유사하다. 기업은 우수한 고객가치를 창출하고 경쟁업체보다 우위를 확보할 수 있는 세분시장으로 진입해야 한다. 맥도날드가 친절하고 깨끗한 레스토랑으로 일관된 품질의 음식을 제공하는 가족고객을 목표로 하는 것처럼 말이다.

■ 세분시장 크기와 성장

여러 세분시장들에 대한 매출, 성장률 및 예상수익 등의 자료를 수집하고 분석하여 기업과 가장 잘 맞는 규모와 성장특성을 가진 세분시장을 파악한다. 모든 기업이 크고 빠르게 성장하는 세분시장을 항상 매력적이라고 생각하지 않는다. 소규모기업은 규모가 큰 세분시장을 위해 기술과 자원이 부족할 수 있고 또 너무 경쟁적일 수 있다. 따라서 소규모 외식기업에는 작고 매력있는 세분시장이 잘 맞는 시장이 될 수 있다.

■ 세분시장 구조적 매력

기업은 장기적인 시장 매력도에 영향을 끼치는 세분시장의 구조를 분석해 보아야 한다.
예를 들어,

- 강하고 공격적인 경쟁자가 많이 포함되어 있다면 이 세분시장의 매력도는 낮아지고
- 실제 또는 잠재적 대체품이 많으면 이 세분시장에서의 가격이나 이익이 제한적이고
- 강력한 공급업체가 가격을 통제하거나 주문한 상품과 서비스의 품질이나 수량을 줄일 수 있는 세분시장이라면 매력도가 떨어질 수 있다.

(2) 목표시장선정

세분시장의 평가단계를 거쳐 기업은 어떤 세분시장 몇 개의 세분시장을 선정할 것인지를 결정한다. 외식기업에서 선정한 목표시장에는 기업의 상품과 서비스에 대한 공통된 욕구와 특성을 가진 구매자들이 구성된다.

그림 10-8 목표시장 마케팅의 전략

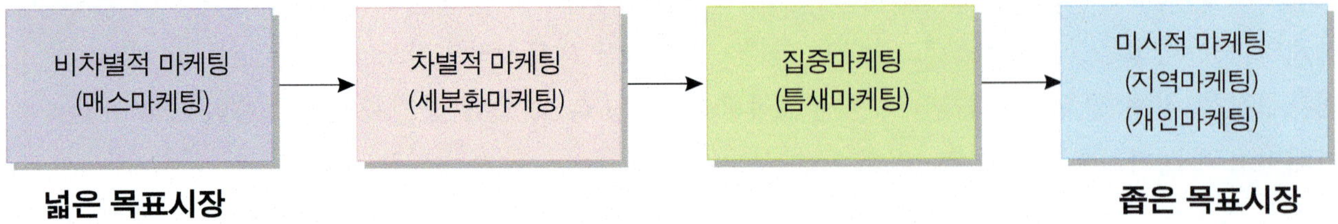

자료 : Kotler & Amstrong(2012), p.225

〈그림 10-8〉은 기업에서 이용할 수 있는 목표시장 마케팅 전략을 나타낸 것이다. 기업은 매스마케팅과 같이 시장에 아무런 차별을 두지 않은 비차별적 광범위한 마케팅부터 개인의 일대일 마케팅과 같이 아주 좁은 범위의 미시적 마케팅까지 목표시장을 선정할 수 있으며, 그 중간에 차별적인 세분화 마케팅이나 집중적인 틈새마케팅의 전략을 이용할 수도 있다. 좁은 목표시장을 추구하는 미시적 마케팅은 본 장의 후반부에 논의되는 지역마케팅을 포함하는 마케팅 전략이다.

■ 비차별적 마케팅

비차별적 마케팅(undifferentiated marketing) 또는 대량마케팅(mass marketing)이라고 부르며 전체를 하나의 시장으로 보고 세분된 집단간에 차이가 있더라도 이를 고려하지 않는 마케팅 전략이다. 즉, 하나의 제품, 가격, 판매방식, 단일 프로모션 활동의 단일 마케팅믹스를 사용하여 해당 시장에서 최대의 고객수를 달성하게 된다.

설탕이나 소금처럼 소비자들이 갖는 요구가 비슷한 제품들은 이러한 비차별적 마케팅에 적합하다고 볼 수 있다. 초기 맥도날드는 한 종류의 한 사이즈 햄버거를 판매했는데 이 경우도 비차별적 마케팅이라고 볼 수 있다. 이러한 대량마케팅의 성공은 많은 잠재고객에게 도달하기 위한 자원과 기술을 갖추고 있는지 그 여부에 달려 있다.

■ 차별적 마케팅

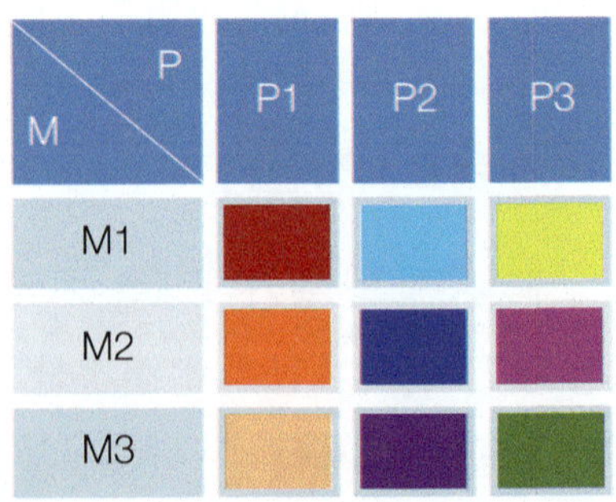

차별적 마케팅(differentiated marketing) 전략은 전체시장 중 각 해당 세분시장의 욕구를 충족시키기 위해 고안된 특정 마케팅믹스를 사용한다. 마케팅믹스는 해당 세분시장에 맞게 특별제작된 메뉴상품, 메뉴가격, 판매방식, 프로모션 활동이 포함된다.

코카콜라는 다양한 제품포트폴리오의 구성으로 모든 시장

을 포착하는데 초점을 맞추어 모든 고객세분시장을 공략하고자 한다. 예를 들어, 외식기업 「CJ 푸드빌」은 베이커리, 스테이크 요리, 면요리, 이탈리안 음식, 주스바(juice bar) 등의 다양한 외식메뉴의 서로 다른 브랜드 포트폴리오를 디자인하여 각 시장마다 각기 다른 마케팅믹스를 구성한 차별화된 마케팅 전략을 펼치고 있다. 차별적 마케팅은 구별이 가능한 세그먼트가 있는 시장에 가장 적합하다.

■ 집중마케팅

단일 마케팅믹스로 단일세분시장을 목표로 하는 전략이다. 「베트남쌀국수 전문점」과 같이 명확하고 잘 정의된 단일시장의 요구를 충족시키기 위해 회사의 모든 자원을 집중하므로 큰 기업에 비해 경쟁력을 높일 수 있는 장점이 있다. 그러나 단일시장만 공략하므로 대기업이 시장으로 진출하거나 식재료공급에 문제가 있는 경우 시장내의 변화에 따라 기업전체가 크게 영향을 받는 단점이 있다.

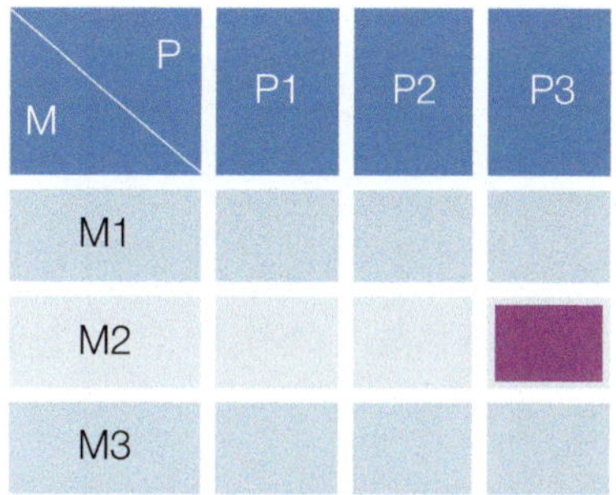

■ 선택적 전문화 마케팅

이 경우 회사는 여러 제품 및 다중시장을 목표로 특정 제품을 특정시장에 집중한다. 하나 이상의 세분시장에 집중하며, 의류업체에서 이탈리안 레스토랑을 운영하는 경우처럼 세분시장 상호간에 전혀 관계가 없을 수도 있다. 전문성이 다른 분야의 인적자원보유와 기업의 핵심역량이 지나치게 분산되지 않도록 신중해야 한다.

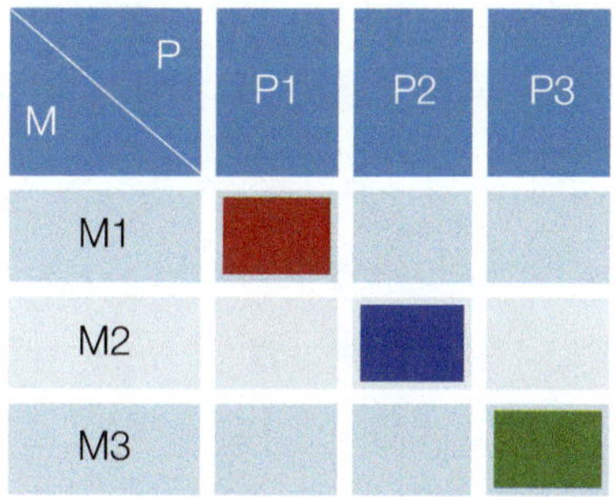

■ 제품전문화 마케팅

여러 시장에 판매되는 특정 제품에 대한 마케팅을 전문으로 하는 전략이다. 피자전문점에서 배달시장, 냉동피자시장, 일반 레스토랑시장을 구분하여 각각의 시장에 맞도록 상품을 구성하여 고객이 원하는 피자를 제공하고 있는 경우도 제품전문화라 볼 수 있다. 고객이 원하는 방식으로 피자의 구성과 판매방식을 맞춤화하여 전문화하고 있다.

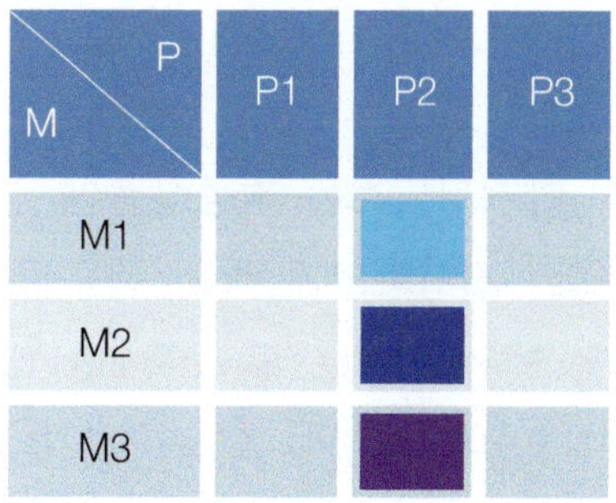

■ **시장전문화 마케팅**

특정 고객그룹의 한 시장에 집중적으로 모든 종류의 상품을 제공하는 전략이다. 유아전용과자, 유아들의 이유식, 유아용품들을 전문적으로 판매하거나, 체중관리를 하는 다이어터(dieter)를 위한 저칼로리 식사, 식사대용품, 저칼로리 간식 등을 전문적으로 판매하는 것도 이에 해당된다.

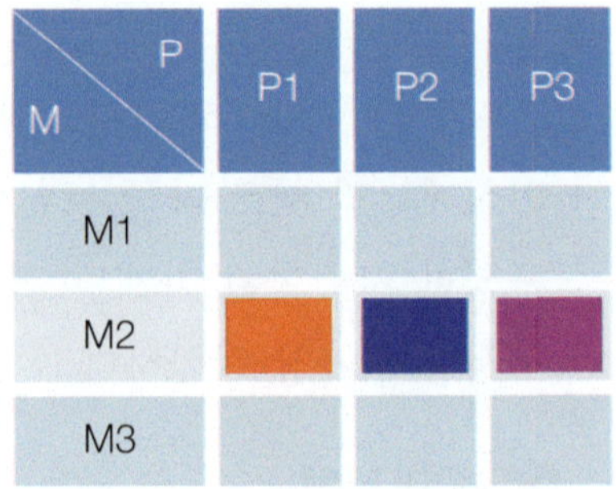

3) 포지셔닝 전략(positioning strategy)

포지셔닝이란 고객의 마음속에서 다른 경쟁업체와 비교하였을때 상대적으로 우리 기업의 제품이나 서비스가 어떤 위치를 차지하고 있는지를 말한다. 아무리 기업이 의도한 포지셔닝이 잘 계획되었다 하더라도 목표시장의 고객이 생각하고 있던 것을 전달하지 못한다면 목표고객은 경쟁업체로 떠날 것이다.

따라서 목표고객이 원하는 가치를 전달하기 위한 마케팅믹스를 개발하여 고객이 시장에서 경쟁업체와 다르게 느낄 수 있는 차별적인 요소를 제공해야 한다. 경쟁브랜드보다 더 높은 가치를 목표고객에게 전달하고 경쟁브랜드와 차별화시켜 목표고객이 독특함을 느낄 수 있도록 해야 한다. 또한 지속적으로 차별점이 전달되도록 소통하여야 한다.

특별히 외식기업이나 식품기업은 광고카피를 통해 제품을 포지셔닝할 수도 있다. 예를 들어, 「일요일엔~♬ 오뚜기 카레」, 「모이면~♬ 피자헛」, 「사랑한다면~♬ 놀부」와 같은 광고처럼 고객들이 어떤 상황에 그 브랜드를 연상하도록 하는 포지셔닝을 위한 상황적인 요소를 전달하기도 한다.

4) 마케팅믹스의 개발

마케팅믹스는 최종상품에 영향을 줄 수 있는 기업이 할 수 있는 모든 것으로 구성된다. 기업이 진입하고자 하는 목표시장이 결정된 이후에는 목표시장의 고객들로부터 기대했던 반응을 얻을 수 있도록 상품(Product), 가격(Price), 유통·장소(Place), 판매촉진(Promotion)의 전술적인 마케팅도구들을 잘 조화시켜 고객이 원하는 것을 생산해 낼 수 있어야 한다. 이러한 네 가지 요소의 영어의 앞자리 'P'를 따서 「4P」라고 부른다.

목표시장 고객의 특성에 따라 마케팅믹스를 개발하여 고객이 더욱 상품에 매력을 느낄 수 있도록 해야 한다. 〈그림 10-9〉에 제시된 바와 같이 네 가지 마케팅믹스의 4P가 더욱 진화되

그림 10-9 마케팅믹스의 4P와 7P

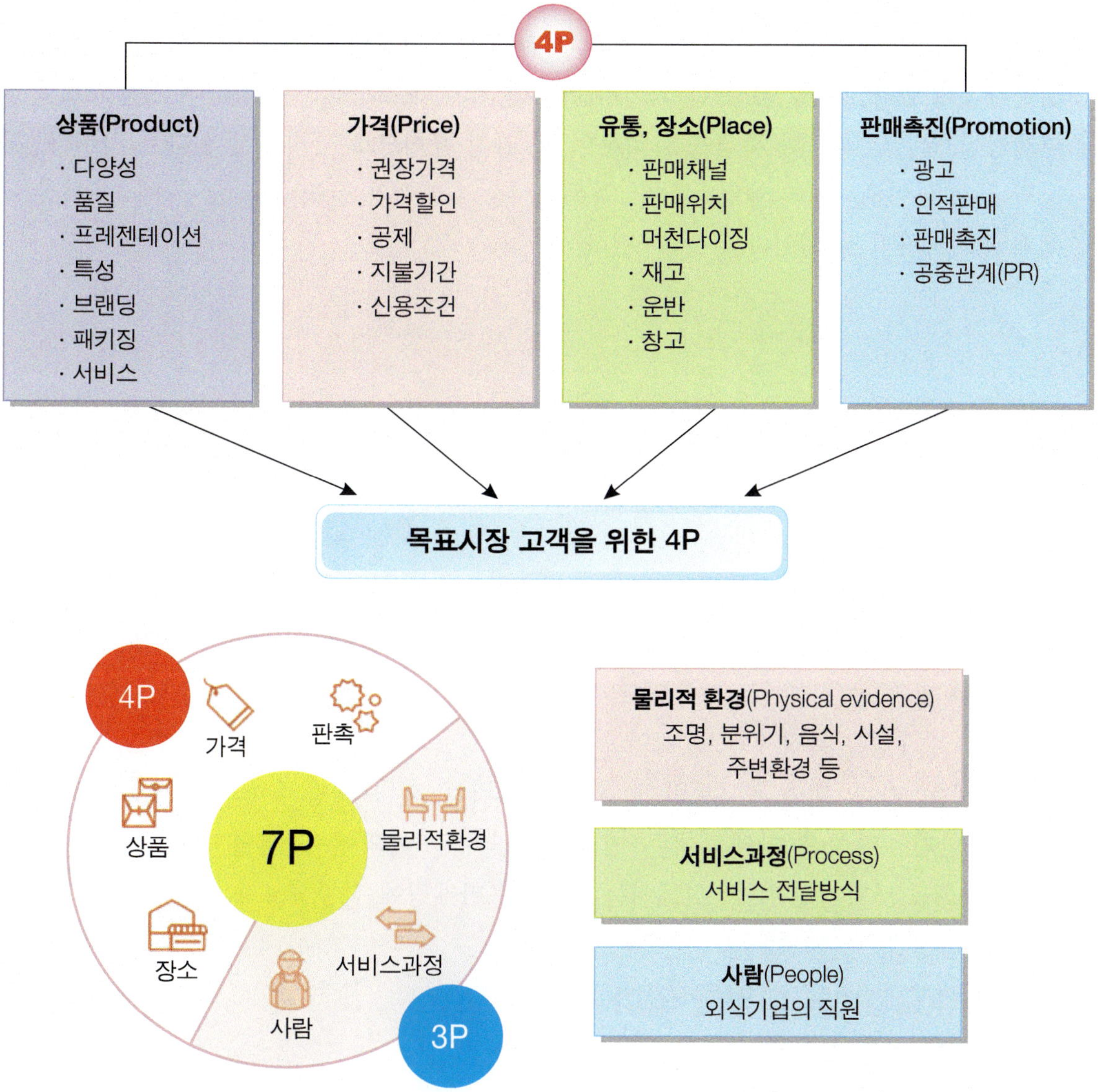

어 서비스분야에서는 사람(People), 서비스과정(Process), 물리적 환경(Physical evidence)의 3P를 더 추가하여 7P가 제안되기도 한다.

어떤 용어로 사용하던지 마케팅믹스의 개념은 목표시장의 고객에 맞도록 상품의 특성을 구성한다는데 있다. 예를 들어, 한 외식기업이 세 가지 목표시장을 선정하여 집중하고자 한다면 마케팅믹스는 각 시장의 특성을 고려하여 세 가지 유형으로 나타나야 한다는 것이다. 목표시장의 특성을 이해하여 마케팅믹스가 그 목표시장의 고객과 잘 맞게 되었을 때 그 시장은 고객에게 포지셔닝이 잘 되었다고 할 수 있다.

3 외식사업의 지역점포마케팅

지역점포마케팅은 미시적 마케팅(micro marketing)의 한 종류로, 점포가 강조된 LSM(local store marketing), 혹은 지역이 강조된 LAM(local area marketing)이라고 편의에 따라 부르며 두 가지는 거의 같은 의미로 사용된다.

미시적 마케팅은 특정개인 및 지역고객 세분시장을 위한 욕구가 충족될 수 있도록 마케팅믹스 즉, 제품, 가격, 판매나 유통방식, 혹은 점포위치, 및 브랜딩과 마케팅 프로그램 등이 조정되어야 한다. 미시적 마케팅에는 지역점포마케팅 이외에도 개별고객마케팅(individual marketing)도 포함되지만, 본 절에서는 지역점포마케팅에 집중하고자 한다.

1) 「지역(로컬)」의 다양한 의미

지역점포마케팅의 용어에서 '지역'이 의미하는 것은 한 국가, 도시, 구, 동, 한 점포 등 어떤 관점에서 바라보는지에 따라 다양하게 적용될 수 있다. 일반적으로 체인경영형태의 외식기업은 해외로 진출하는 글로벌한 시장의 지역에서부터 국내에 확산된 각기 다른 지역이나 동네에서 운영하고 있는 한 개의 개별체인 점포까지 마케팅활동의 규모와 목표에 따라 지역이 의미하는 것은 다양하다. 반면에 개인이 운영하는 레스토랑 점포 하나의 관점에서 본 마케팅활동은 동네마케팅(local marketing), 이웃마케팅(neighbor marketing)을 의미하는 소규모의 지역점포마케팅이라고 볼 수 있다.

2) 글로벌기업 관점의 지역마케팅 활동

다국적 외식기업들이 문화, 정책, 사회환경이 자국시장과 동일하지 않은 해외시장으로 진출하는 경우, 마케팅활동의 표준화(standardization)와 현지화(localization)간의 적절한 조화를 찾는 것이 중요하다.

(1) 표준화

표준화는 전 세계시장을 본질적으로 동일하게 보고 같은 브랜드이름, 상징, 패키징 및 동일한 커뮤니케이션 방법으로 이미지를 구성하고자 한다. 저렴한 비용으로 대규모 생산이 가능해 경제적이지만 현지 고객의 성향이 고려되지 않은 전략으로 다른 문화를 갖고 있는 현지 시장에서는 성공이 어려울 수도 있다.

(2) 현지화/로컬화

반면 현지화는 상품의 적응을 통한 고객만족에 중점을 둔다. 구매자의 욕구에 차이가 있는 상황에서는 현지 적응전략이 필요하므로 특별히 주요 메뉴상품에 대한 현지화는 외식기업에

표 10-5 맥도날드 마케팅믹스의 표준화와 현지화의 예

마케팅믹스	표준화 (standardization)	현지화 (localization)
상품(product)	빅맥 (Big Mac)	한국 : 불고기버거(Bulgogi Burger) / 싱가폴 : Durian Smoothie 루마니아 : Tartar balls / 필리핀 : McSpaghetti 이스라엘 : McFalafel / 태국 : Samurai Pork Burger
가격(price)		스위스 $6.59 / 노르웨이 $5.51 / 브라질 $4.78 / 캐나다 $4.60 / 호주 $4.30 영국 $3.94 / 한국 $3.86 / 파키스탄 $3.58 / 일본 $3.47 / 중국 $2.79 이집트 $2.59 / 홍콩 $2.48 / 인디아 $2.41 / 멕시코 2.37 / **미국 $5.04**
유통/판매 방식/장소 (place)	단독입점 형태	맥도날드 홈배달(인디아 / 한국) / 드라이브 쓰루(한국) / 철도시스템 다이닝 차(스위스)
판매촉진 (promotion)	광고 슬로건 I'm loving it	스페인어 Me encanta / 독일어 Ich liebe es 프랑스어 C'est tout ce que j'aime / 터키어 işte bunu seviyorum 스와힐리어(Swahili) Ninaipenda / 러시아어 вот что я люблю

자료 : 저자 조사

게는 필수적이다. 상품은 다양한 시장상황에 따라 적절하게 적응되어야 한다. 현지 로컬고객들의 문화적 차이에 따른 식생활방식, 현지에서 조달하는 식재료시장, 현지 인력시장의 구조 및 임금정도 등은 다국적 외식기업들이 필수적으로 고려해야 하는 사항들이다. 현지 시장을 고려하여 지역고객들의 욕구에 맞도록 마케팅믹스를 조절하는 목표시장 마케팅이 이루어져야 해외시장진출의 성공에 기초가 될 수 있다.

〈표 10-5〉는 맥도날드 외식기업이 같은 의미를 전달하는 광고의 슬로건 「I'm loving it」을 사용하여 기업이 추구하는 목표와 정체성을 유지하면서 마케팅믹스의 상품과 가격부분에서 현지의 상황을 충분히 고려하고 있는 예를 보여주고 있다.

3) 개별점포 관점의 지역마케팅 활동

(1) LSM의 의미

지역점포마케팅, LSM은 체인경영의 외식기업이나 이웃에서 개인이 운영하는 식당, 커피전문점, 또는 패스트푸드 레스토랑 등 모든 형태의 외식점포 성공을 위해 중요한 역할을 한다.

LSM은 현지 고객 즉, 대체로 반경 5~8km정도의 점포주변 상업지역 내의 특정그룹 또는 잠재고객을 대상으로 그들만을 위한 특별한 마케팅계획을 세우고, 판매하고 있는 제품과 서비스에 대한 인지도를 높여 구매를 시작하거나 구매를 지속할 수 있도록 하는 마케팅활동이다.

또한 해당 점포의 상업지역 내의 특별한 변수들을 파악하고 이해하여 해당 지역사회에 적극적으로 참여하면서 경쟁업체 및 잠재마케팅 파트너를 파악해야 한다. LSM 성공의 핵심은 커뮤니티 파트너를 만드는 것이다. 파트너는 점포의 잠재고객과 상호작용하는 모든 비즈니스 및 비영리조직을 포함해야 한다.

(2) LSM을 위한 마케팅믹스의 구성

점포가 있는 지역을 기준으로 세분시장의 고객을 위해 디자인된 마케팅믹스를 구성해야 한다. 점포의 개별고객과 커뮤니티 내의 관공서, 회사, 학교 등의 주요 공공시설이 무엇이 있는지도 알아보아 이들에 대한 프로파일을 파악하는 것이 중요한 시작이 될 수 있다. 지역에서 일어나고 있는 행사나 기념하는 날이 있는지, 지역만의 특별한 특징이 있는지에 대해서도 식재료를 납품하는 업자들을 통해서 알아볼 수도 있다.

〈그림 10-10〉과 같이 커뮤니티 파트너가 될 수 있는 잠재개별 고객과 공공고객을 파악하여 이들과의 관계를 형성할 수 있는 방법을 찾아야 한다. 우리 점포의 4P믹스 구성이 개별고객이 원하는 요구를 충족시킬 수 있는지 확인하여 필요하다면 다소 변화를 주어야 한다. 또한

그림 10-10 LSM을 위한 커뮤니티 파트너 프로파일 수집

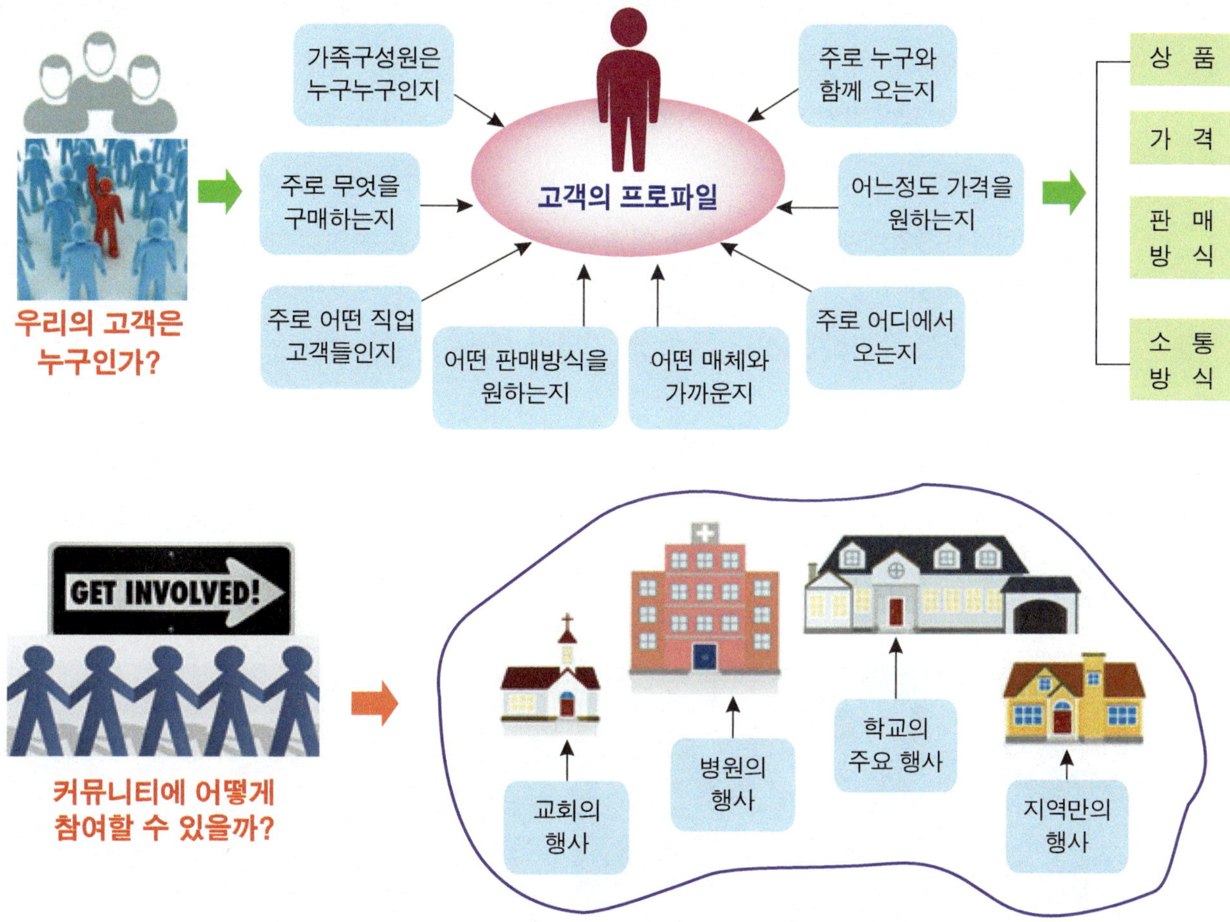

지역의 공공고객들의 이벤트나 특별한 행사 등은 어떤 것들이 있는지 어떻게 관여할 수 있는지, 어떻게 영업에 활용할 수 있는지 등에 대해서도 조사하고 알아보고 공공고객을 위한 4P믹스도 구성해야 한다.

(3) LSM의 중요성

LSM은 고객 및 커뮤니티와의 장기적인 비즈니스 관계를 성취하는데 비용적인 측면에서도 가장 효과적인 방법이다. 하루, 이틀의 일이 아니고 그 지역에서 같은 비즈니스를 하는 동안 지속적으로 진행해야 하는 활동이다. 지역사회, 쇼핑몰, 소매점 또는 특정하게 한정된 소규모의 목표시장 마케팅을 통해 영업활동을 하고 고객기반을 구축하여야 한다. 다른 형태의 광고지출을 절약하고 지역에 적극적인 관심을 보이는 잘 계획된 LSM을 통해 점포의 이익을 더욱 증대시키도록 한다.

(4) LSM을 위한 마케팅 프로그램

지역 커뮤니티와의 장기적인 관계를 구축하기 위한 LSM마케팅 프로그램이나 활동들은 다양하다. 체인기업이라면 본부에서 전략적으로 각 지역에 공통적으로 진행하기도 하고 자영업자라면 그 보다는 의사결정이 쉬울 수 있으나 다소의 자본투자가 필요한 경우도 있다.

■ 건축 및 장식

체인경영 외식기업에서 그 나라나 그 지역의 특징을 그대로 반영하여 간판이나 심볼로 사용하는 것도 LSM의 예가 될 수 있다. 역사적으로 의미가 있는 지역이나 건물을 그대로 지키면서 인테리어를 유지하는 것도 역시 그 지역에 대한 경의를 표하는 의도를 보여주는 LSM의 예가 될 수 있다.

■ 지역의 식재료이용

지역에서 판매하고 있는 식재료를 거래하거나 그 지역의 식재료 공급업체를 주요 거래처로 하는 경우도 지역과의 관계를 유지하는 좋은 예가 된다.

한국어로 표기

일본어로 표기

인디아어로 표기

중국어로 표기

▲해당 국가의 언어로 표기된 맥도날드의 간판

Melbourne, 오스트레일리아(Australia)

Kristiansand, 노르웨이(Norway)

Milan, 이태리(Italy)

▲해당 국가의 의미있는 건물의 특징을 그대로 살려 영업을 하는 독특한 맥도날드의 위치

■ 지역 향토요리

체인경영의 외식점포가 메뉴의 일부를 지역 향토요리나 지역의 특별한 음식을 제공함으로써 지역 커뮤니티와 더 좋은 관계를 가질 수 있다.

■ 지역 브랜드홍보

지역의 학교나 공공단체의 스포츠팀 브랜드를 상징하는 기념품 등으로 장식을 하거나 그런 기념품을 함께 판매하는 것도 지역과의 관계에 도움이 된다.

■ 지역 제품선택

지역에서 특별히 선호하거나 인기있는 식재료나 메뉴가 있다면 그런 식재료를 이용하여 지역주민들과 함께 동화되는 것도 LSM 프로그램이 될 수 있다.

■ 이벤트참여

지역축제의 날이나 지역학교의 행사나 스포츠경기 등이 있다면, 점포앞에서 이들을 함께 축하하는 간단한 핑거푸드(finger food)를 제공하여 행사를 통해 점포브랜드를 알리면서 지역주민들과의 관계에도 좋은 인상을 줄 수 있다.

지금까지 살펴본 이러한 마케팅 프로그램 이외에도 지역에서 일어나고 있는 일들에 관심을 갖고 기여할 수 있는 일들을 찾아야 한다. 지역주민들의 포인트제도, 지역주민들 모임에 단체할인, 지역대학교에 장학금후원, 대학축제날 무료음료제공, 지역의 마라톤경주, 걷기대회, 자선모금행사 등 여러 이벤트 중 하나라도 지속적으로 후원하면 단기간에 비즈니스를 알리고 좋은 이미지를 남길 수 있다. 이런 일을 계기로 지역주민들의 점포방문 기회가 더 많아지고 다른 점포와도 차별화되고 무엇보다도 지역내에서 점포브랜드의 이미지를 더욱 좋게 할 수 있다.

4 외식기업의 다브랜드 전략과 코브랜딩 전략

1) 다브랜드 전략(multi brands strategy)

(1) 다브랜드 전략의 의미와 사례

■ 의 미

고객의 욕구를 충족하기 위해 외식기업은 새로운 컨셉을 개발하려고 많은 노력을 하고 있다. 컨셉은 외식상품을 개발하고 운영하는데 중심이 되고, 이를 위해 메뉴, 가격, 서비스, 품질, 위치, 분위기 등이 충분히 지원되어야 한다. 외식기업에서는 이러한 고객의 다양한 욕구를 서로 다른 세분시장으로 보고 한 기업내에서 여러 컨셉의 레스토랑을 운영하면서 동시에 몇 개의 세분시장을 목표로 마케팅활동을 하는데 이를 다브랜드 전략이라고 한다.

■ 사 례

다브랜드 전략을 사용하고 있는 대표적인 미국의 외식기업은 얌브랜드(YUM brand)로서 이 회사는 KFC, Pizza Hut, Taco Bell을 운영하는 기업이다. 닭고기, 피자, 멕시코음식의 세분시장을 겨냥한 각기 다른 컨셉의 외식브랜드를 운영하고 있다. 국내에서 이러한 다브랜드 전략으로 여러 고객시장을 목표로 하고 있는 기업으로는 CJ푸드빌, SPC그룹, 더본코리아 등을 대표적으로 들 수 있으며, 이 기업들은 모두 10개 이상의 외식브랜드를 운영하고 있는 거대한 다브랜드 외식기업이다.

(2) 다브랜드 전략의 이슈

이러한 다브랜드 전략을 운영하는 경우 몇 가지 단점이 나타날 수 있다. ① 여러 브랜드로 고객이 나누어지다 보면 어떤 브랜드도 만족할 만큼 많은 이익이 나지 않을 수도 있다. 이런 경우를 피하기 위해서는 각 브랜드들의 특성이 서로 명확하게 차별화되어 고객들의 세분시장이 확실히 구분되어야 한다. 또한 ② 여러 브랜드를 운영하다보면, 기업의 핵심자원이 분산될 우려가 있다. 한개 혹은 두개의 브랜드에 핵심자원이 모아지면 더욱 효과적이고 효율적인 경영이 될 수도 있는데 여러 곳으로 분산되었을 때는 그만큼 위험부담이 더 많아 질 수 있다.

이러한 위험부담이 있지만 외식산업은 다른 산업에 비해서 고객의 구매가 일어나는 접점이 많은 산업군이고, 고객들의 성향과 외식의 기회와 상황이 다양한 분야이므로 한 브랜드 내에서 고객이 다양한 선택을 할 수 있다는 것은 기업의 경쟁우위가 될 수 있다.

미국의 얌 브랜드(YUM brand)

더본코리아(THEBORN KOREA) 대표브랜드

2) 코브랜딩 전략(co-branding strategy)

(1) 코브랜딩 전략의 의미와 사례

■ 의 미

코브랜딩은 서로 다른 기업 두 개 이상의 브랜드가 서로 공동으로 영업하는 경우를 말하며 듀얼브랜딩(dual branding) 또는 공동브랜딩이라고도 한다. 결합된 브랜드들은 공동으로 마케팅활동을 하여 고객을 공유하거나 고객에게 더 매력있는 장소가 되도록 같은 공간에서 두 개의 브랜드가 운영되는 경우도 있고 또는 단독점포를 운영하기도 한다.

NYC Starbucks: 45th & Broadway NWC (Marriott Marquis)▶
뉴욕 브로드웨이에 있는 메리어트 마퀴스와
그 로비에 있는 스타벅스의 코브랜딩

▼팀홀턴스 커피체인과 콜드스톤 크리머리 아이스크림 숍의 코브랜딩

■사 례

코브랜딩의 대표적인 예는 미국 뉴욕의 메리어트호텔 1층 로비에 스타벅스 커피전문점을 들어오게 한 것이다. 식음료서비스를 운영하지 않는 메리어트호텔에게는 로비에 커피전문점을 제공하여 고객에게 더욱 편의를 제공해 주고, 스타벅스에게는 뉴욕의 브로드웨이의 고객뿐 아니라 메리어트호텔에 묵고 있는 내·외국인들에게 더욱 브랜드인지도를 높일 수 있는 계기가 되었다. 또한 팀홀턴스 커피체인과 콜드스톤 아이스크림 체인도 코브랜딩을 하여 커피와 아이스크림이 함께 제공되는 매장운영으로 고객이 더 다양한 선택을 할 수 있도록 하였다.

(2) 코브랜딩의 종류

코브랜딩은 일반적으로 복합코브랜딩(composite co-branding)과 코브랜딩의 특별한 경우인 성분코브랜딩(ingredient co-branding)의 두 가지 유형으로 구분이 가능하다.

■복합코브랜딩

복합코브랜딩이란 개별적으로 가능하지 않은 별개의 상품이나 서비스를 공동으로 제공하는 방식으로 두 개의 유명브랜드가 함께 고객에게 어필되는 것을 말한다. 복합코브랜딩의 성공여부는 각 브랜드에 대한 선호도와 두 브랜드 사이에 상호보완성 정도에 달려있다. 따라서 각 브랜드가 보유하고 있는 고객시장을 코브랜딩을 통해서 상대방 브랜드와 함께 공유하여 고객층을 좀 더 넓힐 수 있어야 두 브랜드의 계약관계가 오래 지속될 수 있다.

팀홀턴스 커피체인은 고객들이 커피를 마시면서 구운빵, 스프, 샌드위치 등을 먹을 수 있는 곳이므로 대체로 고객이 아침과 점심에 주로 방문한다면, 콜드스톤 아이스크림은 오후와 저녁 시간에 주로 방문하는 곳이다. 따라서 서로의 피크타임이 다르기 때문에 코브랜딩을 함으로써 고객이 아침, 점심, 저녁에 모두 방문할 수 있는 이유를 제공해 준다.

■ 성분코브랜딩

성분코브랜딩은 유명브랜드 제품을 다른 유명브랜드의 생산요소로 사용하는 것을 말한다. 맥도날드에서는 코카콜라만을 마실 수 있다거나 베니건스 레스토랑에서는 하인츠케찹만 사용한다거나 하는 경우가 그 예가 된다. 메뉴의 성분이 되거나 상품의 재료가 되는 제품브랜드가 함께 최종제품을 완성하는 것이다. 따라서 성분을 제공하는 기업브랜드도 유명하고, 품질도 좋아서 그 성분브랜드의 자산이 높아야 최종적으로 완성되는 상품의 가치가 높아지게 된다. 이로써 두 브랜드는 서로간에 장기적인 B2B거래관계를 갖게 된다.

(3) 코브랜딩의 장점과 단점

■ 장 점

두 개의 유명브랜드가 함께 운영함으로써 가질 수 있는 장점이 있다.

- 리스크를 공유하고 고객의 공유로 수입창출에 기여하며 매출증가도 기대할 수 있다.
- 두 개가 함께 있어 그 제품에 대한 고객신뢰를 더욱 강화할 수 있다.
- 양쪽 브랜드의 시장을 향한 광범위한 공동광고와 상호 기술적 보완도 가능하다.
- 상대의 유명한 파트너 브랜드와의 제휴를 통해 제품이미지를 개선할 수도 있다.

■ 단 점

그러나 이러한 장점 이외에 단점도 가지고 있다.

- 두 제품의 시장이 완전히 다른 경우 공동브랜드 마케팅활동이 실패할 수 있다.
- 두 회사의 비전과 미션이 다르면 코브랜딩의 실패가능성이 많다.
- 상대 브랜드의 이미지가 나빠지면 파트너 브랜드에 까지 부정적인 영향을 줄 수 있다.
- 한 회사 고객의 불만족 경험이 두 회사 전체브랜드 자산에 손해를 끼칠 수 있다.

60년이 넘은 맥도날드와 코카콜라의 제휴관계

맥도날드는 1955년 McDonald's가 데스 플레인즈(Des Plaines)에 최초의 레스토랑을 열었을 때, 마침 음료공급업체가 필요했던 코카콜라와 제휴했다. 이 두 기업은 같은 미국 확장야망을 가졌기 때문에 임원들은 이 전략적 제휴에 상호동의했다.

맥도날드와 코카콜라의 제휴는 성공적이었다. 맥도날드는 거의 35,000개 점포를 보유하고, 코카콜라는 세계 최대의 음료회사로서 약 19억개의 음료를 소유하거나 라이센스하고 있다. 코카콜라는 맥도날드 매출의 약5%를 차지하는 핵심수입원이기도 하고, 맥도날드는 코카콜라의 수익에 대단히 기여함으로 코카콜라에서는 맥도날드 협력전담중역이 따로 있기도 하다.

맥도날드를 확장시킨 Ray Kroc을 추종하는 Dick Starmann의 댓글이 인상적이다.

"코카콜라가 가장 많은 매출을 올린 국가를 물을 때, 미국, 일본, 독일, 맥도날드이고 그 순서대로입니다. 재미있는 말이었지만 그것은 사실이었습니다."

"When you'd ask Coca-Cola in what countries it had the biggest sales, it would say something like the United States, Japan, Germany and McDonald's – and in that order. It was kind of funny but it was true."

자료 : http://muz.so/Jds, 저자보완

논의 과제

1. 고객을 위한 가치창출, 가치소통, 가치전달에 대해 논의하시오.

2. 고객시장 세분화, 기업시장 세분화, 해외시장 세분화에 대해 논의하시오.

3. 목표시장 전략의 종류와 각각의 특징에 대해 논의하시오.

4. 세분시장과 마케팅믹스에 대해 논의하시오.

5. 외식사업의 지역점포마케팅에 대해 논의하시오.

6. 외식기업의 다브랜드 전략과 코브랜딩 전략에 대해 논의하시오.

제11장

외식사업 다점포 체인경영과 프랜차이즈 경영

1. 외식사업의 다점포 체인경영
2. 외식사업의 프랜차이즈 경영
3. 직영과 가맹의 연합구조경영

학습 목표

- 외식사업의 다점포 체인경영에 대해서 이해한다.
- 외식사업의 프랜차이즈 경영에 대해서 이해한다.
- 다점포 체인경영과 프랜차이즈 경영의 직영과 가맹의 연합구조에 대해서 이해한다.

· 주 제 : 외식사업에서의 다점포 체인경영과 프랜차이즈 경영
· 강의 방향 : 외식사업의 확장을 위한 체인경영방식에 대해서 알아보고, 직영과 프랜차이즈의 비교를 통해 두 가지가 혼합된 연방구조에 대하여 논의한다.
· 강의 시간 : 60분~75분 정도의 **4회 수업(240분~300분)**

1. 외식사업의 다점포 체인경영	
1) 다점포 체인경영과 체인레스토랑 경영	체인경영과 체인레스토랑 경영에 대해서 알아본다.
2) 다점포 체인레스토랑 경영의 이슈	체인레스토랑 경영이 이슈가 되는 일관성 유지, 표준화와 현지화, 책임분배에 대해서 알아본다.
3) 다점포 체인레스토랑의 직영조직과 관리자	다점포 직영조직 관리자들의 다층네트워크에 대해서 알아본다.
2. 외식사업의 프랜차이즈 경영	
1) 운영방식에 따른 프랜차이즈의 종류	프랜차이즈의 운영방식에 따른 제조, 제품, 비즈니스 형식의 프랜차이즈의 의미와 운영방식에 대해서 알아본다.
2) 운영점포 수에 따른 프랜차이즈의 종류	프랜차이즈의 운영점포 수에 따라 단일점포와 다점포 프랜차이즈의 정의에 대해서 알아본다.
3) 다점포 프랜차이즈의 종류	다점포 프랜차이즈의 대표적인 방식인 지역 프랜차이즈와 마스터 프랜차이즈에 대해서 알아본다.
4) 외식사업 프랜차이즈 경영의 장점과 단점	프랜차이즈 시스템의 장 · 단점에 대해서 프랜차이즈 본사 입장과 가맹사업자 입장으로 논의한다.
3. 직영과 가맹의 연합구조경영	
1) 레스토랑 체인조직의 특성	레스토랑 체인조직에서 직영과 프랜차이즈 점포관리자에 대해서 비교한다.
2) 레스토랑 체인조직의 횡단경력이동	직영조직과 프랜차이즈 조직이 혼합된 연방조직의 경력횡단이동에 대해서 알아본다.

점포 하나의 제한된 공간안에서 고객을 맞이하고 수익을 창출하는 외식사업자들은 끊임없이 새로운 채널을 통해 고객의 접점을 늘려 사업영역을 확대하고자 노력한다. 체인경영은 외식사업을 지역적으로 확장하는데 많이 이용되고 있는 방식으로 직접 운영하는 직영방식과 다른 사람이 운영하도록 허가를 내주는 프랜차이즈 즉, 가맹으로 운영되는 방식이 있다. 이 두 가지 방식의 조직적인 특징을 잘 이해하면 사업의 확장과 조직의 효율성을 증가시킬 수 있다.

1 외식사업의 다점포 체인경영

1) 다점포 체인경영과 체인레스토랑 경영

(1) 다점포 체인경영

외식사업의 다점포경영은 한 개 점포의 레스토랑 운영과 비교하여 두 개 이상 여러 개의 점포를 운영하는 것을 말한다. 여러 가지 컨셉으로 운영되는 다브랜드 레스토랑 조직과는 구별되며 같은 브랜드 안에서 점포를 두개 이상 운영하는 것을 일컫는다.

다점포 체인경영은 커다란 대형점포 하나를 운영하는 것보다 작은 점포를 지역적으로 여러 군데 분산시켜 고객들에게 다가가는 전략이다. 이는 고객과의 접점을 더 늘리면서 고객들이 더 쉽게 방문할 수 있도록 편의성을 제공하기 위한 확장전략이다. 이러한 방식을 이용하여 레스토랑, 약국, 편의점 등이 작은 점포 여러 개를 지역적으로 분산시켜 다점포체인을 운영하고 있다.

(2) 다점포 체인레스토랑 경영

다점포 체인레스토랑 경영은 체인조직 안에 본사가 직접 운영하는 직영 체인경영과 프랜차이즈 체인경영의 두 가지로 나눌 수 있다. 본 장의 제1절에서는 직영체인조직에 대해서 제2절에서는 프랜차이즈 체인조직에 대해서 논의하고자 한다.

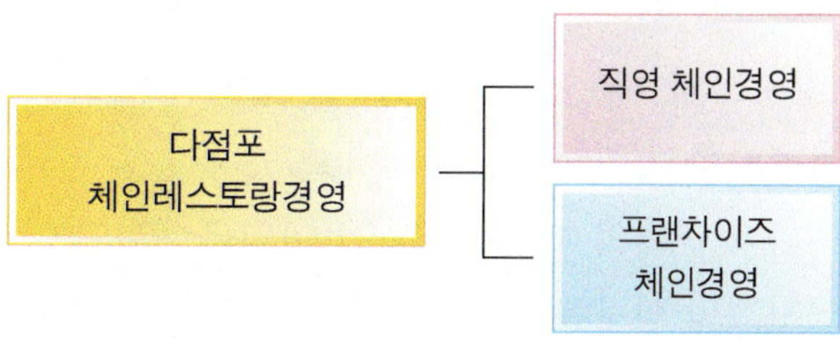

다점포 체인레스토랑 기업중에 CJ빕스나 스타벅스같은 경우는 지역적으로 분산된 여러 점포 모두 본사가 직접 운영하는 직영체인이고, SPC 파리바게트나 CJ뚜레쥬르는 직영 체인경영과 프랜차이즈 체인경영 두 가지 형태가 혼합되어 운영되는 브랜드이다. 본 장에서는 직영 체인경영점포는 직영점, 프랜차이즈 체인경영점포는 가맹점 또는 프랜차이즈 용어로 사용하고자 한다.

2) 다점포 체인레스토랑 경영의 이슈

지역적으로 분산된 여러 점포들을 잘 조직된 시스템으로 운영하는 것은 쉬운 일이 아니다. 모든 기업이 직면하는 전문화, 의사결정권, 조직의 경계와 같은 공통적인 문제 이외에도 다점포를 운영할 때는 또 다른 여러 어려운 문제를 해결해야 한다. 이러한 문제의 대표적인 것은 상품이나 서비스의 일관성 유지, 표준화와 현지화의 비중, 책임분배방법을 들 수 있다.

(1) 일관성 유지

다점포체인은 수백, 수천의 지점이 지역적으로 분산되어 있어 기업의 일관성을 유지하는 것이 쉽지 않다. 하지만 어디에서나 고객에게 동일한 브랜드를 경험하도록 약속하기 때문에 직원들은 같은 방식으로 영업하고 같은 방식으로 일관된 이미지를 제공해야 한다. 이러한 목표를 실현하기 위해서는 높은 수준의 일관된 서비스를 제공하는 데 필요한 소통, 통제, 전달프로세스를 갖추어야 한다.

(2) 표준화와 현지화

다점포조직은 고객에게 제공되는 메뉴나 운영방식의 표준화를 추구해야 하지만 어느 정도는 지역고객을 고려한 현지화를 보장해야 한다. 레스토랑 운영에 최상의 결과를 위해 지역시장의 특성을 고려해야 하는 것이다. 예를 들어, 식용으로 이용되는 돼지고기가 어느 지역에서는 신격화될 수도 있으므로 지역의 특성이 고려되어야 한다.

어느 지역은 경쟁브랜드 A, B, C가 골고루 균형적으로 영업하고 있고 다른 지역에서는 A 브랜드만 지배적으로 운영하고 있다면, 두 지역의 가격전략은 다르게 적용되어야 할 것이다. 지역마다 인력의 가용성, 기술력, 임금수준도 역시 다르므로 인력문제도 현지화되어야 한다. 지역고객의 인구통계특성 및 성향도 고려하여 지역마다 다른 마케팅 및 머천다이징 프로그램을 계획해야 한다.

(3) 책임분배

다점포 체인기업은 본사와 영업조직 간의 분명한 책임분배가 문제될 수 있다. 대부분 본사의 임원들은 제품포지셔닝, 광고, 연간예산 및 성과목표와 같은 재무결정 등의 전략적 의사결정을 한다. 하지만 현장관리자들은 직원행동강화방법, 수익증대방법 등에 대해서 더 고민하게 된다. 현장에서의 영업에 맞도록 새로운 제품, 프로그램 및 회사의 정책, 계획 등에 대해 정보가 왜곡되거나 오해없이 본사로 전달되어야 한다. 이를 위해서는 지역적으로 멀리 떨어져 있는 매장조직과 본사와의 체계적이고 효율적인 소통과 전달시스템을 갖추어야 한다.

3) 다점포 체인레스토랑의 직영조직과 관리자

(1) 다점포 체인기업의 현장 실무조직 레벨

다점포 체인레스토랑 경영은 지역적으로 서로 떨어져 있으므로 조직내에서의 의사소통 및 통제가 원활하지 않거나 불명확한 책임범위로 인해 조직운영의 효율성이 떨어질 수 있다. 따라서 체계적인 조직구성이 절대적으로 필요하다. 다점포기업의 현장사무조직은 관리자 조직을 여러 계층으로 나누어 다층네트워크를 만들 수 있다. 이경우 각 계층에 속하는 관리자들은 현장의 같은 문제에 집중하여 문제를 잘 해결하도록 해야 한다.

일반적으로 다점포 체인레스토랑 직영조직에서 현장실무의 가장 기본이 되는 첫 번째 층은 1개의 점포를 운영하는 레스토랑 점포매니저(restaurant managers)이다. 그 위층은 소지역매니저(area managers)로 점포매니저들을 관리하고, 또 그 위층은 소지역매니저를 관리하는 중지역매니저(regional managers), 그 위단계로는 중지역매니저를 관리하는 대지역매니저(district manager)가 있고, 이들 각 대지역매니저들을 관리하는 부서총책임자(divisional presidents / heads)가 있다. 조직내에서의 직함이 다를 수 있으나 기본적으로 이러한 네 가지 수준의 매니저 조직으로 다점포 운영조직의 이슈가 되는 책임문제를 해결하고자 한다.

〈그림 11-1〉에는 각 상급관리자가 관리하는 하급관리자들의 관리범위와 규모의 두 가지 다른 사례를 보여주고 있다. 이러한 관리와 통제의 범위는 회사의 영업활동 종류, 즉 패스트푸드 레스토랑인지 커피전문점인지 등의 종류에 따라 달라질 수 있고 관리하는 업무의 범위 등 회사방침에 따라 상이하게 적용될 수 있다. 또한 외식기업의 규모에 따라 그 단계도 점포매니저 → 지역매니저 → 부서총책임자 등으로 줄어들 수 있다.

〈그림 11-2〉는 점포매니저를 관리하는 소지역매니저, 소지역매니저를 관리하는 중지역, 대지역매니저들의 사업영역을 축소시켜 도식화하였다. 다점포로 운영하는 직영 체인레스토랑

그림 11-1 다점포 직영 체인레스토랑의 현장실무조직의 네 가지 레벨

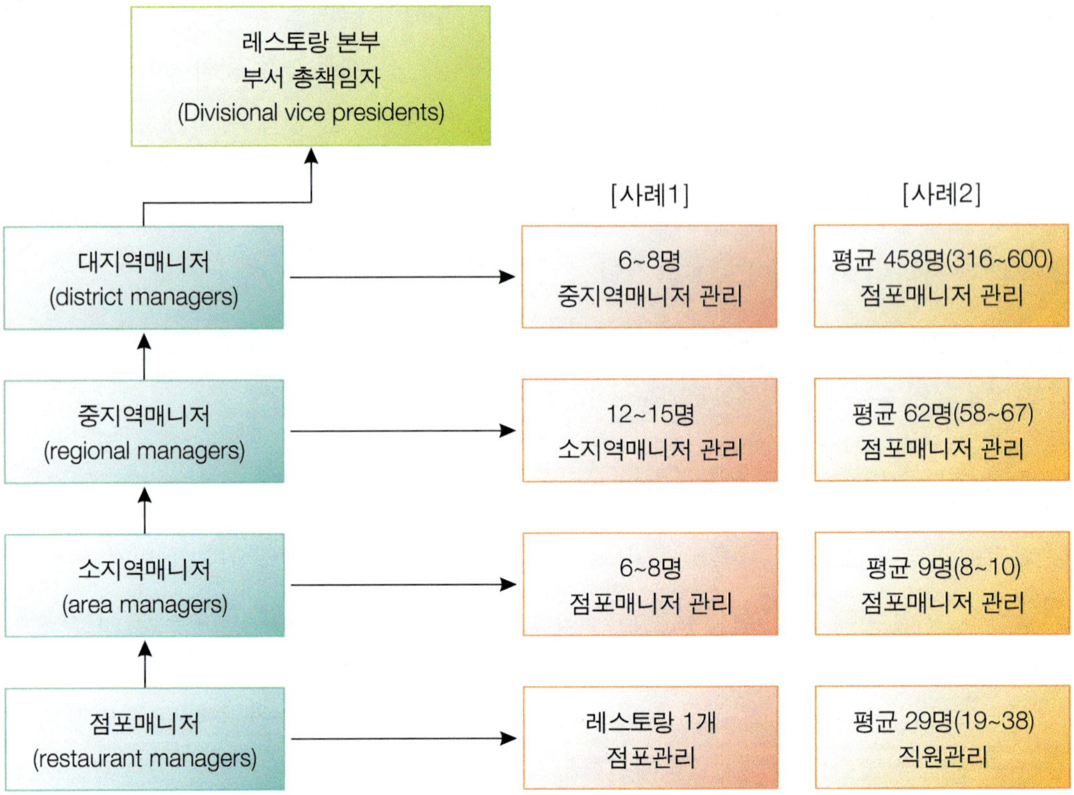

자료 : Ninemeier & Hayes(2005)　자료 : Garvin & Levesque(2008)

그림 11-2 다점포 직영 체인레스토랑의 현장관리자들의 관리영역

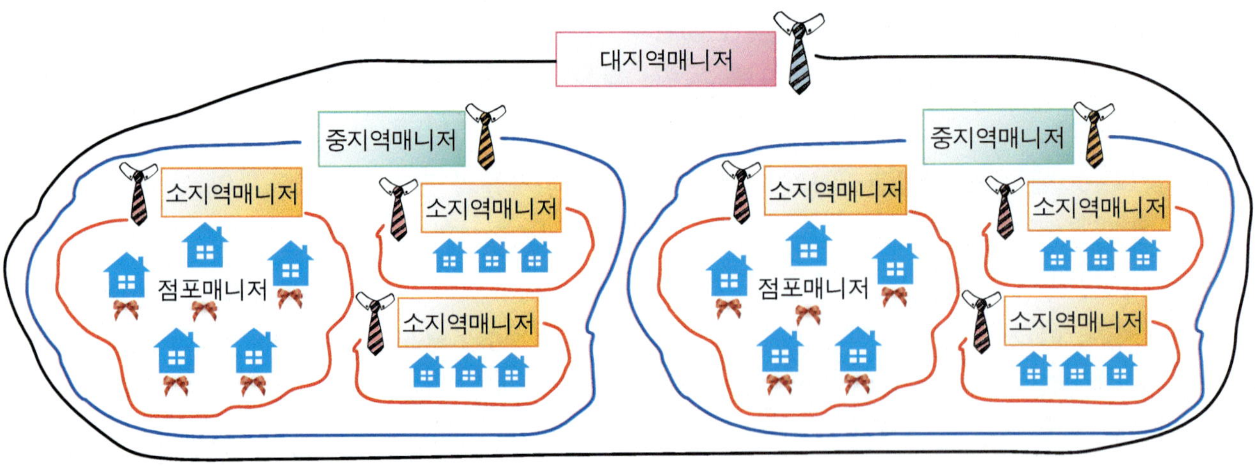

들은 이러한 계층조직을 활용하여 기업의 목표가 각 점포에 전달되도록 하며, 각 점포의 현실적인 문제들이 기업의 본사의 현안으로 올라오도록 하는 의사전달시스템을 갖추어야 한다.

(2) 다점포 체인기업의 실무관리자들의 업무

■ 점포매니저(restaurant managers)

레스토랑의 점포매니저는 일상적인 작업관리를 모두 담당한다. 점포관리, 메뉴선택, 제품가격책정, 재고관리 등의 모든 업무에 대해 본사에서 결정된 규정내에서 작업을 관리한다. 점포의 재무적인 목표달성, 품질관리목표, 운영목표, 고객서비스 및 직원만족목표 등의 항목에 따라 평가를 받고 철저하게 회사방침에 따른다. 현장직원선택, 업무에 적정직원배치, 훈련, 동기부여, 주요 업무의 스케줄링, 직원들의 작업할당, 순서지정 및 수행방법 등을 결정한다. 점포매니저들은 회사의 전략적인 것보다 점포에서 실행하는 단기적 전술업무에 중점을 두어 관리한다.

■ 소지역매니저 / 중지역매니저(area / regional managers)

외식기업의 규모에 따라 이 두 가지는 한 단계로 줄어들 수 있다. 소지역매니저들은 레스토랑의 점포매니저를 관리하고, 중지역매니저들은 다시 소지역매니저들의 업무를 관리한다. 이들은 현장의 업무가 본사의 규정과 기준에 준수하도록 하는 막중한 임무를 갖고 조직적 지식, 본사와의 관계 및 실무경험으로 여러 점포매니저의 연결자 역할을 한다.

다가올 회사의 판촉행사계획, 배달관련 문제들 및 시스템고장 등의 본사소식을 점포매니저들에게 전하고 품질과 고객관리정책 및 각 업무절차들을 준수하도록 점포들을 관리한다. 일정기간 점포에서 함께 일하면서 관리점포의 일관된 업무실행, 품질관리, 성과개선을 위해 관리하고 새로운 점포개설, 점포의 예산결정, 부동산결정 및 지역광고 등에 대해서도 관여한다.

■ 대지역매니저(district managers)

대지역매니저들은 운영하는 외식기업의 주요 시장과 경쟁자, 성장기회 및 시스템적 문제에 중점을 두어 일을 한다. 현장실무조직과 본사 사이에서 중요한 중간관리자로 점포의 목표와 회사의 전체목표를 연결하는 역할을 한다. 대부분 업무의 절반은 현장에서 나머지는 본부에서 일하며 일반적으로 새로운 프로젝트나 마케팅 프로그램 및 부지선정작업 등을 한다.

■ 부서 총책임자(divisional vice presidents)

부서 총책임자들과 수석 부사장들은 새로운 계획, 성장기회, 시스템적 문제해결에 초점을 맞추어 일을 하게 된다. 이들의 업무특징은 현장조직에서의 관심과 주요 문제들이 본사에서 현안으로 다루어져 기업의 의사결정에 반영하도록 하는 현장조직 대표관리자로서 그 책임이 막중하다.

2 외식사업의 프랜차이즈 경영

1) 운영방식에 따른 프랜차이즈의 종류

많은 사업가들은 시작한 사업이 어느 정도 안정되면 사업의 영역을 확장하고자 한다. 프랜차이즈 경영은 가장 많이 활용되는 사업확장방식이다. 제7장에서 다룬 바와 같이 프랜차이즈는 상품이나 서비스를 사용할 수 있는 사용허가권이나 그에 대한 소유권을 가짐을 의미한다.

프랜차이즈 기업에서 취급하고 있는 상품이나 서비스의 종류, 소유권의 허용범위, 프랜차이즈 운영방식 등의 기준에 따라 몇 가지 형태로 구분할 수 있다. 본 장에서는 프랜차이즈 운영방식에 따라 크게 제조프랜차이즈(manufacturer franchise), 제품프랜차이즈(product franchise), 비즈니스 형식 프랜차이즈(business format franchise)로 구분하여 논의해 보고자 한다.

(1) 제조프랜차이즈 시스템

■ **의미**

제조프랜차이즈 시스템은 이름에서 알 수 있듯이 프랜차이즈의 초점이 제품의 제조 혹은 가공단계에 있다. 이로 인해 제조프랜차이즈 혹은 가공프랜차이즈(processing franchise)라고도 한다. 제조프랜차이즈의 본사는 프랜차이즈 제품을 제조할 권리가 있고 제품을 판매하고 유통까지 하기도 한다.

■ **운영방식**

〈그림 11-3〉에서 볼 수 있듯이 식품 및 음료업계에서 흔히 볼 수 있는 제조프랜차이즈 시스템은 프랜차이즈 계약자가 본사로부터 음료의 원액농축액을 구입 후 공장에서 최종 음료제품을 제조한다. 완성된 상품에 본사의 상표와 회사이름을 사용하여 고객들에게 제품을 판매한다. 프랜차이즈 수수료 외에도 판매된 단위제품 당 수수료가 부과될 수 있으며 이러한 제조업체 프랜차이즈 방식은 음료산업에서 널리 사용된다.

그림 11-3 음료제조/가공프랜차이즈의 전형적인 구조

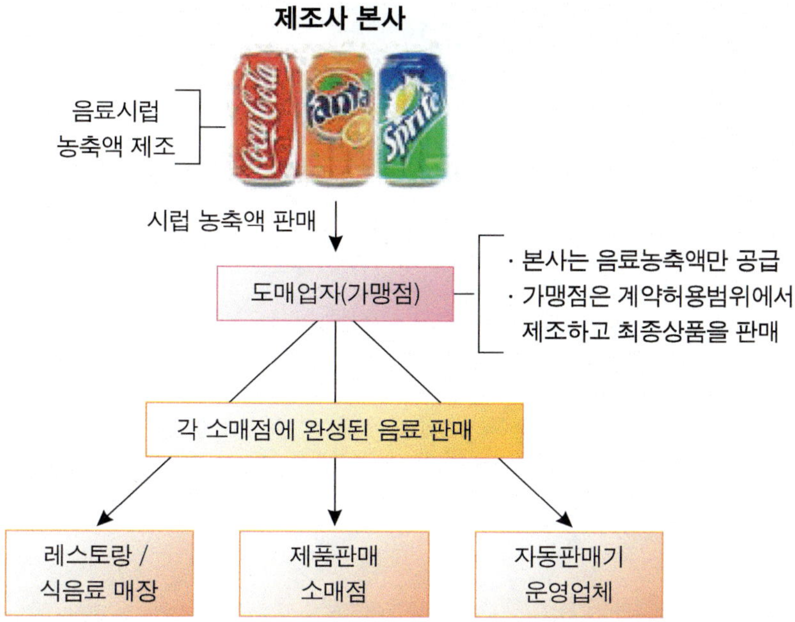

(2) 제품프랜차이즈 시스템

■ 의미

제품프랜차이즈는 제조업체가 소매업자에게 제품을 판매하고 이름과 상표를 사용할 수 있도록 허용하는 프랜차이즈 계약이다. 제조업체의 상호이름을 사용하는 것 때문에 상호프랜차이즈(trade name franchise)라고 부르기도 한다. 가맹점은 제품생산은 허용되지 않지만 프랜차이즈 본사인 제조업체의 특정 제품을 판매하거나 유통할 권리를 갖고 소비자가 인식하는 제조업체 브랜드의 명성에 대해 일정수수료를 지불한다. 어떤 경우는 본사가 가맹점에게 제품의 일정량을 구매하도록 약정을 강요하여 충분한 소통이 없으면 본사와 가맹점 간의 문제가 생길 수도 있다.

■ 운영방식

〈그림 11-4〉에서 볼 수 있듯이 이 유형은 제조업체와 소매업체 간에 일반적인 유형이며 제품과 서비스의 판매 및 유통에만 국한된다. 소매점이 없고 수퍼마켓이나 제3자 소매점을 통해 제품을 판매하는 공급자-판매자(딜러)관계를 기반으로 한다.

가장 좋은 예는 편의점의 제품판매, 자동차판매딜러, 브랜드 의류판매 등을 들 수 있다. 그러나 공급자-판매자의 관계에서는 제품을 다루는 방법 이외에 본사와 가맹점 간에 다른 지원

그림 11-4 제품프랜차이즈의 전형적인 구조

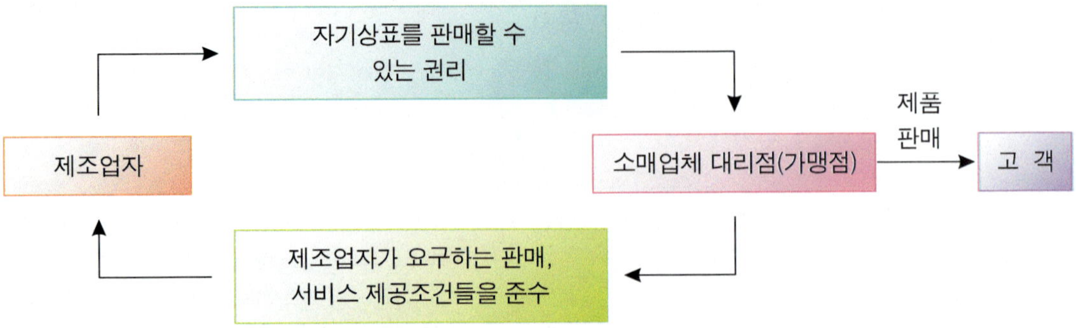

은 거의 없다고 볼 수 있다. 공급자인 제조업체가 필요하다고 판단되면 특정 제품에 대해서 교육을 제공하겠지만 일반적으로 제조업체 본사는 영업 또는 기타 판매를 위한 교육을 판매자인 해당 딜러에게 제공하지 않는다.

(3) 비즈니스 형식 프랜차이즈 시스템

■ 의미

비즈니스 형식 프랜차이즈 유형은 프랜차이즈 시스템에서 가장 일반적인 형태로 대부분의 레스토랑 프랜차이즈가 이에 해당된다. 이 유형에서는 제품의 생산, 유통, 판매 그 이상의 프랜차이즈 권리를 갖는다. 즉 프랜차이즈 계약을 통해 이미 시장에서 고객들에게 인정받고 그 사업방식에 대한 효과가 입증된 운영모델의 포맷을 사용하여 프랜차이즈 상품이나 서비스를 생산, 유통, 판매하는 권리를 갖는다. 본사는 가맹점이 회사의 이름과 관련상표 및 사업운영방식을 사용하도록 허가한다. 가맹사업자는 독립적으로 점포를 운영하지만 로열티 또는 프랜차이즈 수수료에 대해 합의된 금액을 지불해야 한다.

■ 운영방식

비즈니스 형식 프랜차이즈 시스템에서 가장 중요한 것은 고객에게 서비스를 제공하는 전달시스템이다. 맥도날드는 햄버거라는 제품을 프랜차이즈 하는 것이 아니고, 마이다스라는 회사는 자동차 머플러를 프랜차이즈하는 것이 아니다. 이 회사들은 프랜차이즈 브랜드를 통해 제품과 서비스가 고객에게 제공되는 전달시스템을 프랜차이즈하는 것이다. 비즈니스를 위한 똑같은 점

포자체를 통째로 그 자리에 가져다 놓는 것처럼, 사업을 위한 모든 포맷을 그대로 받아서 운영하는 형태이다.

프랜차이즈는 초기가맹비와 수수료를 받는 대신 프랜차이즈 시스템에서 그 브랜드가 고객과 약속한 일관성 있는 방식으로 사업을 운영하도록 독립비즈니스를 수행할 수 있다. 레스토랑 가맹점들은 본사에서 제공하는 식재료를 구매할 의무가 있거나 어느 정도 외부에서 구매할 수 있는 옵션이 있기도 하다. 대부분 이러한 비즈니스 형식 프랜차이즈는 일반적으로 사업체를 운영하는데 본사로부터 많은 지원을 받으므로 가맹사업자의 개인적인 창의력이 허용되지 않는다. 또한 가맹점에 자율권이 거의 없으며 제공되는 제품에 대한 통제권도 거의 없다.

■ 비즈니스 패키지

비즈니스 형식 프랜차이즈를 운영하려는 본사는 가맹점에게 제공하는 비즈니스 패키지를 갖추고 있어야 한다. 고객이 느끼는 점포의 외부와 내부의 모든 느낌이 모든 운영점포에서 같은 느낌을 주기위해 본사는 가맹점에게 전체적인 사업운영방식을 전수하게 된다. 비즈니스 패키지에는 다음과 같은 내용들이 포함된다.

- 실내장식–프랜차이즈 디자이너는 사업을 위한 디자인과 실내장식을 제공
- 설비, 비품–사용할 가구, 비품 및 장비 등을 제공
- 로케이션–가맹점이 열릴 장소를 정하거나 승인
- 품질표준–제품 및 서비스 품질표준을 수립하고 그대로 집행
- 지원교육–초기 및 지속적인 교육, 훈련 및 지원제공
- 매뉴얼–특정 요구사항 및 권장사항이 있는 설명서 및 매뉴얼 제공
- 운영시스템–가맹점이 사용할 POS 및 IT시스템을 결정하고 시스템 설비제공
- 마케팅 활동–본사에서 승인된 마케팅자료제공 및 판매촉진
- 연구개발(RnD)능력– 원재료 메뉴개발 및 제공 / 상품과 서비스의 지속적인 개발
- 지원기능–금융지원 및 정보제공

본사가 직접 운영에 관여하지 않더라도 사업의 모든 형식이 일관성있고 지속가능하도록 가맹점마다 복제된 방식으로 운영되는 것이 비즈니스 형식 프랜차이즈 시스템의 본질이다. 사업운영에 경험이 풍부한 본사에서 지속적으로 지원, 조언 및 교육을 제공한다는 것이 가장 큰 장점이다.

본사는 가맹점에게 완성된 제품이나 주로 사용하는 주요 식재료와 공급품을 제공한다. 주요 식재료가 본사에서 제공됨으로써 같은 맛의 음식생산이 용이하도록 운영한다. 런던에서 주문

한 맥도날드의 빅맥과 서울에서 주문한 빅맥이 똑같은 햄버거가 되기 위해 비즈니스 형식 프랜차이즈는 시스템 안에서 끊임없이 노력해야 한다.

2) 운영점포 수에 따른 프랜차이즈의 종류

프랜차이즈의 운영점포 수에 따라 그 종류를 구분하면 점포를 하나만 운영하는 단일점포 프랜차이즈(single-unit franchise)와 점포를 여러 개 운영하는 다점포 프랜차이즈(multi-unit franchise)로 나눌 수 있다.

(1) 단일점포 프랜차이즈

단일점포 프랜차이즈

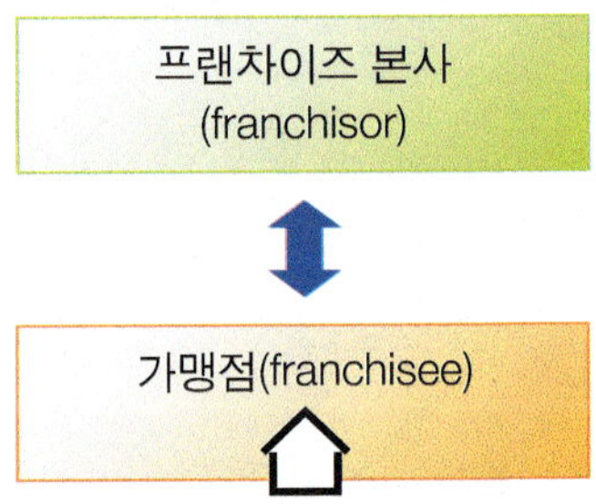

가맹점이 본사로부터 하나의 프랜차이즈에 대한 소유권과 운영권을 계약한 경우이다. 단일점포 프랜차이즈는 방금사업을 시작했거나 아직 이러한 분야에 충분한 경험이 없는 새로운 프랜차이즈 소유자들에게 적합하다. 단일점포 프랜차이즈는 한 번에 하나의 점포관리에만 집중하므로 저비용 창업기회를 갖는다.

(2) 다점포 프랜차이즈

다점포 프랜차이즈의 경우는 크게 두 가지로 구분해 볼 수 있다.

다점포 프랜차이즈

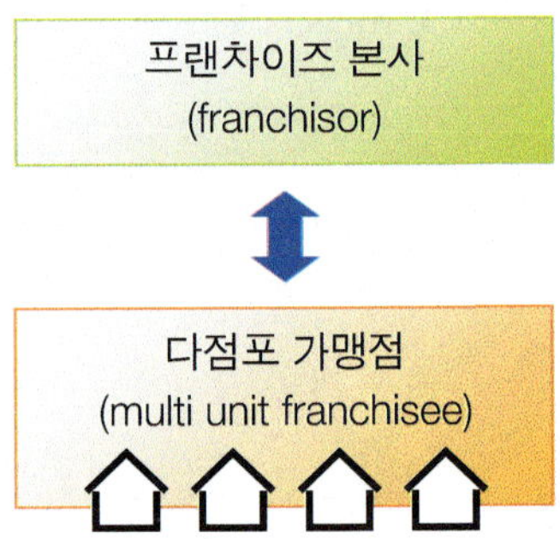

첫 번째는 프랜차이즈 본사가 한 개 이상의 가맹점을 설정하고 운영할 권리와 의무를 한 기업이나 사업자에게 부여하는 경우이다. 몇 년 동안 하나의 프랜차이즈 점포를 성공적으로 운영해 온 영업능력이 좋은 가맹사업자에게 본사와 직접계약하여 다른 지점에 동일한 프랜차이즈를 더 운영하도록 하는 것이다. 가맹사업자는 수입을 올리고 이익이 확대되는 기회로 가장 이상적인 상황이다. 여러 지역에 같은 방식으로 운영되는 가맹점을 운영하기 위해서는 본사로부터 신뢰를 얻어야 가능한 일이다.

두 번째는 프랜차이즈 기업의 사업영역을 확장하고자 하여 전략적으로 다점포 프랜차이즈 계약을 맺어 특정 기간 동안 특정지역에서 계약된 개수만큼의 점포를 개설하는 경우이다. 다점포 프랜차이즈 가맹점은 다점포 프랜차이즈 자체를 개발할 수 있는 재무적, 관리적 능력이 있어야 한다. 기업의 확장전략으로 사용하는 다점포 프랜차이즈 경영의 종류에 대해서 좀 더 알아보자.

3) 다점포 프랜차이즈의 종류

다점포 프랜차이즈는 기업이 사업영역을 더 확장하는데 필요한 개념이다. 이러한 확장개념을 효과적이고 효율적으로 적용한다면 프랜차이즈 사업확장은 시스템적으로 안정적일 수 있다. 하지만 어려운 점은 기업을 운영하는 본사의 입장에서 언제, 어떤 방식으로 이러한 다점포 전략을 전개하고 전략실행을 위해 적합한 파트너를 어떻게 선정하는지에 대한 문제이다. 대표적인 사용되는 다점포 프랜차이즈 전개방식에는 지역 프랜차이즈와 마스터 프랜차이즈를 들 수 있다.

(1) 지역 프랜차이즈

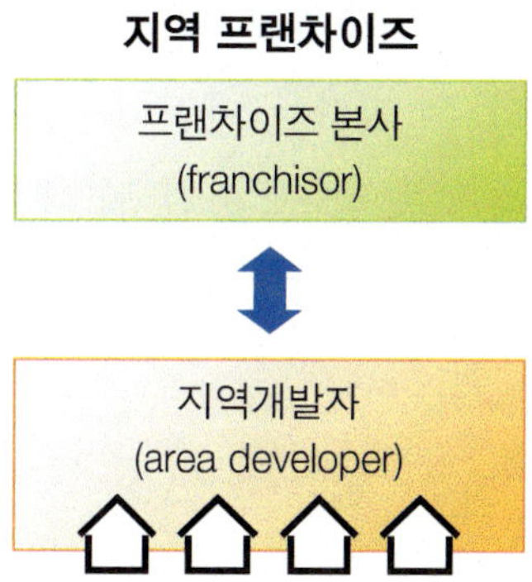

지역 프랜차이즈(regional franchise)는 다점포 프랜차이즈의 전형적인 유형이다. 프랜차이즈 본사가 한 기업이나 사업자, 즉 지역개발업자에게 특정지역 내에서 하나 이상의 프랜차이즈 가맹점을 열어 운영할 권리와 의무를 부여한다. 지역개발자는 본사로부터 훈련을 받고 지원을 받은후에 계약기간 안에 그 지역에서 계약된 수만큼의 가맹점을 오픈하는 것에 대해 동의하고 계약하게 된다. 프랜차이즈 본사는 시스템 안에서 전체적인 통제와 관리를 하고 권한을 부여받은 지역개발자가 가맹사업자를 직접 모집하는 방식을 취한다. 예로써, 지역개발자에 의해 확장된 A 제과점은 5년~6년 안에 최소 15개 가맹점을 개발하도록 계약하고, 이를 위하여 가맹사업자를 모집한다.

(2) 마스터 프랜차이즈

한 나라 안에서 확장하고자 하는 경우는 대부분 지역 프랜차이즈 방식을 취하지만, 해외로 진출하고자 할 때는 거리상으로 너무 멀리 떨어져 있으므로 지역 프랜차이즈 시스템보다는 마스터 프랜차이즈(master franchise) 시스템을 이용하여 사업을 전개한다. 같은 나라 안에서는 어느 정도 소통이 가능하여 본사가 직접 가맹점을 관리하고 모집할 수 있다. 하지만 해외로 진출하고자 하는 경우에는 여러 가지 정치적, 문화적, 지역적인 영향으로 신속한 소통과 의사결정이 이루어지기가 어려워 이 방식을 주로 이용한다.

마스터 프랜차이즈 시스템은 프랜차이즈 본사가 진출하고자 하는 국가의 한 기업이나 개인과 마스터 프랜차이즈 계약을 하고 계약당사자는 마스터 프랜차이지 가맹점이 되면서 동시에 서브–프랜차이저가 된다. 서브-프랜차이저로서 진출하고자 하는 국가의 가맹사업자 모집권한을 갖게 된다. 마스터 프랜차이즈 시스템에서 계약자는 다른 나라에서의 본사가 되어 점포 하나 또는 다점포 지역개발자와 계약하여 사업을 확장할 수 있다. 이렇게 가맹점을 운영하고자 계약을 맺는 사업자들은 서브-프랜차이지가 된다.

마스터 프랜차이즈 계약을 체결한 서브-프랜차이저는 실제 본사로서 사업의 전개, 운영, 교육, 마케팅 등의 지원역할을 모두 하게 되고 프랜차이즈 비용도 받는다. 서브-프랜차이저는 가맹점을 모니터링하고 서비스에 대한 책임을 다 가지고 있으므로 본국의 가맹점본사는 전체적인 시스템 통제권을 상실할 수 있다는 단점이 있다. 서브-프랜차이저가 의무적으로 몇 년 동안 몇 개의 서브-프랜차이지 가맹점을 계약해야 하는 의무조항이 있는 경우도 있다.

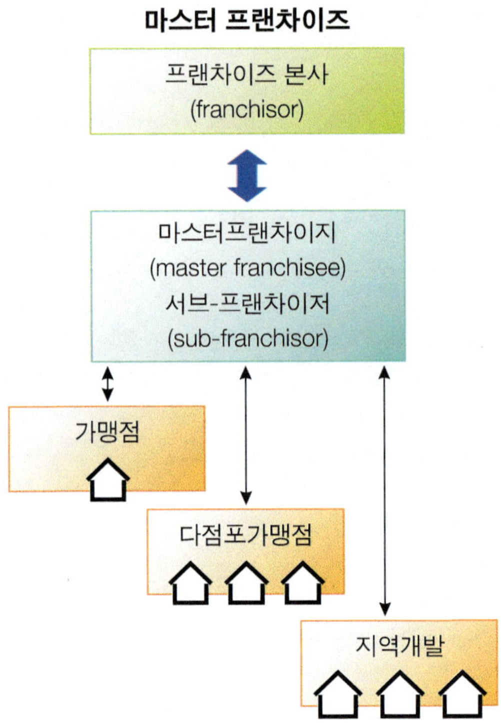

4) 외식사업 프랜차이즈 경영의 장점과 단점

외식사업 프랜차이즈는 계약상의 동의로 맺어진 관계로써 프랜차이즈 본사와 외식사업의 운영자인 가맹사업자 간의 관계가 가장 중요하다. 이 관계는 계약에 의한 파트너의 관계이지 구조적으로 종속적인 주인과 고용인의 관계는 아니다. 이들은 상호 의존적인 관계로 가맹점이 번창해야 본사도 수익이 나고 사업이 확장될 수 있는 것이다.

프랜차이즈 경영이 본사의 입장에서는 어떠한 장점과 단점이 있고 가맹사업자의 입장에서는 어떠한 장점과 단점이 있는지 〈표 11-1〉과 같이 정리하고 이에 대해서 알아보도록 하자.

(1) 가맹사업자, 프랜차이지 입장에서의 장점과 단점

가맹사업자는 프랜차이즈 시스템을 통해서 사업운영에 많은 도움을 받고자 하지만 프랜차이즈 본사와 가맹사업자들은 충분히 소통하여 서로의 역할과 시스템의 특성에 대해 이해하여야 한다. 가맹사업자들은 시스템의 장점만을 보기보다는 단점에 대해서도 이해한 후 사업을 계획하고 결정하는 것이 바람직하다.

표 11-1 프랜차이즈 경영의 장점과 단점

입 장	장 점	단 점
가맹사업자 입장에서의 장점과 단점	① 시장에서 인정받은 사업브랜드와 컨셉 ② 성공적인 사업을 위한 시작점 제공 ③ 기술적, 관리적인 측면의 교육과 지속적인 지원 ④ 표준제시와 품질관리지원 ⑤ 위험을 최소화 ⑥ 비교적 경제적인 운영자본 ⑦ 타점포와 비교하여 문제파악 ⑧ 지속적인 연구개발에 의한 혜택 ⑨ 광고 및 판촉기능의 지원 ⑩ 사업가로서의 기회의 제공	① 비현실적 성과기대 가능성 ② 사업 소유주로서의 제한적 자유와 독립성 ③ 원치않는 광고 및 판촉활동 ④ 본사에 지불하는 서비스비용 ⑤ 서비스비용 대비 느끼는 혜택의 부족 ⑥ 본사에 대한 지나친 의존성 ⑦ 단조로운 일상관리반복 ⑧ 새로운 도전부족 ⑨ 해지 및 갱신에 대한 본사의 결정 ⑩ 다른 가맹점 때문에 미치는 영향
본사 입장에서의 장점과 단점	① 사업확장을 위한 가장 좋은 방법 ② 사업확장에 따른 구매력의 확대 ③ 인력관리, 조직운영 편의성 ④ 가맹사업자의 공헌 ⑤ 가맹사업자 간의 동기부여 및 협력파워	① 가맹사업자를 통제할 자유부족 ② 가맹사업자의 재정상황에 영향 ③ 가맹사업자의 선택, 모집, 보유의 어려움 ④ 본사와 가맹점 간의 의사소통문제

항 목	가맹사업자, 프랜차이지 입장에서의 **장점**
① 브랜드와 컨셉	프랜차이즈 사업은 브랜드사업이라 할 만큼 시장에서 이미 인정받은 것이 큰 자산이 되고 고객들이 이미 알고 있다는 유리한 입장에서 사업을 시작하게 된다.
② 성공적 사업의 시작	가맹사업자는 경영에 대한 지식이나 능력, 점포운영경험이 부족하더라도, 어느 정도의 자본을 투자하여 이미 성공한 사업을 시작할 수 있는 시작점을 제공받게 된다.
③ 교육과 지속지원	가맹점운영에 필요한 기술적, 관리적인 측면에 대해서 초기교육, 정기·비정기교육을 받고, 지속적인 교육과 훈련으로 사업을 운영하도록 지원받는다.
④ 표준과 품질관리	레스토랑 운영을 위해 필요한 표준이나 품질관리에 대해 본사의 운영시스템에 맞추어 시작할 수 있다.
⑤ 위험의 최소화	이미 인정받은 포맷을 그대로 적용하여 교육을 통해 운영방식을 배우고 지원받아 사업을 경영하므로 단독으로 경영하는 것에 비해 실패의 위험을 최소화할 수 있다.
⑥ 경제적인 운영자본	단독으로 비슷한 규모의 경영을 하는 것에 비해 운영자본이 덜 들수 있다. 대부분의 식재료나 기물 등을 공급받아 비교적 안정되고 저렴한 방식으로 운영할 수 있다.

항 목	가맹사업자, 프랜차이지 입장에서의 **장점**
⑦ 문제점 파악용이	다른 지역에서 운영되는 같은 방식의 점포와 성과를 비교함으로써, 해당 점포의 문제점 파악이나 시장에 대한 특성을 알아보는데 도움이 될 수 있다.
⑧ 연구개발의 혜택	본사는 제품개발과 컨셉보완을 위해 지속적인 연구개발을 하며, 가맹사업자들은 본사의 이러한 연구개발활동에 의해 더욱 발전할 수 있는 혜택을 받게 된다.
⑨ 광고 및 판촉기능	본사는 광고와 판매촉진활동으로 고객들에게 지속적으로 브랜드이미지를 관리하고 새로운 상품을 소개하고 이벤트를 알리며 가맹사업자들은 판매활동에 몰입할 수 있다.
⑩ 사업가 기회제공	가맹점을 운영하는 경영자로 비교적 독립적인 사업가가 되는 기회이다. 본사의 표준을 준수하는 범위에서 매장관리와 직원관리를 하는 작은 기업의 사업가인 것이다.

항 목	가맹사업자, 프랜차이지 입장에서의 **단점**
① 비현실적 성과기대	본사에서 모두 다 해 줄 것이라는 비현실적 기대의 가능성이 있다. 프랜차이즈 사업은 본사로부터 운영권과 교육 및 지원을 받는 것이지 본사가 다 해주는 것은 아니다.
② 제한적 자유와 독립성	시스템 안에서 운영해야 하므로 가맹사업자는 점포소유주이지만 사실상 자유롭게 독립적으로 상품을 추가하거나 제공방식을 바꾸는 등이 허용되지 않는다.
③ 원치않는 광고/판촉	본사에서 제공하는 광고나 판촉활동이 및 일부지역에는 적용되지 않을 수도 있다. 이러한 경우 가맹사업자는 본사의 이러한 활동에 그다지 혜택을 못 받기도 한다.
④ 지불하는 서비스비용	사업시작 초기가맹비 이후에 로열티를 지불하거나 그 외 계약된 서비스비용을 지불함에 있어서 본사로부터 받은 것 없이 비용을 지불한다고 느껴 부담스러울 수 있다.
⑤ 비용대비 혜택부족	본사의 서비스에 대해서 비용을 지불하지만 체감하는 혜택이 느껴지지 않으면 지속적으로 비용과 혜택을 비교하여 본사에 불만족스럽게 된다.
⑥ 본사에 의존성	본사가 모든 것을 다 해줄 것이라는 시스템에 대한 오해로 인해 아주 작은 일도 의사결정을 못하고 본사에 의존하게 될 수 있다.
⑦ 단조로움 반복	매일 일상적으로 반복되는 점포관리로 인해 신선함과 독창성을 잃어가는 매너리즘에 빠질 수 있다. 이러한 분위기가 생기지 않도록 직원들과 많은 소통을 하는 것이 좋다.
⑧ 새로운 도전부족	독창적인 활동이나 자유로운 경영의 제한이 가맹사업자들의 새로운 도전을 방해할 수 있다. 효율적이고 효과적인 경영을 위해 현장의 끊임없는 도전이 필요하다.
⑨ 본사의 해지/갱신결정	가맹점 계약의 해지나 계약갱신에 가맹사업자의 의견보다는 본사의 상황에 유리하게 결정하는 경우에 사업자로서 사업체를 잃게 된다.
⑩ 타점포에 의한 영향	프랜차이즈 시스템이라는 커다란 조직안에는 여러 점포들이 있기 때문에 한 개의 점포가 브랜드 전체에 치명적인 영향을 줄 수 있다.

(2) 프랜차이즈 본사, 프랜차이저 입장에서의 장점과 단점

프랜차이즈 시스템을 이용하면 본사는 빠른 시간내에 넓은 지역으로 사업을 확장하는데 많은 도움이 된다. 하지만 가맹사업자들과의 충분한 소통을 통해 사업을 이해하고 함께 이끌어 나가지 않으면 서로의 불화가 쌓이게 된다. 따라서 프랜차이즈 시스템을 전개하는데 본사가 취할 수 있는 장점이 잘 드러나고 단점이 보완될 수 있도록 노력해야 한다.

항 목	프랜차이즈 본사, 프랜차이저 입장에서의 **장점**
① 사업확장의 좋은 방법	프랜차이즈를 통한 사업전개는 지역에 대해서 잘 알지 못하는 상황에서도 사업을 확장하기 위한 가장 좋은 방식으로 사업전개에 많이 이용된다.
② 구매력의 확대	사업이 확장됨에 따라 식재료 공급에 있어서는 규모의 경제에 의해 비용이 절감되며, 고객층의 확대로 넓은 지역으로 판매할 수 있는 시장확장이 이루어진다.
③ 인력관리, 조직운영	가맹점 직원은 가맹사업자들이 채용하고 관리하므로 본사는 각 가맹사업자들만 관리하고 소통하면 되므로 조직의 인력관리 측면에서는 많은 부담을 줄일 수 있다.
④ 가맹사업자들의 공헌	점포를 직접 운영하는 사업자들은 자신의 사업을 효율적으로 만들어 더욱 높은 성과를 내기위해 좋은 사업 아이디어나 새로운 메뉴에 대한 의견을 제공할 수도 있다.
⑤ 동기부여와 협력파워	같은 사업을 하는 사람들끼리 함께 격려하고 어려움을 같이 나눌 수 있어 동기부여도 되며 서로에게 힘이 될 수도 있다.

가맹사업자에 의한 메뉴제안과 기기발명

◀ 맥도날드의 아침메뉴 맥모닝

프랜치프라이스를 떠주는 스쿱(scoop) ▶

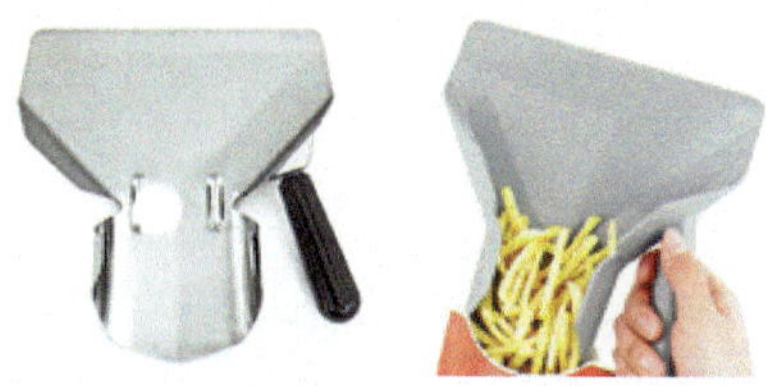

항 목	프랜차이즈 본사, 프랜차이저 입장에서의 **단점**
① 통제권한부족	본사는 본부로서 가맹사업자들을 관리하고 통제해야 하나, 직원이 아닌 사업자를 명령으로 통제할 수는 없다. 가맹사업자들은 파트너이므로 설득으로 합의점을 찾아야 한다.
② 가맹사업자 재정상황	가맹사업자들이 재정적으로 어려워지면 사업을 지속하기 어려워 본사도 영향을 받게 된다. 본사가 재정적인 도움주거나 다른 가맹사업자를 모집해야 한다.
③ 사업자관리의 어려움	본사의 파트너로서 사업을 함께 할 가맹사업자의 모집, 사업자의 교육, 지속적인 경영을 위한 관리에 많은 어려움이 있다.
④ 의사소통 문제	가맹사업자들이 프랜차이즈 시스템에서 오랫동안 성공적으로 남기 위해서 본사와 상호간에 투명한 경영으로 충분한 의사소통을 하여 신뢰감이 지속될 수 있도록 해야 한다.

3 직영과 가맹의 연합구조경영

1) 레스토랑 체인조직의 특성

다점포 체인경영방식을 이용하여 기업을 운영하는 레스토랑의 경우에는 직영체인으로만 운영하는 경우도 있고 직영과 프랜차이즈 경영방식을 혼합하는 경우도 있다. 경영자의 철학과 기업의 목표에 따라 경영방식이 결정되는 것이다. 지금까지 살펴본 바와 같이 직영 체인경영방식과 프랜차이즈 체인경영방식은 구조적으로는 유사하지만 조직내부는 각기 다른 특성을 가지고 있다.

〈표 11-2〉는 레스토랑의 직영 체인경영 점포관리자의 입장과 프랜차이즈 체인경영 가맹사업자의 입장을 네 가지로 비교한 것이다. 직영점의 점포관리자는 회사의 직원으로 각 점포의

표 11-2 직영과 프랜차이즈의 점포관리자의 입장 비교

항 목	직영 체인경영 점포관리자	프랜차이즈 체인경영 가맹사업자
1. 본사와의 관계	· 본사의 직원	· 본사와 파트너 관계
2. 본사의 이익	· 점포의 이익	· 수수료, 로열티
3. 관리자 보상	· 월급	· 점포의 순수익
4. 관리자의 관점	· 회사의 내부시스템 준수	· 이익증대를 위해 외부시장에 민감

이익은 대부분 회사의 이익이 되고 관리자는 월급을 받는다. 점포관리자는 직원으로서 회사의 내부시스템에 철저히 순응하며 여러 가지 표준과 품질기준에 대해서 회사의 기준에 미흡하지 않도록 점포를 관리한다.

반면에 가맹사업자는 본사와는 파트너 관계로 회사에는 로열티나 수수료 등의 서비스비용을 지불하고, 비용이외의 점포 순수익의 대부분은 가맹사업자의 수입이 된다. 자신의 점포가 시장에서 살아남기 위해서 외부시장에 민감하게 반응하고, 이에 따라 주변고객들의 반응과 시장상황에 많은 관심을 가지며 주변의 변화에 대응하려고 노력한다.

2) 레스토랑 체인조직의 횡단경력이동

직영과 프랜차이즈 조직의 차이를 바탕으로 내부시스템을 철저히 준수하고자 하는 직영체계의 직원과 외부시장에 민감하게 반응하는 프랜차이즈 가맹사업자의 특성을 살려서 두 가지 체계가 혼합된 연방조직을 운영하는 것이 바람직하다고 볼 수 있다. 〈그림 11-6〉은 레스토랑 다점포 체인경영시스템에서 직영조직과 프랜차이즈 조직간에 횡단경력이동의 예를 보여주고 있다.

직영은 직영조직안에서 관리되어 성장하고, 프랜차이즈는 프랜차이즈 조직안에서 관리되어 확장된다. 그러나 본사의 커다란 범주안에서 이 두 가지가 서로 횡단으로 상호간에 경력이동이 일어난다면 시스템은 더욱 효율성이 높아질 수 있다.

〈그림 11-6〉에서 볼 수 있듯이 ①직영인력이 가맹사업자가 되거나 회사에 많이 기여한 임원이 단일점포를 운영하는 가맹사업자로서 프랜차이즈 점포를 운영한다면, 이미 회사의 내부시스템에 순응하고 있는 사람이므로 가맹점운영은 어렵지 않고 회사는 이 가맹사업자로부터 외부시장에 대한 정확한 정보를 받을 수 있을 것이다.

②직영매니저가 프랜차이즈 컨설턴트가 되는 경우는 소지역매니저로 일하던 직영체인조직의 관리자가 프랜차이즈 가맹사업자들을 관리하는 컨설턴트가 되는 형태이다. 이미 회사의 내부시스템을 잘 알고 있는 관리자였으므로 가맹사업자들을 지원하고 관리하는 일도 잘할 수 있고 회사내부의 내용을 잘 알고 있으므로 가맹사업자들과의 소통에도 많은 도움이 될 것이다. 이러한 컨설턴트들은 다시 중지역매니저로서 본사로 복귀하는 것도 가능하다.

③직영매니저가 다점포 프랜차이즈의 매니저가 되는 경우는 소지역매니저에서 프랜차이즈 컨설턴트로 가맹사업자들을 지원하던 직영인력이 다점포 프랜차이즈를 운영하는 지역개발자가 될 수도 있다. 마찬가지로 이미 내부시스템에 대해서 잘 알고있는 관리자가 프랜차이즈 컨설턴트로서 외부시장에 대응하는 것을 지원하고 가맹사업자들을 관리하다가 다시 지역개발자가 되는 형태이므로 내부와 외부에 대하여 이미 많은 노하우를 갖게 된다.

그림 11-6 레스토랑 체인경영의 직영과 프랜차이즈 조직간의 횡단경력이동

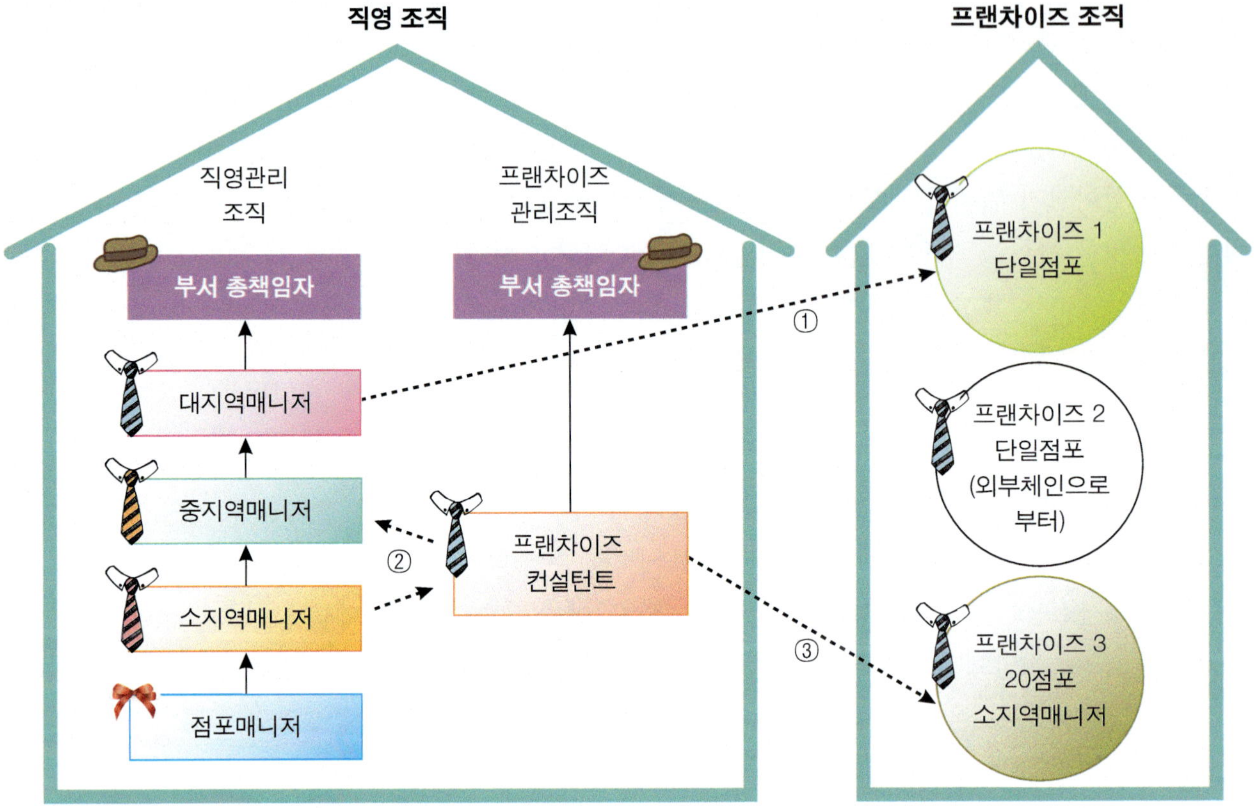

① 직영인력이 가맹사업자가 되는 경우
② 직영매니저가 프랜차이즈 컨설턴트가 되는 경우
③ 직영매니저가 다점포 프랜차이즈의 매니저가 되는 경우

자료 : 윤지환 · 김영국(2006) p.78, 저자보완

이러한 세 가지 유형의 횡단경력이동방식이 아니더라도 직영조직의 특성과 그에 따른 직원들의 특성, 그리고 프랜차이즈 조직의 특성과 그에 따른 가맹사업자들의 특성을 이용하여 다점포 체인경영을 하고자 하는 레스토랑 기업은 회사의 조직구성에 좀 더 장기적인 계획을 세우는 것이 바람직하다.

논의 과제

1. 외식기업의 다점포 직영 체인경영의 특성과 조직에 대해서 논의하시오.

2. 프랜차이즈 체인경영방식을 운영방식과 운영점포 수에 따라 구분하여 그 특성을 논의하시오.

3. 다점포 프랜차이즈의 종류와 그 특징에 대해서 논의하시오.

4. 외식사업 프랜차이즈 경영의 장점과 단점을 본사 입장과 가맹사업자 입장에서 논의하시오.

5. 외식기업의 직영조직과 프랜차이즈 조직의 연방조직과 두 조직간에 경력이동에 대해서 논의하시오.

제12장

정보통신기술의 발전과 외식산업

1. 식품의 안전과 이력추적
2. 식자재 재고관리시스템
3. 식자재 구매관리시스템
4. 메뉴주문 및 결제시스템
5. 정보통신기술을 활용한 마케팅활동

학습 목표

- 정보통신기술의 발전으로 식품의 안전과 식재료 이력추적에 어떤 영향을 끼쳤는지 알아본다.
- 외식분야의 식재료재고 및 구매관리시스템에 정보통신기술이 어떻게 이용되는지 알아본다.
- 정보통신기술을 이용한 메뉴의 주문 및 결제시스템과 마케팅 활동에 대해서 알아본다.

· **주　　제** : 정보통신기술의 발전과 외식산업의 변화

· **강의 방향** : 앞에서도 많이 언급된 내용들이지만, 정보통신기술의 발전에 따른 외식사업의 운영상의 변화에 대해서 총체적으로 이해하고 관련된 내용에 대해서 논의한다.

· **강의 시간** : 60분~75분 정도의 **1회 수업**

1. 식품의 안전과 이력추적	
1) 식품안전	블록체인 기술을 이용한 식품 안전재해 방지에 대해서 알아본다.
2) 식품이력추적	블록체인 기술을 이용한 식품이력추적에 대한 예를 배운다.
2. 식자재 재고관리시스템	
1) 실시간 식재료주문과 재고관리	실시간 재고관리가 가능하게된 RFID, 바코드, QR코드를 비교한다.
2) 빅데이터의 활용	빅데이터의 활용으로 자료에서 의미를 찾는다.
3) 모바일 재고관리	모바일기기를 활용하여 실시간 재고관리가 가능함을 안다.
3. 식자재 구매관리시스템	
1) POS	POS의 활용에 대해서 안다.
2) 모바일 활용	스마트폰 앱을 활용한 식재료주문의 통합관리에 대해서 안다.
4. 메뉴주문 및 결제시스템	
1) 온라인을 활용한 시스템	온라인을 이용한 메뉴주문과 결제시스템을 알아본다.
2) 모바일 APP을 통한 주문과 O2O 시스템	모바일 APP을 통한 주문과 O2O 시스템에 대해서 알아본다.
3) SNS 메신저 활용시스템	SNS 메신저 활용시스템을 이용한 메뉴주문과 결제에 대해서 알아본다.
4) 디지털메뉴판	디지털메뉴판을 통한 메뉴주문에 대해서 알아본다.
5) 디지털키오스크	디지털키오스크를 이용한 메뉴주문과 결제시스템에 대해서 알아본다.
5. 정보통신기술을 활용한 마케팅활동	
1) SNS를 활용한 프로모션	SNS를 활용한 프로모션에 대해서 안다.
2) 위치기반 서비스	위치기반 서비스에 대해서 안다.

외식산업을 발전시키기 위한 목적으로 과학이나 테크놀로지가 발전해 온 것은 아니다. 하지만 기술의 발달로 냉장고, 냉동고, 전자레인지, 전기오븐 등이 만들어진 것은 가정이나 외식업계에 많은 편리함을 주었고 판매되는 식품의 형태, 먹을 수 있는 음식의 형태에 큰 변화를 주었다. 정보통신기술(information & communication technology: ICT)의 발달은 다양한 영역에서 인류의 생활방식을 급속히 변화시키고 있다. 눈앞에 전개되고 있는 4차 산업혁명은 산업에서나 학문에서나 영역간의 장벽을 낮추고 서로 융합하여 새로운 시장을 만들고 독특한 연구주제를 창출하고 있다. 외식산업에서도 기존의 생산, 마케팅, 서비스, 운영 등의 관리시스템에 많은 변화를 가져올 것으로 전망된다. 외식산업을 공부하는 사람들도 정보통신기술 분야의 도입과 활용방안에 적극적인 관심을 가져야 한다.

1 식품의 안전과 이력추적

식품에 대한 불신과 품질에 대한 우려는 항상 많은 소비자들을 두렵게 하는 이슈가 되어 왔다. 식품 및 외식산업은 고객지향적으로 변모하면서 이러한 소비자의 안전을 해치는 사건들에 대한 빠른 대응과 사전에 방지하는 시스템을 갖추고자 노력한다. 더욱 신뢰성이 높은 식재료가 될 수 있도록 〈그림 12-1〉과 같이 생산, 가공, 유통의 모든 단계를 통해 사료, 원료, 포장과 같은 모든 투입물의 먹이나 출처를 추적하여 업계는 오염된 제품이 소비자에게 도달하지 못하도록 방지하고 위험을 최소화하고자 한다.

1) 식품안전

블록체인 기술을 통해 식품소매업체는 어떤 공급업체와 거래했는지 지금까지 어느 단계를 거쳐 거래를 했는지 전체 거래내역을 알 수 있고 식품이 어떤 위험에 노출되었는지를 미리 알 수 있어 식품안전재해에 보다 신속히 대처할 수 있다. 소비자들도 스마트폰으로 QR코드를 읽으면 동물의 생년월일, 항생제사용여부, 예방접종, 가축을 수확한 장소 등의 데이터를 쉽게 파악할 수 있다. 또한 식품생산체인에 어떤 소매상인이 이질적인 행동을 했다면 이러한 것도 모두 알 수 있기 때문에 식품에 대한 안전이 정보통신기술을 통해 어느 정도 보장되고 있다고 볼 수 있다.

그림 12-1 식재료 이력추적이 가능한 식품생산체인

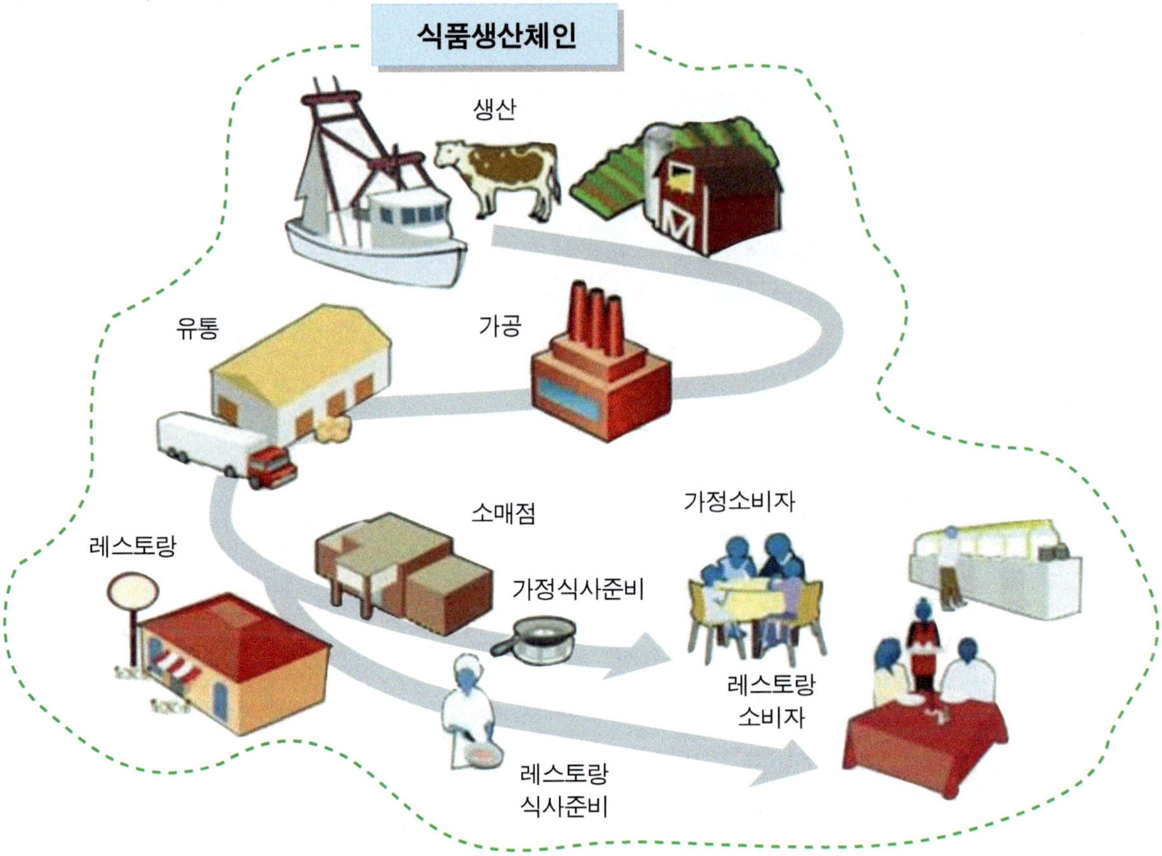

자료 : http://bettamfood.com/courses/farm-to-fork/ 저자보완

2) 식품이력추적

미국내 모든 식품의 20%를 판매하는 월마트는 블록체인 사용전에는 망고의 이력추적을 위해 6일 18시간 26분으로 약 7일 걸렸는데 블록체인 사용으로 이러한 과정이 2.2초 안에 가능해졌다. 식품이력추적(food traceability)을 하는 7일 동안 식품이 변질될 수도 있는데 이러한 특정 제품의 이력추적 시간을 단축하여 음식의 부패와 낭비를 줄일 수 있게 되었다.

블록체인 기술

블록체인 기술은 개인간(PEER TO PEER: P2P) 네트워크를 통해 정보를 저장하고 관리하는 방법으로 모든 거래를 실시간으로 볼 수 있기 때문에 식품공급자 정보를 투명하게 해준다. 또한 거래내역이 분산 저장되어 있어 해킹이 불가능한 것으로 알려졌다.

2 식자재 재고관리시스템

외식업체는 식재료의 흐름을 파악하는 것이 자산을 관리하는데 중요한 업무이다. 대개 일, 주, 월 또는 분기가 끝날 때 담당직원이나 매니저는 재고관리업무를 수작업으로 진행하여 많은 시간을 할애한다. 업무를 마치고 난 후에도 부정확한 재고로 인해 고객이 원하는 음식을 제공하지 못하기도 한다. 정보통신기술을 활용한 재고관리시스템으로 훨씬 효율적인 재고관리를 할 수 있게 된다.

1) 실시간 식재료주문과 재고관리

RFID태그 및 스캐너 덕분에 물품이 창고에서 출입할때 자동으로 식별하고 기록되어 시스템으로 업데이트 되고 실시간으로 재고가용성이 확인된다. 이렇게 자료를 읽을 수 있는 시스템으로는 바코드(barcode), QR코드(quick response code), RFID(radio frequency identification)를 이용할 수 있으며 〈표 12-1〉에서는 이들에 대한 특징과 디코더장치를 비교하였다.

표 12-1 바코드, QR코드, RFID 요약비교

항 목	바코드	QR코드	RFID
자료유형	숫자만 가능	모든 유형	모든 유형
온라인접속	접속불가	직접 접속가능	접속불가
비 용	저렴	저렴	다른 것보다 비쌈
URL추적	추적할 수 없음	추적가능	추적가능
자료읽기	항목 1개	항목 1개	항목 여러개
디코더 장치	바코드 리더기	모든 PC, 모바일(디코더 소프트웨어가 있는 경우)	RFID 리더기
			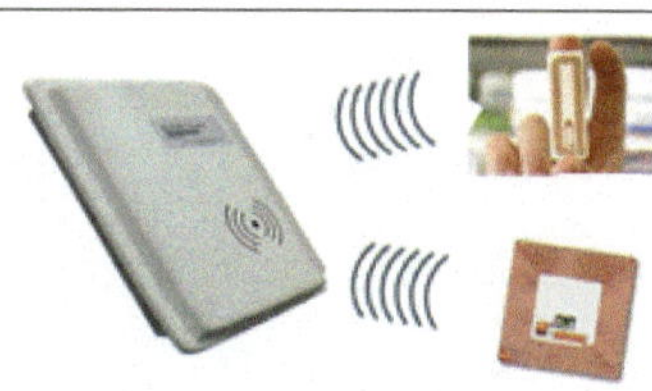

자료 : http://muz.so/Jf7 저자보완

2) 빅데이터의 활용

고급 재고관리시스템은 대용량 데이터의 축적 및 분석을 가능하게 하며 자료분석의 운영자는 최첨단 재고관리시스템을 사용하여 어떤 제품이 어느 때에 가장 잘 팔리는지 고객이 가장 원하는 것이 무엇인지 등의 특정 제품에 대한 통찰력도 얻을 수 있다.

3) 모바일 재고관리

스마트폰을 사용하여 실시간으로 입고되는 데이터를 가져와서 공유하고 분석하고 대응할 수 있다. 사용자는 카운터, 바, 또는 워크인-냉장고 어디든지 원하는 재고목록을 작성할 수 있다. 식당에서 주문을 받고 식재료가 출고되는 순간 점포와 공급업체에 알림으로 신호가 보내지고 필요한 양의 식재료가 다시 배송될 수 있도록 하는 실시간 재고관리 및 주문이 가능하게 된다.

3 식자재 구매관리시스템

1) POS

외식점포운영의 초기정보기술은 POS(point of sale)가 대표할 수 있다. POS기기의 도입으로 기존의 유선기기를 활용한 주문방식에서 인터넷을 통해 각 점포에서 식재료 및 식자재주문이 가능해졌고, 실시간 주문도 가능해졌으며 식재료의 신선도와 고객에게 제공되는 메뉴의 품질까지 보장할 수 있게 되었다.

2) 모바일 활용

외식업체들은 스마트폰의 앱(application: APP)을 활용하여 간편하게 식재료를 주문하고 유통사는 온라인으로 발주내용을 통합관리한다. 이 서비스를 통해 업종별, 지역별, 상품별 거래내용을 데이터화하여 자동발주, 재고관리 최적화, 비용 효율적인 물류 및 배송운영이 가능해지고 식재료 거래내역도 편리하게 관리할 수 있다.

4 메뉴주문 및 결제시스템

1) 온라인을 활용한 시스템

인터넷 대중화로 많은 외식기업들이 홈페이지를 이용하여 메뉴에 대한 주문서비스를 제공하고 있으며 아울러 메뉴에 대한 충분한 설명 및 다양한 판촉활동을 함께 진행하고 있다.

2) 모바일 APP을 통한 주문과 O2O 시스템

스마트폰의 발달로 컴퓨터앞에서 진행했던 모든 일들이 장소에 구애받지 않고 어디서나 이용가능해졌다. 즉 스마트폰의 APP을 통한 메뉴의 주문은 말할 것도 없고 온라인 to 오프라인(online to offline : O2O)시스템으로 모바일로 주문하고 매장에서 직접 주문한 음식이나 음료를 받는 형태가 활발히 이용되고 있다.

[O2O 시스템의 사례]

- **사이렌오더** : ㈜스타벅스 코리아에서는 O2O서비스로 주문과 결제를 할 수 있는 사이렌오더서비스를 제공한다. 매장반경 2km내에서 메뉴의 주문과 전송이 가능하며, 주문메뉴는 매장내부나 차에서 받을 수 있고 메뉴가 준비되는 과정을 실시간으로 알 수 있다.
- **해피포인트 앱** : 베스킨라빈스는 해피포인트 APP을 통해 원하는 제품, 방문할 매장을 선택해 주문, 결제하고 예약한 시간에 매장에서 제품을 바로 찾아가는 서비스를 제공한다.
- **시럽오더** : SK플래닛은 외식업체와 제휴하여 시럽오더로 주문하면 직접 매장에 찾아가지 않고도 주문할 수 있으며 주문한 메뉴가 준비되는 시간을 알려준다. 이러한 스마트 주문서비스는 붐비는 시간에 줄서서 기다리지 않아도 되는 편리함을 제공하고 모바일결제도 가능하게 하여 시간을 절약하게 해 준다.

또한 외식배달 전문서비스와 정보통신기술이 연계된 배달대행 APP들이 개발되어 국내외식시장에 새로운 식사주문 문화가 자리잡고 있다. 소비자들이 음식을 배달주문할 때 업체검색부터 주문과 결제까지의 모든 과정이 모바일을 통해 이루어진다. 〈그림 12-2〉는 배달서비스를 활발하게 진행하고 있는 외식업체와 배달전문 APP의 예를 제시한 것이다.

그림 12-2 주요 배달 APP과 패스트푸드 외식업체의 배달서비스 APP

3) SNS 메신저 활용시스템

메신저는 이용하기 편하고 사용빈도 또한 높기 때문에 단순한 채팅에 그치지 않고 이를 바탕으로 다양한 서비스를 접목하기에 유리하다. 중국의 최대 메신저 위챗은 이미 음식배달과 호텔예약 등의 챗봇이 상용화되었고 미국의 페이스북도 페이스북 메신저로 날씨를 물어보거나 음식주문 등을 할 수 있는 서비스를 공개했으며, 국내의 카카오와 네이버도 각각 자사의 앱을 내세운 챗봇서비스로 음식주문을 시행하고 있다.

4) 디지털메뉴판

태블렛 PC 혹은 모바일을 이용한 디지털메뉴판은 주문에서부터 결제에 이르기까지 한 자리에서 가능하도록 한다. 고객은 디지털메뉴판을 이용해 터치스크린으로 손쉽게 메뉴를 주문하고 주문된 메뉴는 전자동으로 주방에 전달되며 결제까지 할 수 있다. 고객의 시간도 절약되고 외국어 지원도 가능하며, 업체의 인건비절감 및 메뉴나 가격정보의 업데이트가 용이하다. 또한 고객이 기다리는 시간 동안 태블렛을 이용한 게임을 즐기기도 한다.

5) 디지털키오스크

기술기반 셀프서비스 시스템인 디지털키오스크(self-ordering kiosk)가 도입되어 직원의 도움없이 메뉴의 주문과 결제가 가능하다. 많은 패스트푸드 업체들이 이를 도입하여 고객들이 이용하고 있으며 진동벨로 주문완료를 알려줄 수도 있고 개인휴대폰으로 받아볼 수도 있다.

6) QR 스마트오더

테이블이나 따로 제공되는 QR코드로 식품을 선택, 주문, 구매, 결제를 할 수 있는 플랫폼들이 등장하고 있으며, QR코드로 음식을 주문하고 결제할 수 있는 외식업체도 생겨나고 있다. 각 테이블에 부여된 QR코드를 찍으면 메뉴확인과 주문, 결제까지 비대면으로 가능하게 된다.

5 정보통신기술을 활용한 마케팅활동

1) SNS를 활용한 프로모션

SNS(social network service)는 웹이나 모바일 상에서 지인들과의 인맥관계를 강화시키고, 새로운 인맥을 쌓으며 폭넓은 인간관계를 형성할 수 있도록 네트워크로 연결되는 서비스이다. 세계적으로 사용되는 트위터, 페이스북, 인스타그램 등과 국내에서의 카카오스토리, 밴드, 블로그 등이 대표적이다.

이러한 SNS를 통해 기업이나 제품의 인지도를 향상시키고 기업의 판촉활동을 쉽고 빠르게 확산시킬 수 있다. 또한 고객의 참여와 소통을 통해 관계를 개선하고 강화할 수 있으며, 실시간 반응을 통해 고객의 요구를 파악할 수 있다. 비용대비 마케팅파급 효과가 크지만 때에 따라 오히려 기업의 부정적 이미지가 급속히 확산되는 위험도 동시에 존재하게 되므로 신중해야 한다.

2) 위치기반 서비스

위치기반 서비스는 유·무선 통신망을 통해 획득된 위치정보를 기반으로 이용자에게 다양한 콘텐츠 및 온·오프라인 통합서비스를 제공하는 것이다. 이러한 기능은 고객의 스마트폰을 활용해 외식점포의 정보를 검색, 추천, 할인, 이벤트를 제공하는 서비스로 주로 활용하고 있다. 식생활, 외식 등에 관련된 음식 및 식당에 대한 정보와 이를 위한 서비스가 APP으로 연결되면서 공급자와 사용자정보, 첨단기술이 융합해 새로운 진화된 서비스로 변화되고 있다.

〈그림 12-3〉은 정보통신기술의 발달에 따라 식품가공분야, 식품유통분야와 아울러 외식업과 가정과 연동되는 외식매장의 서비스 프로세스의 예를 보여주고 있다. 새로운 식재료를 이용한 식품이 만들어지고 가공기술로 냉장고 없이 음식을 보관할 수 있는 아마존의 MATS가

그림 12-3 정보통신기술의 발전에 따른 외식업 서비스 프로세스 사례

개발되고 3D프린터를 이용하여 음식을 만들며 외식업체에서 일하고 있는 로봇도 변화의 주축이 되고 있다. 패스트푸드 점포에서 피자를 만드는 로봇이나 햄버거를 만드는 로봇이나 홀서비스를 담당하여 고객에게 주문한 음식을 날라주는 서비스제공 로봇 등 사람이 하던 일을 로봇이 대체하여 일하고 있는 경우가 많이 나타나고 있다.

고객은 점포에서 스마트폰, 터치포스, 디지털키오스크 등을 이용하여 음식의 주문과 결제가 가능하고 주문과 동시에 그 내용은 주방으로 전송되어 고객이 원하는 음식을 만들어 제공하게 된다. 집에서도 마찬가지로 온라인이나 스마트폰을 이용하여 음식을 주문할 수 있고 일반음식은 물론 레스토랑에서 먹었던 음식이 집까지 배달되는 시스템의 활용이 가능하다.

어떤 산업부분에서는 정보통신기술의 도입으로 많은 효율성을 증가시킬 수도 있고 직원의 수를 줄여 인건비가 줄어드는 이점이 있을 수 있겠지만, 레스토랑은 그 종류와 업태에 따라서 대인서비스를 더 원하는 고객들도 있고 기계보다는 사람이 만들어 주는 음식을 더 먹고자 하는 고객도 있을 수 있다는 것을 간과하지 말아야 한다.

논의 과제

1. 외식상품의 생산 프로세스와 관련된 정보통신기술에 대해 논의하시오.

2. 외식상품의 판매 프로세스와 관련된 정보통신기술에 대해 논의하시오.

3. 외식상품의 서비스제공 및 마케팅활동과 관련된 정보통신기술에 대해 논의하시오.

제13장

외식사업 창업

1. 외식사업 창업유형과 위험요인
2. 외식사업 창업을 위한 필요요소
3. 외식사업 창업의 주요 절차
4. 외식사업 창업을 위한 매뉴얼 교육

학습 목표

- 외식사업 창업유형과 위험요인을 알아본다.
- 외식사업 창업을 위한 필요요소가 어떤 것들이 있는지 알아본다.
- 외식사업 창업의 주요 절차에 대해 알아본다.
- 외식사업 창업을 위한 매뉴얼 교육에 대해서 알아본다.

· **주　　제** : 외식사업 창업
· **강의 방향** : 외식사업 창업을 위한 유형이나 위험요인 및 필요요소와 절차에 대해서 논의하고, 창업이후 교육에 필요한 매뉴얼에 대해서 논의한다.
· **강의 시간** : 60분~75분 정도의 **2회 수업(120분~150분)**

1. 식품의 안전과 이력추적	
1) 외식사업 창업유형	새로운 레스토랑을 만들거나 기존 레스토랑을 매입하거나 가맹사업을 하는 창업의 유형에 대해서 알아본다.
2) 독립소유 창업과 프랜차이즈 창업에 대한 위험요인 비교	독립적으로 사업하는 경우와 프랜차이즈 가맹으로 외식사업을 하는 경우의 위험요인에 대해서 비교한다.
2. 외식사업 창업을 위한 필요요소	
1) 창업 필요요소	창업을 하기 위해서는 혁신성, 창의성, 기업가정신이 필요함을 배운다.
2) 창업자에게 필요한 레슨	창업자가 알아두어야 할 내용에 대해서 알아본다.
3. 외식사업 창업의 주요 절차	
1) 사업체의 비전과 미션결정	외식창업에 필요한 비전과 미션에 대해서 알아본다.
2) 레스토랑 컨셉선택	레스토랑의 컨셉을 결정하는 것에 대해서 알아본다.
3) 적합한 입지선택	고객의 특성, 가시성, 독특함을 고려한 적합한 입지선택에 대해서 알아본다.
4) 시장조사, 지역의 경쟁자	시장조사 및 지역의 경쟁자에 대해서 알아본다.
5) 사업계획서 작성	사업계획서 작성절차에 대해서 알아본다.
4. 외식사업 창업을 위한 매뉴얼 교육	
1) 매뉴얼의 의미와 필요성	매뉴얼의 의미와 필요성에 대해서 알아본다.
2) 매뉴얼의 기능	매뉴얼의 기능에 대해서 알아본다.
3) 매뉴얼 종류와 구성	매뉴얼 종류와 구성내용에 대해서 알아본다.
4) 매뉴얼 작성과 평가	매뉴얼 작성과 평가에 대해서 알아본다.

많은 사람들이 외식사업의 창업을 꿈꾸어 미래를 설계하기도 하고, 또 실제로 많은 사람들이 창업과 폐업을 거듭하여 좌절을 하기도 한다. 일부 많은 자금을 필요로 하는 큰 규모의 외식사업이 아닌 경우에는 진입장벽이 낮다고 인식되어 소자본으로 철저한 계획없이 창업을 시도한다. 하지만 규모가 작던크던 간에 외식사업은 트렌드사업으로 고객에 대한 변화와 새로운 요구를 충분히 반영해야 하므로 쉽지 않은 사업이다. 창업자의 능력이나 의지도 절대적으로 필요하고 끊임없이 변화하는 고객과 시장을 이해하도록 노력해야 한다.

1 외식사업 창업유형과 위험요인

1) 외식사업 창업유형

외식사업은 진입장벽이 낮고 별다른 경력이 없어도 쉽게 뛰어들 수 있다는 오해를 많이 받고 있다. 퇴직을 앞둔 사람들이나 경력단절 여성들이나 누구든지 한번 해보고자 하는 생각을 비교적 쉽게 하고 또 실제로 많은 사람들이 그런 마음으로 사업을 한다. 하지만 어느 누가 시작한다 하더라도 쉽게 시작할 일은 아니며 충분한 계획과 연구를 통해 사업에 실패를 겪는 일이 없도록 해야 한다.

외식사업 창업에 어느 정도의 자금이 투입되고 어느 정도의 경험이 필요한지 그리고 소유권이 어디에 있는지 등에 따라 경력 및 투자옵션을 고려하여 네 가지로 나누어 볼 수 있다. 〈그림 13-1〉은 새로운 레스토랑을 지어서 운영하는 경우부터 다른 사람을 위해 레스토랑을 관리하는 것까지를 비교하여 일반적으로 경력과 투자가 어떤 경우에 더 많이 요구되는지를 보여주고 있다. 하지만 이러한 것은 상황에 따라 어떤 레스토랑을 창업하느냐에 의해 달라질 수 있으므로 참고만 하는 것이 좋다.

- 새로운 레스토랑을 지어서 운영하기
- 기존 레스토랑을 구매해서 그대로 운영하거나 컨셉변경하기
- 프랜차이즈를 구입하여 프랜차이즈 레스토랑을 운영하기
- 개인레스토랑이나 체인레스토랑을 전문관리자로서 관리하기

그림 13-1 레스토랑 창업을 위한 경력과 투자옵션

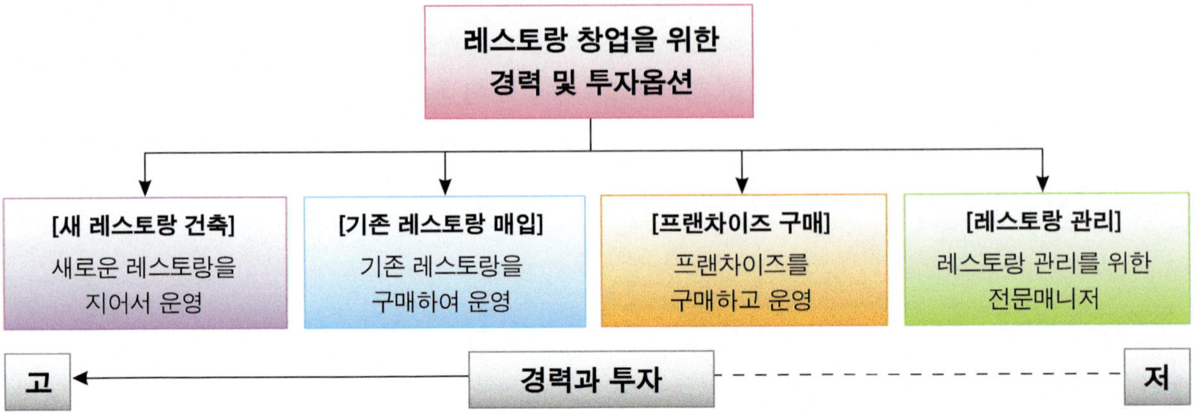

자료 : Walker(2017)

(1) 건축(build)

새로운 레스토랑을 건축하여 지어서 운영하고자 하는 경우는 개인적인 심미적 욕구를 충족시킬 수 있고, 꿈에 그리던 공간을 만들어 자신이 하고자 하는 것을 마음껏 발휘할 수 있다. 이 경우 레스토랑을 운영하면서 성공하게 되면 그에 따른 많은 보상이 뒤따를 수 있다. 하지만 초기투자가 많이 필요하고 그로 인한 심리적인 실패비용이나 재무적인 리스크가 어떤 경우보다도 높다는 것을 알아야 한다. 따라서 실패했을 경우 금융손실도 그만큼 크고 무엇보다도 새로운 건물에 투자한 비용으로 인해 많은 손실을 겪게 된다.

(2) 기존 레스토랑 매입(buy)

레스토랑을 운영하다가 실패했거나 혹은 그 이외의 다른 이유로 판매하고자 내놓은 기존의 레스토랑을 매입하고자 할 때는 이전에 해당자리에서 운영되었던 레스토랑의 스타일이나 유형이 그 지역에서는 그리 성공적이지 않았거나, 가지고 있었던 특정 메뉴나 스타일의 관리가 실패했음을 알 수 있어야 한다. 이러한 내용을 알고 레스토랑을 매입하게 되면 레스토랑 운영에 대한 새로운 운영계획을 세울 때 실패요인을 고려할 수 있어 리스크를 다소 줄일 수 있다.

반면에 매입자는 일정기간 동안 이전 운영자가 얻은 그다지 좋지않은 평판을 극복하는 어려움이 있음을 알아야 한다. 평판이나 위치가 빈약한 레스토랑의 경우 이를 전혀 없었던 것처럼 빠르게 극복하는 것은 쉬운 일이 아니다. 하지만 리스크가 있다는 사실과 새롭게 시작하고자 하는 레스토랑이 이전의 레스토랑 때문에 영향을 받을 수 있음을 인지하여 리스크에 대한 대처방안을 마련해야 한다.

(3) 프랜차이즈(franchise)

프랜차이즈 사업은 건물설계, 메뉴 및 마케팅계획을 비롯한 레스토랑의 운영방식이 이미 시장에서 테스트되었다는 점에서 최소한의 재정적 위험을 수반한다. 일부 프랜차이즈는 프랜차이즈 수수료 및 기타 운영비용을 포함하여 천만원 미만의 비용이 소요될 수도 있고, 또 다른 프랜차이즈 레스토랑은 규모가 더 크고 브랜드가치도 높아서 수익성이 높을 것이라 인정되어 투자되는 비용이 더 많은 경우도 있다.

어떤 경우의 프랜차이즈 레스토랑이라 할지라도 실패할 가능성은 누구에게나 있는 것이므로 프랜차이즈 운영이 결코 성공을 보장해 주는것이 아님을 알아야 한다. 경영자와 관리자의 능력과 많은 노력이 결국 성공으로 안내하게 된다. 다만 회사의 운영방침과 체계적인 시스템을 잘 따르고 해당 점포에서 성실이 운영할 때 기본적인 수익은 어느 정도 보장되면서 어려운 상황에 도움을 요청할 지원센터가 있다는 점에서 프랜차이즈의 이점이 있는 것이다.

(4) 전문관리자(manage)

레스토랑의 경영자나 소유주로서 많은 돈을 투자하고 모든 위험을 안고 시작하기보다 전문직 관리자로서 레스토랑을 운영한다면 이 경우에는 자금과 관련된 부분은 안정적일 수 있다. 초기투자를 위해 들어가는 비용도 필요없고 투자한 돈에 대한 재무적인 리스크도 없기 때문이다. 많은 돈을 벌기보다는 어느 정도 안정적인 수입을 가질 수 있다. 하지만 전문관리자이므로 직원과 소유주와의 인간적인 스트레스는 감수해야 하고 실패에 대한 심리적 비용은 높을 수 있다.

표 13-1 건축, 매입, 프랜차이즈, 관리의 이점과 단점

구 분 / 유 형	초기투자 필요	경험필요	잠재적/인간적인 스트레스	심리적 실패비용	재무적인 리스크	잠재적 보상
건축(Build)	최고높음	높음	높음	최고높음	최고높음	높음
매입(Buy)	중간	높음	높음	높음	높음	높음
프랜차이즈(A)*	낮음~중간	낮음	중간	중간	중간	중간~높음
프랜차이즈(B)	높음	높음	높음	높음	높음	높음
전문관리자	(없음)	중간~높음	중간	중간	(없음)	중간

*프랜차이즈(A): 더 적은 비용으로 할 수 있는 유형 / 프랜차이즈(B): A 유형보다 좀 더 투자가 요구되는 유형
자료 : Walker(2017)

〈표 13-1〉에서는 지금까지 살펴본 창업의 네 가지 유형에 따라 초기투자, 경험, 스트레스, 심리적 실패비용, 재무적 리스크, 보상 등에 대하여 비교한 것을 요약정리한 것이다.

2) 독립소유 창업과 프랜차이즈 창업에 대한 위험요인 비교

독립소유의 레스토랑 창업이든 프랜차이즈를 계약하여 창업을 생각하든 위험유형 및 잠재적 보상은 다양하다. 큰 결정을 내리기 전에 창업에 대한 초기책임, 창의적인 관리능력, 자금 및 경험수준을 바탕으로 하여 어떤 창업을 하는 것이 바람직한지 고려해야 한다. 사업가로서 성공을 위한 최선의 길을 결정하기 위해 다음 몇 가지 항목들에 대해서 확인해 보아야 한다.

- 어떤 유형의 사업경험이 있나?
- 조직의 일련의 지침에 따라 일하는 것에 익숙한가?

그림 13-2 독립소유 창업과 프랜차이즈 창업의 위험요인 비교

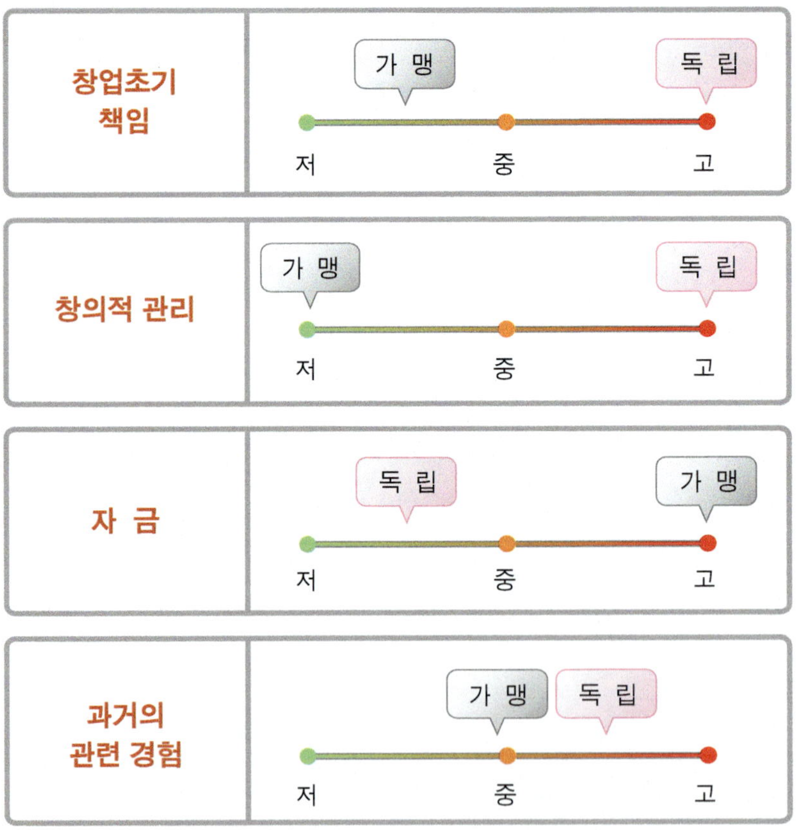

자료 : https://www.webstaurantstore.com/article/3/independent-ownership-franchise-pros-cons.htm

- 레스토랑에 대한 확실한 비전을 갖고 있나?
- 창업을 위해 투자할 수 있는 자금이 얼마나 되나?
- 사업의 성공을 위해 지원과 훈련이 필요한가? 아니면 더 좋은 노하우가 있나?

외식사업을 창업하는 사업가로서 주어진 환경의 독특한 강점과 한계를 이해하여 독립소유권을 가진 창업과 프랜차이즈 창업중 어떤 것이 더 적합한지 고려하여야 한다. 〈그림 13-2〉는 독립소유 창업과 프랜차이즈 가맹에 의한 창업의 위험요인을 비교한 것이다.

(1) 창업초기책임

레스토랑 창업시 가장 위협이 되는 것은 실패가능성이다. 이를 극복하기 위한 기본적인 조건은 사업주가 운영할 메뉴, 사업운영에 대한 철학, 고객서비스에 영향을 미치는 차별화된 비전을 갖추고 있어야 한다. 창업초기에 갖추어야 하는 이러한 책임에 대해 독립소유와 프랜차이즈를 비교해 보면 독립소유 창업이 프랜차이즈 창업보다 사업주가 갖게되는 책임이 훨씬 많다고 볼 수 있다.

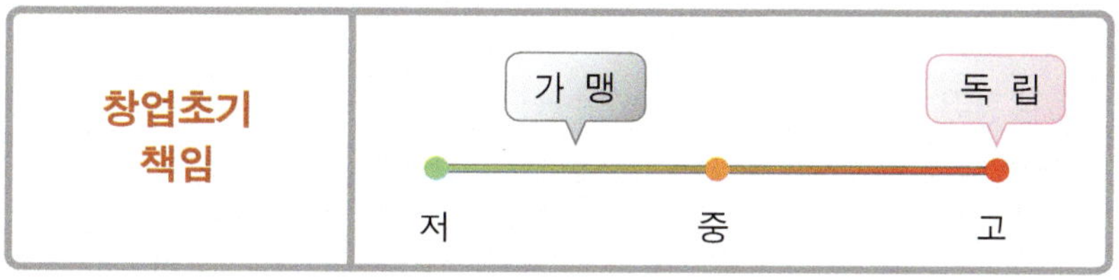

■ 독립소유

독립소유의 개인레스토랑을 창업할 때는 창업에 대한 책임은 모두 소유자가 갖게 된다. 장기적으로 많은 보람과 보상을 얻게 될지라도 자신의 식당을 여는 것은 명확하고 조직적인 비전이 필요하고 지역사회 내에서 인정받을 수 있고 존중받는 사업이 되기 위해서 많은 노력이 필요하다.

■ 프랜차이즈

이미 시장에서 어느 정도 인정받고 잘 운영되고 있는 프랜차이즈 회사와 계약한다면 브랜딩과 평판구축은 이미 완료되었다고 볼 수 있다. 대부분의 프랜차이즈 기업은 명확한 마케팅 전략과 비즈니스컨셉을 가지고 있다. 일반고객은 이미 해당 프랜차이즈 업체가 어디에 있든 그 브랜드와 음식을 쉽게 인식하고 있다. 그러나 새롭게 생겨난 프랜차이즈와 계약을 하거나 새로운 시장에 프랜차이즈를 도입하는 경우에는 브랜드 파워가 아직 미흡할 수도 있으므로 프랜차이즈 계약을 하기 위해서도 어떤 브랜드를 선택할지에 대해 심사숙고해야 한다.

(2) 창의적인 관리

레스토랑 창업시 창의적인 관리에 대한 부분은 프랜차이즈 창업에서는 거의 찾아보기 어려우나 독립소유 창업의 경우는 상대적으로 사업자의 창의성을 발휘할 기회가 많다.

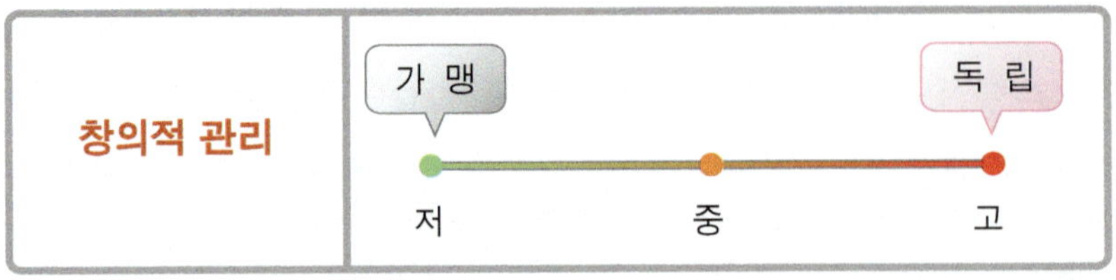

■ 독립소유

독립소유 레스토랑 운영의 창의적인 측면은 모두 소유자의 선택사항이다. 소유주가 자신의 레스토랑을 설계하는 것이므로 자신이 원하는 매력적인 메뉴와 독특한 분위기를 만들 수 있다. 주방업무까지 가능한 사람이라면 오너셰프로서 독특한 분위기와 하나뿐인 음식을 만들어 이런 점을 차별화전략으로 하여 레스토랑을 운영할 수도 있다.

■ 프랜차이즈

프랜차이즈 레스토랑은 이미 비즈니스로 설립되어 있는 외식업체이므로 기존 비즈니스 및 메뉴에 대한 가이드라인을 따르면서 사업을 운영해야 한다. 회사에서 구축해 놓은 검증된 프랜차이즈 운영방식에 따라 모든 프로세스가 진행되어야 한다. 개별 메뉴품목에서부터 실내장식, 고객서비스 규칙 및 규정에 이르기까지 모든 것이 이미 갖추어져 있는 시스템을 그대로 적용하여 따라야 하므로 소유주의 창의적인 관리부분은 거의 허용되지 않는다.

(3) 자 금

독립소유의 레스토랑과 프랜차이즈 레스토랑에는 두 가지 모두 초기창업 비용이 있지만 독립소유는 사업자가 여러 가지 저렴한 방법으로 창업이 가능하도록 할 수 있다. 그러나 상대적으로 프랜차이즈는 프랜차이즈 본부에서 정해진 자금규정에 따라야 하므로 자금이 더 많이 필요할 수도 있다.

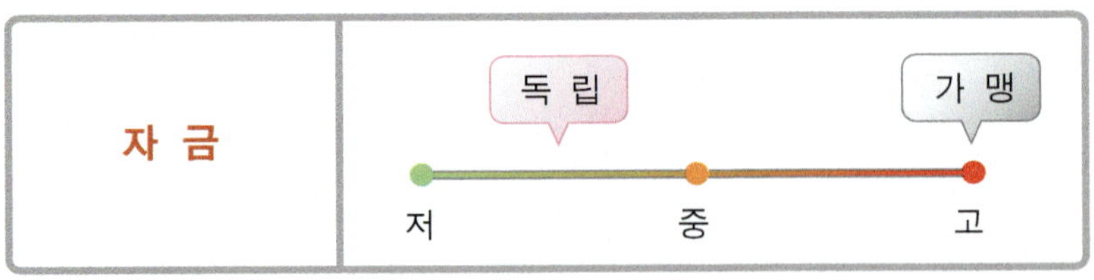

■ 독립소유

개인이 독립적으로 레스토랑을 창업해도 고려해야 할 초기비용이 여전히 많고 모두 자신이 부담해야 된다. 따라서 본인의 경제상황을 고려하여 저렴한 비용지출에 노력하게 된다. 레스토랑 장소의 구매나 임대, 내부시설에 대한 디자인, 메뉴개발, 지역에서의 초기마케팅 캠페인 등을 비롯하여 레스토랑의 보험가입, 허가 및 라이센스 취득 등에 대한 비용까지 고려할 것들이 많다.

레스토랑을 오픈한 이후 새로운 레스토랑의 브랜드를 지역사회에 알리는 마케팅활동을 위해서도 강력한 소셜미디어(facebook, twitter, instagram, foursquare, yelp 등) 등을 이용하여 저렴하게 광고하고 고객과 신속하고 편리하게 커뮤니케이션 한다. 메뉴생산을 위한 식재료 조달방식도 개인적으로 가장 저렴한 공급자를 찾아 품질이 보증되면서 가능한 한 경제적인 식재료를 얻을 수 있도록 철저한 시장조사를 실시하여 원재료가격에서 경쟁력을 갖도록 노력한다.

■ 프랜차이즈

프랜차이즈 체인레스토랑의 창업은 본부에서 요구하는 초기 재정적 요구사항을 충족시켜야 한다. 프랜차이즈 본부의 확장계획에 맞는 곳에 점포를 정할 수 있도록 사업에 투자할 자금을 확보해야 한다. 이러한 요구사항에 따라 점포장소를 정하고 초기 프랜차이즈 수수료를 지불하게 된다. 이 수수료는 프랜차이즈 기업의 시스템과 명성에 따라 범위가 넓고 다양하다.

또한 프랜차이즈에 대한 로열티나 전국 광고캠페인 비용도 지출하게 된다. 이미 인정받고 있는 시스템에 대한 사용료개념으로 받아들여야 하는데 종종 이런 부분에서 본부와 가맹사업자 간에 의견충돌이 일어나기도 한다. 프랜차이즈에서는 식재료의 구입이나 그외 필요한 식자재는 일부품목에 대하여 사업자의 재량으로 알아서 구매하는 경우도 있으나 대부분 본부를 통해서 구매하거나 비교적 일괄구매 방식으로 운영되므로 비용이 많이 절약될 수 있다.

(4) 과거의 관련 경험수준

프랜차이즈 창업자는 외식업관련 경험이 부족하고 지식이 다소 없더라도 회사의 방침을 따르면 운영이 가능하도록 지원을 받지만 독립소유 창업자는 과거에 경험한 관련분야의 경험이 있다면 사업운영에 많은 도움이 되므로 이에 대한 경험이 요구된다.

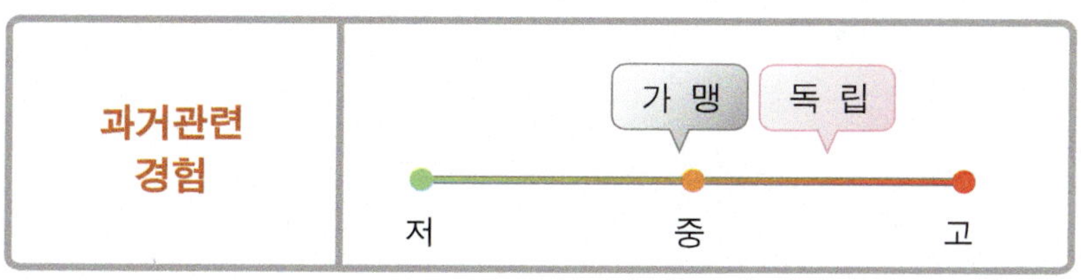

■ **독립소유**

레스토랑의 창업은 청년들이 사업을 위해 외식업을 하거나 은퇴이후의 새로운 사업을 계획하는 경우 혹은 관련분야 종사자로서 개인적인 사업체를 갖고자 하는 경우 등 다양한 동기에 의해 창업을 계획하고 실행한다. 특별히 관련업계에 종사하여 요리사로서 주방관리자로서 식품업계 직원으로 각기 다양한 분야의 경험을 가질 수 있다. 어떠한 경험이던지 사업체를 운영하고 경영하는 데는 많은 도움이 될 것이다. 비록 외식업 관련된 경험이나 지식이 전혀없는 독립소유 창업자라 할지라도 소규모로 작게 시작하여 큰 기업에까지 이룰 수 있을 것이다. 다만 창업을 위한 사업계획을 잘 수립하고 무리하지 않는 경영을 하기 위해 사업자가 충분히 준비하는 것이 필요하다.

■ **프랜차이즈**

프랜차이즈는 성공한 비즈니스 모델이다. 이러한 성공적인 비즈니스를 경영하기 위한 사업자로서 기존에 관련된 많은 경험 심지어 해당 회사의 전직 관리자인 경우도 있을 수 있다. 어떤 경우이던지 프랜차이즈 경영은 본사에서 충분히 사전교육과 훈련을 제공하기 때문에 그 과정을 잘 이수하고 나면 점포운영을 위한 준비가 될 수 있다. 프랜차이즈 경영이라 하더라도 사업자 개인의 특성에 따라 지역사회와 소통을 더욱 잘하는 사업자는 더 수익이 많을 수 있다는 것을 명심해야 한다.

2 외식사업 창업을 위한 필요요소

많은 사람들이 사업을 시작하는 것이 어렵다고 생각한다. 왜냐하면 많은 기업가들이 특정 유형의 사람만 비즈니스에 성공하는 것처럼 생각하기 때문이다. 하지만 현실적으로 대부분의 사람들에게는 좋은 아이디어 적합한 인적자원과 뛰어난 창의성이 있기 때문에 창업에 도전하는 것이 가능하다. 외식창업을 위해 필요한 중요한 요소는 새로운 상상력, 새로운 제품, 새로운 서비스발견 등과 관련이 있는 혁신성과 창의성을 제일 먼저 들 수 있다. 그리고 이러한 아이디어를 사업으로 전개할 수 있는 기업가정신도 필요한 요소이다.

1) 창업 필요요소

(1) 혁신성

성장을 위해 만든 새로운 제품, 고객에게 가치를 전달하는 새로운 방법을 혁신이라 할 수 있다. 혁신성은 인적자원과 함께 비즈니스를 성공적으로 이끄는 핵심적인 요소이다. 혁신적인 리더가 되는 사람은 리스크를 관리하고 호기심을 표현하고 용감하게 이끌고 기회를 잡고 전략적 비즈니스 관점을 유지한다. 이러한 혁신성을 갖춘 리더가 창업에 더욱 적합할 수 있다.

(2) 창의성

창의성은 새로운 것을 생각해내는 특성이라고 볼 수 있다. 새로운 제품이나 새로운 방법 또는 새로운 가치를 창출하기 위한 끊임없는 노력에 창의성이 결합된다면 치열한 경쟁인 외식시장에서 새로운 시장을 만들어 낼 수 있다.

(3) 기업가정신

이익을 창출하기 위해 새로운 사업을 개발하고, 조직하고 관리하는 능력과 의지를 기업가정신이라고 한다. 기업가정신의 가장 분명한 예는 새로운 비즈니스의 창업이다. 따라서 기업가정신은 혁신과 위험을 감수하는 것이 특징이며 끊임없이 변화하고 경쟁이 치열해지는 시장에서 성공할 수 있는 필수적인 역량이다.

창업하고자 하는 개인은 자신에게 이러한 혁신성, 창의성, 기업가정신이 있는지 또한 성공하고자 하는 야망이나 좌절감이나 다양한 위험에 대한 대처능력이 있는지 등에 대해서도 스스로 평가해 보아야 한다.

2) 창업자에게 필요한 레슨

(1) 자신의 열정을 따르라

자신의 열정에 따라 시작한 사업이므로 왜 내가 이 사업을 시작했는지에 대하여 스스로 생각하면서 끊임없이 에너지를 공급하여야 한다. 해결책을 찾는 것도 중요하지만 문제가 무엇이었는지에 더 관심을 갖고 그 문제에 대해서 충분히 이해하여 해결방법도 찾아야 한다.

(2) 현금의 움직임을 파악해라

사업운영은 예술이자 과학이다. 예술은 열정을 말하고 과학은 비즈니스 모델을 의미한다. 현재 운영되고 있는 비즈니스 모델을 이해하고 있는지 현금이 들어오고 나가는 것에 대해 이해하고 있는지 확인하여야 한다. 매순간 비즈니스가 어떻게 진행되는지 알고 있다면 더 많은 현금을 확보하는 계획을 세울 수 있을 것이다.

(3) 스마트하게 채용해라

팀원을 채용하는 것은 쉬운 일이 아니다. 적절한 곳에 가장 적합한 사람들을 고용할 수 있도록 충분한 시간을 두고 채용해야 한다. 작은 규모의 사업을 소유하고 운영하는 창업자로서 어느 일이라도 할 수 있지만 모든 일을 다 할 수는 없다. 모두가 서로에게 부족한 부분이 채워지는 팀을 만들 수 있도록 인력을 채용해야 한다.

(4) 파트너와 의사소통해라

파트너는 상호보완적으로 비즈니스를 성장시킬 수 있어야 한다. 파트너와의 좋은 관계를 유지하기 위해 서로의 가치와 기대를 소통하는 것이 중요하다.

(5) 예기치 않은 상황에서 스스로를 보호해라

사업중에 만날 수 있는 장애물에 대해서 어떤 대처를 할 것인지 준비하여야 한다. 예기치 않은 작은 일에 실망하지 않고 최선의 결과를 기대해야 한다. 통제할 수 없는 일들이 일어났다고 해서 모든 사업이 끝나는 것은 아니다. 잠깐의 여유를 갖고 다시 일어날 수 있도록 자신을 존중하여야 한다.

(6) 혼자 해결하지 마라

어렵고 힘든 일이 앞을 가로막고 서있다해도 혼자라고 생각하지 말고 도움을 요청해야 한다. 소기업 창업자로서 외로운 결정을 내릴수도 있지만 주위의 많은 사람들에게 도움을 요청하여 다른 기업가들의 지원을 받는 것이 현명한 일이다. 몇 년 앞서 경험한 누군가의 귀중한 조언을 에너지로 다시 또 새로운 창의적인 아이디어를 가져올 수도 있을 것이다.

3 외식사업 창업의 주요 절차

일반적으로 레스토랑을 창업하고자 할 때는 먼저 창업을 위한 아이디어를 가지고 시작하는 경우와 창업이 가능한 건물이 있어서 시작하는 경우로 나누어 볼 수 있다. 업종에 대한 아이디어가 있는 경우는 그에 맞는 입지를 선택하여야 하고, 건물이 있는 경우는 건물의 입지에 맞는 업종을 선택하여 아이디어를 개발하여야 한다.

어떤 경우이던지 대규모 외식기업이던, 아니면 소규모 외식점포이던, 일반적으로 창업시 고려해야 되는 중요한 단계들이 있다. 자금투자정도, 입지선정, 메뉴아이디어 결정, 적절한 시설 및 장비구입, 적합한 직원채용 등 창업의 계획부터 오픈까지 많은 사항들을 고려해야 한다.

1) 사업체의 비전과 미션결정

Your mission statement focuses on today;
Your vision statement focuses on tomorrow

비전(vision)은 앞으로 미래에 조직이 궁극적으로 무엇을 원하는지에 초점이 맞추어져 있고, 미션(mission)은 현재 조직이 달성하기 위해 수행하는 작업에 중점을 둔다. 기업은 일반적으로 미션 및 비전을 상호교환하여 사용하기도 한다. 하지만 둘 중 하나는 다른 하나가 완성되기위해 필요한 것이므로 현재와 미래를 위해 두 가지를 모두 갖는 것이 바람직하다. 레스토랑의 규모와 상관없이 작은 업체라도 비전과 미션을 갖고 한 가지 목표를 향한다는 것은 꼭 필요하다.

(1) 비전선언문(vision statement)

비전선언문은 회사가 나아가야 할 앞으로의 방향을 제시한다. 사업을 위한 미래의 목적을 제공하는 것이다. 비전은 무엇이 되고 싶은지에 대한 것이고 결국 그것은 열정이 되는 것이다.

- 비전선언문을 만들기 위해 우리의 희망과 꿈은 무엇인가?
- 우리는 더 큰 이익을 위해 어떤 문제를 해결하고 있는가?
- 누가 또는 무엇이 우리가 변화하도록 자극하고 있나? 등에 대해 이해해야 한다.

비전선언문은 내부적으로나 외부적으로 회사의 성장을 촉진하도록 만들어야 한다. 강력한 비전을 통해 팀은 회사에서 가장 중요한 부분에 집중할 수 있고 또한 혁신을 불러일으키도록 작성되어야 한다.

(2) 미션선언문(mission statement)

미션선언문은 회사의 오늘해야할 업무를 이끌어 준다. 팀원들이 해야 하는 일, 사업의 핵심, 목표를 달성하기 위해 필요한 일들을 알려주고 회사의 문화를 형성한다.

- 미션선언문을 만들기 위해서는, 우리는 무슨일을 하나? 우리의 고객은 누구인가?
- 우리는 어떻게 고객에게 서비스를 제공하나? 등에 대해 이해해야 한다.

미션선언문을 이렇게 세분화하여 이해하는 것은 모든 회사에서 그 회사의 가치를 다시 한번 확인하고자 하는 것이다. 모든 팀원들이 확고한 미션에 따르면 팀이 공통의 목표를 향해 나아가는 동기를 부여하게 된다. 한팀이 같은 시작점에서 출발하여 함께 일하면서 동일한 최종목표에 도달하기 위해 노력하는 원동력이 된다.

(3) 외식기업의 미션과 비전의 사례

■ CJ푸드빌

- Vision : Create the world of new food culture
- Mission : Onlyone적인 맛과 서비스를 통해 외식시장을 선도한다.
  일류 인재양성과 파트너와의 상생을 통해 외식산업 생태계를 조성한다.
  한국식문화의 세계화를 통해 K-Food 경험을 일상화한다.

■ 원할머니 보쌈

- Vision : 우리의 미래목표

더 큰 사람, 더 큰 행복의 대한민국 대표 외식문화기업으로 성장한다.

- Mission : 우리의 역할 / 목적

  건강한 맛과 정성스러운 서비스로 고객의 행복한 외식문화를 선도한다.

■ **아워홈**

- Vision과 Mission : 우리는 고객에게 365일 맛있고 건강한 식탁을 제공한다.

2) 레스토랑 컨셉 선택

레스토랑 컨셉을 결정하기 위해 가장 기본이 되는 것은 어떤 업종과 업태로 고객에게 서비스를 제공할지 결정하는 것이다. 이미 제3장에서 컨셉에 대해서 공부한 바와같이 퀵서비스 패스트푸드, 패스트캐주얼, 패밀리스타일, 캐주얼다이닝, 파인다이닝, 베이커리 카페, 푸드트럭, 뷔페 등 레스토랑의 컨셉을 대표하는 몇 가지 중에서 선택할 수도 있고, 두 가지 이상의 컨셉이 복합된 레스토랑도 가능하며 아주 새로운 컨셉의 레스토랑을 디자인하여 운영할 수도 있다.

레스토랑의 업종과 업태 및 컨셉이 확실하게 결정된 이후에 컨셉과 일치되도록 구체적으로 어떤 메뉴를 개발할지, 어떤 장소에서 영업을 할지, 어떤 인테리어를 장식할지, 어떤 직원을 채용할지, 어떤 주방용품들 및 기기 등을 사용할지까지, 레스토랑 운영을 위해 필요한 모든 것들을 결정하게 된다. 따라서 이 단계는 레스토랑 운영의 가장 핵심이 되는 중요한 단계가 된다.

처음부터 체인경영을 원한다면 프랜차이즈 계약을 위한 브랜드를 결정할 수도 있다. 이 경우도 프랜차이즈 회사마다 추구하는 경영철학이나 조직문화와 운영방식이 다르기 때문에 어떤 프랜차이즈 기업과의 파트너로서 가맹사업자가 되고자 하는 것인지 충분히 조사하여 신중한 선택을 하여야 한다.

3) 적합한 입지선택

레스토랑 운영을 위한 완벽한 입지를 찾는 것은 쉬운 일이 아니다. 레스토랑의 컨셉이 먼저 결정되었거나 입지선택과 동시에 컨셉을 결정하거나, 혹은 입지가 확보되어 입지에 맞는 컨셉을 결정해야 하는 경우도 있다. 어떤 경우이던지 창업하고자 하는 레스토랑의 컨셉과 입지는 상호 밀접하게 관련성이 있으므로 항상 같이 고려하여 결정해야 한다.

(1) 고객의 특성에 따른 주차장의 중요성

고객들이 레스토랑을 선택하는 상황은 여러 가지 경우가 있을 수 있지만 가장 대표적으로는 미리 계획된 식사인지 아니면 일상적인 식사인지 혹은 충동적인 식사인지 이 세 가지 경우로 나눠볼 수 있다. 계획된 식사를 위해서는 레스토랑에 대해 미리 정보를 파악하여 찾아가는 목적고객들이 대부분일 것이다. 이렇게 찾아오는 목적고객들을 위해서는 주차장시설의 편리함이 무엇보다도 입지에 가장 중요한 요소가 될 것이다. 마케팅의 힘으로 상권이라는 개념은 많이 약화되고 고객들은 원하는 장소에 찾아다니는 현상이 많이 나타나고 있다. 따라서 특별히 가까운 곳에서 오는 고객들보다는 멀리서 찾아오는 고객들을 고려하는 레스토랑이라면 넉넉하게 주차가 가능한 경우 고객들이 더욱 만족할 수 있을 것이다.

(2) 물리적 가시성과 인지적 가시성

가시성이란 잘 보이는 곳에 위치해야 함을 말한다. 같은 건물안에서도 몇 층의 어느 위치인지에 따라 가시성과 접근성이 달라질 수 있다. 가시성과 접근성을 위해서는 도보, 차량, 교통패턴까지도 함께 고려해야 한다. 이러한 가시성은 물리적 가시성이라 할 수 있다.

하지만 어떤 특정 레스토랑에 관심없는 고객들이라면 레스토랑 바로 옆에 지나가도 그것을 의식하지 못할 수 있다. 예를 들어, 바쁜 회사원들이 빠르게 음식을 테이크아웃하려는 상황에서 패스트푸드 레스토랑 같은 곳만 눈에 띄일 것이고, 긴시간 동안 트렌디하게 식사하고자 하는 사람들에게는 아마도 패스트푸드 레스토랑보다는 더 고급 레스토랑이 눈에 띄일 것이다. 이렇듯 물리적으로 눈에 잘 보이는 가시성도 중요하지만 주변 고객들의 특성에 따른 인지적 가시성도 중요하므로 선택하고자 하는 입지를 구성하고 있는 고객들의 인구통계적인 특성들도 고려하여 입지를 선택하여야 한다.

(3) 모방할 수 없는 전망

레스토랑에서 고객에게 제공되는 모든 서비스는 다른 레스토랑에서 거의 대부분 모방이 가능하다. 음식의 레시피, 서비스 전달방식, 대부분의 것들이 모방이 가능하지만 레스토랑에서 바라보이는 전망은 모방하기 어렵다. 아름다운 스카이라인 전망이 보이는 위치 혹은 자연경관을 디자인삼아 만들어 놓은 레스토랑은 그 입지자체가 차별화 속성이 되는 것이다. 입지를 선택하는데 이러한 요소가 레스토랑 컨셉과 일치하여 어울리는 곳이 있다면 그곳은 모방하기 어려운 차별화되는 레스토랑의 입지로 아주 좋은 곳이 될 수 있다.

입지와 관련된 이러한 조건 이외에도 창업자가 자금을 지불할 만한 면적의 공간이 마련되고 고객들의 통행량과 교통량이 어느 정도 확보되어 고객의 유동량이 많아야 한다. 또한 창업자나 고객들의 안전성에 염려가 없는 주변고객을 유입할 만한 엔터테인먼트 요소가 있으면 그런 입지를 선택하는 것이 좋다.

4) 시장조사, 지역의 경쟁자

레스토랑 창업을 위해 고려하는 입지가 있다면 그 지역에 대한 시장조사와 경쟁자에 대한 분석을 시행하여야 한다. 제8장에서 공부한 바와 같이 경쟁은 직접경쟁, 간접경쟁 그리고 대체경쟁까지 창업하고자 하는 지점을 중심으로 어떤 점포들이 자리잡고 어떤 방식으로 운영되고 있는지, 고객들의 반응은 어떤지 가까이에 있는 작은 분식점이라도 과소평가 하지 말고 경쟁의 요소를 확인하여야 한다.

경쟁업체가 어디인지 파악하고 그들이 판매하는 제품과 서비스의 강점과 약점을 비교하면서 현재 계획하고 있는 제품과 서비스를 평가한다. 더불어 목표시장의 고객을 유치하기 위해 어떤 특성을 더 가져야 하는지에 대해서 연구하여야 한다. 다음과 같은 질문으로 지역의 경쟁업체를 파악하고 분석할 수 있다.

- 경쟁자는 누구인가?
- 판매하는 제품 또는 서비스는 무엇인가?
- 각 경쟁업체의 시장점유율은 어느 정도인가?
- 그들의 과거전략은 무엇이었나?
- 현재전략은 무엇인가?
- 제품 또는 서비스를 판매하는 데 사용하고 있는 미디어유형은 무엇인가?
- 각 경쟁업체의 강점과 약점은 무엇인가?
- 잠재적 위협은 무엇인가?
- 어떤 잠재적인 기회가 있나?

5) 사업계획서 작성

사업계획서는 어떤 사업을 하고자 하는지에 대해서 체계적으로 정리한 것이다. 무엇을 하고 어떤 일을 하는지 어디로 가고자 하는지 등에 대해서 포괄적으로 설명하는 서면문서를 의미한다. 사업계획은 요약, 회사설명 및 시장분석의 세 가지 주요 부분으로 구성된다. 기본적으로 새롭게 시작하고자 하는 레스토랑 아이디어에 대한 개요, 컨셉, 위치, 기대하는 수익 등에 대한 정보를 제공한다.

항 목	내 용
요 약	미션선언문, 전체 개요, 목적과 목표 등을 제시
회사에 대한 설명	예 J 커피숍은 여유롭고 현대적인 환경에서 고급커피와 신선한 제빵을 제공하는 데 중점을 둔 도심에 위치한 작은 커피숍입니다. J 커피숍은 이 지역의 대학에서 한 블록 떨어진 곳에 위치하여 학생과 교수, 직원들, 수업이나 모임을 통해 공부하고 서로 만나고 휴식을 취할 수 있는 편안한 환경을 제공하는 것을 목표로 합니다. 우수한 분위기, 가까운 위치, 고급제품에 초점을 맞추고 있는 J 커피숍의 커피는 고객서비스에서 차별화됩니다.
시장분석	목표로 삼고있는 목표고객이 누구인지, 그들의 니즈는 무엇이고, 선호도는 어떤지? 그들의 연령대와 주요 거주지역은 어디인지? 등에 대한 고객분석을 설명한다. 또한 주요 경쟁이 되는 업체를 제시하고 그들과 비교하여 자사가 가지고 있는 강점과 약점을 비교한다.
조직과 관리	조직구조와 관리가 어떻게 되는지를 설명한다. 소유주에 대한 설명과 관리자들의 소개와 주요 팀원들의 전문성을 소개한다.
제품과 서비스 설명	무엇을 팔고 있는지 설명하고, 제품이나 서비스에 대한 강점이 되는 내용이 무엇인지, 고객에게 어떻게 혜택을 주고자 하는지, 경쟁자보다 나은 것이 무엇인지 설명한다. 예 우리 커피숍은 커피, 티, 스무디, 각종 탄산음료, 그리고 핫쵸코 다섯 가지 종류의 음료를 제공합니다. 다섯 가지 종류이지만, 최대의 다양성을 보유하고 있다는 것이 경쟁자와 비교하여 우리의 주요 경쟁력이라 볼 수 있습니다. ~~~
마케팅과 세일즈 전략	어떤 방식으로 시장에 진입할 것인지, 어떻게 성장을 계획하는지, 고객과는 어떤 채널을 통해서 소통할 것인지 제품과 서비스를 어떻게 판매할 것인지 등에 대해서 명확하게 작성한다.
자금계획	사업계획서를 작성하여 자금을 지원받고자 하는 경우라면 어느 정도의 자금이 필요한지 명확하게 작성해야 한다.

4 외식사업 창업을 위한 매뉴얼 교육

1) 매뉴얼의 의미와 필요성

매뉴얼은 일반적으로 「편람, 지침서, 설명서」, 「손으로 하는 육체노동의, 수동의」등의 사전적인 의미를 갖는다. 이러한 의미에서 매뉴얼은 「손으로 하는 수동의 일을 위한 설명서」라고 할 수 있다. 따라서 사람이 일하는 모든 분야에서 매뉴얼은 꼭 필요한 도구가 된다. 이러한 기본적인 의미를 가지고 운영을 위한 운영 매뉴얼, 훈련을 위한 훈련 매뉴얼, 조리를 위한 조리 매뉴얼, 생산관리의 품질기준을 위한 품질관리 매뉴얼 등의 해당분야에 맞는 이름을 붙여서 사용한다.

특별히 레스토랑은 고객에게 음식을 만들어서 고객에게 제공하는 사업체이다. 따라서 같은 레스토랑을 방문한다면 매번 일관성 있는 음식이 제공되고 유사한 방식으로 직원에 의해 대접을 받는 것이 기본적인 원칙이다. 방문할 때마다 같은 이름의 다른 음식이 나온다거나 직원에 의한 대우가 달라진다거나 하는 것은 서비스의 품질에 문제가 될 뿐 아니라 고객과의 신뢰에도 나쁜 영향을 끼칠 수 있다. 이는 한 개의 레스토랑을 운영하는 개인이든 여러 점포를 소유하여 몇 개의 매장을 동시에 운영하는 기업이든 모두에게 부정적인 결과를 초래할 것이다.

따라서 관리자를 포함하여 운영자, 서비스 접점의 직원, 회계관리 등의 사무업무직원, 서버, 조리사 등의 조직에 포함되어 있는 모든 직원들은 매뉴얼에 따라 일을 진행하여 업무의 일관성을 높이고 예측가능한 결과를 얻을 수 있어야 한다.

2) 매뉴얼의 기능

레스토랑 직원이 매일 지각을 한다면 그 직원에 대해서 어떤 조치를 취해야 하나? 햄버거 패티의 크기가 매번 다르게 생산되면 직원에게 어떤 교육을 시켜야 하나? 새로 들어온 식기세척기의 작동법을 모르는 직원에게 얼마나 오랫동안 작동법을 가르쳐야 하나? 이런 경우가 자주 발생하면 어떤 관리자라 할지라도 지속적으로 업무를 수행하기 어려울 것이다. 매일 벌어지는 일들부터 점포를 운영하는 관리자의 역할에 대한 매뉴얼, 마케팅 매뉴얼, 고객관리 매뉴얼 등 여러 종류의 매뉴얼들은 직원들을 훈련하기 위한 도구로서 또는 기준이 되는 지침서로 활용된다.

(1) 업무지침전달

조직에 포함되어 있는 모든 구성원들의 직무설명 및 업무지침을 전달해 주는 역할을 한다. 직무명세서에 표기되어 있는 내용들에 대해서 어떤 업무를 어떤 프로세스로 수행해야 하는지 세부적인 내용이 명시되어 있어야 한다. 관리자는 관리자로서 어떤 업무를 하고 오픈조의 서버는 어떤 일을 하고 바텐더는 어떤 업무를 하는지 등 상세히 업무를 전달하는 기능을 한다.

(2) 표준운영의 기준을 설명

일관된 품질의 음식을 만든다던가 일관성 있는 서비스를 제공하는 것 모두가 직원들이 표준운영절차(standard operation procedure: SOP)를 따를 때 이루어진다. 프랜차이즈 회사는 피자를 몇 도에서 몇 분 동안 구워내야 하는지, 한번 부은 튀김용기의 기름으로 튀겨낼 수 있는 닭고기는 몇 마리인지 등에 대한 기준도 제시되어 업장의 운영과 관리의 표준을 설명해 준다. 직원들은 업무의 표준지침 매뉴얼을 항상 휴대하거나 매장에 부착하여 기준이 준수되고 품질관리를 잘할 수 있도록 해야한다.

(3) 의사소통수단

매뉴얼을 통해 회사와 직원간에 의사소통을 할 수 있다. 직원 매뉴얼을 통해 직원의 직무수행에 대한 기대와 안전절차 및 회사가 전달하고자 하는 내용에 대해 설명할 수 있다. 직원은 관리자와 문제가 있을 경우 어디에서 중재의 도움을 요청해야 하는지, 지각이나 무단으로 회사에 나오지 않았을 때는 어떤 규정에 따르게 되는지, 이러한 회사의 정책이나 직원의 행동 또는 직원간의 분쟁이 발생했을 때 직원들이 매뉴얼을 꺼내서 그 해결방법을 찾을 수 있게 된다.

(4) 훈련보조자료

신입직원들의 훈련이나 기존 직원들의 보수교육 및 모든 직원들의 정기교육 등의 보조자료로서 매뉴얼은 꼭 필요한 도구이다. 보여주거나 실제 눈앞에서 시연하는 것도 좋은 방법이지만 혼자서 반복 학습하고 점검하여 잊지 않도록 하는 문서로 작성된 매뉴얼이 있어야 한다.

매뉴얼에서는 레스토랑의 문을 열고 닫을 때는 어떤 절차로 해야 하는지 미성년자가 술을 마시고자 할 때는 어떻게 해야 하는지 등의 일상에서 반복되는 일부터 단발적으로 생길 수 있는 일들까지 어떻게 대처할지에 대해서 설명하고 행동강령을 지시할 수 있다. 한 가지 사건이 생길때 마다 다시 그런 사건이 생기지 않도록 매뉴얼에 추가하여 다른 직원들을 훈련하고 미리 방지하는데 매뉴얼을 이용할 수 있다. 또한 기업의 역사를 제공하고 관리자들 사이 응집력과 직원들이 연대감을 가질 수 있으며 업무에 최선을 다하도록 하는 동기부여가 되는 내용을 넣을 수도 있다.

3) 매뉴얼의 종류와 구성

어떤 매뉴얼을 이용할지는 기업마다 또 사업의 특성에 따라 매우 다양하게 나타날 수 있다. 대부분 크게 제품에 대한 사용설명 매뉴얼, 교육에 대한 훈련 매뉴얼, 사무업무에 대한 업무 매뉴얼, 제품과 서비스의 생산에 대한 생산 매뉴얼과 품질관리 매뉴얼, 프로세스에 대한 운영 매뉴얼 등으로 구분해 볼 수 있다.

〈표 13-2〉는 가능한 매뉴얼의 종류와 그 구성내용의 예를 제시하고 있다. 각종 매뉴얼들은 한 권의 책에 몇백 페이지로 구성되기도 하고 얇게 구분된 몇 권의 매뉴얼이나 휴대하기 좋은 작은 크기의 매뉴얼로 만들어 직원들이 호주머니에 가지고 다닐 수 있도록 만들기도 한다.

〈그림 13-3〉는 실제 레스토랑에서 이용되고 있는 운영 매뉴얼의 목차를 제시하고 있다. 운영매뉴얼에는 식품안전, 청결, 고객서비스, 품질, 안전, 기기, 제품, 마케팅, 인적관리, 새로운 가맹사업자를 위한 주요 고려사항 등의 내용이 정리되어 있다.

표 13-2 매뉴얼의 종류와 구성내용

매뉴얼의 종류	구성내용
제품에 대한 사용설명 매뉴얼	**각종 주방기기 사용에 대한 매뉴얼** · 오븐 사용설명 매뉴얼 · 튀김기 사용설명 매뉴얼 · 식기세척기 사용설명 매뉴얼 등 주방의 모든 기기에 대한 매뉴얼
교육에 대한 훈련 매뉴얼	· 신입직원 훈련 매뉴얼 · 기존 직원 보수교육 매뉴얼 · 정기교육 매뉴얼
사무업무에 대한 업무 매뉴얼	· 마케팅매뉴얼 · 광고 · 홍보 · 판촉기획 매뉴얼 · 회계관리 매뉴얼 · 인사관리 매뉴얼 · 직원채용 매뉴얼 등 각종 사무업무를 위한 매뉴얼

매뉴얼의 종류	구성내용
제품과 서비스의 생산관리 매뉴얼	**각종 메뉴생산을 위한 음식조리 매뉴얼** · 스테이크 굽기를 위한 표준조리 매뉴얼 · 소스를 만들기 위한 표준조리 매뉴얼 등 메뉴종류에 따른 매뉴얼 **각종 고객서비스 과정의 매뉴얼** · 고객불만처리 매뉴얼 · 고객음식서브 매뉴얼 등 고객서비스의 각종 매뉴얼
제품과 서비스의 생산에 대한 품질관리 매뉴얼	**각종 생산 프로세스의 품질개선을 위한 품질관리 매뉴얼**
프로세스에 대한 운영 매뉴얼	**주방과 홀, 사무실에서의 모든 운영과정에 대한 매뉴얼**

그림 13-3 레스토랑 운영 매뉴얼 목차 사례

ABC Restaurant Operations Standards Manual

Table of Contenes

I Intruduction 4
II Food safety 5
III Cleanliness 11
IV Customer Service 17
V Quality 23
VI Safety 27
VII Equipment 31
VIII Product 38
IX Marketing 41
X Human Resources 49
XI Key Considerations for New Franchisees 59

자료 : https://goo.gl/sc5jJe

4) 매뉴얼의 작성과 평가

(1) 매뉴얼 작성

매뉴얼은 그것을 사용해서 교육을 받을 피교육자의 이해수준을 고려하여 작성되어야 한다. 전달하고 교육하고자 하는 내용과 매뉴얼의 목표가 명확하게 담겨져 있고 간결한 문장으로 이해하기 쉬운 용어를 사용하여 누구든지 그 내용을 쉽게 파악할 수 있도록 작성되어야 한다. 또한 추상적인 예나 단어보다는 구체적인 단어와 예를 사용하여 쉽게 적용될 수 있도록 작성되어야 한다.

(2) 매뉴얼 평가

작성된 매뉴얼은 주기적으로 점검하고 평가해야 한다. 한번 작성되었다고 해서 그대로 지속적으로 사용하기 보다는 운영되는 업장과 조직 구성원의 변화 등을 고려하여 개선하고 추가되는 내용에 대한 검토가 필요하다. 또한 이제까지 사용된 매뉴얼의 내용이 업무의 효율성에 저하되지는 않는지 등을 고려하여 가장 적합한 매뉴얼이 될 수 있도록 정기적으로 매뉴얼을 평가하여야 한다. 내용의 개정이나 필요시에는 새로운 매뉴얼이 추가되도록 해야 한다.

논의 과제

1. 외식창업의 건축, 구매(매입), 프랜차이즈, 전문관리자의 특성에 대해 논의하시오.

2. 독립소유 창업과 프랜차이즈 창업에 대한 위험요인에 대해 비교하여 논의하시오.

3. 외식창업을 위한 필요요소와 주요 절차에 대해 논의하시오.

4. 사업계획서 작성 시 고려해야 하는 요인들에 대해 논의하시오.

5. 외식업에서 사용가능한 매뉴얼과 이들의 중요성에 대해서 논의하시오.

참 고 문 헌

강수민·정유경(2011). 외식소비자의 웰빙에 대한 인식과 실천정도가 웰빙음식점 선택속성에 미치는 영향. 「관광연구저널」, 25(4), 261-276.

강수민·정유경(2013). 구매채널에 따른 외식소비자의 경험적 가치가 채널만족 및 채널충성도에 미치는 영향. 「관광학연구」, 37(8), 189-211.

고진현·정유경(2015). 에스닉푸드에 대한 위험지각에 대한 연구. 「관광연구저널」, 29(7), 135-147.

김광지·박기용(2007). 외식범위설정과 표준산업분류에 의한 외식산업분류기준에 관한 연구. 「관광레저연구」, 19(2), 389-406.

김기영·함형만·엄영호·김이수(2006). 「메뉴경영관리론」, 현학사.

김맹진(2012). 「외식사업창업론」, 대왕사.

김민정·정유경(2015). 배달-테이크아웃 소비행태와 식생활만족도에 대한 연구. 「외식경영연구」, 18(6), 421-443.

박기용(2018). 「외식산업경영학」, 대왕사.

안광호(2017). 「고객지향적 마케팅」, 북넷.

양일선·이보숙·차진아·한경수·채인숙·이진미(2014). 「단체급식」, 교문사.

이정실(2002). 외식고객의 상황에 따른 레스토랑 업종 및 업태선택차이. 「관광레저연구」, 14(1), 51-67.

정유경·오지은(2005). 외식기업의 POS시스템 활용효과에 관한 연구: 동일 POS시스템 이용기업을 대상으로. 「호텔경영학연구」, 14(3), 295-316.

이정실(2007). 「외식기업경영론」, 기문사.

이학식·안광호·하영원(2006). 「소비자행동-마케팅전략적 접근」, 4th Ed., 법문사.

장기룡·정유경(2007). 외식기업 매장에서의 BSC 적용에 관한 실증분석: 다국적 외식프랜차이즈 기업을 중심으로. 「관광학연구」, 31(6), 135-156.

정유경(2003). 연관규칙을 이용한 호텔레스토랑 고객의 이용행태분석. 「호텔경영학연구」, 12(2), 1-22.

정유경(2005). 북미 BSE가 국내 외식업계에 미치는 영향. 「외식경영연구」, 8(3), 249-268.

정유경(2006). 한국외식산업 분류에 대한 고찰 및 제언. 「외식경영연구」, 9(3), 219-236.

정유경·김영국(2006). 한국외식산업 분류에 대한 고찰 및 제언. 「외식경영연구」, 9(3), 221-236.

정유경(2008). 수단-목적 연쇄이론의 피라미드 계층구조와 소비자 인지에 대한 분류과정. 「관광학연구」, 32(6), 221-232.

정유경·김창열·한정숙(2009). 소비자의 환경의식과 패스트푸드 기업의 환경마케팅에 대한 인식이 구매의도에 미치는 영향.「한국생활과학회지」, 18(1), 237-245.

정유경·송현주·어금희(2009). 음식점 식육의 원산지 표시규제에 대한 규제순응도와 순응도 개선방안에 관한연구.「관광학연구」, 33(5), 123-146.

정유경(2010). 발생과정관리를 통한 효율적 음식물쓰레기 감량화 및 자원화 정책을 위한 제언.「외식경영연구」, 13(2), 301-319.

정유경·황예림·박수현(2010). 외식프랜차이즈 시스템의 공정성이 관계의 질과 경영성과에 미치는 영향: 가맹본부와 가맹점의 비교.「관광학연구」, 34(7), 37-60.

정유경(2011). 외식산업의 발전과 역사.「관광학연구」, 35(10), 403-418.

정유경·구원일(2011). 서비스기업의 고객에 대한 마케팅비용과 고객만족도 및 경영성과와의 관계에 대한 연구.「서비스경영학회지」, 12(1), 109-132.

정유경·민은아(2011). 베이커리 브랜드의 컨셉 재활성화에 관한 연구: 파리바게뜨 사례를 중심으로.「관광학연구」, 35(8), 261-281.

정유경·신서호·송현주(2012). 패밀리레스토랑의 고객 데이터베이스 분석을 통한 지역점포마케팅 전략 수립을 위한 사례연구: 서로 다른상권에 위치한 동일브랜드의 두 개 매장의 비교.「외식경영연구」, 15(3), 7-28.

정유경·신수연·한명애(2013). 커피전문점의 서비스 접점에서 고객의 행동, 직원의 감정변화 및 서비스 제공수준의 영향관계 연구.「관광연구저널」, 27(3), 189-208.

정유경·임성연·이종진(2014). 고객이 인지하는 마케팅믹스 활동이 브랜드이미지와 브랜드 충성도에 미치는 영향: 스타벅스의 마케팅믹스 활동을 중심으로.「관광학연구」, 38(3), 167-189.

조성호·정유경(2008) 외식프랜차이즈 중앙본부 생산공급시스템 만족도가 가맹점운영수행도와 가맹점 만족 및 재계약의도에 미치는 영향.「외식경영연구」, 11(2), 123-147.

진현정·최태환(2013) 식재료시장의 구매특성과 직거래 요인분석: 대기업식재료 MD의 실태를 중심으로.「식품유통연구」, 30(1), 1-21

최재경(2016). 빅데이터 분석의 국내외 활용현황과 시사점 (KISTEP InI 14호), SK경영경제연구소: http://www.kistep.re.kr/c3/sub6.jsp?brdType=R&bbIdx=10339에서 검색.

한경수·채인숙·김경환((2007).「외식경영학」, 교문사.

한국외식정보(주)(2017).「한국외식연감」, 한국외식정보.

Anderson, J. C., & Narus, J. A. (1998). Business Marketing: Understand What Customers Value. *Harvard Business Review, 76*, 53-67.

Bobeng, B. J., & David, B. D. (1978). HACCP models for quality control of entree production in hospital foodservice systems. *Journal of American Dietetic Association, 73*(5), 524-535.

Chan, S. Y., Leong, K. C., Tong, L. C., Hang, S., Tang, Y., Abdul Ghani, A. B., & Subhan, M. (2012). A Comparative Study on International Marketing Mix in China and India: The Case of McDonald's. *Procedia - Social and Behavioral Sciences, 65*(3), 1054-1059.

Chase, R. B. & Tansik, D. A. (1983). The customer contact model for organizational design. *Management Science, 29*(9), 1037-1050.

Chong, Y., & Lee, G. (2017). Grouping Hotel restaurant Customers Based on a Behavioral Scoring Model. *International Journal of Tourism and Hospitality Research. 31*(10), 85-97.

Garvin, D. A. & Levesque, C. (2008). The Multiunit Enterprise. *Harvard Business Review. 86*(6), JUNE, 106-118.

Graham-Leviss, K. (2016). The 5 Skills That Innovative Leaders Have in Common, *Harvard Business Review*, December(20). 2-6.

Gregoire, M. B. (2013). *Foodservice Organization - A Managerial and Systems Approach* - 8th Ed., New York : Pearson.

Jeffrey, L. B. (2003). 「프랜차이즈 조직의 이해」(김영국·윤지환 역), 백산출판사, (원서출판 1998).

Jones, P. (1983). The restaurant – a place for quality control and product maintenance? *International Journal of Hospitality Management, 2*(2), 93-100.

Jones, P. & Mill, M. (2000). Menu development and analysis in UK restaurant chains. *Tourism & Hospitality Research, 3*(1), 61-71.

Shane, S. A. (2011). 「프랜차이즈란 무엇인가」(윤지환·이상규 역), 이상미디어, (원서출판 2005).

Katz, R. L. (1972). Skills of effective administrators, *Harvard Business Riview, 52*(5), *Sep-Oct*, 90-102.

Khan, M. A. (2014). *Restaurant Franchising*. 2nd Edition. New York : John Wiley & Sons.

Kotler, P., & Armstrong, G. (2012). *Principle of Marketing*. 4th Ed. New York : Pearson.

Kotler, P., Bowen, J. T., & Markens, J. C. (2014). *Marketing for Hospitality and Tourism*. 6th Ed. New York : Pearson.

Mill, R. C. (2007). *Restaurant Management: Customers, Operations, and Employees* (3rd Edition). Upper Saddle River, NJ : Pearson Prentice Hall.

Mintzberg, H. (1975). The Manager's Job. *Harvard Business Review, 53*(4), Jul-Aug, 49-61.

Ninemeier, J. D., Hayes, D. K. (2005). *Restaurant Operations Management: Principles and Practices*. NJ : Upper Saddle River : Prentice Hall.

Panwar, D., & Patra, S. (2017). Localization in Fast Food Industry — A case study of McDonald's

Strategy in India. *Journal of Arts, Science & Commerce, Vol-VIII*, Issue-3(1), July.

Parasuraman, A., Zeithaml, V., & Berry, L. L. (1985). A conceptual model of service quality and its implications for future research. *Journal of Marketing, 49*(4), 41-50.

Parasuraman, A., Zeithaml, V., & Berry, L. L. (1988). SERVQUAL: A multiple-item scale for measuring consumer perceptions of service quality. *Journal of Retailing, 64*(1), 12-40.

Porter, M. E. (2008). The Five Competitive Forces That Shape Strategy. *Harvard Business Review,* January, 79-93.

Rosch, E., & Lloyd, B. B.(1978). *Cognition and Categorization*, Hillsdale, NJ: Lawrence Erlbaum Associates Publishers.

Shock, P. J., Bowen, J. T., & Stefanelli, J. M.(2003). *Restaurant Marketing for Owners and Managers*. Hoboken, NJ: John Wiley & Sons.

Soteriou, A. C., & Chase, R. B. (1998). Linking the customer contact model to service quality. *Journal of Operations Management, 16*(4) July, 495-508.

Spencer-Matthews, S., & Lawley, M. (2006) Improving customer service: issues in customer contact management, *European Journal of Marketing, 40*(1/2), 218-232.

Suboleski, S., Kincaid, C.S., & Dipietro, R. B. (2009). An Exploratory Study of Multiunit Restaurant Management Training: A Qualitative Perspective. *Journal of Human Resources in Hospitality & Tourism, 8*(2), 199-214.

Taylor, J. J., & Brown, D. M. (2007). Menu Analysis: A Review of Techniques and Approaches. *Hospitality Review, 25*(2), 74-82.

Unklesbay, N. (1977). Monitoring for quality control in alternate foodservice systems. *Journal of The American Dietetic Association, 71*, 423-428.

Unklesbay, N., Maxcy, R. B., Knickrehm, M., Stevenson, K., Cremer, M., & Matthews, M., E. (1977). *Foodservice systems: Product flow and microbial quality and safety of foods*. North Central Regional Research Public. No. 245. Columbia : University of Missouri-Columbia Agricultural Experimental Station.

Vignali, C. (2001). McDonald's: "think global, act local" — *the marketing mix. British Food Journal, 103*(2), 97-111.

Walker, J. R. (2017). *The Restaurant: From Concept to Operation, 7th Edition*. Hoboken, NJ: John Wiley & Sons.

Wei, J., & Nakatsu, R. (2012). Leisure Food: Derive Social and Cultural Entertainment through Physical Interaction with Food. International Conference on Entertainment Computing (256-269). Springer, Berlin, Heidelberg.

녹색경제 (2018.01.03.). 「2018년 외식업계 트렌드는 '가심(心)비'…'나눔' 통한 사회공헌활동 진행중」. Available from : http://bitly.kr/R8YA

뉴스웍스 (2017.12.27). 「계란에 산란일자 표시… 닭·오리고기 이력추적제 도입정부 식품안전개선 종합대책…축산농가 '해썹 인증' 의무화」. Available from : http://bitly.kr/dQ2z

동아일보 (1994.04.22.). 「외식체인점 가맹신중해야」.

동아일보 (2004.12.22).「불량만두 파문」 Available from : 동아일보. http://bitly.kr/lfPP

동아일보 (2015.05.16). 〈가정의 달 특집 커버스토리〉 「한국 외식문화변천사」. Available from : 동아일보. http://bitly.kr/f5ec

머니투데이(2021.09.04). 「급식기업의 생존본능… 배달부터 해외시장까지 돈되면 한다」.

매일경제(1974.04.17.). 기업화되는 햄버거 등 외식산업

매일경제 (2003.09.20). 「외식업 고급화 바람」.

매일경제 (2003.10.15). 「외식업계 "아주 싸거나 아주 비싸거나"」. Available from : 매일경제. http://bitly.kr/PoY1

매일경제 (2003.10.30). 「미국식 돈가스전문점」. Available from : 매일경제. http://bitly.kr/cWqy

매일경제 (2003.12.24). 「외식업계도 광우병 비상」. Available from : 매일경제. http://bitly.kr/i7Dd

매일경제 (2005.09.26). 「중국산 김치납검출 국산의 3배」. Available from : 매일경제. http://bitly.kr/Zdnz

매일경제 (2007.01.08). 「음식점 창업시 노하우」.

매일경제 (2007.03.04). 「차별화된 아이템이 중요」. Available from : 매일경제. http://bitly.kr/YVG2

매일경제 (2007.04.02). 「한미FTA 이후…車값 10% 싸지고 약값 올라」.

매일경제 (2007.04.13). 「한·미 FTA 뉴비즈니스 기회를 잡아라」. Available from : 매일경제. http://bitly.kr/9yqS

매일경제 (2007.10.19). 「웰빙업종 이래서 좋더라」. Available from : 매일경제. http://bitly.kr/igE7

매일이코노미 (2007.12.28).「구운치킨 · 에듀테인먼트…새해엔 틈새사업 돈 된다」. Available from : 매일이코노미. http://bitly.kr/WFyp

식량닷컴 (2018.06.29.). 「닭·오리·계란 이력추적제 도입 추진: 2019년 가금이력제 시행 앞서 올해부터 시범사업 실시」. Available from : 식량닷컴. http://bitly.kr/xaD1

신한국문화신문 (2012.11.29). 「혼분식과 도시락 - 그때를 아십니까」. Available from : 신한국문화신문. https://bit.ly/2s4MVJS

조선일보 (2016.03.25). 「바코드 스캐너로 쇼핑… '미래형 백화점' 6월 오픈」. Available from : 조선일보. http://bitly.kr/SNrO

중앙일보 (2017.03.21). 「국내 단체급식시장, 피터지는 '영토전쟁'…빅5의 '춘추전국시대'」. Available from : 중앙일보. https://bit.ly/2tHSwrf

한국경제 매거진 (2016.03.30).「서울시내 커피전문점 1만7000개…강남구 가장 많고 마포구 빠르게 증가」. Available from : 한국경제 매거진. http://bitly.kr/70aS

한국정책신문 (2017.12.15).「외식업계 사회공헌 트렌드는 '식품기부'」. Available from : 한국정책신문. http://bitly.kr/gptY

Entrepreneur (2014.08.14). 6 Things I Wish Somebody Had Told Me When I Started My Small Business. Available from : https://www.entrepreneur.com/article/236499

Jeffrey L. B. (1998). *Franchise Organizations*. Boston : Harvard Business School Press.

Small Business (2018.06.30). Opening a restaurant: The key ingredients to start-up success Guide. Available from : http://bitly.kr/8auf

The balance (2017.05.29). Basic Checklist for Opening a New Restaurant - How to Open a Restaurant. Available from : http://bitly.kr/40Mq

tnooz (2013.02.20) Tablets replacing paper menus in restaurants — a long term trend or too problematic? Available from : http://bitly.kr/yA59

4Hoteliers (2013.03). Hotel Management Contracts: Historical Trends. Available from : https://www.4hoteliers.com/features/article/7493

zum학습백과.「미국의 한반도 원조현황: 미국의 농산물 운조규모」, 천재교육.

국가법령정보센터 http://www.law.go.kr/

국무조정실 (2017.12.29).「계란·닭·오리고기 이력추적제 도입」. Available from : http://bitly.kr/QGrp

나무위키 https://goo.gl/fEfx3t

네이버국어사전 https://ko.dict.naver.com/

오마이뉴스 (2010.10.19.).「선술집: 간송미술관 소장, 국보 제135호. 신윤복」. Available from : http://reurl.kr/20BFE4CF

문화체육관광부 관광진흥법 http://www.law.go.kr. Available from : http://bitly.kr/J2ul

미국레스토랑협회 www.restaurant.org

식품위생법시행령 www.law.go.kr. Available from : http://bitly.kr/xPVd

식품의약품안전처 (2016.02.12). 알기 쉬운 HACCP관리 개정판(2015년도). Available from : http://bitly.kr/Umfa

일본통계청 www.stat.go.jp

통계청 www.kostat.go.kr

한국식품안전관리인증원 ; www.haccp.or.kr/site/haccp/main.do

한국표준산업분류 www.law.go.kr. Available from : http://bitly.kr/iS6w

CJ 프레시웨이 식품안전센터 (2010.02) Food safety Info. Available from : https://bit.ly/2tK87GJ

BUYING A MASTER FRANCHISE http://slideplayer.com/slide/5986432/

Creogidas https://creogidas.wordpress.com/

Fast Food Company Develops Robos http://bitly.kr/afBg

Food for Thought (2017.11.15) From Farm to Store : Walmart Improves Food Safety with Blockchain Technology. Available from : http://bitly.kr/7g46

Harvard Business Review https://hbr.org/

Local Store Marketing http://bitly.kr/yfng

Local Store Marketing http://bitly.kr/1FgI

Management Study Guide https://www.managementstudyguide.com/co-branding.htm

Market Segmentation Study Guide https://bit.ly/2tGHFNY

Market Segmentation Study Guide https://bit.ly/2IIbToz

Marketing Study Guide www.marketingstudyguide.com

MARKETING91 https://www.marketing91.com/co-branding/

SHOPKEEP http://bitly.kr/UBDn

STRATEGIC PARTNERING https://bit.ly/2MEfWVw

Statistics Canada www.23.statcan.gc.ca. Available from : http://bitly.kr/3N2f

TYPE OF FRANCHISE ARRANGEMENTS http://bitly.kr/DUsv

Variety of Franchises http://franchisehub.eu/Variety-of-franchises

4 Principles of Marketing Strategy https://www.youtube.com/watch?v=hZLMv5aexto

국문색인

ㄹ

ㅁ

ㅂ

ㅅ

ㅊ

ㅋ

ㅌ

ㅍ

ㅎ

영문색인

저자소개

■ 정 유 경

- 연세대학교 식품영양학 학사, 석사
- 미국 University of Las Vegas Nevada(UNLV), Hospitality Administration 석사
- 미국 University of Missouri Columbia, Food Systems Management 박사
- 초록뱀 Media & Communication, CPM(수석프로젝트 매니저)
- 앰베서더 호텔그룹, Owning Company 차장
- 미국 University of Houston, Conrad Hilton College of Hotel & Restaurant Management, Fulbright Scholar & Exchange Professor
- 현) 세종대학교 호텔관광대학 외식경영학과 / 호텔외식관광프랜차이즈경영학과 교수

외식산업경영(2판)

2018년 7월 25일 1쇄 발행
2022년 2월 20일 2판 1쇄 인쇄
2022년 2월 25일 2판 1쇄 발행

저 자 정 유 경
발행인 류 재 식 · 박 용 범
발행처 도서출판 북 넷

서울시 용산구 효창원로70길 46 (대신빌딩 2층)
등 록 2010년 6월 7일(제2010-000069호)
전 화 (02) 395-2341
팩 스 (02) 395-2303

정가 28,000원

ISBN 979-11-86947-62-3(93320) e-mail : book2341@naver.com